国家社会科学基金项目
"中国参与国际货币体制改革的法律路径研究"（13CFX20）成果

中国参与国际货币
体制改革的法律路径研究

向雅萍　著

WUHAN UNIVERSITY PRESS
武汉大学出版社

图书在版编目（CIP）数据

中国参与国际货币体制改革的法律路径研究/向雅萍著.—武汉：武汉大学出版社，2023.4（2023.11重印）
ISBN 978-7-307-23527-4

Ⅰ.中…　Ⅱ.向…　Ⅲ.国际货币制度—研究　Ⅳ.F821.1

中国版本图书馆 CIP 数据核字（2022）第 257961 号

责任编辑：沈继侠　　　责任校对：汪欣怡　　　版式设计：马　佳

出版发行：**武汉大学出版社**　（430072　武昌　珞珈山）
（电子邮箱：cbs22@ whu.edu.cn　网址：www.wdp.com.cn）
印刷：湖北云景数字印刷有限公司
开本：720×1000　1/16　印张：21.75　字数：351 千字　插页：1
版次：2023 年 4 月第 1 版　　2023 年 11 月第 2 次印刷
ISBN 978-7-307-23527-4　　定价：88.00 元

前　　言

现行的牙买加货币体制已运行了 40 多年，虽支撑着全球 GDP、国际贸易和资本交易的强劲增长，但也呈现出诸多不稳定的态势，比如金融危机频发、国际收支持续失衡、资本流动和汇率波动剧烈、新兴经济体的外汇储备规模空前等。2008 年金融危机爆发时，这些症状已达到顶峰。危机用极端的方式为改革国际货币体制带来了契机和新的国际动力，但历经 10 年，国际社会在改革的根本问题上几乎没有达成任何共识。这表明，以美欧为代表的发达国家与以"金砖国家"为代表的新兴市场国家间围绕国际货币体制的主导权、国际货币事务的话语权及国际货币规则的制定权的战略博弈日益激烈。本书研究中国应如何利用战略机遇期积极参与国际货币体制的改革，如何努力从国际货币体制的被动接受者向规则制定的参与者转变，对扩大人民币的影响力和提升中国的国际地位具有重大的战略意义。

全书首先从理论上探讨了现行国际货币体制的流变、主要特征和法律缺陷，并评析了 2008 年全球金融危机之前和之后针对上述特征和缺陷改革国际货币体制的各项方案。在深入分析了现行体系的主要缺陷和对各项方案去芜存菁后，勾画出构建多元化的国际储备货币体系，推动国际货币体制充分发挥其监督和贷款功能以及完善 IMF 的治理改革等中国参与国际货币体制改革的国际法路线图。然后从实证的角度分析了中国参与国际货币体制改革的新时代背景、诉求和总体思路，并论证了在遵循上述国际法路线图的基础上，人民币国际化是中国参与国际货币体制改革的最佳切入点和重要抓手。在明确了中国参与改革的具体法律路径后，本书详细探讨了储备货币体制改革、国际货币体制功能改革和 IMF 治理改革的制度建设，并结合人民币国际化进程中取得的成绩和遭遇的挫折，从人民币资本项目可兑换制度的改革、人民币汇率制度的改革和深化国内金融市场改革三个方面深入细致地论述了在国际货币体制改革的背景下人民币国际化的法治进路。

本书受中央高校基本科研业务费专项资金资助（项目批准号：2020VI051）（项目批准号：2020VI045）。

目　　录

第一章　现行国际货币体制的解构

1976 年的《牙买加协定》以国际条约的形式正式宣告了布雷顿森林体制的终结，并开启了一个新的无体制的国际货币体制。40 多年来，现行国际货币体制经历了经济全球化浪潮的洗礼、世界经济格局变化的冲击和各种金融经济危机的拷问，不可否认，它对全球经济金融的稳定发展起到了不可或缺的作用，但其本位缺失、功能低效和机构合法性危机等缺陷也日益凸显。本章试图厘清现行国际货币体制的流变，多维度地分析其本位、功能和机构载体等方面的特点和弊端，探讨后危机时期举步维艰的改革困境，以此作为研究中国参与国际货币体制改革的理论基础和时代背景。

第一节　现行国际货币体制的形成和发展

合理有效的国际货币体制是促进全球金融稳定和世界经济持续增长的重要保障，因此，人类历史出现了自发形成或通过正式法律文件构建的国际货币体制。不过，盛行于 19 世纪和 20 世纪初期的金本位制因黄金资源分布的不均衡性和有限性与经济发展需求之间的矛盾而难以为继，"二战"后建立的布雷顿森林体制也因难以克服"特里芬难题"在运行近三十年后彻底崩溃。《牙买加协定》将崩溃后的国际货币体制状况合法化，为国际货币关系提供了最大限度的弹性，各成员国在本位货币的确定、汇率制度的选择和国际收支的调节等重要方面均不承担硬性的义务，也缺乏有约束力的制裁方法。因此，不少经济学家和国际法学家认为，现行的牙买加体制是"没有体系"的一种体制。为了适应全球经济的不断发展，更好地发挥国际货币体制应有的作用，牙买加体制也处于流变之中。

一、国际货币体制的定义解读

要探讨国际货币体制的演变，对其定义的解读必不可少。但是，国际社会并不存在清晰的、公认的国际货币体制的定义。即使是作为国际货币体制基石的法律文件《国际货币基金协定》（*International Monetary Fund Treaty*，以下简称"《IMF协定》"，国际货币基金组织简称为"IMF"）也没有明确规定国际货币体制的概念。事实上，几乎没有人尝试将国际货币体制作为一个法律术语来进行界定。[①] 不过，这并不妨碍学者们从多个视角和维度来描述国际货币体制呈现出的状态。

（一）从国际货币体制的目标和功能的角度

有的经济学家从国际货币体制追求的目标和应有的功能的角度来阐释国际货币体制。比如《1973年美国总统经济报告》认为国际货币体制的目标是保障世界贸易的持续发展，因此，国际货币体制自身必须是稳定的、多边的并以市场为导向。为实现此目标，国际货币体制应该具有以下功能：（1）提供中性的国际收支调整方法，有效地、公平地调整国际收支失衡。（2）提供充足的流动性和清偿手段，并促进各国持有的储备货币的有序变化，不应造成国际市场的不安。（3）提供对国际储备货币的信心。通过稳定的汇率安排，保证国际储备资产的价值以及国际货币体制持续的活力。还有学者认为国际货币体制应通过监督机制关注外汇市场的稳定性、流动性、供给的适度性，并提供促进普遍均衡和可持续增长所需的多边手段。《IMF协定》第4条第1节也是从这一角度来描述国际货币体制。它指出国际货币体制的主要目标是通过为国际贸易和资本交流提供便利而保持经济的稳健增长，为达此目的，各成员国应该和IMF及其他成员国进行合作，促进一个稳定的汇率制度的建立。尽管这种描述揭示了国际货币体制的价值和意义，但并没有触及其实质内涵。

[①] Joseph Gold, "Legal and Institutional Aspects of the International Monetary System: Selected Essays II", by the International Monetary Fund, 1984. p. 39.

（二）从国际货币体制的结构的角度

另一个理解国际货币体制定义的路径是考察国际货币体制的内在结构。我国有学者认为，国际货币体制是一个分层次的有机整体。① 在这个框架下，国际货币体制的核心层是国际间的汇率及各国的汇率制度选择，紧密层是国际储备货币制度、本位币的选择以及国际收支平衡的调节机制，松散层是国际经济政策的协调。各国汇率保持稳定是人类历史上第一个通过法律制度建立起来的布雷顿森林体制最直接关切的问题，也是战后建立该体制的初衷。虽然随着布雷顿森林体制的解体，平价制度被废除，但汇率监督一直是 IMF 的核心职能，因此可以认为汇率安排是国际货币体制的核心层。而关于国际储备资产制度，虽对国际货币体制的本位确定有至关重要的作用，但随着金本位制的彻底崩溃，各国货币挣脱了黄金的束缚，在现行国际货币体制中失去了对本位货币和储备资产有约束力的规定，国际储备资产制度和国际收支调节机制均需要汇率或其他工具的传导来影响国际货币体制的运行，因此将其作为国际货币体制的第二层次。而支付安排等属于松散层，该层次需要通过一定的引导机制和较长的时滞才能间接引起核心层变动，因此位于第三层次。该视角勾画出了国际货币体制的宏观结构，却忽略了其微观的制度构成。

（三）从国际货币体制的要素的角度

更多的学者试图从国际货币体制包含的要素来揭示其本质和内涵。1974 年，IMF 的 20 人委员会描述了一个理想的国际货币体制应包括的主要元素：（1）有效的、对称的国际收支失衡的调节程序。（2）应对大规模资本流动时的国际合作机制。（3）所有国家承担对称的义务解决国际收支失衡问题。（4）更好地管理全球流动性，使 SDR 成为主要的国际储备资产。（5）收支调节和货币可兑换性的安排与全球流动性保持一致。（6）促进资源向发展中国家的净流入。② 美国著名学者麦金农也曾从评判国际货币体制标准的角度罗列了国际货币体制的要素，

---

① 陈雨露主编：《国际金融》（第三版），中国人民大学出版社 2011 年版，第 470 页。
② The Committee of Twenty: Outline of Reform, 1974. par. 3, p. 8.

即确定汇率目标、确立官方持有的储备、国内货币政策调节纪律和为价格水平选定的"货币锚"等。① IMF 的一篇政策论文指出：国际货币体制主要在四个核心方面指导国家间的安排：（1）汇率和汇率安排。（2）经常项目的付款和转移。（3）国际资本流动。（4）持有国际储备和各国可通过其获得流动性的官方安排。② 这些观点都是从微观角度描述了国际货币体制的运行机制，但忽略了为该体制提供平台支撑的机构机制。鉴于此，有些学者提出国际货币体制不仅包括国际货币体制的运行机制，还包括了相应的机构机制。具体而言，包括确立某种形式的国际储备货币、相应的汇率安排、国际收支调节方式和 IMF 及其他全球性或区域性的多边官方金融机构的规则等。这些视角更细致地描述了国际货币体制的具体要素构成，但缺乏定义的凝练性和抽象性。

（四）从国际货币体制的规范的角度

更多的学者从规范的角度来解读国际货币体制的定义。鲁帕·达塔古普塔等认为，国际货币体制是指国际清算的条款和制度。简言之，它是对实行固定汇率或是对操控汇率政策的国家的干预条例，是当出现问题时通过政府贷款、控制、汇率平价的改变以支持这些条例的制度。③ 阿吉斯·伯纳丝-奎拉等认为，国际货币体制是一系列的规则和制度，能够约束或者至少影响着主权国家或国家集团之间的货币关系。通常包括以下四个方面：（1）货币的可兑换性，即资本流动的管理。（2）汇率制度。（3）在紧急情况下提供流动性的规则和机构。（4）货币的监管与合作。④ IMF 在其一份政策文件中指出，国际货币体制由管理国际资本流动和资本交易的规则、机制和支撑机构组成。它支持调整外部失衡，提供国际流动性，同时保持各国对储备资产价值稳定的信心，从而促进全球经济和金融稳

---

① ［美］麦金农著，覃东海、郑英译：《麦金龙经济学文集第四卷（上册）》，中国金融出版社 2006 年版，第 17 页。

② IMF, Strenghthen the International Monetary System—A Stocktaking, March 2016. p. 5.

③ ［美］杰克·布尔曼、［法］安德烈·艾卡德等著：《国际货币体系改革》，中国大百科全书出版社 2015 年版，第 70 页。

④ ［美］杰克·布尔曼、［法］安德烈·艾卡德等著：《国际货币体系改革》，中国大百科全书出版社 2015 年版，第 194 页。

定。① 我国大多数国际金融法学者也认为国际货币体制是有关国际间货币安排的原则、规则和措施的总和，它包括：国际储备制度、国际汇率制度、国际收支平衡制度、国际支付制度等。② 可见，这些学者主要从法律规范的角度诠释了国际货币制度的内核，而没有在定义上触及外延更为广泛的国际货币体制。其实，当前的国际货币体制只是对事实的法律认可，不能将它理解为有明确轮廓的逻辑清晰的法律概念。

因此，国际货币体制是一个复杂的、综合性的概念，不能仅从单一视角界定其定义。笔者认为，国际货币体制是为了给国际贸易和资本交流提供便利，各国政府在国际经济关系中按某些共同的习惯或某种协议，对储备资产的供应、汇率的安排、货币的兑换、国际收支的调节、国际金融事务的协调等问题所确定的原则、采取的措施和建立的组织形式的总称。它的功能是确保外汇市场的有序与稳定，促成国际收支问题的解决，并且为遭遇破坏性冲击的国家或地区提供获得国际信用的便利。③

二、牙买加体制的形成

布雷顿森林体制的崩溃促成了牙买加体制的形成。因此，要探讨现行国际货币体制的形成过程，必须首先分析布雷顿森林体制的特点和缺陷。

(一) 布雷顿森林体制评析

为避免两次世界大战间各主要货币竞争性贬值带来的动荡不安的国际经济乱象的再次出现，在美国的倡议下，来自 45 个国家的代表于 1944 年在美国新罕布什尔州召开联合国货币金融会议，形成了一个国际货币金融合作框架，以条约《IMF 协定》为基础的布雷顿森林体制正式建立。该体制建立了具有国际法人地位的永久性国际金融机构 IMF，实现了黄金美元双挂钩制，采用可微幅调整的平价制度，确认了通过向 IMF 借款调节收支失衡的调节工具，并规定了经常项目下

---

① IMF, Considerations on the Role of the SDR, April 2018. p. 6.

② 参见韩龙著：《国际金融法》，法律出版社 2007 年版，第 62 页。

③ 李晓等著：《国际货币体系改革：中国的视点与战略》，北京大学出版社 2015 年版，第 1 页。

货币可兑换的制度。经过近 30 年的运行，布雷顿森林体制结束了国际货币金融领域的混乱局面，维护了国际金融体制正常和稳定的运转，国际贸易得到了空前的发展，同时促进了生产和贸易的国际化，全球经济相互依存、相互合作的时代来临。但是，以强大的单一经济实体来稳固世界金融市场有着先天的缺陷，该经济实体的兴衰起伏必然直接传导给国际货币金融市场，极易导致国际货币体制的不稳定。美国著名经济学家特里芬提出的"特里芬难题"也阐释了布雷顿森林体制的上述缺陷。最终，布雷顿森林体制于 1973 年彻底崩溃。

（二）牙买加体制的诞生

1971 年 12 月，美国与十国集团签署《史密森协定》，将美元贬值 8%，同时将各国货币兑美元的浮动区间扩大到 2%，但这些改革措施并不能改变布雷顿森林体制崩溃的命运。不久后，美国宣布停止美元与黄金的兑换。至 1973 年 2 月，美元持续贬值，各主要货币被迫实行浮动汇率制。随后，在 1973 年爆发的石油危机中，浮动汇率制在西方经济的衰退和混乱中竟然表现良好。1975 年，西方六国在首脑会议上达成共识，决定接受既成事实，放弃对固定汇率制度的尝试，并谋求通过 IMF 宪章的修改确定浮动汇率制的合法性。在此背景下，IMF 下设的"国际货币制度临时委员会"于 1976 年 1 月在牙买加召开会议，达成了《牙买加协定》。1976 年 4 月，IMF 执行董事会（以下简称执董会）通过了《IMF 协定》第二次修正案，国际社会正式进入牙买加体制时代。新的体制实现了黄金非货币化和浮动汇率合法化；认可了国际储备资产的多样化，修订了特别提款权（Special Drawing Right，以下缩写为 SDR）的法律条款，使其能逐渐取代黄金和美元成为最主要的国际储备资产；增加了国际收支的调节手段，扩大对发展中国家的信贷；增加成员国在 IMF 的基金份额。可见，牙买加体制完全继承了布雷顿森林体制的国际支付制度，设立了有监督的自由汇率制度，形成了事实上的多元化国际储备货币体制，建立了形式多样的国际收支调节制度。

三、牙买加体制的发展

由于国际政治经济的变迁和各国经济力量对比的变化，牙买加体制自诞生以来，也呈现出逐渐变化的发展态势。

（一）强国联合干预货币汇率时期

自《牙买加协定》承认浮动汇率合法化之后，直到 20 世纪 80 年代中期，各主要国家基本是根据国内经济需求，通过中央银行和市场互动来调整汇率。1980 年后，美元进入长达 5 年的升值通道，美国财政赤字剧增，对外贸易逆差大幅增长，并出现了美元非理性的投机泡沫。同期，欧洲、日本经济发展迅猛，对美国经济地位带来了挑战。在美国的压力下，1985 年 9 月，美、日、德、法、英五国的财政部部长和中央银行行长在纽约广场饭店举行会议，就贸易赤字问题最终达成了协议，即《广场协议》。随后 3 年时间，美元对马克和日元分别贬值了约 50%。这种干预手段表明：美国无须对自己的货币政策和财政政策进行任何约束，就达到了美元贬值的目标。①

广场协议之后，由于美国并未采取实质性的国内措施，美元持续贬值。为了摆脱美元贬值给世界经济共同发展带来的困扰，主要发达工业化国家敦促美国采取措施保持美元汇率的基本稳定。但是，美国担心提高美元利率后虽可能吸引资本流入从而减缓贬值的速度，但也易引起国内经济萧条，遂拒绝调整国内货币政策，转而求助于多边合作。在美国主导下，西方七国国家财长和中央银行行长于 1987 年 2 月在巴黎的卢浮宫达成协议，各国承诺要在国内宏观政策和外汇市场干预两方面加强"紧密协调合作"：日本和西德制订计划刺激内需，美国进一步削减财政赤字；加强外汇市场"干预协调"，在 2.5% 的波动边界内各国可自愿干预汇率，在 5% 的较宽波动边界内，各国要实施强制性国际协调政策。

在这一阶段，牙买加体制呈现出以下特点：（1）美元仍是中心货币，是主要的国际计价、结算和储备工具，马克、日元等次中心货币地位逐渐上升。（2）美、日、德等主要国家的货币虽然自由浮动，但设立了宽幅汇率目标区，超过目标区，这些国家会联合干预。（3）以外汇储备、国际信贷等渠道应对短期国际收支失衡，主要国家同意调整国内货币政策，但不作任何确定的承诺。（4）形成了以美元为超级强币，马克、日元、英镑、法郎等为强币的中心—次中心—外围的

① 徐飞彪著：《新视野下的国际货币体系变迁及中国货币战略》，时事出版社 2016 年版，第 194 页。

国际货币结构。

（二）欧元崛起的时期

1992 年 2 月，欧共体 12 国签署的《马斯特里赫特条约》正式生效。根据该条约，欧元于 2002 年 7 月成为欧元区唯一的合法货币，世界上首个通过条约安排产生的区域超主权货币正式诞生，美元的地位受到了一定程度的挑战。有学者甚至认为，欧元是美元强有力的对手，两大强币相互竞争的时代已经来临。[1] 的确，欧元诞生后，欧元区范围逐渐扩大，目前 28 个欧盟成员中已有 19 个国家加入欧元区，除了丹麦和英国外，其他欧盟成员在满足条件后仍有望加入欧元区。此外，欧元区以外的国家也有部分将欧元作为其官方货币，不少国家将其货币与欧元挂钩，欧元开始呈现出对美元的"替代效应"。欧元的崛起在某种程度上改变了国际货币体制的格局。

欧元崛起后，牙买加体制的新特点主要表现在：（1）储备资产方面，欧元的出现使美元的占比逐渐下降。根据 IMF 的统计，欧元在国际储备资产中的占比从最初发行时的 17.9% 慢慢在 2009 年攀升至其峰值 27.6%，而同期美元的占比则从 71.9% 下降至 62.1%。虽然经过 2008 年全球金融危机和 2010 年欧债危机的冲击，囿于其制度的深刻缺陷，欧元的发展前景不明，但 IMF 最新公布的数据显示，2018 年第 1 季度，欧元在国际储备资产中的占比为 20.39%，仍仅次于美元的 62.48%，[2] 欧元依然是美元最有竞争力的货币。（2）汇率制度方面，欧元区内部主权货币退出，外部选择欧元作为锚货币的国家逐渐增多。比如，科索沃、圣马力诺等国将欧元作为其法定官方货币，还有约 1.75 亿人口使用钉住欧元的本国货币，包括俄罗斯、中国在内的不少国家将欧元放入本国参考汇率的货币篮子中并逐渐增加其权重。欧元与美元均成为关键的锚货币，它们之间实行浮动汇率制。（3）国际货币竞争方面，欧元的崛起一定程度上削弱了美元的霸主地位，部分国家开始以欧元为锚货币，国际货币体制逐渐形成了美元中心—外围体制和

---

① Benjamin J. Cohen, *The Future of Global Currency: the Euro Versus the Dollar*, Routledge Press, 2011, p. 1.

② IMF, "Currency Composition of Official Foreign Exchange Reserves（COFER）", Latest Update Date：07/02/2018.

欧元中心—外围体制并立的新格局。

(三) 后危机时期

2008 年全球金融危机后，美元的霸权地位再次受到国际社会的强烈抨击，改革美元本位制的呼声空前高涨；相继发生的欧洲主权债务危机和英国脱欧事件为欧元的前景蒙上了阴影；日元持续低迷，英镑江河日下，前途茫茫。但是，反观金砖国家的新兴经济体，作为世界经济发展的新引擎，GDP 高速增长，国际地位日益提升，对国际货币体制中的话语权的诉求日益强烈。可见，国际经济金融格局中各种力量的此消彼长，为现行国际货币体制的发展创造了新的时代背景。

金融危机以极端的方式拷问了牙买加体制的内在缺陷和巨大的破坏力，重新激发了很多国家，尤其是以中国为代表的新兴经济体重构国际货币体制的强烈愿望。然而，令人遗憾的是，新兴市场国家至今没有形成一个明确统一的国际货币体制的改革架构或战略思路，① 旧的体制仍在延续，不过显现出以下新的变化：(1) 国际储备资产方面，美元、欧元、日元等仍为国际储备资产的主体，但新兴国家的货币开始进入储备体制。人民币于 2016 年 10 月正式加入 SDR 的货币篮子后，IMF 更新了"官方外汇储备货币构成报告"(*Currency Composition of Official Foreign Exchange Reserves*, COFER)，单独列出人民币资产，以反映全球人民币外汇储备的持有情况。2016 年第四季度，人民币占参与官方外汇储备货币构成报告成员的外汇储备资产的 1.07%，2018 年第一季度，该比例上升为 1.39%。(2) 对国际货币和金融治理平台的改革诉求非常强烈。危机爆发后，二十国集团 (G20) 因吸收了众多新兴经济体的参与而取代了原来的七国集团 (G7) 成为全球货币和金融治理的首要平台，同时，作为国际货币体制机构载体的 IMF 在治理方面也进行了重要改革，提升了新兴国家的话语权。但这些改革并未触及现行国际货币体制的实质，根本缺陷依然存在。(3) 西方国家采用量化宽松等非常规货币政策调节其经济的内外部失衡，转嫁危机，IMF 调节国际收支失衡和应对危机的能力受到挑战。(4) 西方大国加强政策协调，达成无期限、无限额的货币互换

---

① 上海发展研究基金会编：《国际货币体系再思考：布雷顿森林会议七十周年后》，上海远东出版社 2014 年版，第 84 页。

协议。2013 年 10 月，美、欧、英、日、加及瑞士的六家中央银行达成的长期互换协议，将使这六种货币进入"大区间、有底线浮动时代"，这种安排是对具有稀缺意义的全球流动性的垄断，体制外的货币可能更动荡，IMF 的地位可能更边缘化。有学者甚至认为国际货币体制进入了一个全新的时期，即"大西洋体制"。① 总而言之，国际货币多极化的趋势日益明显，尽管美元依然处于核心地位，欧元、英镑、日元等变化不大，但是新兴大国货币地位上升，双边、区域和国际货币合作方式越来越多样化，国际货币体制开始呈现出新的特征。

第二节　现行国际货币体制的主要特征

40 多年来，尽管牙买加体制的外在表现形式不断呈现出新的特点，但是其从布雷顿森林体制继承的内核并未发生根本变革。根据上文论述的国际货币体制的定义，其内核应包括国际储备体制的本位设计、国际货币体制的功能以及国际货币体制的机构载体等方面。

一、以美元本位制为本质的国际货币体制

国际储备货币体制居于国际货币体制的基础地位，其本位的确定决定了该体制的本质。《牙买加协定》从制度上废除了黄金官价，黄金不再是锚货币，各国央行可以按照市场价格进行黄金交易，黄金和货币之间再无任何联系，美元成为主要的国际储备货币。尽管"黄金非货币化"在制度上得以推行，但各国均担心美元贬值，而且数百年来将黄金作为储备资产的传统观念很难根除，因此，黄金仍是当今国际货币体制中的一项储备资产。不过，黄金的作用明显被削弱，目前黄金在 IMF 成员国的国际储备总额中的比重低于 5%。② 而《牙买加协定》极力鼓励成为主要的国际储备资产的 SDR 也未能得偿所愿，因为 SDR 缺乏强大的主权国家或卓越的国际信用为其担保。历史上第一次 SDR 的分配使其在 1972 年年

① 徐以升著：《新秩序：美联储货币互换网络重塑国际货币体系》，中国经济出版社 2016 年版，第 1~4 页。
② 董君著：《国际货币体系研究：变迁、规律与改革》，中国经济出版社 2013 年版，第 118 页。

初的全球总外汇储备的占比达到 8.4% 的峰值，其后该比例持续下跌，即使经过了 1979 年的第二次分配，SDR 的占比也始终没有超过 4%。此后，SDR 的普通分配中止多年。在 2009 年的第三次分配前，这一比例下降至 0.7%。第三次分配使 SDR 的占比暂时跃升到 3.9%，但其下滑的趋势并未改变，至 2016 年，该占比又下降到 2.5% 左右。可见，SDR 在国际储备资产体制中的作用微乎其微。

现行体制继承了布雷顿森林体制下形成的美元的核心和主导地位。黄金作为货币的退出使外汇成为主要储备资产，而在众多外汇资产中，美元无疑占有压倒性的多数比例。截至目前，美元仍然是世界上最主要的贸易结算工具和锚货币、占比最高的价值储藏手段和外汇市场最重要的交易货币和干预货币。根据环球银行金融电讯协会（SWIFT）提供的数据，美国的进出口贸易 85% 以上是以美元计价和结算的。在欧元区，以本币计价结算的贸易比例远远低于美国的比例，而在其出口贸易中，以美元计价结算的比例约为 30%，在进口贸易中，这一比例更高，达到了 40% 左右。日本的国际贸易中用美元计价结算的比例高于欧元区。在全球的国际贸易中，美元计价结算的比例一直在 60% 以上，并且，石油、大豆、小麦、黄金、铜、铝等大宗商品均以美元定价，世界主要大宗产品的交易所基本都设在美国，而且主宰全球粮食、能源等市场的大型跨国公司大多数也来自美国，这些都极有力地支撑了美元的中心地位。此外，美元还是很多国家的锚货币，甚至有些国家在国内直接使用美元。香港通过与美元的联系汇率钉住美元，我国在 1997 年东南亚金融危机和 2008 年全球金融危机期间也曾经钉住美元，即使现在是钉住一篮子货币，但美元仍是篮子货币中权重最大的货币。世界上大多数国家也同中国一样，或多或少地钉住美元。因此，无论是私人领域还是官方领域，美元都是世界上最主要的计价单位和结算单位。在储备职能方面，美元也具有短期内不可撼动的主导性地位。在私人领域，美元一直是最受青睐的储值手段。欧洲美元市场的迅猛发展就是私人部门对美元资产有偏好的最好证明。在官方领域，根据 IMF 的统计，20 世纪 80 年代以后，美元在国际储备资产中的最低比重是 1990 年的 49.4%，其后逐渐上升，欧元出现后其比重有所滑落，但总体上仍是上升的趋势。2018 年，全球公开的外汇储备中，美元、欧元、英镑和日元的比重分别为 62.48%、20.39%、4.68% 和 4.61%。并且，越是在金融形势动荡不安尤其是金融危机爆发后，美元资产越发成为各国别无选择的避险储备资产。危机的冲击使世界各国都意识到了美国国债是最安全、流动性最高的金融资产。为了外汇储备保值增值，各国必然会用持有的外汇资产购买金融资产。在经济发展的政策时期，作为国际储备资产的备选项比较多，比如德国、法国、英国等欧洲强国的国债或日本的国债。但经历过历次危机的检验，一旦危机爆发，最好的选择仍然是美国国债，因为国债背后的美国拥有最强大的经济实力、成熟有深度的金融市场、自由开放的投资环境和完备稳健的法律体制。而欧洲的主权债务危机和日本的疲软经济及其收益率曲线控制政策使这些国家的国债未获得优于美国国债的竞争力。① 因此，美元资产是各国信心最大的国际储备资产，这也决定了美元作为国际储备资产的主导地位。此外，作为外汇市场的交易货币，主要国际金融中心超过80%的外汇业务仍然是美元交易，这一比例的峰值是89.9%，稳居世界第一位。根据国际清算银行（Bank for International Settlements，以下简称BIS）每三年进行一次的审查，2016年美元、欧元、日元和英镑在全球外汇市场成交量中的比重分别为87.6%、31.3%、21.6%和12.8%。人民币和港币在其中的占比仅为4%和1.7%。在货币组合的交投中，以美元、欧元、英镑和日元作为交易一方的数额分别为44380亿美元、15910亿美元、6490亿美元和10960亿美元。2018年5月BIS公布的数据显示，在全球外汇衍生市场中，以美元为交易货币的成交额高达747560亿美元，是欧元的2.6倍，日元或英镑的5倍左右。据IMF统计，以美元计价的跨境银行贷款、跨境银行存款和债券等在国际市场上的占比分别为52%、59%和46%，② 美元的重要地位一目了然。上述数据说明了美元依然是贸易结算、跨境支付系统、跨境借贷和国际储备积累的主要货币，当前国际货币体制的本质仍是美元本位制。

　　总之，在牙买加体制下，黄金和SDR仍然是国际储备资产的一部分，只是所占的比重微小；外汇储备是当前最主要的储备资产，欧元、英镑、日元和新兴经济体的货币都可能成为国际储备资产的一部分，但短期内都不能成为占主导地位的美元的替补项。而美元在现行国际货币体制中的中心地位导致了美元的"过

---

　　① 孙树强：《美元依然强大的逻辑》，载《金融博览》2018年第10期。

　　② IMF, "Strengthening the International Monetary System: Taking Stock and Looking Ahead", March 23, 2011, p. 10.

度特权",主要体现在以下方面:垄断国际贸易和投资领域的定价、结算和交易等货币事务,操纵国际货币金融制度的设计和制定,通过美元环流影响他国的金融经济行为,包括金融制裁等。鉴于此,多数学者认为,美国强大的货币权力赋予了其独特的影响力,能够攫取其他国家无法获得的经济利益和地缘政治的优势,从而形成美元霸权。因此,现行国际货币体制的核心本质是美元本位制和美元霸权。

二、未能充分发挥功能的国际货币体制

正如 IMF 在其名为《加强国际货币体制——盘点过去》的政策文件中所言,国际货币体制的主要功能包括:对个别国家以及这些国家之间的相互联系和潜在的溢出效应进行有效的监督,以帮助减轻风险并确保全球宏观经济和金融平衡的可持续性;通过管理经常项目和资本项目交易的规则和惯例,以及借款、对冲或其他风险分担工具,为各国有效减轻风险提供基础,以帮助管理资产负债表风险;确保提供充足的全球流动性,以支持面临暂时流动性限制的国家;提供强有力的解决机制,并制定明确的事前规则,以帮助各国解决失衡问题,包括如何处理过度负债的主权国家。作为国际货币体制的守护者,经《IMF 协定》授权后,IMF 通过汇率监督制度、国际支付制度和贷款制度等来促进国际货币体制上述功能的实现。从理论上讲,一个功能良好的国际货币体制应有助于各国之间有效地分配资源,并促进国际金融市场的顺利运作和可持续发展。因此,理想状态下,有效的国际货币体制应该阻止不受欢迎的外部失衡的累积,如持续显著的经常账户失衡、不稳定的汇率制度(包括汇率失调)、不可持续的资本流动、外部资产负债不匹配、国际储备的过度积聚或消耗失衡引起的过度或全球流动性不足等。但是很明显,当前的汇率监督制度并未能营造稳定的国际汇率体制,国际支付制度不能让国际社会避免资本恣意流动的动荡之苦,而 IMF 因日益被边缘化的地位和有限的资源亦未能有效地调整全球收支的失衡及提供充分的危机贷款。可见,现行国际货币体制的运行并未达到理想状态,其功能处于被抑制的状态。

(一)汇率监督功能

根据《牙买加协定》对《IMF 协定》的第二次修订,平价制度被废除,IMF

的成员国在汇率安排选择上享有广泛的自由，各国再没有义务与美元及黄金维持固定的比例。但是，这并非意味着成员国不承担任何汇率义务。修改后的《IMF协定》详细规定了成员国促进汇率体制稳定的一般合作义务和具体义务。而为了保证这些义务得以履行，第4条第3节明确授予了IMF对成员国的汇率义务进行双边和多边监督的职能。《IMF协定》的第4条第3节成为IMF监督制度的核心条款。但由于该条款的内容较抽象，为了更好地执行监督的职能和适应国际经济形势的变化，IMF以第4条第3节为依据，先后于1977年、2007年和2012年制定了三个关于监督的指导性原则的决议，即《汇率政策监督指引的决议》（以下简称《1977年决议》）、《对成员国政策双边监督的决议》（以下简称《2007年决议》）和《综合监督决议》（以下简称《2012年决议》）。目前，基本形成了以《IMF协定》第4条为基础、以《2012年决议》为指导的IMF监督制度的框架。为了检测这一框架的运行情况，IMF会定期进行监督检查。2014年9月，IMF完成了最新的三年期监督检查，下一次检查将在2019年进行。同年12月，IMF发布了《加强监督的行动计划》。不可否认，2008年全球金融危机提高了监督的门槛。尽管IMF已采取了重大措施，全面改革了监督的工具包，不断更新其法律框架，但是，IMF的监督功能仍不能满足日益复杂的国际经济社会带来的挑战。

1. 作为IMF监督制度核心的《IMF协定》第4条

（1）成员国的汇率义务。《IMF协定》第4条第1节规定了成员国的汇率义务。其序言部分通过描述国际货币体制的实质目的[1]和主要目标[2]，意在释出成员国遵守第4条第1节的义务可以带来更广泛的经济利益，[3] 即成员国若遵守该节的义务就会增强国际货币体制的有效运行，从而实现更广泛的经济利益。这为第3节"监督国际货币体制"奠定了基础。第1节规定了成员国的一般合作义务和具体义务。

---

[1]　国际货币体制的实质目的是提供一个便利国与国之间商品、劳务和资本交换和维持经济健康增长的体制。

[2]　国际货币体制的主要目标是继续发展保持金融和经济稳定所必要的有秩序的基本条件。

[3]　韩龙著：《金融法与国际金融法前沿问题》，清华大学出版社2018年版，第155页。

第一，成员国的一般义务是"保证与 IMF 及其他成员国合作，以保障有序的外汇安排和促进汇率体制的稳定"。该条强调了成员国的合作义务，不仅与 IMF 合作，也要和其他成员国合作。各成员国是否为了满足合作义务而采取的措施就取决于是否实现了合作的目标。合作的目标有两个：其一，促进汇率体制的稳定。《IMF 协定》第二次修改时将"促进汇率稳定"修改为"促进汇率体制稳定"，修改原因在于浮动汇率的合法化，修改逻辑则为：如果汇率能够反映各国经济基本面，而基本面又倾向于经济和金融的稳定，那么汇率体制的稳定就得以实现。鉴于此，各成员国虽有权选择自身的汇率安排，但要受到该义务的限制，并要接受依据第 4 条第 3 节的监督。其二，保障有序的外汇安排。来源于平价制度的该项目标在修正案中没有变化，但其含义应随着制度的变迁有所改变。不过，协定的条款中并未对"外汇安排"作出明确的解释。根据该条款，只要有利于实现上述两个目标，成员国就有合作的义务。可见，成员国合作义务的涵盖面非常广泛。但是该条款规定的一般义务过于空泛，怎样"合作"、不"合作"有无法律后果、"合作"义务的内容如何，均语焉不详。成员国的一般义务很难落到实处。

第二，成员国的具体义务。具体义务是对一般义务的具体化，是一般义务的组成部分，但其列举并未穷尽一般义务。具体而言，第 1 节的一般义务分为两类：其一，国内政策义务，国内的经济和金融政策要努力促进有秩序的经济增长，货币政策要寻求促进稳定。这两项具体义务都使用了"努力""寻求""促进"等劝告类的词汇，不能对成员国产生强制性的约束力。《IMF 协定》规定如此柔性的义务有其自身的考量。一方面，IMF 意识到国内的金融、货币政策同样会对一国的汇率产生较大的影响，如果没有国内政策的稳定和其所决定的汇率的稳定，汇率体制的稳定很难实现。因此，有必要将国内政策义务纳入第 1 节的义务框架内。另一方面，国内经济和货币金融的稳定的决定因素非常复杂，任何国家都不能保证国内政策一定会带来国内稳定，不能将该项义务"刚性化"。另外，在布雷顿森林会议中，各国并未将国内政策也置于 IMF 的管制之下，如果将此条义务"硬化"，恐有侵蚀成员国主权之嫌。因此，国内政策义务呈现出明显的软法特征。其二，对外政策的义务，包括禁止操纵汇率和国际货币体制的义务和奉行与承担的义务不相矛盾的外汇政策。这两条义务措辞明显不同，使用了"避免"和"奉行"这类强制性的措辞,构成了成员国的"硬性义务"。但是,对这些义务中的某些术语的理解和应用却非常艰难。比如,什么是"操纵",什么是"操纵汇率"和"操纵国际货币体制",两种"操纵"有何区别,"外汇政策""汇率政策"和"汇率安排"有何区别?《IMF协定》的条款都没有给出明确的解释。通过上述分析可知,由于国内政策需要通过汇率传导间接地影响汇率体制和国际货币体制的稳定,而且硬性地规定国内政策义务缺乏主权国家的权力让渡,所以它呈现出鲜明的"内柔"特征。相反,对外政策直接影响IMF的目标是否可以实现,也有主权国家的明确授权,因此呈现"外刚"特征。[①]但即使是刚性义务,由于缺乏可操作的标准和方法,加之IMF的执行规则一向不倚重制裁,所以对成员国的约束力有限。

(2) IMF的监督制度。为了避免第4条第1节的义务沦为空谈,也为了克服自由浮动汇率制的弊端,《IMF协定》在第二次修订时,增加了第3节监督制度的内容,形成了多边监督和双边监督两种形式。

第一,多边监督。根据《IMF协定》第3节(a)项,[②] 虽然IMF的所有职能最终都服务于维护国际货币体制的稳定,但该条给予IMF监督国际货币体制的特别授权,构成了IMF多边监督的法律基础。尽管自《IMF协定》第二次修正案后多边监督已成为IMF活动的重要组成部分,但执董会一直不重视理清其范围和作出指导性规定。《IMF协定》只要求IMF进行监督时,各成员国应提供监督所需的资料,并在IMF提出要求时与其进行磋商,完全没有涉及对实体义务的判断和评估,成员国仅有程序性义务。因此,多年来,多边监督发挥的作用非常有限。

第二,双边监督。第3节(a)项中要求IMF监督各成员国遵守第4条第1节的义务,成为双边监督的第一个法律依据。这里的监督包括了第1节涉及的国内政策义务和对外政策义务。但鉴于汇率政策义务在所有义务中具有最重要最直接的作用,因此(b)项中特别规定IMF应对各成员国的汇率政策进行严密的监

---

① 参见韩龙:《IMF与WTO在人民币汇率问题上的管辖关系》,载《国际经济法学刊》2007年第1期。

② 该条规定了IMF"监督国际货币体制,以保证其有效运行"的职责。

督，不同于（a）项的一般监督。而且考虑到汇率政策义务的操作性不强，要求 IMF 制定具体原则以在汇率政策上指导所有成员国。这一规定为执董会三次制定的指导性决议提供了法律依据。

总之，《IMF 协定》第 4 条第 3 节虽然构建了 IMF 监督制度的框架，但是多边监督的范围模糊、形式不明、性质不清，双边监督中的概念空洞、具体标准缺失，多边监督和双边监督的逻辑关联杂乱，均是 IMF 正常地、充分地发挥其监督职能的法律障碍。

2. 《1977 年决议》

布雷顿森林体制崩溃后，各主要国家事实上已自行采取浮动汇率制，为了避免自由浮动带来的汇率乱象，IMF 出台了《1977 年决议》，形成了双边监督为主、每隔两年审查执行情况的汇率政策监督体制。① 它的主要内容包括：第一部分的基本原则基本重述和说明了《IMF 协定》第 4 条第 3 节的内容；第二部分规定了对成员国汇率政策的三项指导原则，第一项原则重申了成员国的汇率政策义务，第二项原则要求成员国在必要时干预外汇市场，对付失序状况，这是促进汇率体制稳定的一般义务的体现，第三项原则要求成员国采取干预政策时要遵守与其他成员国合作的一般义务。第三部分则规定了 5 种 IMF 需要对成员国进行审查并进行商讨的情形，也可称为五种指标。② 20 世纪 90 年代后，私人资本流动规模和风险越来越大，1995 年，执董会在总结监督实践经验的基础上增加了第六项指标，即 "不可持续的国际私人资本流动"。

IMF 在出台《1977 年决议》时，牙买加体制尚未生效，自由浮动合法化后的汇率体制如何运行、如何通过监督制度遏制浮动汇率制的缺陷都没有现成的答案。在此背景下出台的《1977 年决议》不可避免地带有先天缺陷：（1）它无法

---

① 贺小勇、管荣著：《WTO 与 IMF 框架下人民币汇率机制的法律问题》，法律出版社 2010 年版，第 71 页。

② 这五种情形分别是：（1）在外汇市场进行持续、大规模的单向干预。（2）以国际收支为目的的不可持续的官方或准官方借款，或过度的、长时间的短期官方或准官方的借贷。（3）出于国际收支目的，实行大幅强化或长期维持对经常交易或支付的限制性或鼓励性措施；或出于国际收支目的，实行或大幅修改对资本流入或流出的限制性或鼓励性措施。（4）出于国际收支目的，实行非正常鼓励或阻止资本流动的货币和其他国内金融政策。（5）汇率表现与基本经济和金融条件无关。

预见不断变动的引起汇率体制和国际货币体制不稳定的要素。《1977 年决议》是对当时现实的反映，当时引起汇率体制动荡的主要原因是出于国际收支目的而进行的短期汇率操纵，但随着失去约束的美元本位制的缺陷的日益暴露和资本流动规模的扩大，各国更关切的不稳定因素在于主要国家的货币政策和财政政策的不一致引起的全球经济根本失衡，大量恣意的资本流动引起的金融动荡和资本账户的脆弱性。显然，《1977 年决议》的三项指导原则和五种指标难以涵盖上述新出现的不稳定因素。（2）它的监督范围过窄。由于该决议的制订依据是《IMF 协定》第 4 条第 3 节（b）项，所以它将监督重点放在了汇率政策上，它的三项指导性原则都是围绕汇率政策展开。虽然在具体指标中提及国内政策，但对国内政策的监督缺乏原则性指导。事实上，之后 IMF 的实际监督范围已扩大到货币政策、财政政策等其他国内宏观经济政策，但该规则却一直没有修订，导致了法规和具体实践的脱节。[1]（3）它仍然只是抽象的指导，缺乏可操作性。该决议仍旧没有理清双边监督的范围，即是否应明确包括国内政策，也没有细化监督的程序和方式，实践中很难发挥监督的实效。因此，它一直没有引起国际社会的重视。

3. 《2007 年决议》

进入 21 世纪前后，西方发达国家的经济增长步伐逐步放缓，以中国为代表的新兴市场国家成为世界经济发展的新引擎。新兴经济体通过经常项目顺差集聚了大量以美元资产为主的外汇储备，这本是频发的货币金融危机带给新兴市场国家的教训，但被以美国为首的西方国家解读为通过汇率操纵获得贸易优势，并由此造成了世界经济失衡。据此，美国财政部向 IMF 提出了修改《1977 年决议》的建议。[2] IMF 则认为，在当今迅猛发展的经济与金融全球化的浪潮中，IMF 确有必要制定迎接未来挑战的战略，而这项战略的核心即是对过时的监督制度进行

---

[1]　张礼卿：《评 IMF "2007 年决定" 及其对人民币汇率政策的影响》，载《国际金融研究》2008 年第 1 期。

[2]　近年来，美国贸易逆差节节攀升，美国国会保护主义抬头，认为人民币汇率低估导致了美国工作岗位流失，并要求 IMF 在扭转全球失衡（主要是经常账户失衡）和监督发展中国家汇率干预方面承担更多的责任。美国财政部在美国国际经济学会等智库的支持下，提出了修改《1977 年决定》的建议。参见温建东：《国际货币体制监管规则的新变化——评〈2007 年双边监督决定〉及其操作指引》，载《中国货币市场》2009 年第 10 期。

现代化改革。① 在此背景下，IMF 执董会通过了《2007 年决议》，这是 IMF 在 30 年后对监督框架进行的首次重大修改。

《2007 年决议》在若干方面对 IMF 及其成员国在第 4 条监督中的相互义务提供了进一步的指导。它由三个部分和一个附件组合。与《1977 年决议》的结构相比，它增加了对双边监督的范围、形式和程序的规定。从具体的指导原则和指标上看，它增加了第四项指导原则，② 修改了 IMF 需要审查和商议的几种情形。此外，还明晰了"操纵汇率"的含义。《2007 年决议》比《1977 年决议》更能适应现实的需求，相关概念也得以澄清，有一定的进步意义。它的主要修改点如下：

（1）在《2007 年决议》的第一部分澄清第 4 条第 1 节所规定的监督范围时，该决议引入了"外部稳定"的概念。"外部稳定"是指国际收支状况不会、也不太可能引起破坏性汇率变动。该决议指出，成员国通过促进自身的外部稳定，促进了整个汇率体制（它将其定义为"系统性稳定"）的稳定。因此，IMF 双边监督的主要功能是评估该成员的政策是否促进外部稳定，并将为此目的所需要的政策调整提供咨询意见。如此，IMF 在监督中以外部稳定为中心，以对外部稳定具有的重要影响为半径，确定了汇率监督需要审视的各成员国的政策范围，③ 即监督的重点是成员国采取的对目前或未来的外部稳定可能产生重要影响的政策。外部稳定对于拓宽双边监督的范围具有重大意义，构成了汇率监督的统领原则。根据该原则，IMF 双边监督的范围不再囿于汇率政策，可能涉及更广泛的货币、金融、财政等国内宏观经济政策。此外，在第二部分指导成员国实施汇率政策的新增原则中再次确定了外部稳定原则的重要指导意义。而在第二部分需要审查并需要与成员国讨论的 7 种情形中，将以前文本中的"汇率表现与基本经济和金融条件无关"的指标修改为"汇率严重偏差"。按照 IMF 的解释，如果一国的经常账户因汇率政策、国内市场不完善或不可持续的国内政策等原因而不能处于平衡状态，汇率就发生了"根本性失衡"。换言之，根本性汇率失调是指实际有效汇

---

① IMF, "Executive Board Adopts New Decisions on Bilateral Surveillance over Member's Policies", Public Information Notice, No. 07/69, June 21, 2007.

② 第四项指导原则是"成员国应避免采用导致外部不稳定的汇率政策"。

③ 韩龙：《IMF 汇率监督制度的新发展及其对策》，载《法商研究》2008 年第 2 期。

率偏离了符合经济基本面的经常账户所对应的汇率的均衡水平。① 这和外部稳定原则的要求是一致的，汇率是否根本性失衡也成为判断外部是否稳定的重要指标。

（2）明确了"汇率操纵"的概念。尽管《IMF 协定》和《1977 年决议》中都将禁止汇率操纵作为成员国的硬性义务进行规定，但是汇率操纵的定义抽象，标准缺失，缺乏可操作性，导致该义务也难脱"软法"的窠臼。《2007 年决议》聚焦于"为取得对其他成员国的不公平竞争优势而进行的汇率操纵"，对此种情形下的汇率操纵的构成进行了详细的解释，而将更模糊和更难确定的"为阻止有效的国际收支调整的汇率操纵"及"国际货币体制的操纵"等情形排除在决议规范的范围之外。具体而言，此处的汇率操纵必须同时具备两个要件：其一，客观上成员国采取了影响汇率波动的行为并实际上产生了造成汇率变动或阻止这种变动的后果。而且，这种后果还必须构成了汇率严重偏差。其二，主观上成员国操纵汇率的目的是获得不公平的竞争优势。而决议对"不公平的竞争优势"的解释是：成员国通过汇率被严重低估来扩大净出口。② 可见，成员国必须在主观上有积极追求通过汇率低估获得贸易盈余的目标才能构成汇率操纵，IMF 可以对成员国的动机作出评估。此外，该决议明确规定要依照证据对汇率操纵的构成要件进行评估，遵守"疑罪从无"的原则，即如果存在合理怀疑，则不能作出对成员国不利的判定。③

（3）修改了需要审查和商讨的情形。《1977 年决议》经修改后总共规定了六种 IMF 在监督中需要与成员国进行商讨的情形。《2007 年决议》增加了一种新的指标，并对原有指标进行了调整。新增的指标是"大量和持续的经常账户逆差或顺差"，增加该项指标反映了决议出台的背景。IMF 在美国的建议下希望在全球经济失衡的问题上有所建树，因此这次的修订比以往更关注国际贸易的收支失衡问题。在对原有指标的调整方面主要体现为三个方面，除了前文已

---

① IMF, "IMF Surveillance-The 2007 Decision on Bilateral Surveillance", IMF Factsheet（June 2007）, http：//www. Imf. Org/external/np/external/np/exr/facts/surv07. htm.

② International Monetary Fund, "Bilateral Surveillance over Member's Policies", Executive Board Decision-June 15, 2007, Annex, para. 2.

③ 乔什彤：《国际货币基金组织"新军规"的效力》，载《科学决策》2008 年第 3 期。

分析的，明确了"汇率严重偏差"的含义以外，还表现为：其一，用"对外资产的积累"取代了"官方的短期贷款"，扩大了该指标的涵盖面。成员国对国际收支的盈余往往会循环运用，而不仅仅局限于短期贷款一种形式。其二，增加了与官方或准官方借款和私人资本流动有关的流动性风险。频繁爆发的金融危机使 IMF 意识到威胁金融稳定的不仅限于可持续性和清偿风险，也要关注流动性风险。

（4）制定了监督的程序性规则。《IMF 协定》的条款仅规定 IMF 实行监督时成员国提交必要资料的义务和 IMF 认为有必要时和成员国进行磋商的职权，但并未明确建立磋商的时间和程序框架，不过 IMF 可以通过制度决议来对这些问题作出规定。① 因此，《2007 年决议》制定了较详细的监督程序：（1）双边监督的程序规则。成员国每年定期和 IMF 进行磋商。IMF 工作人员通过访问等方式对成员国进行审查，一般情况下，执董会应在工作人员和成员国交流结束后 65 天之内作出磋商报告。（2）强调了总裁在双边监督中的重要作用。总裁应密切关注成员国在第 4 条下的国内政策和对外政策，尤其是汇率政策及其调整情况。总裁认为有需要时，可向执董会请求组织与成员国的特别磋商。（3）为了让 IMF 更好地履行其监督职能，及时总结监督实践中的经验教训，《2007 年决议》开始实施对 IMF 监督工作的内部监督。执董会每隔三年对双边监督的执行情况进行审议。据此，IMF 已于 2008 年 9 月、2011 年 8 月和 2014 年 9 月完成了三次三年期的监督评估报告。后 IMF 将评估间隔实践调整为 5 年。

通过对监督法律框架的重大更新，《2007 年决议》增强了第 4 条下 IMF 监督制度的可操作性，拓宽了监督的范围，为 IMF 的双边监督提供了全面性政策说明。但是，IMF 的监督职能仍然饱受诟病，其原因如下：

（1）它的立法目的有偏私之嫌。如前文介绍，《2007 年决议》的双边监督仅限于对为"取得对其他成员国的不公平的竞争优势而操纵汇率"的监督，如果说对操纵国际货币体制的漠视是源自《IMF 协定》基础立法的不足（关于国际货币

---

① "Legal Department of the IMF: The Fund's Mandate—The Legal Framework", February 22, 2010, p. 9.

体制的规定和解释均不明确），① 那么对"为妨碍国际收支的有效调整而操纵汇率"的忽略则是 IMF 故意为之。因为导致《2007 年决议》出台的更深层次的原因是 IMF 接受了来自以美国为首的发达国家的"命题作文"，其所希望解决的问题狭隘而短视，即发达国家所声称的由于发展中国家大规模的、持续的出口贸易盈余引致的发达国家的巨额逆差及全球经济失衡。② 发达国家将全球经济失衡的责任推卸在贸易盈余国身上，而不愿意调整本国的收支失衡。尤其是美国，利用美元在国际货币体制的主导地位，通过贸易赤字向全球输送美元后，再利用发行美国国债等几乎没有成本和代价的方式回收美元，并可以在本国经济需要的时候通过国内政策导致美元按其意愿进行波动，比如 2008 年危机后美国的三轮量化宽松政策使美元汇率大跌，以减少其赤字对其经济带来的冲击。因此，美国等发达国家没有动力去调整本国的国际收支失衡，它们当然不希望作茧自缚，让 IMF 去监督它们是否存在为妨碍国际收支的有效调整而进行的汇率操纵行为。况且，大多数发达国家的货币都实现了自由浮动，其汇率的波动往往被认为是由市场因素决定而非人为干预。不同的是，新兴发展中国家由于本币基本上未实现自由兑换，外汇市场亦不发达，国家的干预相对较多，而《2007 年决议》过于关注发展中国家的汇率政策，却有意忽略了发达国家应承担的政策调整义务。立法目的的偏私使 IMF 的监督成果不被信服，监督实效大打折扣。

（2）它缺乏客观性和科学性。《2007 年决议》提出了"外部稳定""汇率根本失调"等新概念，但是，IMF 并未对这些经济学上的概念的内在规律有一个完善的、客观的认知和诠释，它的政策不能真实地反映经济规律，缺乏经济学上的理论基础。比如，关于"外部稳定"原则，有学者指出，汇率政策与外部稳定的关系还需要更深入的理论论证，汇率政策是否必然对外部稳定产生直接和实质的影响本身是存疑的。在经济理论尚不完善的情况下，将其作为制定政策的基础缺乏科学性。再如，关于"汇率严重偏差"，是否经常账户长期失衡就必然导致汇率根本失调？均衡汇率如何计算？这些问题都没有准确的答案。IMF 汇率问题咨

---

① 《IMF 协定》的第 4 条对国际货币体制的规定及解释均不明确。

② 贺小勇、管荣著：《WTO 与 IMF 框架下人民币汇率机制的法律问题》，法律出版社 2010 年版，第 83 页。

询小组（CGER）的研究方法和理论模型在实践上尚未被广泛认可和使用，尤其是在 2008 年全球金融危机中并没有得到证明。① 由于缺乏科学的监督标准，IMF 通过的双边监督报告中往往会出现悬殊的监督结论，这使 IMF 的监督失去权威性，其监督功能也难以发挥实效。②

（3）它忽视了双边监督与多边监督的关联性。《2007 年决议》的法律依据是《IMF 协定》的第 4 条第 3 节（b）项，即要求对汇率政策实施严密监督并制定指导性原则，该条款并未要求 IMF 制定关于多边监督的指导性文件。这种立法方式导致双边监督的政策丰富多样，而多边监督制度被束之高阁。双边监督与多边监督的分离导致双边监督出现明显的漏洞。鉴于成员国对国内政策只有软性义务，IMF 认为只要成员国是以促进国内稳定的方式实施国内金融和经济政策，那么成员国就没有义务调整其国内政策，即使它的溢出效应破坏了外部稳定。因此，对于促进国内稳定的国内政策不管对外部的效果如何，双边监督都无用武之地。此外，如果导致国内不稳定的国内政策不是通过国际收支渠道传导对外部稳定的破坏，而是通过其他途径溢出，那么双边监督也无法过问。值得注意的是，上述两种情形出现后，不仅双边监督无所作为，多边监督也无法涵盖。第一种情形下，由于国内政策促进了内部稳定，即被认为促进了外部稳定，多边监督当然不能管辖这类没有破坏国际货币体制稳定的国内政策。而第二种情况下也不在多边监督的范围之列。因此，双边监督和多边监督的相互脱离导致了监管盲区的出现，也不能适应经济一体化程度日益加深的背景下各国经济政策相互关联、相互作用的现实。如此，IMF 的监督实效自然不尽如人意。

---

① 温建东：《国际货币体系监管规则的新变化——评〈2007 年双边监督决定〉及其操作指引》，载《中国货币市场》2009 年第 10 期。

② 2011 年 7 月 21 日，IMF 发布的与中国的《第四条磋商工作人员报告》中称，人民币按均衡实际有效汇率法、外部可持续性法和宏观经济平衡法衡量的低估程度分别为 3%、17% 和 23%，以此再度敦促中国让人民币升值。对此，中国政府罕见地授权中国驻 IMF 的代表发布一份长达 6 页的声明，指出不应根据对未来经常账户的不确定预测来评估人民币币值低估程度，而且三种方法得出的结果差距如此之大，用低估的 23% 的数据来指责中国人民币汇率严重低估，这是带有很大的偏见的。参见叶晓楠：《"被低估"之说再重复也成不了真理》，载《人民日报（海外版）》2011 年 7 月 23 日；《从 3% 至 23%IMF "大跨度" 人民币汇率评估引争议》，载人民网，http://finance.people.com.cn/stock/h/2011/0722/c226333-3171450576.html.，2017 年 12 月 28 日访问。

正是由于上述缺陷,《2007 年决议》发布后,受到了发展中国家的广泛批评。中国罕见地通过官方声明,表达了对它的保留态度。有鉴于此,IMF 于同年 8 月 12 日发布了《关于 2007 年监督决定操作的指南》(以下简称《指南》)。《指南》强调 IMF 的监督要更公正地关注所有的成员国,并在关于"外部稳定"的解释中立场有所变化。即便如此,还是有些国家担心在第 4 条磋商中被贴上"汇率严重偏差"和"汇率操纵国"的标签,从而暂停或拖延与 IMF 的双边磋商。2009 年 6 月 IMF 指出,贴标签的做法收效甚微,相反与 IMF 的监督政策的目标相违背,已使 IMF 的监督功能受到破坏并使 IMF 的信誉受损。随后,IMF 对《指南》进行了修订,撤销了其中关于对违反 IMF 汇率政策指导原则和汇率严重偏差的成员国进行特别磋商的申明。[1] 但是,《2007 年决议》对 IMF 监督的合法性、科学性和权威性的贡献有限,IMF 的监督功能依然无法充分发挥出来。

4.《2012 年综合监督决定》

2008 年全球金融危机爆发时,IMF 的监督框架没有对国际社会面临的严重金融风险作出准确及时的预警,用事实证明了《2007 年决议》的缺陷。2011 年 IMF 进行的三年期监督评审报告表明,关于双边监督,第 4 条磋商报告注重对国内政策和脆弱性的评估,仅有不到 1/4 的报告具体分析了政策溢出效应的传播渠道并记录了其冲击效果;至于多边监督,IMF 内部的竖井结构(silo structure)使 IMF 极少重视分析经济政策之间的相关性和前瞻性地界定集体行动的范围,这导致了多边监督整体战略的缺失。造成这种局面的原因主要在于:在监督实践中,两种监督方式无法相互借鉴,有效连接。IMF 的不同部门分别完成两种监督的产品,由于法律依据、监督目标和指导原则均不一致,IMF 只是在两种监督产品制作的最后阶段才进行跨部门检查,以最大限度地避免相互矛盾之处,很难从对方的旗舰型文件中获得启发或观点上的修正。双边监督和多边监督的分离突显了 IMF 监督不能全面覆盖成员国政策及其溢出效果和作为整体的全球货币金融体制稳定的漏洞,2008 年金融危机的爆发也提示国际社会双边监督应该更注重全

---

① 温建东:《国际货币体系监管规则的新变化——评〈2007 年双边监督决定〉及其操作指引》,载《中国货币市场》2009 年第 10 期。

球经济一体化后的系统性风险，应以更系统的视角来分析国内政策；① 而多边监督也应给相关重要国家提出更综合、更清晰的政策指向。为了使 IMF 能在高度整合的世界经济中提供更有效更可信的监督，IMF 出台了《2012 年决议》。

《2012 年决议》指出，IMF 可通过综合运用双边和多边监督，更有效地监督成员国国内经济和财政政策，更全面地监督成员国对外交易活动，评估全球和国家层面的风险及其对全球经济金融稳定的影响。② 它由四个部分和一个附件组成，整体风格和结构与《2007 年决议》大同小异，其主要修改点在于：

（1）它整合了双边监督和多边监督，展示了它们之间的关联性。2008 年金融危机证明了国际货币金融体制所受的威胁并没有来源限制。除了双边监督一直关注的成员国的国内政策带来的不稳定和汇率的不稳定会带来风险外，即使一国国内是稳定的，其政策仍可能产生对他国或国际货币体制的溢出效果，并且这种效果不一定必须通过汇率或国际收支渠道进行传导，其他渠道也有可能。而且，各国间的经济联系和相互作用，甚至全球金融经济的稳定状况都有可能是危机的来源。可见，仅仅将汇率政策和通过国际收支途径产生溢出效果的国内政策置于双边监督之下，其他所有政策风险既不受双边也不受多边监督，必然无法适应不断变化的国际金融局势。因此，《2012 年决议》不再囿于传统双边监督和多边监督的泾渭分明的界限区分，而是将两者进行整合。IMF 认为，成员国的政策可以借由国际收支状况导致汇率破坏性变动而产生，也可以不经由外部不稳定的传导而直接影响国际货币体制。③ 在新决议的法律框架下，汇率政策仍然是双边监督的重中之重，国内不稳定通过国际收支渠道破坏汇率体制稳定的国内政策还属于双边监督的范围，但要注意的是，如果成员国的政策导致国内不稳定，并且这种不稳定并不是通过国际收支渠道传导溢出效应，从而影响国际货币体制的稳定，那么它也是双边监督的范围。而对于其他影响国际货币体制正常运行的情形，新决议将它们纳入多边监督的范围之内，包括国内政策没有导致国内不稳定但却通

---

① The Fund's Mandate: An Overview（January 22, 2010），http: //www.imf.org/external/np/pp/eng/2010/012210a.pdf，2016 年 1 月 13 日访问。

② 刘旭：《IMF 汇率监督法律制度研究》，载《中国外汇》2013 年第 10 期。

③ 韩龙：《IMF 监督制度的晚近修改能否解决国际货币体制所受威胁》，载《中外法学》2016 年第 4 期。

过溢出效果影响了国际货币体制的稳定和成员国政策的溢出效果、各国的经济联系或者全球经济金融的稳定状况等，只要影响了国际货币体制的稳定，都属于多边监督的范畴。整合后的监督框架扩大了对金融风险的覆盖面，提高了 IMF 防范金融危机的能力。

（2）它加强了对国内政策的监督。《2012 年决议》第二部分的指导性原则除了保留原决议的四项原则外，增加了"成员国应尽力避免采取引起国内不稳定的国内经济和金融政策"的第五项原则。如前文所述，《IMF 协定》对成员国政策义务的规定"内软外刚"，导致 IMF 进行双边监督时也呈现"外松内紧"的状态。由于《2007 年决议》过于偏重对汇率政策的审查，发展中成员国认为 IMF 对国内外政策的监督是失衡的。为了改善这种失衡状态，新决议增加了第五项原则，试图平衡对成员国的国内政策和汇率政策的监督。但是，这种增补的实效有待观察。《2012 年决议》不能改变成员国义务的性质，不能偏离《IMF 协定》的规定，因此，这项原则的措辞也非常软弱，它仍然使用了具有建议和劝告意味的字眼，比如"should"和"seek"。

（3）它明确了多边监督的范围和程序。首先，《2012 年决议》规定了多边监督的范围。多边监督的法律依据是《IMF 协定》第 4 条第 3 节（a）项，但该条款并未对国际货币体制作出明确的界定。《2012 年决议》明确了国际货币体制的四大构成要素，[①] 为多边监督维护的对象提供了清晰明确的内涵。在此基础上，它列举了国际货币体制失灵的表现，并明确了国际货币体制失灵的种种因素。据此，《2012 年决议》规定，多边监督的范围包括：其一，监督威胁全球经济金融稳定的风险，对全球经济的前景进行展望；其二，监督成员国政策的溢出效应风险，包括国内政策和对外政策。[②] 其次，规定了多边监督的具体方式。除了正常的定期磋商方式外，新决议首创了多边特别磋商形式。[③] 当某成员国出现的问题

---

① 国际货币体制的四大核心要素：规定国家间汇兑安排和外汇买卖的汇率规则；经常项目项下进行国家间支付和转移的规则；管理国际资本流动的规则；持有国际储备的安排，包括从 IMF 或通过官方货币互换获得流动性的官方安排。

② IMF, "Modernizing the Legal Framework for Surverllance——An Integrated Surveillance Decision", July 17, 2012, p. 9.

③ 韩龙：《IMF 监督制度的晚近修改能否解决国际货币体系所受威胁》，载《中外法学》2016 年第 4 期。

严重影响到国际货币体制的有效运行时，总裁可以提请执董会组织成员国开展多边磋商以督促其进行合作。① 多边磋商是 IMF 提供的一个多国共同讨论的平台，是 IMF 加强多边监督的有效方式。②

综上所述，国际货币体制的守护者试图不断完善监督的法律和政策框架，以期强化其监督功能。《2012 年决议》虽然统合了双边监督和多边监督，并逐渐开始重视多边监督，但 IMF 能否通过监督系统地捕捉到威胁国际货币体制的风险以及其传播渠道是令人存疑的。况且，以往监督框架中的大多数缺陷依然存在，IMF 在未来的监督中是否能比在 2008 年危机前发挥更好的作用，还需要时间的检验。从当前的实践来看，主要国际货币之间的汇率依然无序浮动，以投机为目的的短期资本流动变化无常，储备货币发行国的政策溢出效应仍被忽视，各种货币和金融危机频频发生，国际货币体制的监督目标并未实现。

（二）国际资本流动管理的功能

根据《IMF 协定》，国际货币体制的主要目的之一是提供一个便利国与国之间商品、劳务和资本交流的体制。为发挥该项功能，《IMF 协定》第 6 条和第 8 条分别规定了资本项目和经常项目项下的资本管理制度。第 8 条实现了各国货币在经常项目下的可自由兑换，为国际贸易收支、非贸易往来和无偿转让带来了便利。然而，考虑到资本项目下资本自由流动可能带来的弊端，第 6 条不仅没有对成员国施加资本项目自由化的法定义务，而且还赋予了成员国对资本流动实施必要管制的权利。并且，如果成员国使用 IMF 的普通资金作为大量或长期的资本输出之用，IMF 有权要求成员国实行管制。可见，以《IMF 协定》为法律基础构建的国际货币体制在经常项目项下为资本流动提供了便利，而在资本项目项下更注重资本流动的安全。

---

① 多边磋商由 IMF 工作人员与成员国进行讨论，并促成成员国之间的讨论；同时，IMF 向成员国提出政策调整建议，并鼓励成员国同意调整国内政策以促进国际货币体制的有效运行。第一次参加多边磋商的有中国、欧元区、日本、沙特阿拉伯和美国，主要关注解决全球不平衡问题和保持全球经济增长。

② 刘旭：《IMF 汇率监督法律制度研究》，载《中国外汇》2013 年第 10 期。

但是，20 世纪 70 年代以后随着金融自由化思潮在西方世界的蔓延，不少学者开始论证解除资本项目管制的优越性，主要有：资本自由跨境流动可以在全球范围内改善资源配置，督促相关的国家执行负责任的经济政策，使国内居民分散外汇风险，而且，诸多管制措施会降低有效资本供给，提高企业的成本。① 进入 20 世纪 90 年代后，IMF 开始极力鼓吹资本项目自由化，甚至企图要求所有成员国都彻底放弃对跨境资本流动的限制。1997 年 IMF 和世界银行通过《香港宣言》，提出修改《IMF 协定》，赋予 IMF 对资本项目的管辖权，并对其成员国施加资本项目开放的普遍性义务的动议。② 但是，随着墨西哥金融危机和东南亚金融危机的爆发，事实雄辩地证明了资本项目管制制度是一些发展中国家金融安全的屏障。仓促开放资本项目的国家比实施资本项目管制的国家受金融危机的创伤严重得多，即使都是受到重创的国家，接受 IMF 贷款条件开放资本项目的国家经济复苏缓慢，而拒绝接受贷款条件的国家经济却快速反弹。自此，国际社会意识到激进的资本项目开放会导致危机的爆发，应当确定资本项目的开放顺序渐进地实施开放。③

东南亚金融危机后，以库珀、克鲁格曼等为代表的经济学家指出，资本的自由流动将加大市场扭曲、制造道德风险、鼓励过度投机并最终导致成本高昂的重大危机。④ 但 IMF 并没有放弃推行资本项目开放的努力，只是罗列了诸如金融发展水平、制度的完备程度及健康的国内政策等条件。直到 2008 年全球金融危机爆发，事实再一次证明跨境资本的自由流动虽然能带来诸多利益，但却会加剧宏观经济的问题，加大金融危机的风险。IMF 承认，实施资本项目管制的国家是所

---

① 余永定、张明：《资本管制和资本项目自由化的国际新动向》，载《国际经济评论》2012 年第 5 期。

② IMF, "Communiqué of the Interim Committee of the Board of Governors of the International Monetary Fund", Press Release, No. 97/44, Sept. 21, 1997. 转引自韩龙：《资本项目制度改革流行模式不适合人民币国际化》，载《法商研究》2018 年第 1 期。

③ Kenji Aramaki, "Sequencing of Capital Account Liberalization—Japan's Experiences and Their Implications to China", *Public Policy Review*, 2006, Vol. 2, No. 1, p. 180.

④ 余永定、张明：《资本管制和资本项目自由化的国际新动向》，载《国际经济评论》2012 年第 5 期。

有受国际金融危机冲击的国家中受影响最小的国家。① 此后，IMF 开始反思并转变了观点。2012 年 11 月 IMF 发布《资本流动的开放与管理：体制观》认可了资本项目管制的合理性和整体方法，2015 年 11 月，IMF 工作人员收集了来自 149 个国家从 1970 年到 2010 年的数据，发现资本账户自由化推进的改革总体上加剧了收入的不平等性并减少了短期和中期的劳动收入份额。② 2016 年 12 月，IMF 的一份工作报告指出，资本流动是国际货币体制的一个重要因素，对各国的重大挑战是如何既能利用资本自由流动带来的好处，又避免其导致的风险。2012 年 IMF 关于资本流动自由化及其管理的体制观已被采纳，随着资本账户更大程度的开放，政策制定者的挑战是管制的重点应该从资本的流入激增转移到资本倒流，同时要注重监管资本流动的波动性。资本的来源国与接受国都应该在资本流动管理方面发挥作用。③

可见，国际社会基本达成共识，资本项目的管制在可预见的未来不可能成为各国的法定义务，国际货币体制应为国际资本的流动在提供便利性的同时兼顾安全性。但是，当前国际资本的短期、无序、大规模的流动显著影响了国际资本市场，甚至带来了严重的金融危机。比如一些新兴市场国家经历的资本"骤停"，让资本接受国一向受益的资本流入突然停止，并大规模流出，继而引起国内经济的剧烈动荡。因此，现行国际货币体制管理资本流动的功能并未充分发挥出来。

（三）国际收支调节的功能

在布雷顿森林体制下，《IMF 协定》通过第 5 条规定了平价制度下调整国际收支失衡的方法，以发挥国际货币体制调节国际收支的功能。成员国在加入 IMF 时，应当以 SDR 或者 IMF 指定的外汇缴付其配额中 25%的部分，而其余部分以

---

① Ostry, Jonathan D., Atish R. Ghosh, Karl Habermeier, Marcos Chamon, Mahvash S. Qureshi, and Dennis B. S. Reinhardt, "Capital Inflows: The Role of Controls", IMF Staff Position Note 10/04, 2010.

② Davide Furceri, Prakash Loungani, "Capital Account Liberalization and Inequality", IMF Working Paper, November 2015, p. 1.

③ IMF, "Capital Flows—Review of Experience with the Institutional View", IMF Policy Paper, December 2016.

其本国货币缴付。成员国缴付的占份额 25% 的这部分资金实际上属于该成员国的国际储备，当其国际收支失衡时，成员国可以自由地行使此项一般提款权，不需要向 IMF 提出申请，使用也不附带条件，不用为其支付利息。但是，当成员国因收支失衡需要获得超过其基金账户中储备部分额度的普通贷款时，它将要满足 IMF 提出的各项条件，除了最不发达国家外，该类贷款均要支付利息，还有额度和年限的限制。因此，布雷顿森林体制时期，各国主要依靠 IMF 提供的短期信贷调整收支失衡。

进入牙买加体制后，美元挣脱了黄金的束缚，与主要国际货币之间实现了自由浮动，国际收支调节的手段日益多样化。汇率变动、国际储备增减、相对价格变动、短期资本流动等对国际收支都有一定的自主调节作用。① 比如，在理论上，当一国面临贸易逆差时，其本币在外汇市场上的需求下降而外币需求会上升，在市场调节下本币出现贬值，从而促进本国的出口，进而改善该国的贸易账户逆差。此外，各成员国还可以利用其他汇率工具、利率机制、IMF 的短期信贷、国际金融市场及各国商业银行的融资工具等多种手段调节国际收支失衡。各国对通过国际货币体制的自主调节缓解收支失衡的愿望逐渐淡漠。况且，目前全球经济失衡成为一种常态，美国的贸易赤字持续增长，以中国、日本为代表的亚洲国家和其他新兴经济体却持有大量的贸易盈余，积累了巨额的外汇储备。国内外学术界从多个视角分析了这种失衡的原因，我国多数学者认为，当前的全球经济失衡并非临时性短期失衡。以美国为代表的"金融国家"与以中国为代表的"贸易国家"的差异决定了各国在现行国际货币体制中的地位与角色，美国通过巨额贸易逆差输出美元，再通过向贸易国家出售国债收回美元，这种美元环流对全球经济失衡有推动作用，但不是决定性作用。因此，彻底否定或仅仅依靠改革现行国际货币体制，很难解决国际收支失衡的结构性问题。鉴于此，近年来，国际货币体制调节国际收支失衡的功能逐渐被淡化，而为遭遇危机的国家和地区提供国际信用的功能日益显现。

事实上，20 世纪 70 年代后，工业化国家已停止从 IMF 获得贷款，IMF 发放

---

① 李晓等著：《国际货币体系改革：中国的视点与战略》，北京大学出版社 2015 年版，第 13 页。

贷款的规模也越来越小。随后，新兴经济体累积了巨额的国际储备，也不再需要 IMF 的国际收支调节贷款。进入 20 世纪 90 年代以后，国际和国内金融经济风险日益复杂，金融危机发生频仍，陷入危机中的国家遭遇流动性风险后自然地、逻辑地向 IMF 求助。近二十几年来，IMF 的贷款用途逐渐发生了变化，从对收支失衡的贷款转变为对金融危机的救济。但是，由于现行国际货币体制并未明确规定其危机贷款的功能，IMF 对金融危机缺乏相应的管理、干预和救助手段，在 1997 年东南亚金融危机、2001 年阿根廷金融危机及 2008 年全球金融危机期间，IMF 都未能充当国际最后贷款人角色，国际货币体制的危机贷款功能饱受诟病。

三、机构载体处于制度困境中的国际货币体制

IMF 是"二战"前夕国际社会试图通过国际合作的制度安排构建一个全新的国际货币体制的会议中构想出来的国际金融组织。参加此次会议的 44 个国家希望建立一个经济合作框架，避免再次出现 20 世纪 30 年代大萧条时期的竞争性货币贬值。它的主要宗旨是促进各成员国的货币合作，确保国际货币体制的稳定。2012 年后，IMF 被扩大授权管辖所有影响全球稳定的宏观经济和金融部门的问题。① 可见，IMF 从其诞生之日起就肩负着促进国际货币体制健康运行的使命，它是现行国际货币体制的机构化身。

IMF 由 189 个成员国治理并对这些成员国负责。它的最高决策机构是理事会，理事和副理事大多来自各国的中央银行或财政部。理事会的工作方式是每年召开年会，它的重要咨询机构国际货币与金融委员会由 24 位理事组成，通常每年举行两次会议。IMF 的常设决策机构和日常执行机构是代表全体成员国的 24 位执行董事组成的执董会。目前，IMF 以份额公式为基础经协商后分配给成员国一定的份额，并实行加权表决制，份额分配越多的国家投票权越多。IMF 的重大事项需要成员国 85% 的多数票才能通过，美国和欧盟的投票权均超过了 15%，它们拥有一票否决权。可以认为，IMF 的诸多重大决策都受制于美欧的立场和利益诉求。

---

① The IMF at a Glance, http：//www.imf.org/en/About, visited on Aug. 6, 2018.

1944 年《IMF 协定》明确规定了 IMF 的主要职能。① 在协定的第二次修订中，修正案对其职能进行了微调：（1）提供短期贷款便利，协助成员国调整政策以恢复国际收支平衡。（2）致力于成员国的汇率政策的监督，保证有秩序的汇兑安排和保持汇率体制的稳定，避免成员国以操纵汇率或采取歧视性汇率政策谋取不公平竞争利益。（3）鼓励成员国实现各自货币的可自由兑换。（4）通过多种方式督促成员国遵守其规则和政策。若一成员国不履行《IMF 协定》的任何义务，IMF 可以取消该国使用普通资金的资格，或勒令其在一合理期限后退出IMF。② （5）向成员国提供技术援助。其后的历次修订中，IMF 的职能一直没有变化。时至今日，IMF 继续将"维护国际宏观经济稳定"作为其核心职能，它的法定角色依旧是国际货币体制的监督者和协助成员国恢复收支平衡的贷款人。但是，晚近国际经济形势动荡不安，危机频发，紧迫的形势并未给 IMF 留下太多选择的余地，更何况 IMF 在维护国际货币体制稳定中积累的经验也促使其被历史地、逻辑地认定为提供危机救济的最适宜的国际机构，③ IMF 的职能拓展到危机管理的领域，它一度以"救火队"的形象活跃在国际金融舞台上。④ 纵观 IMF 历经 70 多年的演变，其在国际货币体制中主要扮演以下角色：

（一）国际货币体制的监督者

在后布雷顿森林时代早期改革的谈判中，美国代表完全意识到了缺乏类似平价制度的有约束力的规则会给国际货币体制的运转带来潜在困难，但他们仍期望获得灵活的汇率制度和开放的资本账户带来的利益。而以法国为代表的持相反意见的一方则认为纪律的缺乏会导致美元享有过分的特权。最终，两方的妥协就是

---

①　1944 年《IMF 协定》中规定的 IMF 的职能：（1）维护成员国之间的汇率稳定，并为国际货币问题提供磋商机制。（2）为成员国的短期国际收支逆差提供资金融通便利，并通过调整汇率平价来解决成员国的基本失衡。（3）协助成员国建立多边支付制度，消除外汇管制。

②　向雅萍：《后次贷危机时期 IMF 改革的法律思考》，载《武汉理工大学学报（社会科学版）》2010 年第 2 期。

③　祝小兵：《国际货币基金组织的改革动因及目标评述》，载《世界经济研究》2009 年第 6 期。

④　向雅萍：《后次贷危机时期 IMF 改革的法律思考》，载《武汉理工大学学报（社会科学版）》2010 年第 2 期。

赋予 IMF "切实的监督者"的角色，以确保汇率体制的稳定。"切实的监督"证明了法国的小小胜利，但是使用"稳定的汇率体制"而非"稳定的汇率"可以理解为美国获得了最终胜利。事实上，IMF 作为国际货币体制的监督者，名义锚的缺失使 IMF 几乎没有剩下一个能充分履行其监督职能的工具。一旦从资本项目的管制和固定汇率制度中解放出来，发达成员国不再被迫依赖 IMF 来维持它们的收支平衡。但是，广大发展中国家就没有如此幸运。所有成员国不再是平等地申请收支失衡的临时贷款。成员开始并一直在借方和（潜在的）贷方之间进行划分，即工业化国家和发展中国家。后来，随着巴西和中国等强劲的、有活力的新兴经济体的出现，这种划分才被改变。然而，直到如今，法律疲软、权力至上的事实仍然存在。正如美国一位官员所说，"当 IMF 与一个贫困弱小的国家磋商时，这个国家需排队等候；当它与一个发达强大的国家磋商时，IMF 自己需要排队等候"。① IMF 的监督在对象和范围上都存在失衡，导致 IMF 作为监督者而饱受批评。

以 2008 年爆发的金融危机为例。危机爆发前，IMF 像众多的经济专门机构一样，被高度的"金融危机不可能在主要发达经济体爆发"这种群体思维或众人心态阻碍，也受到了不充分的分析工具的束缚。在英美等国经济思潮的影响下，IMF 也倾向于将全球经济失衡更多地与新兴经济体的汇率政策和外汇储备规模联系起来，而完全不能识别不断发展的全球宏观经济失衡和发生在英美等全球金融体制核心的系统性风险之间的密切关系。对于能较好识别系统性风险的工具"金融部门评估规划"，美国一直坚持该监督程序是自愿的，最终导致拖延或拒绝用该工具分析其国内的金融风险。美国金融系统成为 2008 年全球金融危机的震中证明将其作为自愿程序是短视的。在存在偏见的监督中，IMF 在其他监督产品中得出了误导性的结论，比如"缺陷被限制在了次贷市场的某些特定部分，因此不太可能造成严重的系统性威胁"。"美国的住宅市场似乎正在企稳，从总体上看，

---

① Bessma Momani and Kevin A. *English*, *In Lieu of an Anchor: the Fund and Its Surveillance Function*, Handbook of the International Political Economy of Monetary Relations, *Edward Elgar Publishing Limited*, 2014, pp. 429-431.

美国抵押贷款市场基本保持了弹性。"① 而当次贷危机最终引发全球金融危机时，IMF 发出的信息是，"金融尾部事件风险已经得到缓解"。作为国际货币体制的监督者，IMF 没有及时预测 1930 年代以来最具破坏性的金融和经济危机特别令人困惑。

（二）国际货币体制的管理者

《IMF 协定》赋予 IMF 监督和贷款的职能，是为了 IMF 能促进国际货币体制的稳定，管理国际货币体制运行过程中出现的问题。自成立以来，IMF 根据协定主要管理对贸易赤字融资时提供贷款的条件，随着国际经济形势的变化，IMF 的管理重点转向了危机贷款时的条件。不过，《IMF 协定》并未明确 IMF 提供贷款时附加条件的范畴，更未制定 IMF 管理危机贷款的规则。作为事实上危机贷款的管理者，IMF 却并没有得到成员国的广泛认可，相反，批评的声音不绝于耳。从 20 世纪 80 年代开始，金融危机接踵而来，IMF 开始发放危机贷款，而贷款条件也在发生变化。它逐渐突破了宏观经济政策的范畴，开始包括结构性条件，并慢慢蠕升到公共和社会政策领域政策，超越了被授权的货币和财政政策领域。20 世纪 90 年代中期，IMF 在发放危机贷款前，其工作人员会和成员国大量讨论诸如贸易自由化、劳动力市场、离岸银行监管、税收改革、精简开支、收入分配、贫穷、土地改革、环境等诸多主题。20 世纪 90 年代末期和 21 世纪初期，随着更多的国家从 IMF 借款，IMF 利用它的贷款项目获得了更多的关于成员国经济政策的信息。这些都引起成员国政府的不满，如此谈判借款条件对它们国内事务的主权具有太大的侵蚀性。况且，IMF 受到美国华盛顿共识的影响，在为发展中成员方开出危机后的救济药方时，往往一味追求自由化和私有化，而无视被救助国的国情。东南亚金融危机后，对 IMF 管理的贷款条件的评判达到高潮。韩国以取消外国产品进口禁令、出让韩国国家银行控股权等为条件接受了 IMF 提供的 570 亿美元的救助，但救助的结果是韩国市场崩溃。韩国人甚至将达成该救助协议的 12 月 3 日称为"国耻日"。类似的情形也发生在泰国、印尼等国。印尼也认为，

---

① 何焰：《国际货币基金组织治理金融危机的法律问题研究》，武汉大学 2009 年博士学位论文，第 179~180 页。

接受 IMF 的援助本身就是一场国家危机。2001 年,被 IMF 推崇为"模范国家"的阿根廷再次爆发金融危机,很多学者认为,新危机爆发的原因正是上次危机救助中 IMF 提出的条件,即私有化重要资源开发项目和紧缩财政预算。越权的救援条件和适得其反的救援结果令大多数发展中国家失去了对 IMF 危机贷款的兴趣,欧债危机前发达国家也没有必要请求 IMF 的救援,IMF 的管理职能逐渐被淡化。2007 年次贷危机席卷全球时,IMF 的状态正如一位学者所形容的:"当邻居在遭受火灾的时候,救火队员却闲在一旁。"① 巴基斯坦绕过 IMF 先向中国寻求帮助,冰岛则试图同俄罗斯达成救助协议。巴基斯坦和冰岛的踌躇和犹豫成为 IMF 的管理者角色被边缘化的生动注解。②

(三) 国际货币体制的贷款者

《IMF 协定》规定了 IMF 的资金来源,并授予其发放贷款的职权。但经过 70 多年的发展,IMF 仍不能提供国际货币体制的最后贷款人。目前,IMF 向成员国提供非优惠贷款的资源主要是通过成员国支付的份额提供的,另外多边和双边借款分别作为获取资源的第二道和第三道防线,在份额资源不足时提供临时补充。这些借款在 2008 年金融危机和 2010 年爆发的欧债危机期间发挥了关键的作用。此外,成员国的捐款和 IMF 的经营所得也构成了资源的一部分。经过 2009 年双倍增资和收入模式改革后,IMF 的资源有所增加。截至 2018 年 12 月,IMF 的资源总数为 9750 亿 SDR,在留出流动性缓冲并考虑到只有外部实力强大的成员国的份额资源可用于放贷后,能转化为大约 7000 亿 SDR(约 1 万亿美元)的放贷能力或"火力"。③ 约 1 万亿美元的放贷能力看起来很宽绰,但若和当前国际金融体制中脆弱国家的可能需求相比,则黯然失色。有学者估算过,1998 年后,全球 GDP 增长超过了 125%,全球贸易增长了 200%,而全球金融交易更是增长

---

① Hector R Torres, "The Fire Fighters of the IMF", *International Economy*, 2008, Vol. 36, p. 22.

② 向雅萍:《全球金融危机背景下国际货币体系改革的法律路径研究》,武汉大学 2012 年博士学位论文,第 27 页。

③ IMF, Where the IMF Gets Its Money, https://www.imf.org/en/About/Factsheets/Where-the-IMF-Gets-Its-Money, last visited on December 28, 2018.

迅速，与其相比 IMF 份额的历史年平均增长率仅为 5%。① 可见，与任何经济指标展示的发展相比，IMF 贷款资源主要来源的增长比例都是十分荒谬的。短缺的资源必然会限制 IMF 贷款职能的发挥。比如，2007 年次贷危机爆发后，直至 2008 年下半年，IMF 所拥有的资源约为 2500 亿美元，与之相对的却是，对全球金融危机的引发和加剧随时可能形成毁坏性力量的难以预测和评估的国际私人资本的规模和流速。② 面对如此短缺的资源和巨大的潜在需求，2009 年 G20 伦敦峰会上各国领导人一致同意将 IMF 的资源扩大到原来的 3 倍。这一改革举措极大地提升了 IMF 的贷款能力。但 IMF 若想成为国际货币体制的最后贷款人，则前方会有更漫长的路途，因为 IMF 不同于中央银行，它不能向有偿付能力的金融机构提供无限量的债券。很明显，资源短缺问题已成为制约 IMF 充分发挥贷款职能进而提供国际最后贷款人的瓶颈。

作为国际货币体制的机构载体，目前其合法性和代表性受到广泛的质疑。治理方面，IMF 不能广泛地代表大多数成员国的利益；职能方面，IMF 的角色转变并无相应的制度保障。IMF 试图历史地、逻辑地在国际货币金融秩序的重构中发挥重要的作用，显然面临巨大的制度困境。

第三节　现行国际货币体制的法律缺陷

与布雷顿森林体制相比，牙买加体制表现出了较强的灵活性，在一定程度上能适应世界经济动荡、多变和发展不平衡的特点，因此，它在维持国际经济正常运行、推动世界经济持续发展方面具有积极的历史意义。但是，牙买加体制下的国际条约没有规定国际货币体制的本位货币，对多样化的汇率制度和频繁流动的国际资本缺乏有力的监督，国际收支调节机制失灵，危机贷款功能缺失，机构载体 IMF 的治理存在严重缺陷，整个国际货币体制处于自由放任的状态。20 世纪

---

① [美] 杰克·布尔曼、[法] 安德烈·艾卡德等著：《国际货币体系改革》，中国大百科全书出版社 2015 年版，第 166 页。

② 李本：《国际货币基金组织改革的职能趋向》，载《法学》2010 年第 4 期。

末期爆发的一系列金融危机和 2008 年的全球金融危机都以残酷的事实拷问了现行国际货币体制的法律缺陷。

一、制度缺失：美元成为没有约束的本位货币

在现行国际货币体制的现实中，美元具备的实力使其成为事实上的本位货币，但一直没有法律意义上的任何承诺。这实质上导致了当前名义货币锚的缺失，美国的货币政策不必受到国际法律的约束，其他国家的货币行为也因此更具有任意性。①

事实上，除了强悍的军事霸权外，美国主要靠两大经济策略支撑美元在牙买加体制下的本位货币地位。

首先，第一大策略是在国际石油贸易中以美元计价。石油对现代工业化国家的重要意义不言而喻。布雷顿森林体制时期，黄金美元双挂钩，再加上美国的石油生产量几乎占到全球的一半，不少国家选择美元作为石油交易的计价货币。美元与黄金脱钩后，美国和世界上最大的产油国——沙特达成协议，沙特同意继续将美元作为其出口石油唯一的定价货币。沙特的承诺对欧佩克的其他成员国产生了重要影响。如此，美元与石油"挂钩"成为既成事实，美国完全可以通过控制美元的涨跌来左右石油的价格。当美国需要印制更多的美元投入市场时，美元的贬值会导致石油涨价，进口国要支付的美元也会越多，自然会更多地储备美元。通过这条路径，美国超发的美元在海外找到了需求，从而形成了"用供给创造需求"的机制，国内的政策目的实现了，付出的代价却转嫁给了石油进口国。

其次，第二大策略是采用浮动汇率制并鼓励跨境资本投机。浮动汇率制合法化后，国际货币双边汇率的波动浮动从原来的 1% 飙升到 40%~100%，汇率的不稳定对主要以本币作为计价和结算工具的美国而言不仅可能无害，甚至可以从中获利，但发展中国家由于本币未能国际化而承担了汇率波动的大部分成本。浮动汇率制给货币投机创造了无限机会。美国向全球推销"华盛顿共识"，不断打开新兴经济体和发展中国家的资本市场大门，为私人资本自由流动提供便利，并且

---

①　Dooley M，Folkerts-Landau D，Garber P. "An Essay on the Revived Bretton Woods System"，NBER Working Paper No. 9971，2003.

提倡使用高杠杆的金融衍生品获取最大额的利润。资本的觅利性导致国际社会的短期资本流动规模越来越大，频率越来越高。在汇率的不稳定和短期资本跨境流动不稳定的背景下，发展中国家由于本币非国际化且金融市场深度有限，为了避免货币和金融危机，不得不通过出口增加自身的国际储备来进行"自我保险"，而这种保险意识越强烈，国际社会对美元及美元国债的需求就会越大，美元和美国国债发行的成本就会越低。此外，金融越不稳定，各国政府、企业和居民对美国金融机构的风险管理和投资服务的需求也越大，从而使美国充分发挥其在金融产业的比较优势而获取利益。这同样是一种"用美元资本的供给创造对美元的需求"的机制。通过金融资本的输出和金融机构的跨境投资，美国用很小的代价就可以轻松回收在贸易领域的赤字，但发展中国家在贸易领域辛苦攒下的财富就这样转移给了金融强国。1996—2010 年，美国对外贸易赤字累积近 7 万亿美元，但美国对外净负债仅增加 2.3 万亿美元，其对外经济亏空的 67%已通过跨境投资的金融效应抵消。① 更重要的是，美国官方往往和跨境货币投机资本相互配合、紧密合作，从而有效地实施其国内国际政策。政府为私人资本打开他国的资本市场大门，为其海外投资觅利扫清障碍，而私人金融资本也会心领神会地在国际市场上配合政府的需求对市场施加压力。比如，在 2008 年金融危机爆发后，美联储为了刺激国内需求，恢复国内经济而实行量化宽松政策，在美元贬值趋势下，政府官员表态要逼迫某些国家的货币升值，美国国内金融资本会积极配合流入这些国家，利用市场力量致使其本币升值。美国通过"供给自动创新需求"的方式保障了美元在国际货币金融体制中的核心地位。

在 2008 年爆发的全球金融危机中，美国非常清楚地展示了它既有意愿也有能力向其他国家转嫁危机。它的三轮量化宽松政策导致美元流动性泛滥，美元贬值，在没有其他更能避险的国际货币候选项的情况下，很多新兴发展中国家一面承受着美元贬值给其带来的国际储备资产价值缩水的损失，另一方面又不得不将自己的贸易盈余继续换成利率极低的美元国债。美国仍然享有在世界范围内低成本融资的特权。而且，美元贬值导致美元计价的大宗产品升值，给进口国带来贸

---

① 潘英丽等著：《国际货币体系未来变革与人民币国际化（上卷）》，格致出版社、上海人民出版社 2014 年版，第 97 页。

易损失和输入型通货膨胀。大量短期资本的频繁进入推高了新兴市场国家资本市场的泡沫，本币面临升值压力。可见，美国在"自扫门前雪"的时候，完全是通过事实上形成的美元霸权来转嫁危机带来的损失。这种以邻为壑的损人利己的行为本来是布雷顿森林体制所约束的对象，但是，在牙买加体制下，约束的规则一直缺位。

美元的这种过度特权使美国可以从世界其他国家获得物美价廉的资源、无期限的低价美元信贷和庞大的铸币税利益，但是却不承担任何国际法定的义务和责任。缺乏对美元的锚定作用的规则和制度，这是现行国际货币体制最深刻的法律缺陷。

二、功能受限：无力的监督机制和有限的危机贷款制度

一个良好的国际货币体制，应该能促进国内和国际两个市场之间的良好互动。它的监督机制应该能持续关注外汇市场的稳定性、流动性、外汇和资本供给的适度性，提供用来促进普遍均衡和可持续增长所需要的多边手段。并且，该机制应建立在对多边监督形式的认同基础之上，敦促所有的国家都承担和其在国际事务中的地位及对国际经济贡献的程度相称的责任。[1] 这个体制的主要预防手段必须能对不可预知的波动迅速作出反应,[2] 并及时提供必要的流动性。但是，现有国际货币体制由于受制于相关法律制度的缺陷而并未能充分有效地发挥这些功能。

（一）不对称的监督制度

作为对浮动汇率制的某种程度上的约束，《IMF 协定》第 4 条授权 IMF 监督成员国的国内政策和对外政策，以促进汇率体制的稳定。浮动汇率合法化后，各国可以自由选择各自的汇率安排制度。经过 40 多年的发展，国际汇率体制逐渐形成了"中心—外围"的结构。美国等发达国家处于该体制的中心，它们采取清

---

① 参见 ［美］杰克·布尔曼、［法］安德烈·艾卡德等著:《国际货币体系改革》，中国大百科全书出版社 2015 年版，第 60~61 页。

② ［美］杰克·布尔曼、［法］安德烈·艾卡德等著:《国际货币体系改革》，中国大百科全书出版社 2015 年版，第 60 页。

洁浮动汇率制，按照自身利益独立或联合浮动。以东亚国家为代表的新兴市场国家和以中东国家为代表的资源输出国处于该体制的外围，它们多采用钉住某主要货币或钉住一篮子货币的汇率制度。但是，由于中心国家间的货币汇率波动频繁且剧烈，外围国家仍深陷汇率不稳定带来的困扰。汇率的无序波动、短期资本的忽进忽出、金融危机的频发爆发都说明了 IMF 的监督并没有较好地实现其监督目标，究其原因，IMF 监督制度存在不对称的法律缺陷。

1. 偏重对发展中成员国的监督

IMF 监督制度的核心是对各国汇率政策的监督，这是 IMF 更偏重于监督发展中国家的重要原因。主要发达国家基本上实现了汇率自由浮动，并拥有较完善的外汇市场，IMF 往往从市场机制的角度去寻求这些国家的货币间汇率波动的成因，而不会考察它们是否存在操纵汇率的行为。而广大的发展中国家由于本币尚不能自由兑换，国内外汇市场欠发达，因而更倾向于有管理的汇率制度。因此，IMF 将监督重点放在了发展中国家管理外汇的政策上。事实上，发达国家依然有操纵汇率之嫌。1985 年，美国面对与日本等国的持续严重的贸易逆差，联合日本、英国、法国、德国等政府签订《广场协议》，敦促日元升值，以使美元大幅贬值。这种左右汇率的行为显然不能以市场机制的正常运行来进行解释。此外，由于发达国家在 20 世纪 70 年代后便不再向 IMF 寻求贷款援助，IMF 也无需通过贷款条件来监督发达国家的各项政策。正是由于上述历史原因，IMF 的监督对象过于偏向发展中国家。

2. 偏重对操纵汇率的监督

根据《IMF 协定》第 4 条第 1 节第（iii）项，成员国的硬性义务既包括了避免操纵汇率，也包括了避免操纵国际货币体制。而从 IMF 关于监督的指导性原则的历次修改中可以发现，执董会制定的所有决议中都只对操纵汇率作出了或模糊或清晰的解释，却并未涉及操纵国际货币体制的具体规则。即使是最新出台的《2012 年决议》，也只是在多边监督中明确了国际货币体制的内涵，却并未涉及操纵国际货币体制的含义、指标和构成要件等。IMF 出台的三个决议都将监督重点放在操纵汇率的相关问题上。事实上，这两者都是成员国的法定义务，应该均衡地进行监督。虽然操纵国际货币体制的概念模糊是 IMF 没有进一步制定相关政策的理由，但深层次的原因应该在于发达国家比发展中国家更有能力操纵国际货币体制，以美国为主导的 IMF 不希望制定相关规则让美国等国作茧自缚。其实，美国一直在利用美元的霸权地位攫取巨额的铸币税、转嫁自身的双赤字危机和金融部门的危机、将外围国家创造的财富变相转入本国等，这都是控制国际货币体制得到的收益。正是美元的主导地位和美元的回流机制使全球经济根本失衡，但 IMF 在监督时，却一直将全球经济失衡的责任更多地施加于贸易盈余国，怀疑它们通过本币低估获得了不公平竞争优势从而导致全球收支失衡。对操纵国际货币体制监督的缺失使 IMF 监督制度的结构失衡。

3. 偏重于监督汇率政策

《IMF 协定》第 4 条第 3 节（b）项强调了 IMF 要严密监督成员国的汇率政策，这是 IMF 在监督范围上偏重于汇率政策的法律依据。但是，这些规定逐渐不能满足现实的需求。随着经济一体化的纵深发展，造成汇率体制不稳定和国际货币体制不稳定的原则不仅仅局限于汇率政策，国内政策也可以通过多种渠道威胁到全球金融的稳定。2008 年全球金融危机中 IMF 的预警失灵就是 IMF 监督范围偏颇的最好例证。危机爆发时，IMF 仍致力于对以中国为代表的新兴经济体的汇率政策的监督，丝毫不认为处于国际货币体制核心的美国也会处于危机的震中。事实证明，美国的国内金融监管政策、货币政策、财政政策也可能是金融危机的导火线。而且，IMF 长期以来都忽视了重要国家国内政策的溢出效应，但即使国内政策促进了国内稳定，也有可能通过溢出效应损害外部稳定。《2012 年决议》虽然在监督范围上有所纠偏，但监督的实效仍有待观察。

4. 偏重于双边监督

在监督模式上，IMF 的监督法律框架一向偏重于双边监督。《IMF 协定》和以此为依据制定的三个决议形成了关于双边监督的丰富的规则体制，但多边监督的规则相对要单薄很多。除了《IMF 协定》第 4 条第 3 节（a）项有个笼统的要求外，只规定了成员国在多边监督中的程序性义务。但是，在经济全球化的浪潮中，各国经济的相互关联性越来越强，双边监督是对个别国家的单轨监督，不能关注被监督国与其他国家的相互关联性。正是基于此，《2012 年决议》首次为多边监督建章立制，但因受法律性质所限，该决议不能增加成员国的义务，所以相对双边监督而言，多边监督的法律制度更显滞后。这种模式的不对称必然会影响 IMF 的监督实效。

总而言之，IMF 关于监督的法律框架在监督对象、监督结构、监督范围和监督模式上都具有明显的不对称性，因此很难对各种危机作出客观且准确的预警，其监督职能不能充分发挥作用。

（二）缺乏明确系统的危机贷款制度

2005 年年初，IMF 就提出了全球经济失衡的课题，指出了全球持续多年的一种不正常均衡关系。但是，这种"金融恐怖平衡"的合理性值得质疑，而且其可持续性令人担忧。一旦这种脆弱的循环断裂，世界经济将陷入深重的危机之中。近几十年内频频爆发的金融危机正从各种角度直接或间接地折射出全球经济失衡问题。但显然，IMF 无力通过国际收支调节贷款机制的变革去调整这种结构性失衡。因此，《IMF 协定》中的贷款制度几乎被遗忘，它不再用于解决成员国的收支失衡，而是转向了危机救助。实践中，面对频繁发生的金融危机，IMF 适时改革了贷款工具，形成了零散而不成体制的危机贷款制度。

当前，IMF 贷款的目的是给受到危机冲击的成员国赢得喘息空间，以便有序实施调整政策，从而恢复经济稳定和可持续增长所需的条件。[①] 2009 年，IMF 对贷款框架进行了重大改革，针对不同类型的国际收支需求以及成员国的具体国情设计了多种贷款工具。对于低收入国家，IMF 安排了利率为零的"减贫与增长信托"（PRGT）的优惠贷款。针对陷入危机的新兴市场经济体和发达市场经济体，为了解决短期或潜在的国际收支问题，IMF 主要通过备用安排（SBA）提供援助。对低收入国家而言，备用信贷（SCF）发挥着类似的作用。对于那些面临长期国际收支问题的低收入国家，IMF 主要提供中期贷款（EFF）与相应的中期信贷（ECF）给予这些国家中期支持。对于因商品价格冲击、自然灾害和国内脆弱性问题而面临国际收支迫切需求的低收入国家，IMF 通过快速融资工具（RFI）及相应的快速信贷（RCF）提供紧急援助。另外，为了预防或减轻危机，并在风险加剧时为市场注入信心，IMF 对经济基本面良好的成员国提供利用灵活信贷额度（FCL）或预防性和流动性额度（PLL）。

---

① IMF. IMF Lending, http：//www. imf. org/en/About/Factsheets/IMF-Lending, visited on Aug. 8, 2018.

　　经过近几年的实践，IMF 也形成了一套事实上的贷款程序。一般而言，首先由成员国提出请求，IMF 工作人员小组再与该国政府进行讨论，评估该国当时的经济和财政状况，以及整体资金需求的规模，并协商适当的政策应对措施。然后，成员国政府应与 IMF 商定得到救助后的经济政策计划，该国须承诺采取某些政策行动，即贷款条件，这些将成为 IMF 贷款安排的重要组成部分。这些政策计划即成员国接受的条件通常以"意向书"的形式提交给 IMF 的执董会，并在"谅解备忘录"中进一步详述。最后，IMF 和成员国就政策条件和提供资金的一揽子计划达成谅解，IMF 按制度安排发放贷款，执董会会支持该国的政策意图。贷款发放后，IMF 通常会对政策行动和条件的执行情况加以检测。但程序上也存在例外，比如 FCL 和 PLL 两种贷款工具，因为拥有强健的经济基础以及良好的政策条件执行记录或为满足迫在眉睫的需要，受援国可在无条件或在限定条件下充分运用 IMF 的资源。也就是说，如果受援国的经济和财政基本面是稳健的，IMF 认为其有能力偿还贷款，那么 IMF 可以简化程序甚至取消条件向它们提供贷款。

　　自 2008 年全球金融危机以来，这些工具的使用率大幅增加，体现了以 IMF 为载体的国际货币体制的危机贷款功能。但是，很明显这些工具的设计和程序的规范都是危机后的应急产品，随着经济形势的变化，其制度安排也处于不断变动之中，迄今为止，IMF 并没有用规范性文件明确系统地规定贷款的目的、种类、条件范畴、事后监督方式和贷款的磋商和审查程序，更没有在《IMF 协定》中明确规定 IMF 的危机贷款职能。因此，作为危机状态下的应急机制，危机贷款职能的法律保障非常有限。

三、合法性难题：IMF 的治理缺乏代表性

　　合法性原本是指作为一个整体的政府被民众所认可的程度，它更多地被认为是一个社会学或政治学概念。① 现代国家中，合法性往往建立在政治权力的有效

---

　　① 潘英丽等著：《国际货币体系未来变革与人民币国际化（中卷）》，格致出版社、上海人民出版社 2014 年版，第 172 页。

性之上，包括政府能否有效地对社会事务进行管理，经济能否可持续发展。① 将此概念推广至全球治理的理论中，合法性标准就具有复杂性和多样性了，比如民主国家一致同意、全球性民主，等等。当前，主流的观点是全球性民主，即只有当全球治理机制具有民主性时才被视为合法。因此，它应该给予 IMF 每个成员国决定国际货币体制应该如何运作的、被成员国认可的平等话语权，只有在这个意义上，IMF 的治理才是民主的，才具有合法性。显然，IMF 的治理没有达到合法性标准。

（一）份额公式不合理

IMF 的份额公式是在实践中逐步建立起来的，至今仍在改革的途中。《IMF 协定》没有规定份额公式或制定份额公式的原则和方法，只要求每隔一定时期对成员国的份额进行一次总检查，IMF 正是借助每次份额检查的结果不断摸索并反思份额分配的公式。IMF 的历史上总共出现过 6 个份额公式，但前 5 个公式均因计算过于复杂和缺乏透明度而饱受批评。2008 年，IMF 聘请的外部组专家经过多年调研，提出了包含 GDP（50%）、经济开放度（30%）、国际储备（5%）和波动性（15%）四个变量和不同变量的不同权重的新公式，该公式一直沿用至今。2011 年至 2013 年，IMF 每年都进行份额公式评审（Quota Formula Review），2013 年至今每年采集成员国的变量数据并根据份额公式计算各国份额的变化，每年更新一次份额数据库，以便为下一个公式的产生提供及时、高质量和统计时广泛可得的数据。通过多年评估和模拟演算，可以发现，该公式虽然简单透明，但仍不能反映成员国在世界经济中的相对地位，新兴市场国家和发展中国家的份额被低估。具体表现为：（1）GDP 这个混合变量中，60% 的市场汇率定价的 GDP 和 40% 的购买力平价定价的 GDP 的比例分配对新兴国家和发展中国家不利。制定公式时这种和稀泥的做法实际上是发达国家和发展中国家妥协的结果。有人指出，购买力平价计算的 GDP 很难量度，但 IMF 在 2014 年发布的政策文件中指出，购买力平价定价的 GDP 数据的质量与公式中其他变量数据大致相当，与市

---

① ［美］马丁·李普塞特著：《政治人：政治的社会基础》，上海人民出版社 2011 年版。

场 GDP 和其他价格统计数据一样可靠。① 这一结论为提高购买力平价计算的 GDP 的权重扫清了技术障碍。事实上，几乎 90% 的新兴市场国家和最底层 25% 的发展中国家将受益于混合变量中购买力平价定价的 GDP 比例的增加，这才是发达国家不愿增加该比例的实质原因。（2）经济开放度这一变量的选取和较高的权重更有利于发达国家。选取该变量的理由是经济和金融的开放是 IMF 追求的核心目标之一，开放度抓住了成员国在国际经济交往中的相互联系和利益。但是，开放度和一国经济规模的关联性是存疑的，有些小经济体开放度很高，而且，开放度和 GDP 两项变量有着千丝万缕的联系，两个变量均入选且权重最高实有重复计算之嫌。但保留开放度的变量资格和较高的权重显然对发达国家更有利。显然，现行份额公式的设计对新兴经济体和发展中国家并不公平，而且，由于份额公式没有法律约束力，最终实际的份额往往不是直接依据份额计算公式进行的，而更多的是受制于政治力量的博弈，这种立法状态也对发展中国家非常不利。

（二）表决机制不公平

《IMF 协定》规定了 IMF 的加权表决机制。尽管国际货币体制几经演变，但 IMF 的投票权分配状况却没有发生实质性的变化。由于投票权与 IMF 分配的份额挂钩，发达国家一直拥有超过 50% 的投票权，而新兴市场国家和发展中国家对世界经济的贡献已超过了一半。显然，停滞不前的 IMF 投票权格局不能反映世界经济力量的此消彼长和新兴经济体及发展中国家对全球经济贡献能力的提升。

1. 加权票分配不均衡

IMF 的加权表决制类似股份公司的股东表决机制，不同于国际组织中体现主权平等的"一国一票"制，发展中国家作为整体在投票权上受到歧视。随着新兴市场经济体的崛起，它们希望更深入地参与 IMF 全球经济治理活动的诉求越来越强烈。然而，直到 2008 年全球金融危机爆发，这些改革呼声才得到了应有的重

---

① IMF. "Quota Formula—Data Update and Further Considerations", IMF Policy Paper, August 2014, p. 18.

视和回应。① 英国前首相布朗把这种以 IMF 加权投票权换取发展中国家参与和支持的过程称为"世纪大交易"（A Grand Bargain）。②

对于当前与份额挂钩的加权票，不同的经济体都从自身利益的角度出发提出了批评意见。发展中国家认为加权票的分配过分强调了发达国家集团的利益，它们的经济总量在全球经济中的比重远远没有达到其在 IMF 中所占投票权的57%的比例。对以金砖国家为代表的新兴市场国家而言，其所获得的加权票远远不能反映它们近些年来对世界经济所作的贡献，严重抑制了这些国家在 IMF 中的话语权。最不发达国家集团也认为加权投票权不能充分尊重其主权，没有考虑它们的国家利益。总之，IMF 在两大利益集团间加权票的不均衡分配，背离了国家平等和国际正义的基本原则，其调整机制也过于保守，不能灵活和准确地反映国际经济形势的最新变化。加权票的分配结果导致发展中成员国普遍没有取得相应的代表权，不利于它们通过 IMF 这一平台表达自身利益诉求，从而实现其对国际经济治理的主张。③

2. 基本票比例过低

为了维护主权国家地位平等，规避治理的缺陷，IMF 在其成立之初设计了基本投票权制度，每个成员国无论分配份额的多少，均拥有数额相等的 250 个基本投票权。然而，随着加权票的增多，基本投票权的地位却在不断下降，2008 年全球金融危机前其在总投票权中的比例仅为 2.1%，远远低于 IMF 创立之初的 11.3%，这个微弱的比例使表面上代表公平分配的基本投票权在决策时几乎毫无意义。危机后，IMF 虽将基本票提高了 3 倍（增加至 750 个），由此其权重被提高至 5.5%，但仍不能回归到 IMF 设立之初的水平。过低的基本投票权使发展中国家对 IMF 的合法性产生了种种质疑。它们认为 IMF 没有给予它们应有的话语

---

① 实行代表性改革，增加发展中国家的投票权是危机背景下 IMF 改革的一项最重要的议题。参见李仁真、涂亦楠：《金融危机背景下国际货币基金组织代表性改革》，载《华中师范大学学报（人文社会科学版）》2010 年第 3 期。

② International Financial Governance：Toward the London G20 Summit Conference Report，http：//www. l20. org/publications/42 ox London-Conference-Report-Revised. pdf. , last visited on Aug. 28, 2018.

③ 李仁真、涂亦楠：《金融危机背景下国际货币基金组织代表性改革》，载《华中师范大学学报（人文社会科学版）》2010 年第 3 期。

权，缺乏国际民主精神。因此，发展中国家对 IMF 失去了信任感，从而产生了 IMF 的代表性危机。

3. 表决方式不民主

目前无论是简单多数还是特别多数表决方式，发达国家集团都拥有足够的投票权去实质性地影响 IMF 的一项决定是否通过，美国和欧盟在需要85%多数表决制度中拥有一票否决权。因此，在当前的表决方式中，发展中国家对于某一决议的支持或异议都得不到合理的体现。IMF 的决策权实质上掌控在以美国为首的少数发达国家手中，广大发展中国家则认为表决方式已沦为少数发达国家利益最大化的工具。此外，欧美国家还通过总裁和执董会等席位进行权力的隐形渗透，影响 IMF 最终的表决结果。长期以来，IMF 总裁由欧洲人担任，作为交换，美国人担任世界银行行长，而且，美国从未放弃 IMF 第一副总裁的位置。在日常决策机构执董会中，虽然已将执行董事的指定与选举相结合的制度改革为选举制，但很明显，欧洲国家的席位与其经济贡献并不相符，24 名执行董事的选举仍然没能充分满足发展中国家对 IMF 代表性的期望。

（三）组织机构缺乏监督和问责机制

考察 IMF 的三层组织结构，各国学者普遍认为，IMF 的机构框架缺乏透明度和问责制。这也是 IMF 治理中的重大法律缺陷之一。

1. IMF 的决策过程不够透明和民主

理事会是 IMF 的最高决策机构，它的工作方式是每年召开一次 IMF 和世界银行年会，集中讨论 IMF 的"宪法性事项"。虽然理事会是由所有成员国委派的理事组成，但由于会期短，议题多，每个议题被重视和讨论的程度差异较大，发达成员国更有能力主宰议题的选择。并且，在会议之前，国家集团尤其是主要发达国家举行秘密会议的情况非常普遍；在会议之中，由于小国家集团可能已达成共识，最终议案能否通过还是主要取决于发达国家的立场。IMF 的执董会可以随时召开工作会议，讨论各种"业务性工作"。但是到目前为止，执董会的席位仍然分配不均。尽管废除了最大 5 个份额国的委派制，全面实现了选举制，但最大的选区包括了 23 个国家，虽然可以增加 1~2 名副执行董事，但这样的席位分配容易忽视选区内成员国在社会经济体制、政治经济的发展状况和文化理念上的差异，使选区内各国难以达成一致，从而直接导致执董会的决策缓慢和决策困难。按照当前执董会的选举制度，美欧获得了执董会 1/3 的表决权。发展中国家纷纷指责执董会的席位分配制度阻碍它们参与国际经济政策的讨论，遏制了它们的话语权。

2. IMF 的决策过程缺乏必要的监督

IMF 处理的事务大多涉及各成员国的根本经济利益。然而，《IMF 协定》却没有提供良好的机制监督 IMF 的运行，更无法对 IMF 的相关机构和工作人员进行问责。2008 年全球金融危机爆发时，IMF 对迎面而来的危机毫无察觉，危机爆发后又因弹药不足延缓了救助时机，但 IMF 的失职却没有产生任何责任和后果。主要原因在于：IMF 没有评估和检查执董会工作的机制，缺乏考核 IMF 总裁工作表现和工作能力的制度。为了使 IMF 的工作变得更透明和更有效，更加方便成员国预测、评估和检查自身代表权在 IMF 中的行使情况，IMF 设计一套监督机制和问责制度是非常有必要的。

第二章　现行国际货币体制的改革方案及评析

现行的国际货币体制——牙买加体制是对既成事实的法律承认，虽然它继承了布雷顿森林体制的诸多重要遗产，但缺乏管理货币体制的硬性规则和制裁方法，很多学者认为它仅为权宜之计，不久应该会有新的体制来取代它。因此，从20世纪七八十年代开始，各种学派、各类集团国家、各个国际组织围绕牙买加体制改革的讨论就没有停止过，但是，尽管有如此坚持不懈的努力，但改革却持续性失败了，这充分说明了该问题的重要性和困难性。进入21世纪后，牙买加体制日益暴露出其不可持续的缺陷，2008年的全球金融危机打开了新一轮改革的时间之窗，这个悬而未决的论题再次引起了国际社会的热议。

第一节　国际货币体制的改革方案简介

国际货币体制本应是缓解世界经济紧张状态的避雷针，但牙买加体制却一直处于动荡之中，并不能满足世界经济变化的需要。从20世纪80年代至今，关于国际体制改革的探讨经久不衰。

一、2008年全球金融危机爆发前的改革探索

1980年联合国的"勃兰特委员会"① 发布了名为《争取世界的生存——发展中国家与发达国家经济关系研究》的报告，专章论述了国际货币秩序。报告提

---

① 该委员会由联合国在1977年12月设立，又名"国际发展问题独立委员会"，以联邦德国总理维利·勃兰特为首，成员包括来自西方国家和第三世界国家的著名政治活动家，共21人。

出了走向新的国际货币秩序的改革建议：应以各种国际货币更大程度的稳定为目标，加强 IMF 对汇率的监督，促进国内政策和国际合作密切配合；无须按份额公式进行 SDR 的分配，应将大部分新储备分配给发展中国家集团，使 SDR 成为国际主要储备资产；顺差国和逆差国都应承担国际收支调节的义务，减少对顺差国 SDR 的分配，放宽对发展中国家的贷款条件。总之，它倡导一个多元化的国际货币体制，提升发展中国家的作用，但因为触动了发达国家的既得利益而未被采纳。

同年，在坦桑尼亚阿鲁沙召开的"关于国际货币体制与国际经济新秩序的南北会议"上提出了《阿鲁沙倡议》。倡议认为，结束现存的货币混乱，建立一个经全球协商的新体制符合国际社会的共同利益。新体制应该能促进货币稳定，控制世界经济的膨胀或滞涨，并能对第三世界的发展起支持作用。因此，它要求用民主和普遍性的原则管理国际货币事务，创立国际货币单位（ICU）作为国际交换的工具和主要储备资产，设立一个国际货币权利机关发行国际货币，改善 IMF 的贷款工具和条件。该倡议从本质上冲击了牙买加体制的基础，在技术上、政治上和经济上都准备不足，最后也以失败告终。

1984 年，24 国集团在《蓝皮书计划》的基础上提交了改革现行国际货币体制的《二十四国集团公报》。公报的内容包括：规定主要国际货币的目标汇率区，加强对主要工业国家的货币政策的监督，促进国际收支的对称性调整，SDR 的分配应与发展中国家对资金的需求相联系，提高发展中国家的投票权，放宽对它们的贷款条件，重新安排它们的债务。① 这份报告由发展中国家的集团提出，更多地反映了它们的利益诉求，但没有得到发达国家利益集团的响应。

1997 年全球金融危机爆发后，次年美国国会建立了国际金融机构顾问委员会，以卡内基梅隆大学的梅策尔教授和哈佛大学的萨克斯教授为首的委员撰写了"梅策尔报告"，就 IMF 和世界银行的改革提出了建议。他们认为 IMF 实施危机援助付出了过于高昂的代价，而且行动迟缓。IMF 的长期贷款也没有改善发展中成员国的经济状况。他们希望弱化 IMF 在一定程度上支持发展中国家进行经济改

---

① 徐新华、徐晓苏著：《人民币国际化与国际货币体系相关性研究》，经济管理出版社 2017 年版，第 86 页。

革的作用。然而，同年克林顿总统邀请的 10 位专家研究国际金融机构改革后发布的报告却指出：（1）IMF 应对减少危机冲击的国家发放更多的有利贷款，鼓励发展中国家加强危机预防的能力。（2）采取钉住汇率的国家可能更容易遭受经济危机，IMF 不应鼓励这种汇率制度。（3）IMF 应该适当监管资本的流动。（4）IMF 和世界银行的职能需要回归。这些建议主要建立在认识到美国对世界经济的依赖程度日益加深的基础上。而同时期的欧洲方案与美国方案存在一些差异，他们更注重建立有效的国际货币监督体制，从而更好地发挥国际金融机构的作用。他们的主张主要有：（1）IMF 应在全球范围内集中处理影响金融市场全球化的问题。（2）IMF 除发挥监督功能外，还应促进发展中国家银行体制的健全。（3）IMF 和世界银行应设立财产重组基金，提高政府部门的运作效率。可见，危机爆发后，尽管欧美国家的改革意见有分歧，但它们依然一致将危机预防和救助的重任赋予了 IMF。

此外，国际上的诸多知名学者也纷纷著书立说论述国际货币体制改革的路径。耶鲁大学教授托宾（1978）认为国际货币体制的基本问题是私人金融资本在国际之间或不同货币之间的过度流动，而无关汇率制度是固定还是浮动。金融资本国际间的过度流动给国民经济和政策制定者创造的困难无法通过汇率制度选择、更多流动性供给和新的国际收支调节规则来解决。[①] 因此，他认为要建立有效的国际货币体制，就应该在高效运转的国际货币市场轮子中掷一些沙子，加强对金融资本流动的管理，即不同的货币兑换时，应征收一个与交易规模成比例的国际商定的统一税。美国学者约翰·威廉姆森和伯格斯坦（1983）则从汇率制度的角度提出改革建议，提议设立汇率目标区，使实际汇率的偏离幅度不超过10%。哈佛大学教授库珀（1984）在其《国际货币体制》一书中提出在 2010 年实行"单一通货制"的构想。由美、日、欧三方组成单一货币制度，愿意承担责任的国家可以自愿加入，单一通货不能是任何主权国家货币，应有 SDR 来担任。显然，这一企图纠正主权货币作为主要交易手段和储备手段带来的不合理和不公平的构想，因不符合西方国家的利益而未能实现。耶鲁大学教授特里芬在《2000

---

① 潘英丽等著：《国际货币体系未来变革与人民币国际化（中卷）》，格致出版社、上海人民出版社 2014 年版，第 17 页。

年的国际货币制度》中提出了建立超国家的国际信用储备制度的建议。各国应将各自的国际储备以存款方式交给 IMF，IMF 可以作为一个超国家的国际信用储备机构，由它充当各国央行的清算机构，发行国际中心货币。这一设想需要密切的国际合作，目前似乎还不太现实。

二、2008 年全球金融危机爆发后的改革探索

2008 年的全球金融危机使决策者和专家们措手不及，那些存在于发达国家金融部门中被忽视的漏洞，使危机以资本逆流动、停止流动或流动性短缺的形式蔓延到整个国际货币体制，它使现行体制的缺点暴露无遗：无效的监督和调整过程；过度发展的金融及不稳定的资金流动；过度波动的汇率与经济基本面偏离；过度扩张的国际储备和有效的全球治理的缺乏。危机带来挑战的同时，也开启了改革的机会之窗。过去几十年对国际货币体制的争论和探讨为新一轮的改革提供了教训和基础，国际社会再次掀起了改革探索的高潮。

（一）《斯蒂格利茨报告》

2008 年 11 月，联合国大会在约瑟夫·尤金·斯蒂格利茨主席的领导下，召集了 20 名拥有良好声望和广泛代表性的委员，包括一流银行家、实践家、决策者及学者等，组成了国际金融和货币体制改革专家委员会，讨论世界金融和经济危机问题。2009 年 6 月，该委员会在联合国峰会上发表《成果文件》。这份报告的优势在于其分析性基础比那些来自典型政府报告的基础更为清晰、更有说服力，可以提出让大国感觉不便的解决方案，如，改革全球外汇储备体制，并可以就某些难以达成的政治妥协提出问题。① 它在国际货币体制改革方面的主要观点如下：

1. 改革全球储备货币体制

当前的国际储备货币体制的特点：（1）不稳定性。美国的货币政策不考虑全球总需求或全球流动性的需求，是汇率和全球经济不稳定的潜在诱因。（2）与全

---

① ［美］约瑟夫·E. 斯蒂格利茨著，江舒译：《斯蒂格利茨报告：后危机时代的国际货币与金融体系改革》，新华出版社 2011 年版，第 19 页。

球充分就业的目的互不兼容，全球经济严重失衡导致各国启动自我保险机制，出现通货紧缩趋势。（3）不公平。发展中国家处于货币中心的外围，只能以很低的利率将资源转让给发行储备货币的发达国家。因此，必须改革储备货币体制。当前，多极储备世界为多元化货币体制提供了空间，但是，它可能带来新的不稳定，多种储备货币之间汇率波动复杂，但实行固定汇率缺乏政治条件，将是一个艰巨的任务。当下，最佳选择应是建立新全球储备体制的制度框架。IMF 或"全球储备银行"这种新机构可以发行全球货币——SDR 或国际货币证书（International Currency Certificates，ICCs），各国同意后，用各自的货币兑换新货币，或者负责建立全球储备的国际机构将 ICCs 分配给各成员国。各国应同意将部分外汇储备以 ICCs 的形式持有。如果采用分配的形式，应坚持按需分配，具备激励和/或惩罚机制，年发行量以抵消外汇储备增加量为目的。为实现该体制，当前可以建立新的全球储备体制的制度化方法是扩大 SDR 的使用范围，使其能自动、规律地发行。

2. 改革 IMF

IMF 的职责应该是保证全球金融和经济的稳定性，应调查成员国的经济表现，就危机对其发出警告，为面临收支失衡的国家提供信贷和政策建议，帮助发展中国家实现宏观经济稳定并提供就业。[1] 为履行这些职能，IMF 应追求最高标准的透明度，并引进自由情报法和知情权法律中包含的各种原则。另外，要加强 IMF 的有效性和合法性，改革份额分配方案，朝更具包容性和代表性的方向迈步。执行董事和总裁的选举、关键政策的决定和贷款的许可都应采用双重多数的表决机制，废止修改《IMF 协定》条款决定的有效否决权。

（二）《超越美元：关于国际货币体制的再思考》

英国皇家国际事务研究所认为，危机爆发三年后，世界经济仍然深陷泥沼，许多国家经济增长疲软，金融市场依然脆弱，严重的全球失衡一如既往，货币错配持续存在。当前的国际货币体制动荡不安，虽然短时期内建立一个全新的体制

---

① ［美］约瑟夫·E. 斯蒂格利茨著，江舒译：《斯蒂格利茨报告：后危机时代的国际货币与金融体系改革》，新华出版社 2011 年版，第 161 页。

是不可能的，但改革的需求却前所未有地迫切。因此，该研究所的主席邀请来自哈佛大学、加利福尼亚大学、伦敦经济学院、北京大学等著名学府的知名教授和实务部门的精英共 15 人在 2010 年 3 月发布了《超越美元：国际货币体制的再思考》的研究报告。报告认为：在压力时期，当国家试图确保经济稳定复苏时，其国内政策目标和它的国际义务可能会产生冲突。尤其是美国，可能再难以承受美元作为首要的储备货币的负累。危机后的 10 年是一个过渡期，不能期待发生一次大爆炸，但希望有持久的、渐进的增量变化和调整。在此背景下，对话和政策合作将在帮助世界主要经济体和发行关键货币的国家协调政策及促进世界经济再平衡方面扮演重要的角色，应该重视新兴经济体的利益和要求。因此，专家们在考虑了从当前未能充分发挥功能的货币体制转向一个更持久、更有效的货币体制的政治和经济成本后，提出了如下改革建议：①

1. 为多极化经济世界提供多元储备货币体制

该报告建议发展一个适合于欧洲、亚洲和美洲区域贸易区的多元储备体制，依然保持占主导地位的美元。失去网络外部性的不利方面影响可以通过获得稳定性得到弥补。历史经验证明，两个或更多的储备货币可以同时运行。为了管理从以美元为基础的体制向多元化货币体制的转换，必须促进跨境对话和政策合作，加强制度上的安排。

2. 提高 SDR 的用途

报告鼓励 SDR 作为一个和其他主权国家或主权国家组成的货币区域的国际储备资产并存的超主权货币的更广泛的使用。建议：（1）以频繁的、可预见和脱离政治依赖的方式扩大 SDR 的供给，以便增加与全球 GDP 增长相一致的存货，从而逐渐减少美元积累。（2）建立一个独立的、公平的新委员会（国际货币政策委员会）为 IMF 的理事会管理新的 SDR 分配提供常规建议。它可能由 IMF 总裁主持并由 SDR 货币篮子发行国的央行行长组成，也可以包括独立专家，允许它对 SDR 货币篮子组成的变化进行独立决策。（3）在 IMF 下建立一个替代账户，成员国可以存入美元、欧元、日元和英镑，可以接受以即时汇率为基础的等值

---

① Paola Subacchi, John Driffill. "Beyond the Dollar, Rethinking the International Monetary System", A Chatham House Report, March 2010, pp. IX-XI.

SDR。这个账户的规模起初肯定是有限的，但随着成员国的不断使用及存款和赎回的经验积累会逐渐增长。在初始阶段，替代账户可能只允许单项兑换，即用本国货币购买 SDR，后期逐渐向既可以购买也可以赎回的双向渠道发展。（4）采取措施提高对 SDR 的使用和需求。IMF 应允许私人部门开立 SDR 账户，IMF 或另一个合适的提供者应创造一种清算体制，以便以 SDR 计值的金融工具的交易能在一个安全和透明的平台上直接在买方和卖方之间发生。同时，应鼓励以 SDR 计值的金融工具和市场的发展，尤其需要做市商愿意以投标/报价价差买卖这些与现有债券市场中的债券相比更有竞争力的 SDR 债券。这些措施会极大地加强市场对 SDR 流动性的信心，包括它们的市场性、所有国家的可接受性、与美元和其他货币的可兑换性和作为石油或其他产品的计价和清偿工具的使用。

3. 促进对话和政策合作以提供稳定性、信心和失衡调整

应该对影响国家的收支平衡和汇率的所有经济政策进行的同行监督和评估中给予更多努力和关注，鼓励发行主要储备货币的国家和使用主要储备货币的单个国家或国家集团之间的国际对话。在增长失衡和核心货币需要改变时磋商是首先考虑的可靠的方法。

4. 加强国际机构的作用和合法性

尽管当前已对 IMF 的治理进行了一些改革，但以后应以更快速、更激进的方式改革投票权制度。这对于提升 IMF 的治理，提高国际社会对 IMF 的信心，以及扩大 SDR 的使用都非常重要。否则，IMF 将面临边缘化的风险，它作为一个国际金融机构的影响力会逐渐减小。在投票权的权重改革后，执董会席位的构成也应该重新平衡。此外，IMF 应发表自己关于汇率和其他相关政策的季度报告以加强它的业务记录能力，这将有利于对影响汇率和收支平衡的经济政策的全方位评估。IMF 应建立一套标准，根据这些标准评估成员国的现行政策和政策承诺，因而会更频繁地使用"点名与羞辱"的方式。无论是管理层还是理事会，都应该激励工作人员提出敏感性问题。为避免工作人员遭受政治压力，IMF 的管理层应有权力决定是否同意这样的监督报告。最后，建议授权 IMF 处理货币错配问题和促进货币合作，或建立一个以此为目的的机构。这个机构可以从发行储备货币（美国、欧元区、英国、瑞士和日本）的国家，也包括几个拥有最多储备的国家组成的核心会议开始，这个机构最终按照国际货币事务的需求履行它的职能。

（三）《皇宫倡议》

2010 年秋，IMF 前总裁 Michel Camdessus、BIS 前总裁 Alexander Lamfalussy 及意大利前财长 Tommaso Padoa-Schioppa 牵头，邀请了一些他们的同事和现任或卸任的重要国家的政府官员，一起探讨国际货币体制改革的难题。来自 15 个国家的高级官员和知名专家们于 2011 年 2 月 8 日发表了题为《国际货币体制的改革：21 世纪的合作》的报告，又称《皇宫倡议》（以下简称为《倡议》）。报告从政策监督、汇率、全球流动性、SDR 的作用和全球治理五个方面提出了 18 条建议。

1. 经济和金融政策监督方面

《倡议》认为，成员国经济和金融政策的溢出效应对 IMF 的监督制度提出了挑战，IMF 对成员国应当实施更为严格的监管。有效的监管应关注各国政府的财政、货币和金融政策，尤其是汇率，同时也要重视国际流动性的变化。《倡议》建议：（1）修改《IMF 协定》第 4 条，要求成员国承担确保它们的政策有利于全球经济、货币和金融体制稳定的义务，赋予 IMF 监督各国国内与全球宏观金融稳定紧密相关的经济和金融政策、评估资本流动和成员国相应的限制措施的法定权力。（2）IMF 应为成员国政策制定规范标准，包括经常账户的盈余或赤字规模、财政赤字和政府债务的最高比例、实际有效汇率、应对资本流入和流出的措施、储备资产的相对规模及结构、通货膨胀率，等等，并构建预警机制，在触发这些阈值时及时提出预警信号。（3）所有的成员国应承担相同的法定义务和责任，IMF 通过双边监督评估各国的义务履行情况，对那些对国际货币体制具有潜在影响的政策制定国，应适用更严格的监管程序，并增加监督职责的透明度。（4）对于长期或多方面违反法定义务的成员国，应启动磋商程序或进行非正式会面，给予其纠正措施的建议，如果相关国家拒绝采取行动，则 IMF 将采取惩罚措施，包括：公开批评、向公众披露其国家政策和溢出效应、财务处罚、冻结改革全部或部分投票权，限制经常账户赤字和金融部门不健全的国家的资本流动等。

2. 汇率方面

汇率制度是国际货币体制的核心。根据《IMF 协定》的规定，成员国有权选择各自的汇率制度安排，但也有义务避免通过操纵汇率或国际货币体制以获得不公平的竞争优势。多年来，IMF 的这一监督职能效果并不明显，成功的例子极为少见。因此，《倡议》建议：IMF 应该制定全球一致的汇率标准，这些标准应该与全球可持续发展的外部平衡和各个国家的内外宏观经济平衡保持一致，当然也要考虑各国不同的基本面定期更新这些标准。通过这样的制度设计，每个国家都有义务避免汇率政策暂行或长久地偏离这些标准，IMF 应对此进行评估和监督。

3. 全球流动性方面

《倡议》观察到，全球信用的快速增长为不可持续的全球经济扩张提供了便利，导致商品价格和全球资产价格的暴涨。但是，危机来袭时，全球资本流入总额从占全球 GDP 的 20%下降到不足 2%近乎干涸的程度，危机过后，流动性又卷土重来，甚至要超过危机前的水平。正是这种极端的波动对全球货币和金融体制及各国的宏观金融稳定带来了巨大的影响。《倡议》认为，全球流动性是一个不断发展的概念，至今没有对其定义和衡量度达成广泛的共识，因此，《倡议》建议：（1）IMF 和 BIS 应共同努力，建立一个更好地得到广泛认可的测量和监管全球流动性的分析方法，各国中国央行和其负责宏观审慎政策的机构，在制定和实施政策时需要考虑上述分析标准，IMF 和 BIS 应定期检测全球流动性的变化。（2）修改《IMF 协定》第 6 条，规定实施资本控制政策的具体条件，严格监控具有货币升值或贬值的巨大市场压力的国家可能实施的资本控制制度，确保控制扭曲效应，努力在合理时间内为废除或减轻这些措施创造条件。（3）IMF 应提供类似于全球最终贷款人的永久性危机融资机制。IMF 可以通过从市场借债、SDR 的紧急分配及与主要央行或储备池的借款安排等方式提高自己的资源调动能力。

4. SDR 的作用

《倡议》认为，作为一个不受某个经济体国内政策影响的补充性的储备资产和计价单位，SDR 的潜在作用应该被予以考虑，以满足未来多极世界对国际储备资产的潜在要求。因此，它建议：（1）审查 SDR 发挥更大作用的范畴。作为储备货币，应制定 SDR 定期分配制度，并明确特殊情况下的分配规则和程序，设法将各国的储备转换为以 SDR 计价的份额，通过替代账户促进国际储备的有序多元化。作为记账单位，应在 IMF 和其他国际机构发布统计数据时以 SDR 作为报告货币，同时探讨与私营部门合作的方式，使 SDR 在私人交易中被广泛用于计价或交易。（2）SDR 的篮子组成应该以规则为基础，入篮标准要反映出经济体在国际贸易和国际金融交易中的相对重要性，并最大限度地提高可预见性。
（3）可能可以考虑各国对 IMF 规则的遵守程度，将 SDR 的分配和使用作为一种
奖励方式，建立相应的激励机制。

5. 治理

《倡议》认为，国际金融和经济治理的三个缺陷已经非常明显：缺乏一个兼
具合法性和有效性的正式关系框架进行决策；同级评审程序的运转越来越倾向于
同行保护，监督不力；G20 首尔峰会的建议只能部分解决 IMF 的合法性赤字问
题。因此必须提高治理的合法性：（1）建立一个单一的、三个层次的国际货币体
制的综合架构。首先，政府或国家元首进行比如一年一次的定期会晤；其次，
IMF 各成员国的财政部长和央行行长通过"理事会"的框架采取战略性决策，这
个理事会可以接管 G20 财长和国际货币与金融委员会的职能，并可以邀请 IBS、
WTO、金融稳定委员会、世界银行或其他国际组织参加；最后，通过改革现有的
投票权分配制度、表决机制和执董会席位分配方式，加强执董会的作用，由其监
管 IMF 和常务董事的工作。（2）设立由杰出独立个人组成的全球咨询委员会。
应从技术能力、工作经验、独立性等方面设置甄选标准，以透明度和地区均衡为
原则，为这个机构挑选多元化的人才。他们可以向 IMF 的关键机构和人物提供独
立的建议，这些建议应该公之于众，但不具有法律约束力。

（四）《全球货币的明天：欧洲观点》

2011 年，欧洲委员会委托欧洲中央银行执行董事会顾问 Ignazio Angeloni 和
法国国际经济研究所所长牵头的团队为未来 15 年国际货币体制的演变趋势做出
评估，并研究不同的演变情景对欧元区的影响和意义。同年，研究团体发布了题
为《全球货币的明天：欧洲观点》的报告。

专家们分析了未来大国经济实力的可能变化及国际货币的地位，认为国际货
币体制将随着国际经济力量对比的变化发生改变，2020—2030 年，美国、欧元区
和中国的经济实力将更平衡。欧元和人民币可能会更好地发挥国际货币的作用，
但仍不可能挑战美元的霸权。在此基础上，该报告预测了 10 年后国际货币体制
演变的三种可能情境。第一种情境是通过政策驱动的增量改革渐进地改进现有国
际货币体制的功能，这种情境只是对现有体制的微调，基本格局和本质维持不

变，比如美元仍处于支配地位，欧元维持现状或略有下降，亚洲新兴国家的汇率继续"肮脏浮动"并保持有限的资本管制，人民币国际化持续推进，多边监管职能得以改善，更注重更广泛的政策协调。这种情境基本是现行体制的自然延续，不需要很多国际协调和制度安排，是最容易实现的情形。第二种情境是出现一个走向多极化储备的货币体制。美元维持着关键国际货币的作用，但欧元和人民币开始部分替代美元的作用，在国际市场中被更广泛地用于定价和结算，从而也上升为和美元同等重要的关键国际储备资产。这种情境是国家层面的政策改革和市场力量交互作用的结果，在短期内出现的可能性比较低，但随着中国等新兴经济体的崛起和全球经济贡献力量对比的变化，未来 10—15 年内实现的可能性很大。第三种情境是建立一个基于新的多边规则的国际货币秩序。该情境的出现需要国际社会的通力合作，创造出一种超主权货币或准货币作为计价和储备资产，建立一个更强势的国际机构，制定更严厉的国际纪律，统一提供全球流动性，均衡分配国际经济和货币的挑战负担。这是一种最彻底的改革建议，但也是最难实现的构想。因此，这一构想只能是更远的未来的改革目标。

鉴于以上对国际货币体制未来走势的分析，报告从欧洲的角度提出了以下意见：（1）最为理想化的第三种情境与欧元区的基本准则比较契合。（2）第二种多极化的情境要优于第一种修补改善的情境。（3）美元、欧元和人民币三足鼎立的体制比美元本位制对欧元区更为有利。（4）欧元区应该在推进政府改革、创造欧元债券市场和对外代表性的有效表达等方面继续努力。（5）发行一种涉及特权和义务两个方面的完全成熟的国际货币，提高欧元的作用是一项政治选择。①

（五）其他学者和专家观点

除了上述国际机构组织的专家团队和智库集体提出的改革建议外，学术界和实务界的学者和专家们在危机后也纷纷提出了自己的见解，以下是一些有代表性的观点：

---

① 潘英丽等著：《国际货币体系未来变革与人民币国际化（中卷）》，格致出版社、上海人民出版社 2014 年版，第 9 页。

1. 建立超主权货币

实行单一货币制的观点久已有之。20 世纪 40 年代，凯尔斯、特里芬就提出过建立国际信用储备制度的设想，SDR 的问世就是该思想的实践。[①] 理查德·库珀在 20 世纪 80 年代进一步建议成立超国家的世界性中央银行，统一发行国际货币，并强调 SDR 作为世界中心货币的作用。2008 年全球金融危机后，该类观点再次受到重视。2009 年，时任中国人民银行（以下简称中国央行）行长的周小川发文提议"创造一种与主权国家脱钩并能保持币值长期稳定的国际储备货币，从而避免主权信用货币作为储备货币的内在缺陷，是国际货币体制改革的理想目标"。[②] 该建议得到了俄罗斯、巴西等新兴市场大国的积极支持，并使超主权货币的改革方案再度成为热门话题。斯蒂格利茨（2010）认为，当前的国际货币体制改革可以从改造 SDR 入手。[③] 张一平、盛斌（2011）支持替代账户方案，认为替代账户方案为 SDR 创造国际货币的基础，是分歧较小而最可能采纳的改革方案。[④] 李翀（2010）则认为构建超主权货币还有另一路径，即 IMF 以成员国缴纳的黄金、外汇和本币资产为担保而发行超主权货币。[⑤] 此外，还有伯格斯坦、威廉姆森、黄薇等学者也从不同角度发文建议建立超主权货币。

2. 回归金本位制

2010 年 11 月，时任世界银行行长的佐利克呼吁让黄金在国际货币体制中发挥一定作用，考虑以黄金作为国际参照物，以引导人们对通货膨胀、通货紧缩和货币未来价值的市场预期。[⑥] 尽管佐立克后来澄清他只是倡议将黄金作为基本参考点来衡量世界不同货币之间的关系，并非主张回归到 19 世纪的金本位制，[⑦]

---

① 徐飞彪著：《新视野下的国际货币体系变迁及中国货币战略》，时事出版社 2016 年版，第 241 页。

② 周小川：《关于改革国际货币体系的思考》，载《中国金融》2009 年第 7 期，第 8 页。

③ Stiglitz J E, Greenwald B, "Towards a New Global Reserve System", Journal of Globalization and Development, Vol. 1, No. 2, 2010.

④ 张一平、盛斌：《替代账户与国际货币体系改革》，载《国际贸易问题》2011 年第 1 期。

⑤ 李翀：《论建立超主权国际货币的路径和前景》，载《学术研究》2010 年第 2 期。

⑥ 叶苗：《金本位：革命还是复辟？》，载《上海证券报》2011 年 9 月 15 日。

⑦ 《世行行长再建议将黄金作为全球货币基本参考》，载《财政监督》2011 年第 1 期。

但他的言论还是被视为倡导重返改良金本位制的信号。持类似观点的还有拉尔夫·本柯（2010），他认为美国恢复金本位可能是避免即将到来的财政危机、创造第四次增长浪潮的必由之路。他指出："金本位听起来有些不切实际，但实际上它是一个技术性的、务实的、非浪漫主义的政策药方。现在它正重新赢得尊重。"① 罗恩·保罗（2010）也明确提出要重返金本位制。林毅夫（2013）提出通过发行"纸黄金"作为超主权货币，货币的价值由黄金决定，但货币与黄金的比价需要由国际社会成立的机构决定，并据市场行情予以调整。② 此外，马来西亚前总理马哈蒂尔、哈佛大学著名宏观经济学家巴罗等都是金本位制的拥护者。

3. 维系美元本位制

美国学者米歇尔·杜利在 2003 年提出了一个引起学界讨论热潮的新观点。他认为现行国际货币体制一直就是原来的体制，只是以不同方式进行了自我调整并重新充满了活力，它将持续地正常运转至少 10 年。因此他提出了"复活的布雷顿森林体制"或"布雷顿森林 II 体制"的新概念。2007 年次贷危机爆发后，杜利认为目前的金融危机不是源于支撑布雷顿森林 II 体制的激励因素发生了变动，相反，危机源于工业化国家金融市场的崩溃。随着金融市场的逐渐恢复，该体制也将重新发挥作用。③ IMF 前总裁卡恩在危机后提出了类似的观点。他认为，当前国际货币体制虽然存在问题，但总体运作仍然不错，面对金融危机仍有生命力和弹性，考虑到未来美元仍将长期作为主要国际货币而存在，当前的改革应聚焦于如何对美元的国际地位进行约束和制衡。查德·库珀（2009）也认为，在未来 10 年甚至可能更长的时间内都不出现取代美元的候选货币，美元很可能依然保持其国际主导货币的地位。④ 美国前任总统奥巴马在金融危机期间表态称美元仍然强劲，反对建立全球货币。随着 2008 年后美国经济的强劲复苏和美元

---

① 《本柯：美国应恢复金本位》，http：//finance. sina. com. cn/stock/usstock/comment/20101007/03318742015. shtml，2018 年 8 月 11 日访问。

② 林毅夫：《全球经济纵横谈》，载《科学发展》2013 年第 3 期。

③ Michael Dooley, David Folkerts-Landau, Peter Garber 著，徐涛译，赵英军、侯绍泽校：《复活的布雷顿森林体系与国际金融秩序——亚洲·利率·美元》，中国金融出版社 2010 年版，第 1~5 页。

④ Cooper, R. , "The Future of the Dallar", Peterson Institution for International Economics, 2009.

回归强势，国际货币体制改革的步伐再次被放慢。中国部分学者，比如李晓（2014）、潘英丽（2014）等认为当前的美元本位制可能在未来很长时间内可持续。

4. 促进多元化货币体制

2008 年源自美国的全球金融危机爆发后，美元独一无二的地位再次受到质疑。艾肯格林认为，未来的世界将是一个多种国际货币并存的世界。这样的一个世界即将到来，因为当前世界经济正朝着多极化方向发展，而作为美元垄断权的传统基础也因此被逐步侵蚀。① "欧元之父" 蒙代尔的货币 "稳定三岛" 的构想在危机后被他自己和部分中国学者进一步引申。蒙代尔认为，未来三足鼎立的局面中，亚洲货币很可能是人民币，他预言，人民币未来可能成为储备货币，即使中国政府不对它做什么……人民币成为国际货币的进程是必然的。不少国内学者认同蒙代尔提出的三级鼎立的多元化储备货币体制的改革方向，张明（2010）指出，未来的国际货币体制可能出现美元、欧元与某种亚洲货币（可能是人民币，也可能是亚洲主要货币组成的一个货币篮）三足鼎立的局面。② 徐洪才（2011）认为，迫切需要建立一个 "三足鼎立" 的世界货币新体制。由于历史和现实的复杂因素，建立东亚单一货币 "亚元" 缺少现实基础，人民币国际化和成为三足中的一足是大势所趋。③ 还有一些国内学者赞同多元化的改革趋势，不过更倾向于美元在该体制中保持主要地位。王元龙（2009）认为国际货币体制改革的现阶段目标是打破美元的垄断地位，建立以美元为主、其他主要货币为重要补充的多元储备货币体制。李稻葵和尹兴中（2010）也指出，多支柱的国际货币体制事实上是当前的默认选项，从现有国际货币体制向多支柱的国际货币体制演变遭遇的政治和经济阻力会相对小很多，因而最有可能出现。④ 马骏（2013）认为，货币体

---

① ［美］巴里·埃森格林著，陈召强译：《嚣张的特权：美元的兴衰和货币的未来》，中信出版社 2011 年版，第 183 页。

② 张明：《国际货币体系改革：背景、原因、措施及中国的参与》，载《国际经济评论》2010 年第 1 期。

③ 徐洪才：《当前国际货币体系缺陷及其改革》，载《国际经济分析与展望（2010—2011）》2011 年第 1 期。

④ 李稻葵、尹兴中：《国际货币体系新架构：后金融危机时代的研究》，载《金融研究》2010 年第 2 期。

制的多元化是一个必然趋势。多元化体制虽也有缺陷，但各国可以通过政策协调来克服这些缺陷，减少从美元被人民币部分替代过程中的市场波动。① 李若谷、陈雨露、潘英丽知名经济学家持类似观点。中国国家主席胡锦涛在 2009 年 6 月举行的"金砖四国"金融峰会中强调，要推动完善国际货币体制，健全储备货币发行调控机制，稳步推进国际货币体制多元化。②

5. 汇率制度和对资本流动的监管

2010 年意大利前财长 Tommaso Padoa-Schioppa 在其题为《班柯的幽灵：经济危机和全球货币的无序》的演讲中提出重建国际货币体制的"共同汇率机制"，汇率必须与经济基本面保持一致，储备货币发行国的货币政策必须能提供稳定的货币锚。③ 伦敦商学院的 E. Farhi，H. Rey 等教授在其 2011 年发表的《改革国际货币体制》的报告中建议加强对金融账户和国际间资本流动的监督，加强国际金融监管方面的合作。

6. 国际收支调节机制和国际最后贷款人

很多学者认为当前国际收支调节失灵的原因是多方面的，不能单纯依靠改革 IMF 的贷款等收支调节制度实现。Cooper（2009）强调美国海外投资及回报的增长是其贸易持续逆差的原动力。④ Greenwald he Stiglitz（2009）指出，全球收支失衡的根本原因是国际储备货币安排主权化和信用化。⑤ 因此，IMF 对调节收支失衡的作用有限。而关于最后贷款人，吴永辉（2010）认为作为中间环节的最后贷款人制度的不健全是导致晚近系列金融危机发生和扩展的重要原因，应该完善 SDR 的国际储备货币功能，完善以 IMF 贷款为核心的国际收支平衡制度，完善

---

① 马骏：《国际制度的"次优"选择——从"有限理性"到"不确定性"》，载《外交评论》2013 年第 4 期。

② 《胡锦涛呼吁国际货币体系多元化》，http://finance.ifeng.com/forex/whyw/20090617/809788.shtml，2018 年 8 月 11 日访问。

③ 杰克·布尔曼、安德烈·艾卡德等著：《国际货币体系改革》，中国大百科全书出版社 2015 年版，第 56 页。

④ Cooper R N. "The Future of the Dollar", Policy Brief in International Economics, No. PBO9-21, September, 2009.

⑤ 李晓等著：《国际货币体系改革：中国的视点与战略》，北京大学出版社 2015 年版，第 82 页。

IMF 的责任制度和管理制度，使 IMF 发挥最后贷款人的作用。① 徐以升（2016）指出最后贷款人的三个要件是意愿、能力及职权的宣布，IMF 不是合格的国际最后贷款人。②

7. IMF 的治理

改革 IMF 的治理结构在国际社会内基本已达成共识，但如何改革却分歧较大。Bryant 提出，IMF 的份额分配新公式不仅未能增加发展中国家的份额，反而会产生相反的效果。③ Cooper 和 Truman 也认为，新公式中不应纳入开放度指标，因其与 GDP 高度相关，有重复计算之嫌。④ 国内诸多学者，比如李仁真、韩龙、潘英丽等教授也积极主张改革 IMF 的份额公式、投票权、表决机制等制度，以提升 IMF 的合法性和有效性。

第二节　对现有改革方案的评析

上述国际货币体制改革的方案涉及的内容繁多，笔者将其归纳为三个方面进行评述。

一、对国际储备货币体制改革方案的评析

关于未来国际储备货币体制的改革方向，大概有创建超主权货币、重回金本位、维系美元本位、建立多元化储备体制等几种代表性的改革建议。

（一）创建超主权货币的评析

超主权货币在 21 世纪并不是一个全新的概念。早在构建 IMF 的创立方案时，

---

① 吴永辉：《论国际货币体系中最后贷款人的构建》，载《云南大学学报法学版》2010 年第 1 期。

② 徐以升著：《新秩序：美联储货币互换网络重塑国际货币体系》，中国经济出版社 2016 年版，第 87~88 页。

③ Bryant R G, "Reform of Quota and Voting Shares in the International Monetary Fund: Nothing is Temporarily Preferable to an Adequate 'Something'", Brookings Institution, 2008.

④ Cooper R N, Truman E M, "The IMF Quota Formula: Linchpin of Fund Reform", Policy Briefs in International Economics, 2007, PBO7-1.

英国代表凯恩斯就提出了建立超主权货币班柯（bancor）的构想。凯恩斯主张建立"国际清算同盟"作为世界性中央银行，并发行与黄金挂钩的国际通货"班柯"。但该方案最终未被采纳。20 世纪 60 年代，特里芬在凯恩斯方案的基础上提出建立一种黄金以外的国际通货，倡议所有国家对于不愿以黄金形式持有的储备可以以这种超主权货币的形式存入 IMF。但鉴于这些方案的实施都需要超主权的国际央行作为机构支撑，巨大的政治阻力使这些方案仍停留在设想层面。2008年全球金融危机的爆发使人们再次质疑美元的霸权，很多政策制定者和理论专家认为这为建立超主权国际货币提供了历史机遇。

这一改革倡议表达了多年以来国际社会摆脱美元霸权的诉求，它具有以下正面意义：（1）可以彻底破解"特里芬难题"。20 世纪 60 年代，特里芬就提出了布雷顿森林体制下主权货币在维持各国对该货币的信心和该货币作为国际货币必须提供足够的国际清偿力之间的矛盾，即"特里芬难题"。国际货币体制进入浮动汇率时代后，该矛盾依然存在，只是以不同的方式表现出来。在牙买加体制的美元环流新机制下，美元主要通过经常项目逆差及资本输出向海外提供流动性，再通过。海外国家对美元储备的需求增加，就越需要足够的具有清偿能力的美元债券的增加；而美元债券发行越多，就越会动摇国际社会对美元的信心，这又回到了"信心"与"清偿力"之间矛盾的逻辑，因而被称为"新特里芬难题"。[1]这一矛盾在当前的体制下是无解的。而超主权货币的清偿力与任何国家的经常项目赤字和资本输出都没有关联，它的发行由各国建立的国际中央银行按规则进行，从而可以一劳永逸地解决"清偿力"和"信心"的矛盾。（2）有利于维护国际金融的稳定。现行国际货币体制难以提供全球金融稳定这一公共产品，美元的无序供给使国际收支失衡持续加剧，国际金融危机愈演愈烈。[2] 美元的价值没有固定的锚，美国可以根据自己的国内需求通过各项国内政策影响美元的汇率和流动性，而完全无视其他国家的利益。多年来，美元汇率无序波动，流动性忽紧忽松，外围国家饱受金融动荡之苦。然而，超主权货币的币值有一个稳定的基

---

① Padoa-Schioppa, Tommaso, "The Ghost of Bancor——The Economic Crisis and Global Monetary Disorder", Speech at Louvian-La-Neuve, February 25, 2010.

② 李仁真、向雅萍：《加强 SDR 作用的法律路径探析》，载《武汉大学学报（哲学社会科学版）》2012 年第 3 期。

准，并有明确的发行规则以保证其供给有序；其供给总量可以及时、灵活地根据需求的变化进行增减调节；更重要的是，这种调节是超脱于任何一国的经济状况和利益的。① 可见，超主权货币方案可以克服当前货币体制的根本缺陷。

但是，超主权货币方案过于理想化，其可行性不足。（1）从经济理论上讲，超主权货币的发行与管理需要一个世界中央银行，而国际货币体制的机构载体IMF无论从历史还是从现实的角度都难担此重任。它专横的历史、苛刻的贷款条件、带给受援国家的惨痛记忆和被欧美等国暗箱操纵的事实等，使IMF失去了很多成员国对它的信任。在2008年危机的救助中，IMF也是步履沉重，反应迟缓，很难及时地履行提供流动性的职能。事实上，在IMF救助资源有限的情况下，是美联储插手和世界各国的中央银行签署了大量的货币互换协议，来为深陷危机的国家提供流动性，充当了事实上的最后贷款人。② 对广大发展中成员国而言，IMF并不是一个值得信赖的国际组织。（2）从政治利益上讲，在现行国际货币体制中占支配地位的，也是最大的既得利益者——美国绝对不可能接受该方案。③ 美国不会主动放弃它在国际货币体制中的核心地位和货币霸权，因为它的军事、经济和法律制度上的优势使以美元为中心的国际货币体制在近期具有可持续性，未来10年甚至20年都可能不会出现替代美元的货币，其让任何国家在政治上也没有用本币取代美元在国际货币体制中的核心地位的明确意愿。（3）从技术角度讲，该方案的合理性和科学性值得商榷。首先，没有探讨与世界中央银行配套的世界财政部及其国际公共产品的供给问题，这是欧元区带给国际社会的教训。如果全球范围内不探讨国际公共产品的供给问题，而是将其与超主权货币的发行挂钩，仍将无法克服内生性的通货膨胀趋势和结构恶化的财富再分配。④ 其次，该

---

① 周小川：《关于改革国际货币体系的思考》，载《中国金融》2009年第7期，第8页。

② Vivekanand Jayakumar, Barbara Weiss, "Global Reserve Currency System: Why Will the Dollar Standard Give Way to a Tripolar Currency Order?" Front. Econ. China, 2011, Vol. 6, No. 11, pp. 117-119.

③ 潘英丽：《国际货币体系改革的正确方向：超主权还是多极化?》，载《第一财经日报》2013年9月9日。

④ 潘英丽：《国际货币体系改革的正确方向：超主权还是多极化?》，载《第一财经日报》2013年9月9日。

方案没有探讨美元如何从国际货币流通领域和储备资产领域退出的问题，显然不能通过美国生产的商品赎回全球范围内的美元。鉴于美国强大的综合实力，它长期提供国际安全这种公共产品，它的退出又将是个难题。最后，该方案忽略了建立单一主权货币所需要的经济基础，短期内不可能出现单一最优货币区，而且只有在以单一主权货币为中心的情况下，竞争压力的缺乏可能导致世界中央银行缺乏抑制通货膨胀的强烈动机。这些技术难题均未解决。至于很多学者倡议的将SDR 打造为单一主权货币的建议，短期内也无法实现，原因在于：首先，SDR 只是记账单位，并非国际货币。它的国际调节机制仍具有不对称性，只能对付通货紧缩，没有考虑通货膨胀，即使给发展中国家更多的 SDR 也解决不了亚洲国家为应付汇率频繁波动和资本无序流动带来的金融危机的高额储备问题；其次，它由 IMF 创设，缺乏国家信用和实体经济基础，将其推广到私人部门使用和交易难度很大，也不能解决各国将储备兑换成 SDR 后的汇率风险的分担问题；再次，SDR 的总量和分布有限，不能满足流动性的要求；最后，缺乏美国等 IMF "大股东"的支持。[1]

因此，从长远来看，建立超主权货币是国际货币体制改革的理想路径。但是，基于以上对多边货币安排面临的困难和挑战的分析，短期内构建一个有广泛代表性的、管理良好的超主权货币体制来取代美元本位制几乎是不可能的。在衰落的权力和新兴的权力间进行有效的权力分配的困难将成为创造真正的国际货币的主要障碍。[2]

（二）对回归金本位制的评析

金本位制作为世界上第一个国际货币制度，曾在人类历史上发挥了举足轻重的作用，后因其固有的缺陷而终究被淘汰。2008 年金融危机后，国际社会再次审视牙买加体制带来的汇率无序波动、通货膨胀高企、全球经济持续失衡，不少学者开始怀念"黄金的年代"，回归金本位制的建议重回人们的视野中。

---

[1]　徐飞彪著：《新视野下的国际货币体系变迁及中国货币战略》，时事出版社 2016 年版，第 245 页。

[2]　向雅萍：《全球金融危机背景下国际货币体系改革的法律路径研究》，武汉大学 2012 年博士学位论文，第 31 页。

历史上的金本位制可以使各国货币的汇率相对稳定，并可以对各国的货币发行形成有效的自我约束机制，从而长期保持较低的通胀水平。它具有稳定、可信、透明、自我调整等优点。如果重回金本位制，美元的币值会归于稳定，可以大大减少国际贸易和投资活动的不确定性。更重要的是，可以约束美元的发行，避免其利用美元霸权去转嫁危机或攫取他国的财富，并且，有纪律的发行会减少输出性的通货膨胀，逼迫美国自动调节收支失衡。因此，这一设想在某种程度上具有合理性。但是，这一改革方案已经不能再适应现在和将来的国际经济形势：首先，在国际经济高速发展和全球财富迅速增长的现代社会，它越来越难以克服黄金这种物质的"有限性"与发挥货币职能所要求的"无限性"间的矛盾。黄金作为一种实物，其作为货币的优越性在古代社会是可信的，但在现代信息科技社会，这一优越性已不复存在，相反，其分布不均衡、产量有限等固有的缺陷却被放大了数倍。2017年，国际经济规模达到80万亿美元左右，而根据世界黄金协会（The World Gold Council，WGC）的统计，同期全球官方黄金储备共计33499.6公吨。有限的黄金产量和存量迫使黄金回归普通商品而退出货币领域。1981年7月，美国里根政府曾专门研究美国恢复金本位制的可能性，通过详细论证后，最终否定了重回金本位制的提案。这也说明了金本位制只能封存在历史中了。其次，金本位制是自由资本自由的产物，不能适应各国普遍使用"看得见的手"调整经济的现实。金本位制具有自动调节国际收支的优点，但该优点在各国普遍使用宏观经济政策调整经济的现实下没有用武之地，甚至会束缚各国制定政策的自主权。再次，金本位制并不能彻底改变美元享有霸权的现状。据WGC截至2017年11月的统计，美国的官方黄金储备为8133.5吨，遥遥领先于位居第二的德国的3373.7吨。如果回归金本位制，美欧仍有意愿和实力借助本国丰富的黄金储备谋取新的霸权。而且，该方案也没有设计美元退出和黄金进入的机制。目前，广大新兴市场国家和发展中国家的国际储备主要构成基本上都是美元，如果黄金再次成为国际储备货币，很可能导致美元大幅贬值，从而使这些国家的储备资产严重缩水。通过改革，很可能会进一步加强货币大国的地位，但却削弱了发展中国家的利益。这与当前的改革方向是背道而驰的。最后，即使是改良的金本位制，也缺乏可操作性。改良的金本位制试图克服黄金有限性的缺陷，即不依赖实际存在的黄金储备，而是借助于当前发达的金融衍生工具，以央行发行保证本国货币按固定比率购回黄金的远期合约意愿为基础，利用金融市场的力量来管理各国的货币供应量。这一建议对金融市场的发达程度和金融监管水平提出了更高的要求，不能约束所有的国家。而且，用市场力量去约束一国发行货币的主权也是不可取的。

很明显，金本性制已经不能再适应全球经济增长和各国管理经济政策的新现实，即使披上了改良的外衣，也无法克服其内在的局限性。况且，对于当前饱受批评的美元本位制的缺陷，回归金本位制也无助于对其进行根本的变革。因此，回归金本位制的提议仅限于理论探讨，缺乏现实性和可行性。

（三）对美元本位维系论的评析

2008 年金融危机爆发后，面对国际社会高涨的国际货币体制改革的呼声，美国政府和部分学者主张维持美元本位制。10 年过去了，国际货币改革的脚步慢了下来，改革的成果也微乎其微，美元本位制暂时获得了事实上的可持续性。这说明撼动美元霸权的艰难，但未来改革的趋势依然是逐渐削弱美元"一币独大"的特权。

美元本位体制是美国经济结构金融化过程中金融权力外延的具体表现，它的可持续性主要源自于它的自我增强机制：首先，商品美元的回流机制。目前，美元主要通过两种方式在全球范围内形成回流。第一，美国的经常项目逆差输出美元，部分采取钉住美元或有管理的浮动汇率制的国家通过对美国的贸易顺差集聚大量美元储备，为了让储备保值增值和提高出口实力，这些国家会选择最安全的美国国债进行投资，美元回流到美国境内，美国继续扩大贸易赤字。第二，美国在全球推销其金融自由化理念，诱导一些国家开放金融市场，但很多国家缺乏对跨境资本的监管能力，美国的私人资本获得了更多自由进出的市场，并不时对投资国进行货币或金融攻击，致使各国为预防货币金融危机而增加美元储备，美元及其国债需求增加，美国再发行更多的美元，如此循环。其次，石油交易的美元计价机制。美国可以通过印刷美元来购买石油，通过影响美元汇率操控石油价格，刺激石油进口国对美元储备的需求。再次，对外债务的本币计价机制。美国的外债基本都是美元计价的，因而能避免期限错配或币种错配等货币危机。更重要的是，没有发行没有约束的情况下，本币负债相当于美元负债。最后，金融危机的美元救助机制。无论是 20 世纪八九十年代的金融危机，还是最近爆发的全球金融危机，美元都是最关键的救助货币。2008 年金融危机中，美元发挥了关键性救市（世）货币的作用，美联储俨然成了国际货币体制的"最后贷款人"。① 借助这些自我增强机制，美国打造了一个全球性的资源控制系统。系统内的国家不仅无法单独改变规则，而且也不敢轻易改变规则，因为推翻该规则的成本和代价比存在于系统内的更大。大多数发展中国家都将美元作为其主要的储备资产，推翻美元本位体制也意味着自身储备资产的巨大损失。况且，目前新型经济国家很难摆脱对美国市场的依赖，也没有其他国别货币强大到有取代美元的实力。因此，美元本位体制从现实的角度讲可能会持续很长时间。

尽管如此，逐步减少对美元的依赖仍然是大多数国家追求的改革目标。美元本位体制的缺陷确实不容忽略：首先，美元发行缺乏纪律约束。布雷顿森林体制崩溃后，国际上几乎再也没有国际制度和法律手段来处理货币事务。② 美元挣脱了黄金的束缚后，实物锚的时代一去不回，各国开始凭借国家信用发行货币。美国利用其强大的综合实力，为实现其国内政策目标而恣意发行美元。在全球金融危机爆发后，美国通过三轮量化宽松政策向市场注入大量流动性，一方面刺激本国的经济发展和支撑国内消费，另一方面，逼迫其他国家货币升值并向他国输出通货膨胀从而将危机的损失转嫁他国。其次，美国享有权利却不承担义务。美国可以利用美元作为国际交易中主要交换媒介的垄断地位，以通货膨胀率或美元贬值的方式谋取巨额的铸币税收入。美国可以用低廉的成本向世界各地输送美元现金，凭借美国的国家信用和美元的霸权地位以极低的成本发行美国国债和企业债券，在全世界范围内获得廉价的资本，以弥补国内储备缺口，服务国内的经济建设需求，从而将结构调整的压力转嫁给其他外围国家。同时，因美元是世界上最主要的计价和结算货币，美国政府、企业、个人多数情况下使用本币交易，无须为规避汇率风险付出代价，极大地减轻了美国经济的交易成本。此外，美国通过向世界提供市场来维系美元资金的回流，既可以增加世界各国对美国的贸易依存

---

① 李晓等著：《国际货币体系改革：中国的视点与战略》，北京大学出版社 2015 年版，第 9~11 页。

② Ernst Baltensperger, Thomas Cottier, "The Role of International Law in Monetary Affairs", *Journal of International Economic Law*, September, 2010, p. 927.

度从而增强美国的国际地位和影响力，也可以"绑架"向其输出廉价商品和资源的国家从而使它们自觉地维持美元的竞争力。① 但是，美国在享受上述权利的同时却从未履行过相应的义务。金德尔伯格认为，如果要维系美元霸权，美国应承担以下义务：（1）为剩余的世界产品提供市场，和其他国家分享稀缺资源。（2）保证资本流向可能的借方。（3）在货币金融危机爆发时，美国应该提供全球最后贷款人。（4）维持全球汇率体制的稳定。（5）协调各国的宏观经济政策。② 除了在 2008 年金融危机后美国有限地充当了最后贷款人以外，美国几乎没有承担任何其他义务，相反，它经常为满足私利而损害全球金融市场的稳定。③ 最后，美国违反了公平互利原则。在美元环流中，发展中国家向美国输出质优价廉的资源和商品，为避免美国推动的动荡不安的国际金融市场的风险，他们不得已将收入的外汇转变为国家储备资产。在美元霸权下，这些国家别无选择，只能购买美元国债等信用较高的金融资产作为其储备资产的主要部分，但美元国债的利率一向偏低，有些时期甚至为零。这种发达国家国债的低利率与发展中国家借款时所承担的高利率之差本质上是发展中国家向作为国际储备货币国的发达国家转让其宝贵的资源。④ 并且，为了转嫁危机，美国通过其货币政策促使美元贬值，这就意味着发展中国家通过输出劳力和资源而辛苦挣取的外汇储备会瞬间大量蒸发。可见，发展中国家的外汇储备并不能实质上帮助他们的经济增长，相反却在客观上形成了对发达国家的补贴。⑤ 这种顺差国为逆差国买单，穷人补贴富人的现象凸显了国际货币体制的不公平性，造就了富者更富，穷人恒穷的局面。⑥ 并且，

---

① 李晓等著：《国际货币体系改革：中国的视点与战略》，北京大学出版社 2015 年版，第 14 页。

② Kindleberger. P. Charles, *The World in Depression 1929—1933*. London, Allen Lane：The Penguin Press，1973.

③ 李仁真、向雅萍：《加强 SDR 作用的法律路径探析》，载《武汉大学学报（哲学社会科学版）》2012 年第 3 期。

④ ［美］约瑟夫·E. 斯蒂格利茨著，江舒译：《斯蒂格利茨报告：后危机时代的国际货币与金融体系改革》，新华出版社 2011 年版，第 201 页。

⑤ Ocampo and José Antonio, "Building an SDR-Based Global Reserve System", Journal of Globalization and Development, Vol. 1, Iss. 2, Article 14, 2010.

⑥ 李仁真、向雅萍：《加强 SDR 作用的法律路径探析》，载《武汉大学学报（哲学社会科学版）》2012 年第 3 期。

美元的这种环流机制使以中国为代表的高储备国家陷入"美元陷阱"，从而实现了"金融恐怖平衡"。美国这种"损人利己"的策略显然违反了公平互利原则。

　　总体而言，美元的自我增强机制使美国的货币霸权在短期内难以撼动，全球金融危机后，美元在众多货币中表现依然突出，至今并未出现可以与美元竞争的国际货币。因此，美元本位制有一定的可持续性。但是，减少对美元的依赖仍然是大多数国家的共同诉求，改革的路程可能漫长，但改革的目标却非常清晰和坚定。当前，应以美元本位制可持续为研究背景，继续探讨去美元化的路径，最终建立公平合理的国际货币新体制。

（四）促进多元化储备货币体制的评析

　　牙买加体制是对当时国际货币现实的认可。美国政府宣布不再接受用美元兑换黄金后，各主要国家货币开始自由浮动，已实现国际化的货币，比如马克、日元、英镑等都可以充当国际储备资产。因此，当前的货币体制理论上已经是多元化的国际储备货币体制。但是，该体制下各种货币的地位不对等，美元霸权使国际货币体制事实上在向单极化发展。当前，尽管出现了"一超多强"的局面，但距离平等竞争、合作互利的真正的多元化储备体制仍有很大的差距。

　　由于理论界尚未攻克构建多元化储备货币体制的难点问题，关于多元化储备货币体制的改革方案也存在种种不足：多元化体制仍然是以主权国家货币为基础，很难解决特里芬难题和不公平、不稳定等问题，而且，多种货币之间的关系不明朗，可能带来更多的汇率波动风险。多元化货币体制中多种货币相互间具有可替代性，这意味着基本面的较小变动就可能引起大规模的资本流动，从而加剧资产转换和利率、汇率大幅波动的不稳定性。尽管如此，由于金本位制重返无望，美元本位制终将难以为继，超主权货币体制遥不可及，因此，未来20年内，多元化储备货币体制可能是最为可行的演变趋势。主要原因如下：

　　首先，支撑美元霸权的理论"霸权稳定论"与其指导的现实并不吻合。"霸权稳定论"是美国自由派经济学家查尔斯·金德尔伯格于1971年提出的支撑单极体制的理论。其核心内容是，必须有一个超级霸权大国作为世界经济的稳定者，为全世界的剩余产品提供市场，保证资本充分流动，并在银行面临危机时发挥救助作用。① 这一理论后来延伸到国际政治经济关系学领域用来解释单极世界中超级大国存在的必要性，该领域的著名学者罗伯特·吉尔平强调，"历史经验表明，没有一个占主宰地位的自由强国，国际经济合作极难实现或维持，冲突将成为司空见惯的现象"。② 根据该理论，国际经济合作必须由一个超级强国主导，如果其能提供稳定和危机救助的公共产品，那么霸权领导下的单极国际体制是非常稳定的。但是，事实却证明，美国这个超级大国对国际经济合作的破坏要大于其贡献。美国利用其货币主导地位，掠夺外围国家的资源和财富，转嫁危机带来的损失，制造各种金融稳定的源头，它完全无法在追求个体利益最大化的同时实现全球经济整体利益的最优化。因此，"霸权稳定论"失去了现实基础，单极货币体制无论是理论上还是现实中都岌岌可危。此时，如果多极货币体制能够建起一个内在稳定机制，它将比单极货币体制更为稳定。有学者建议，建立一个由管理短期资本流动制度和国际汇率波动制度构成的内在稳定机制，不仅有助于帮助国际货币体制从单极向多极的平衡过渡，而且有利于克服多极储备货币体制的内在不稳定倾向。③

其次，新兴市场国家的兴起为多元化储备货币体制的建立提供了现实基础。现有的国际货币欧元、英镑、日元等发展至今，还没有出现能与美元抗衡的货币。英镑、日元持续疲软，欧元虽在有限程度上具有对美元的替代性，但因其固有缺陷很难单独与美元竞争。进入 21 世纪后，新兴市场国家经济高速发展，改变了全球经济力量的架构，世界越来越呈现出多极化的局面。尤其是金砖五国，在总体经济规模的数量上非常可观。据金砖国家统计局和 IMF 发布的数据，2016年，金砖国家的 GDP 在全球的占比从 2001 年的 8.48% 上升到 22.29%，④ 它们的经济总量已经超过了美国。2017 年，金砖国家国际贸易占世界贸易的比重从

---

① 程实：《次贷危机后的国际货币体系未来发展：本位选择、方向和路径》，载《经济学家》2009 年第 6 期。

② ［美］罗伯特·吉尔平著：《国际关系政治经济学》，经济科学出版社 1989 年版，第 105 页。

③ 潘英丽等著：《国际货币体系未来改革与人民币国际化（中卷）》，格致出版社、上海人民出版社 2014 年版，第 25 页。

④ 2016 年金砖国家占世界比重为占 IMF189 个成员国之比，之前为占全球 215 个经济体的比重。

10 年前的 11%上升到 16%，对外投资和吸引外国投资的比重分别为 12%和 16%。金砖国家良好的经济表现使其对世界经济增长的贡献超过 50%，成为拉动世界经济增长的重要引擎。① 其中最为引人瞩目的是中国。据国家统计局发布的统计数据，2017 年中国的 GDP 仍位居世界第二位，不过中国对世界经济增长的贡献率达到了 34%左右，而美欧日的贡献率分别为 10%、8%和 2%。经济实力提升后，新兴市场国家越来越意识到美元单极体制带给它们的不公平待遇，因此都产生了摆脱对美元的依赖，建立公平合理的国际货币体制的诉求。未来，中国人民币、俄罗斯卢布、印度卢比、巴西雷亚尔和南非的兰特都可能是多元化货币储备中的一元。此外，欧洲主要国家法国、德国等对美元的霸权也颇有微词，打破"一币独大"的局面也是欧元进行发展的重要诉求。可见，除了美国外，大多数国家都期盼货币体制从单极转向多极。

最后，建立多元化的国际货币体制有助于从根本上改善全球收支失衡。在美元本位制下，美元流动性与美国经常项目逆差挂钩，只要顺差国愿意接受并持有美元，创造的美国流动性总可以以美元债务的形式流回美国，这构成了全球失衡的重要来源。② 多元化的国际货币体制将打破这种美元环流。如果储备资产形式多样化，而且各种资产之间具有竞争性和替代性，那么贸易顺差国可以配置多种储备资产，减少对美国国债的持有量，从而迫使美国回到市场规律的约束中，不能再执行以邻为壑的国内政策。只有美元的特权被关在笼子里，美国无法利用美元特权来弥补其贸易赤字时，美国才有动力自觉调整其国际收支失衡，从而从根本上缓解困扰国际社会经年的全球收支根本失衡的难题。

因此，随着国际经济格局的改变，货币多元化的现实基础正在慢慢形成。举世瞩目的人民币国际化进程正在正常推进，人民币在国际社会发挥价值尺度、交换媒介和储藏价值等功能的程度都得以提升，未来必然成为亚洲地区最重要的货币。欧元历经欧债危机的磨难后并未解体，显示出了强大的生命力。即使未来欧元地位难有突破，但随着欧元区的扩大，欧元影响将企稳回升，继续充当欧洲地

---

① 《金砖国家对世界经济增长的贡献率超过 50%》，http：//finance. ifeng. com/a/ 20170828/15619776_0. shtml，2018 年 4 月 7 日访问。

② 高海红：《布雷顿森林遗产与国际金融体系重建》，载《世界经济与政治》2015 年第 3 期。

区的核心货币。随着多国货币的崛起，美元的市场将被逐渐蚕食，美元的影响力会越来越和其国力保持一致，但它在美洲国家的主导地位是不容动摇的。据此，未来多元化体制中的货币格局初现雏形。美元、欧元和人民币将成为最重要的三种货币，日元、英镑、雷纳尔、卢布、澳元和加元等则居于次重要地位。① 可见，建立有层次、有内部稳定机制的多元化国际货币体制应为一条现实可行的改革路径。

综上所述，国际储备货币体制的改革路径是：近期逐渐摆脱对美元的依赖，中期构建有管理的多元化储备货币体制，远期目标则是实现建立超主权储备货币体制的理想。中国参与国际货币体制近中期改革的最佳路径是推进人民币国际化。只有逐渐提升人民币国际化程度，才能慢慢摆脱对美元对依赖，迈出"美元陷阱"，并最终使人民币成为与美元具有竞争力的国际货币。同时，虽然建立超主权货币的征途漫漫，但也有必要改革 SDR 的法律制度，加强其作用，提升其地位，使 SDR 首先成为多元化储备中的重要一元，以便为将来成为超主权货币奠定基础。

二、对国际货币体制功能改革方案的评析

上述关于国际货币体制功能改革的方案主要集中在汇率和资本流动的监督以及收支调节和提供流动性等方面。

（一）对浮动汇率的管理和监督

近年来，美元、欧元和日元三种主要货币间的汇率波动巨大，经常和基本经济因素无关，导致金融经济的不稳定。前意大利财长 Tommaso Padoa-Schioppa 认为浮动汇率经济上并非最优选择，政治上也不可能，相信在浮动汇率制下实现市场的"真正的秩序"只是一种幻觉。但还是有不少学者认为在当今资本流动频繁的情况下，浮动汇率可以抵挡资本流动对国民经济的直接冲击。笔者认为，在缺乏全球制度安排的情况下，恢复固定汇率制没有可行性，但不受管理和约束的浮

---

① ［英］吉姆·奥尼尔：《21 世纪国际货币体系：两个可能方案》，载《第一财经日报》2011 年 1 月 24 日。

动汇率制也不利于全球经济的稳定发展。最可行的方法是认可浮动汇率制的合理性，但设置主要国际货币间汇率浮动宽目标区，比如允许市场围绕中心汇率上下各浮动 10%~15%，避免幅度过大、时间过长的汇率失衡。当然，幅度的范围仍需要经济学家具体进行论证，要保证其宽度能包容大部分时间汇率的波动，以适应主要货币国内部利率的短期波动以及经济周期的变化。

（二）对国际资本流动的管理

在众多的资本流动管理改革方案中，主要的建议包括资本管制和开征交易税。IMF 一直受"市场原教旨主义"的影响，致力于推动资本项目自由化。但是，2008 年金融危机爆发后，IMF 于 2011 年 4 月开始制定关于实施资本管制的政策框架。它认为，资本流入对接受国既有利也有弊，面对流入激增时，资本管制在解决宏观的经济和金融稳定方面可能是必要的。IMF 应该加强对资本流入的管理，管理范围覆盖该领域的全部经济政策。《华尔街日报》对此评价，IMF 主张资本项目自由化的一贯立场发生了转变。可见，智库和学者们关于适当资本管制的观点具有合理性，但具体管制的制度设计却一直没有具体可操作的方案，需要继续研究。关于开征金融交易税的改革进展也比较艰难，但这种建议显现了多边合作抵制短期资本流动的新趋势。2011 年 9 月，欧盟提出开征托宾税的计划，建议各国对股票和债券的交易征收 0.1% 的税，对金融衍生品征收 0.01% 的交易税。2012 年 8 月，法国成为第一个征收金融交易税的国家。2012 年 10 月，欧盟批准德国、法国、意大利等 10 个欧元区国家开征金融交易税的提议，但欧盟内部依然分歧严重。2015 年 12 月，争议近 4 年后，欧盟财长会议上，欧盟 10 国同意在 2016 年中期开征此税，但后来又经历重重阻挠，至今仍未实现。已征税的法国的制度设计漏洞百出，而且对衍生品交易税进行了豁免。因此，该建议在欧盟落实或在全球范围内达成共识的前景渺茫。

（三）关于收支失衡的调节和最后贷款人的提供

前已述及的智库和专家学者有不少关注到收支失衡的调节问题，但无论是构建全球货币互换网，还是更多地发挥 SDR 的作用，或者强化 IMF 的贷款能力等都只能减缓成员国的短期失衡和对国际货币的交易需求，不可能将消除国际贸易和经济的结构性失衡带来的国际收支的长期不平衡，尤其是对美元主导的国际货币体制产生的巨大压力。因为参与全球分工体制的新兴市场经济体的财富积累所形成的国际储备资产需求不可能通过没有物质基础或没有主权国家经济基础支撑的记账货币或价值符号来满足。① 因此，上述改革方案并不能解决这一机构性难题。至于最后贷款人的提供，多数意见认为，国际最后贷款人不仅可以使广大发展中国家以及发达国家享受高度资本市场一体化与国际资本流动带来的收益，还可以避免资本频繁流动产生的外部金融危机之害。美国的美联储在 2008 年金融危机中充当了事实上的最后贷款人的作用，但学者们依然建议 IMF 能充当这个角色。但是，IMF 的可用资源仍然有限，治理也存着合法性和有效性缺陷，目前难以发挥最后贷款人的作用。况且，没有制度防范国际最后贷款人可能带来的严重道德风险，这可能成为金融危机新的诱因。目前的相关改革方案都未能综合全面地考虑国际最后贷款人的具体制度设计，研究仍浮于表面。

三、对 IMF 的治理改革方案的评析

目前关于 IMF 治理改革的重点放在提升其合法性和有效性方面。但囿于各自的立场，具体改革方案的分歧比较大。比如《皇宫倡议》提议构建国家元首峰会财长行长理事会和执行董事会的三级治理机制，将投票通过的门槛从 85%将至 70%~75%，并对执董会的席位作出调整。而埃森格林则主张绝对多数票从 85% 将至 80%，减少 4 个执董会席位，将欧元区改为一个席位，增加新兴市场国家的代表性。很明显，代表欧洲利益的《皇宫倡议》倾向于削弱美国的否决权，而美国学者则更愿意要求欧洲让渡去更多的代表性。另外，关于份额公式的改革、增加 IMF 决策的独立性、SDR 的分配和使用、管理层的遴选等问题，各国学者也是众说纷纭。可见，这些改革方案都没有解决 IMF 治理结构的合法性问题，来自欧美的建议都存在不可调和的分歧，遑论发展中国家和新兴市场国家的改革诉求。因此，对 IMF 的份额分配、投票权、决策机制等作出重大变革将是一个长期博弈的过程，但改革必须一步步往前推进，因为 IMF 治理机构的改革将是国际社会认

---

① 潘英丽等著：《国际货币体系未来变革与人民币国际化（中卷）》，格致出版社、上海人民出版社 2014 年版，第 30 页。

可其发挥更多核心作用的前提条件。

　　总之，尽管国际社会在危机后再次响起了改革现行国际货币体制的强烈呼声，但当前的经济金融状况更加复杂，各国经济力量的对比在不断变动之中，各国的改革方案囿于自身立场难免存在缺陷，全球性的建议缺乏一个强有力的国际组织的推动和各国进行政策协作的动力。危机后美元的再度走强和当前国际贸易战带来的困扰，极大地阻碍了国际货币体制的继续改革。但不管多么艰难，改革必须推行，因为国际社会不希望历史重演，重蹈覆辙。

第三章　中国参与国际货币体制
改革的战略选择

牙买加体制从诞生之日起，就因其先天的缺陷而饱受世人诟病，改革当前国际货币体制的呼声从未停歇。但是，美元和其他主要国际货币摆脱了黄金的束缚和固定汇率制的约束后，作为现行制度的既得利益者，美国等西方国家的改革动力明显不足，而新兴经济体的经济实力虽然明显增强，但其在国际经济金融领域一直未获得与其经济贡献相匹配的话语权。尤其是中国，在过去的三十多年里，抓住了冷战结束后的经济发展战略机遇期，并以加入 WTO 为契机，致力于发展外向型经济，成为全球最有活力和发展最快的新兴经济体。在 1998 年亚洲金融危机中，中国以负责任的大国的姿态保证人民币不贬值，对亚洲的稳定起到了关键作用。此后，中国以参与者的身份加快了融入全球经济金融体制的步伐。2008 年源起于美国的全球金融危机再次深刻揭露了现行国际货币体制的缺陷，美元的霸权地位开始衰落，中国试图抓住这一难得的历史机遇，从国际货币体制规则的被动接受者向规则的制定者转变，改革美元"一币独大"的现状，加强国际货币体制的功能，完善相关国际组织的治理。目前，中国应分析深度参与国际货币体制改革的时代背景和动因，反思近十年来中国参与改革的得失成败，探索符合中国利益诉求的改革策略和可行路径。

第一节　中国参与国际货币体制改革的动因

2008 年美国的次贷危机演变为全球金融危机后，时任中国央行行长的周小川在伦敦 G20 峰会上呼吁扩大 SDR 的适用范围，逐步建立一种超主权的国际储备货币单位。这可以被视为中国参与国际货币体制改革的开端，之后中国将会越来越深入地参与并推进本轮改革。这一重大决策背后有着深刻的动因。

一、摆脱"美元陷阱"和对美元过度依赖的愿望日益强烈

进入新世纪后，尤其是 2001 年正式加入世界贸易组织之后，中国的对外贸易顺差不断累积，外汇储备规模持续扩大。2006 年 2 月，中国外汇储备就已超过日本，中国成为全球外汇储备的最大持有国，2008 年末增至 1.9 万亿美元，相较于 2000 年年初，中国的外汇储备增长了 11 倍，而其中大约 70% 的储备资产都是以美元计价的，并且绝大部分是美国国债。2008 年 9 月，中国持有的美国国债数量（6182 亿美元）首次超过日本（6175 亿美元），从而正式取代日本成为全球第一大美国国债持有国，中国储备资产的价值对美元有着明显的依赖。针对此种现象，美国经济学家克鲁格曼提出了"美元陷阱"的概念，他认为，中国政府一方面担忧美元贬值会给中国带来巨大的资本损失，因此，没有什么东西可以阻止中国实行外汇储备的多元化，减少持有美元资产；另一方面，中国持有的美元太多，如果增加其他储备货币资产而抛售美元，必然会导致美元贬值，进而出现令中国政府担忧的资本损失。① 这意味着中国不管是维护现有的美元本位制，还是推进储备货币多元化的改革，都将面临资本损失的风险。这种进退两难的困境就是所谓的"中国的美元陷阱"。2008 年金融危机用事实证明了"美元陷阱"和对美元的过度依赖给中国带来的困扰。

（一）美国对美元特权地位的滥用

2008 年全球金融危机爆发时，美国仍是现行国际货币体制的唯一核心国家，而该体制内的其他国家则属于外围国家，依然延续着布雷顿森林体制下的"中心—外围"结构。多年来，美国对美元在货币体制中的核心地位的滥用导致了金融危机频发、全球经济失衡等种种恶果。但美国却认为，短期资本动荡不安、全球通货膨胀、自身的巨额逆差都是其他国家尤其是新兴经济体的问题，而 IMF 监督机制的失灵更助长了美元的滥用。中国必须参与国际货币体制的改革才能改变

---

① 参见李晓等著：《国际货币体系改革：中国的视点与战略》，北京大学出版社 2015 年版，第 143~144 页。

这一现状。

　　一直以来，美国都利用美元超级国际货币地位带给美国的特有禀赋实现自己的国家利益，而漠视作为中心国对外围国家的不良影响。2001年美国股市泡沫破灭后，迎来了矫正美国经济"非理性繁荣"的好机会。但是，美联储却通过降息强制启动美国经济增长。美元的低利率和房地产带来的经济高增长刺激了美国的需求，加上"阿富汗战争"和"伊拉克战争"带来的军费膨胀，使美国的经常账户逆差迅速扩大。而且，美元的低利率使国际资产撤出美国，美元开始贬值，但因为美元本位货币的特色，国际上大部分原材料的计价和交易均使用美元，所以美元贬值导致原材料等大宗商品涨价，上涨的价格又会扩大美国的经常项目逆差，而逆差的扩大相应地加剧美元的贬值，如此进入恶性循环的状态，导致美国收支越来越失衡。但是，美国并没有动力纠正这种失衡，它主要通过以下两条途径来减轻失衡带来的困扰：第一，通过发行美国国债回收超发的美元。美国可以通过巨额的贸易逆差输出美元，它的顺差国是以中国为代表的、以牺牲环境为代价、输出廉价的劳务和资源的新兴发展中国家。这些国家在经历多次金融危机的冲击后，为了应付国际资本流动和利率风险，必须拥有充足的外汇储备。在布雷顿森林体制下，特里芬曾经给出了外汇储备管理的标准，即外汇储备规模应该满足支付3个月或4个月的进出口用汇需求。① 但在浮动汇率合法化的牙买加体制下，只有更多的外汇储备可能才能应对金融风险的冲击。因此，新兴经济体普遍倾向于通过扩大出口和吸引外资来增加外汇储备。而大量外汇储备保值增值的最佳途径还是购买信用等级最高、国内金融市场最深最广的美国国债。通过国债的发放，美国几乎不负成本地又将输出的美元回流到国内，轻松地解决了货币超发带来的难题。因此，美元的特权地位使美国没有动力去调整失衡，而是放纵失衡的扩大。相反，美国会将收支失衡的责任推向中国这样的高储备国家。这也是美国多次借用人民币汇率低估问题向中国发难的原因。而这些高储备国家不仅背负了国际收支调整的责任，而且还陷入了"高储备两难"的"美元陷阱"，无论是抛售还是持有美元资产都对高储备国家不利。第二，美国利用美元的霸权地位转嫁收支失衡和金融危机的后果。最典型的例证就是2008年金融危机爆发

---

　　①　李若谷著：《全球金融危机和国际货币体系》，中国金融出版社2009年版，第88页。

后，美国不是及时地进行自我矫正，而是通过三轮量化宽松政策向市场注入过量的流动性，导致美元大幅贬值，高储蓄国的储备资产迅速缩水，降低了美国的负债，从而将危机带来的损失转嫁给高储备国，并且，美国还可借助美元的特权地位向海外输出通货膨胀风险。损失的转嫁和通胀风险的输出同样削弱了美国自我调整的动力，它已经非常擅长以牺牲国际平衡来达到其国内平衡的要求。将国际收支调整的任务完全加诸以中国为代表的盈余国是不公平的，中国建议共同分担调整国际收支失衡的任务。

美国在滥用美元特权地位的同时，现行国际货币体制的监督实效却乏善可陈。美国经常利用其货币特权谋求单方面的利益。1985 年《广场协议》导致的日元贬值、克林顿政府采取的"强势美元政策"、小布什政府奉行的美元贬值政策及奥巴马政府推出的三轮量化宽松政策均为明证。2008 年金融危机后，美国先是通过其高超的金融手段使美元升值，然后为了填平受影响金融机构的坏账开始大肆发行美元，导致美元下跌，之后通过对冲基金沽空欧元、英镑等其他国际货币，并指责人民币汇率严重低估。美国的种种行为导致美元及主要货币之间的汇率大幅频繁波动。但是，IMF 的汇率监督框架基本上不会把重点放在发行本位货币的美国。IMF 认为美元已实现浮动汇率制，它的波动是市场选择的结果，而很少将这种波动与政府的操纵联系起来，但对于中国这样钉住美元的国家，IMF则会进行重点审查。同时，IMF 将全球经济失衡更多地归因于中国这样的高储备国家，而基本忽略了对发行本位货币的美国的国内汇率政策及其他相关政策的监督。因此，直到危机爆发的前夜，IMF 仍将监督重点放在高储备国家上，基本漠视美国国内政策的溢出效应，致使其不能对危机进行准确的预判和发出及时的预警通知。IMF 监督重点的错位也使中国等新兴发展中国家对现行国际货币体制失去了信任，这也是以中国为代表的高储备新兴经济体推动国际货币体制改革的又一动力。

（二）中国遭受严重的资产损害

2008 年全球金融危机爆发以来，中国持有的巨额美元储备的本金和收益均受到了严重的影响。美国采取的量化宽松政策无疑会使美元一路走低，从而削弱中国持有的美元储备的实际价值，使我国的外汇储备严重缩水。2009 年，中国政府呼吁美国保持信用,保证中国储备资产的安全。但是,从市场层面看,美元持续贬值导致中国持有的美元储备资产的实际损失已经发生。据估算,美元实际汇率指数在 2009 年 1 月至 8 月间贬值了 5.4%,导致中国外汇储备中的美元资产缩水了 420 亿美元;如果还考虑从 2005 年以来美元对人民币的贬值程度,那么中国的资产损失将更大。① 此外,美国的通货膨胀率可能自动抹掉中国持有的美元资产的利息收入,甚至会侵蚀本金的价值。美国的国债收益率一向不高,2008 年中期,美国十年期国债的收益率约为 2.2%,危机后基于避险的需求,十年期国债收益率的峰值为 3.8%,最低为 1.3%。在正常经济时期,美国的通货膨胀率约为 2%~3%,可以轻松抵消美国十年期国债的收益。况且,美国经济复苏后,大量增发的货币会回流到美国的市场,美国的通货膨胀率可能增加,进而使高美元储备的国家不仅失去美元资产的利息收入,还可能遭受本金损失。

在微观层面,国际贸易中以美元作为计价或结算工具的交易所占的比重远远高于其他货币,即使是与美国没有关联性的交易也广泛使用美元。在外汇交易中,用美元交易的比重就更大了,在很多外汇市场上,美元的交易比例都超过了 90%。因此,美元汇率的波动给参与国际贸易和国际投资活动的企业带来了很大的商业风险。尤其是近些年来,中国成为石油、铁矿石、有色金属、农副产品、稀土等大宗商品的主要进出口国,而这些大宗商品主要以美元计价和结算,美国在很大程度上控制了这些商品的定价权。中国企业在大宗商品的价格谈判上处于明显劣势,况且还要面对美元汇率的大幅波动,中国企业的资产收益具有极大的不稳定性。

很显然,对于中国国际储备的收益和本金被侵蚀及中国企业面临的汇率风险,无论是国际法还是国内法都缺乏相应的防范和制约手段。在当前的国际货币体制下,美国完全可以通过其汇率政策、货币政策的溢出效应影响中国等外围国家持有的国际储备的收益和实际价值,并可以利用其对大宗商品的定价权干扰中国企业的决策。为了维护美国超级大国的地位,抑制中国的和平崛起,美国甚至可以利用中国面临的"美元陷阱"迫使中国做出政治上或者重大政策上的让步。

---

① 宋国友:《中国购买美国国债:来源、收益与影响》,载《复旦学报》2008 年第 3 期。

因此，中国必须对美国的遏制措施保持警惕，从政治、经济和国家安全等多个角度审视"美元陷阱"和对美元依赖的问题，而中国积极参与并促进国际货币体制的改革将有助于中国解决这一难题。

二、中国经济实力和国际影响力日益增强

40 多年来，中国经济一直处于高速发展的快轨道中。据统计，从改革开放之初的 1979 年至全球金融危机基本结束后的 2010 年，中国的 GDP 总量增长了 20.6 倍，年平均增速高达 9.9%。在人口如此众多、经济条件如此差的基础上维持如此长时间的高速增长，中国在现代经济史上创造了一个奇迹。[1] 随着综合实力的增强，中国在国际金融货币舞台上的角色也在不断发生变化，其在区域和全球范围内的货币体制改革的参与程度逐步加深，国际影响力日益强大。

（一）　中国经济取得的成就

改革开放以来，中国的综合国力蒸蒸日上，尤其是 2001 年加入世界贸易组织后，中国的经济总量、对外贸易、国际投资和国际储备日新月异，取得了辉煌的成就。

1. 经济总量

在经济总量方面，中国在 2010 年便取代日本一跃升至仅次于美国的全球第二大经济体。2008 年金融危机后，中国经济增长的速度虽然有所放缓，逐渐下降到可持续的新常态，但每年 7% 左右的增速仍远远高于 3.9% 的全球平均速度。而且，金融危机爆发 10 年以来，中国对世界经济增长的贡献远远超过美国。2008 年危机爆发时，中国对世界经济增长的贡献率曾高达 38.2%，2009 年全球深陷危机，美、欧、日经济均出现负增长，中国一枝独秀，成为全球经济唯一的发动机。[2] 随后随着全球经济的缓慢复苏和美国经济的强势反弹，中国经济增速放缓，但对世界经济的贡献率一直维持在 30% 左右。同时，中

---

① 李晓等著：《国际货币体系改革：中国的视点与战略》，北京大学出版社 2015 年版，第 166 页。

② 徐飞彪著：《新视野下的国际货币体系变迁及中国货币战略》，时事出版社 2016 年版，第 285 页。

国在没有出现其他转型国家的剧烈政治和经济波动的情况下，顺利完成了从封闭型经济平稳转向开放型经济的历程。[①] 2020 年，新冠肺炎疫情全面暴发。受疫情影响，全球 GDP 排名前 10 的各主要经济体几乎均出现了经济总量的负增长，唯有中国实现了正增长。2021 年前三季度，中国 GDP 增长率高达 9.8%，再次惊艳全世界。

2. 对外贸易

中国在经济总量增加的同时，也加强了其与全球经济的融合度。全球金融危机爆发前，中国出口的年平均增长速度接近30%。2004 年，中国的出口超过日本位居全球第三，2009 年，中国超越德国和美国后成为全球最大出口国。2013 年，中国的货物贸易进出口总额毫无悬念地超过了美国，成为全球货物贸易的第一大国。据统计，支撑中国对外贸易高速增长的动力是制造业的迅速发展，2010 年，中国在全球制造业总产值中所占的比重为 19.8%，首次超过美国，成为全球制造业第一大国。这也是美国政府在 2018 年后挑起中美贸易战及频繁制裁中国的重大动因之一。即便如此，在 2020 年的世界出口贸易额中，中国占比毫无悬念地蝉联榜首，接近于第二、三名之和。根据海关总署披露的数据，2020 年我国货物贸易进出口总值达 32.16 万亿元，同比增长1.9%。其中，出口增长 4%，达 17.93 万亿元；进口达 14.23 万亿元，下降0.7%；贸易顺差大增 27.4%。

3. 外国投资

改革开放初期，中国注重设计各种吸引外商投资的优惠制度，努力改善投资环境，使中国累计利用外资的数量逐年增加。至 2010 年，中国吸引外资的规模仅次于美国，被认为是全球第二具有投资吸引力的国家。在 2014 年，中国超过美国首次成为全球最大直接投资流入国。随后，根据联合国贸易和发展会议于2017 年发布的《2017 年世界投资报告：投资与数字经济》，在资本输入方面，2016 年美国仍然是外国直接投资的最大接收国，吸引了 3910 亿美元资金流入（比前一年增长了 12%），其次是大不列颠及北爱尔兰联合王国，获得了 2540 亿美元，从 2015 年的第十四位飙升至第二位，主要得益于大型跨境并购交易。中

---

① 参见姚洋：《中国道路的世界意义》，载《国际经济评论》2010 年第 1 期。

国处于第三位，流入量为 1340 亿美元，同比小幅下滑 1%。① 上述数据显示，中国已成为全球最具投资吸引力的国家之一。在资本输出方面，中国在 20 世纪 90 年代末期提出"走出去"的战略后，对外直接投资开始高速发展，其发展速度与对外投资增长较快的日本和韩国大致相当。2013 年，习近平政府提出"一带一路"倡议后，中国的对外投资增速明显加快，2015 年，中国的对外直接投资首次超过中国实际使用的外国投资，中国成为资本净输出国。2016 年，中国的对外直接投资飙升 44%，达到 1830 亿美元，创历史新高，使中国首次成为全球第二大投资国。② 2016 年的中国对外直接投资进一步拉开了与中国实际使用外资的差距，双向投资项下资本净输出 624.5 亿美元，③ 连续两年实现了双向直接投资项下的资本净输出。2016 年后，全球外国投资的流入量持续下跌，尤其是在新冠肺炎疫情的影响下，世界外国投资流量回退到 2005 年的水平。2020 年，欧洲外国直接投资额同比下降 80%，北美下降 42%，拉丁美洲下降 45%，非洲下降 16%，而亚洲地区则上升了 4%，是唯一实现正增长的地区。亚洲地区能够实现正增长主要依赖东亚地区的经济复苏，尤其是中国的快速增长，东亚 2020 年外国直接投资额达 2920 亿美元，而中国就占了 1490 亿美元，同比增长 6%。目前，中国是全球第二大外国直接投资流入国，同时也是全球第一大外国直接投资流出国。

4. 国际储备

2006 年，中国的国际储备资产总额就已经超过日本，此后一直保持着全球最大外汇储备国的地位。2009 年 6 月，中国外汇储备余额首次突破 2 万亿美元大关，同比增长了 17.84%。2014 年年末，国家外汇储备高达 38430 亿美元，达到峰值。2015 年"811 汇改"后，人民币贬值预期强烈，出现了资本的大规模外逃，中国经济发展减速，股市重挫，政府开始动用外汇储备救市，外汇储备开始

---

① 康民：《联合国报告称 2017 年全球外国直接投资预计增长 5%》，http://xw. sinoins. com/2017-06/08/content_232918. htm，2018 年 10 月 2 日访问。

② 龚柏华：《2017 年世界投资报告——投资和数字经济》，载《全球投资规则动态》2017 年第 6 期。

③ 《德勤：2018 中国企业海外投资运营指南》，http://www. docin. com/p-2129637738. html，2018 年 6 月 24 日访问。

下滑。至 2017 年 2 月，中国外汇储备规模跌破 3 万亿，这是 2011 年 2 月以来中国外汇储备首次低于 3 万亿美元。随后，人民币汇率逐渐企稳并强势回升，至今保持在 3.1 万亿美元左右。2018 年 4 月中旬以来，受强势美元的影响，人民币再次开启了下跌模式，至 2018 年 8 月贬值约 10%，随后中国央行再次引入"逆周期因子"后人民币出现了双向波动，但此次人民币贬值并未使我国外汇储备规模受到较大的影响，至今外汇市场供求保持总体稳定，跨境资金流动也基本平衡。当前，全球贸易摩擦加剧，地缘政治经济局势的不确定因素持续发酵，中国的外汇储备只是出现了小幅波动，这说明中国更善于使用自身的国际储备资产。

（二）中国在全球金融经济领域的影响力

20 世纪 80 年代，中国囿于经济实力的不足，对参与国际货币金融体制基本采取了"无为而治""顺其自然"的超然态度，[①] 在国际上的影响力非常有限。后来，经过三十多年的高速发展，中国的综合国力得到了极大的提升，其国际影响力和话语权也逐渐上升。在频繁爆发的金融危机的催化下，中国开始积极主动地思考现行体制的缺陷，并加大了参与现行体制改革的力度和深度，从而从国际货币金融体制舞台上的配角逐渐转变为重要的主角。

1. 中国在国际金融经济领域的影响力

从上述中国取得的经济成就来看，当今的中国已经是世界第二大经济体、第一大货物贸易国、全球制造业第一大国、第二大服务贸易国、第二大对外投资国和第一大外汇储备国。中国在提升自身经济实力的同时也为全球经济的稳定发展作出了贡献。我们的贸易和投资伙伴因中国经济增长而获益，互利共赢的效果使我国日益为世界各国所认可。[②] 目前，中国已成为 120 多个国家和地区的第一大贸易伙伴。并且，中国也是带动全球经济发展的重要引擎，2008 年全球金融危机期间中国的经济增长增加了全球经济复苏的信心。鉴于中国经济对全球影响力的不断扩大，IMF 在危机后的治理改革中提升了中国的代表权，目前中国是 IMF

---

① 羌建新著：《国际货币金融体系变革与中国》，中国发展出版社 2015 年版，第 158 页。

② 姜小娟：《中国开放三十年的回顾与展望》，载《中国社会科学》2008 年第 6 期。

中仅次于美国和日本的第三大份额持有国。2016 年 10 月 1 日，IMF 正式将人民币纳入 SDR 的货币篮子。这些重大举措都是对中国世界经济影响力日益提高的积极肯定。

2. 中国在区域金融经济领域的影响力

20 世纪 90 年代，东亚经济高速发展，先后出现"四小龙"和"四小虎"，创造了"东亚奇迹"，而中国内地的经济发展并未特别受人瞩目。1997 年亚洲金融危机爆发后，许多亚洲国家纷纷对本国货币实行竞争性贬值，但中国一直维持人民币汇率的稳定，成了东亚经济的稳定器。这表明中国不再是东亚地区经济的旁观者，亚洲国家开始认识到中国参与区域经济活动的能力和其经济政策的外部影响力。与此同时，日本的泡沫经济崩溃，进入经济发展的持续低迷期，它在亚洲经济领域的零头地位受到了中国的冲击，中国开始取代日本成为东亚地区经济发展的新引擎。进入 21 世纪后，中国的对外贸易额、制造业、直接投资额、国际储备资产额和经济总量先后超过日本，中国在东亚地区的影响力持续上升。在 2011 年开始运行，2016 年正式获得政府间国际组织地位的东盟与中日韩宏观经济研究办公室中，中国和日本均占有 32% 的最大份额。

2008 年全球金融危机后，以中国为代表的新兴经济体深刻认识到了现行国际货币体制对其经济发展的制约作用，中国开始倡议新兴经济体之间和发展中国家之间的合作：（1）金砖国家开发银行。2012 年，鉴于全球金融危机爆发后，俄罗斯、巴西和印度等国的货币都出现巨幅贬值，而 IMF 的救援既不及时也不够力度，所以中国在金砖国家领导人峰会上提出了建立一个金砖国家间的应急储备基金的倡议，以构建金砖国家间的金融安全网。次年，该倡议被各国认可，决定设立金砖国家开发银行。2014 年 7 月，金砖国家发表《福塔莱萨宣言》，由 5 个创始成员平均出资，初始资本为 1000 亿美元，总部设在中国上海。2017 年 9 月，中国向金砖国家开发银行项目准备基金进行捐赠，成为首个向该项目准备基金出资的创始成员。中国在金砖国家间的影响力可见一斑。（2）亚洲基础设施投资银行（以下简称亚投行）。危机过后，主要发达国家陷入复苏的泥沼，而新兴国家已经异军突起，新兴国家需要提升自己在国际货币金融领域的话语权，而 IMF 和世界银行的治理改革却因美国的阻挠迟迟不能生效。同时，亚洲地区有着巨大的增长潜力，但因建设资金有限，落后的基础设施成为制约该区域经济发展的重大障碍。2013 年，中国向亚洲国家发出倡议，希望通过筹建亚洲基础设施投资银行促进亚洲地区的经济一体化进程。2014 年 10 月，包括中国、印度、新加坡等在内的 21 个意向国开始筹备建立亚投行。2015 年 6 月，《亚洲基础设施投资银行协定》在北京签署，中国出资 50%，是该银行的最大股东。2015 年 12 月，亚投行正式成立，随后，该银行吸引了大量亚洲区域外的国家的加入，比如英国、法国、德国、加拿大、俄罗斯、南非、澳大利亚等，截至 2018 年 10 月，亚投行的成员国已达到 86 个。可见，中国倡导并主导的亚投行对大部分重要国家具有显著的影响力。（3）"一带一路"倡议。为探索新型的区域合作和治理平台，2013 年习近平主席提出了"一带一路"倡议，试图加强与沿线国家的经济合作伙伴关系，共同打造政治互信、经济融合、文化包容的利益共同体、命运共同体和责任共同体。① 该倡议提出后，国际社会广泛支持并积极参与，在 2017 年 5 月召开的"一带一路"国际合作高峰论坛上，来自 29 个国家的元首和政府首脑、130 多个国家和 70 多个国际组织的代表齐聚北京，共同推动"一带一路"新发展。② 而且，中国的"一带一路"倡议和构建人类命运共同体的理念也已被写入联合国决议。

综上所述，中国快速提升的经济实力和日益显著的国际影响力使中国有能力深度融入现行国际货币体制的改革之中，它已经不是消极面对客观存在的国际经济环境的外生变量，而是能够影响和改变国际经济环境的重要内生变量。③ 当前，在世界排名前六位的经济体中，中国的人民币是唯一的非国际货币，对美元等国际货币的依赖严重制约了中国经济的进一步发展，而且，中国至今仍未在国际货币金融领域获得与其经济实力和影响力相匹配的话语权，这决定了中国必须通过深度参与现行国际货币体制的改革来表达自己的利益诉求，并且中国将成为这场改革的主要推动力量，而中国日益强大的经济实力和影响力则是推进改革向纵深发展的基础和保障。

---

① 乌东峰：《"一带一路"的三个共同体建设》，载《人民日报》2015 年 9 月 22 日。

② 许文鸿：《"一带一路"倡议五周年：行稳致远 砥砺前行》，http://www.xinhuanet.com/politics/2018-08/09/c_1123246444.htm，2018 年 9 月 30 日访问。

③ 叶荷：《中国面临不一样的战略机遇期》，载《国际经济评论》2012 年第 5 期。

第二节　中国参与国际货币体制改革的总体思路

任何现行体制的改革都离不开对历史的审视和对现实制约条件的深刻认识。中国要积极促进现行国际货币体制的改革，就必须厘清参与这场改革的总体思路，认清中国当前所处的时代背景和以往改革背景的差异，制定出未来不同阶段的具体目标，最后作出正确的战略选择。

一、中国参与现行国际货币体制改革的新时代背景

国际货币体制随着时代巨轮的运转发生着变迁。人类历史上首次出现的国际货币制度是国际金币本位制度。[①] 金本位制下，英国拥有全球最强大的经济实力，最卓越的银行信用和最完善的金融监管制度，世界进入英镑时代，英镑成功地实现了国际化。当历史的车轮驶向 20 世纪时，英国的综合国力日益衰败，经历了两次世界大战尤其是"二战"之后，英国的国际政治、经济地位不断下滑，"一战"后全面被美国取代，曾经举足轻重的英镑开启了长达百年的贬值之路，新的国际货币体制——布雷顿森林体制在新的霸权的倡导下应运而生。布雷顿森林体制用国际法律制度的形式确定了美元的中心地位，美国利用美元的霸权地位获得了大量的特权和利益。虽然从 20 世纪 70 年代开始，美元曾多次面临挑战，固定汇率制被废除，国际社会进入无体系的牙买加体制，但是直至今日，美元在国际货币体制中的核心地位仍未被撼动。近半个世纪以来，美国已度过了其经济高速发展时期，美元也曾多次面临危机，但美国强大的国家信用和灵活的浮动汇率制使美国可以轻易将危机和问题转嫁给其他国家，美元的霸权地位损害了很多国家尤其是发展中国家的利益，一直以来饱受诟病。经历了 2008 年全球金融危机后，不仅是以中国为代表的新兴经济体，而且以法国为代表的发达经济体也对美元霸权进行了深刻的批判，国际社会要求改革现行国际货币体制的诉求空前高涨，中国正是在这样的时代背景下决定参与到本轮改革之中。值得注意的是，前两轮国际货币体制的演进都是以黄金为本位，以固定汇率制为基础，而当前改革

---

① 韩龙著：《国际金融法》，法律出版社 2007 年版，第 63 页。

的背景却是国际货币信用本位和浮动汇率合法化，因此，中国在参与这轮改革时，必须首先认清此次改革的时代背景，只有这样，中国才能把握准确的角色定位，制定合理的改革目标和作出科学的战略选择。

（一）美元在国际货币体制中的核心地位依然存在

很多学者认为，现阶段的国际关系呈现出"一超多强"的格局，美国在政治、军事、经济等方面都具有其他国家不可取代的实力，它无疑是当今唯一的超级大国。尽管还存在"多强"，但短期内任何一强都不可能取代美国的霸主地位，而美元正是在美国强大综合实力的支撑下，继续维持着在国际货币体制中的中心地位。

1. 美元在国际贸易领域中的地位

美元是国际贸易交易中使用最频繁的计价和结算工具，在其巅峰时期，全球90%以上的国际贸易都是用美元来结算。美元在国际贸易中的中心地位体制在以下三个方面：（1）结算货币。根据环球银行电信金融协会（SWIFT）于2016年至2022年每月发布的《人民币追踪》的数据，美元在国际贸易结算工具中的占比一般维持在38%~42%，少数月份甚至超过44%；而被寄予厚望最有实力挑战美元的欧元的占比约在30%~36%；人民币虽然以跨境结算为起点推进其国际化，但其占比一直在1.65%~2.20%波动。[①] 2021年12月，人民币在国际贸易结算工具中的占比达到2.7%，超过日元成为全球第四位支付货币，2022年1月进一步提升至3.2%，创历史新高。[②] SWIFT在2022年10月发布的《人民币追踪》的最新数据中，2022年9月美元的全球交易使用量高达42.31%，欧元的比例为36.29%，而人民币的全球交易使用量占比仅2.44%，排名低于美元、欧元、英镑和日元，位居全球第五。多年以来，美元在全球贸易的结算使用占比方面一直稳居世界第一位。（2）计价货币。美元几乎成了国际贸易中所有大宗商品的计价货币，包括黄金、原油、基本金属、农产品，等等，这使美国获得了强大的谈

---

① SWIFT, RMB Tractor, https：//www. swift. com/search? keywords＝RMB＋Tracker&search-origin＝onsite_search, visited on November 7, 2022.

② SWIFT, RMB Tracker, Monthly Reporting and Statistics on Renminbi（RMB）Progress towards Becoming an International Currency, January 2022, February 2022, p. 3.

判能力和定价权。全球大宗商品交易都在美国的芝加哥期货交易所进行定价，虽然过去其他国家尝试过建立脱离美元的大宗商品定价体制，但因参与其交易市场者有限而以失败告终，缺乏交易者的定价体制是不可能建立起来的。可见，美元作为计价工具比任何货币都更具信用和更有吸引力。（3）结算体制。目前，环球银行金融电信协会（SWIFT）是全球最主要的支付清算系统，它联通着全球超过10000家的金融机构，成为不同国家的商人间进行结算的必备系统。该国际组织是一个国际银行间的非营利的经济合作组织，应具备政治中立性，但是2001年后，美国以监控恐怖组织的资金流动为由，控制了该系统中的数据，从而使SWIFT沦为美国对其他国家进行经济制裁的工具。2018年5月，美国退出了2015年7月达成的取消对伊朗制裁的《伊朗核问题协议》，宣布于2018年11月4日重新对伊朗实施制裁，并迫使所有的跨国公司取消与伊朗政府和商人的交易。如果某些企业或银行"无意中"与伊朗伊斯兰革命卫队等受到制裁的组织交易，就可能面临美国的惩罚，[1] 即截断结算的渠道，使交易的收款方无法获得付款。美国对国际结算体制的这种控制引起了欧洲的不满，他们公开尝试建立一个脱离美国控制的支付系统，从而使本国企业与伊朗进行交易时绕过美国的阻挠，但欧盟至今仍未提出具体可操作的支付系统建立计划。此外，美国还对全球两个最大的信用卡组织 Visa 和 Master 有决定性的影响力。可见，美国掌握了结算工具和计价工具使用量占比方面的绝对优势，又有强大的支付系统作为后盾，因此，美元在国际贸易领域的中心地位难以撼动。

2. 美元在外汇领域的地位

在事实上的美元本位体制下，各国发行的货币都是以各国的信用进行背书的。当前，美元无疑是全球货币中有着最卓越国家信用担保的货币。美国拥有最大的经济总量、最强的军事实力、自由开放的金融市场和稳定的政局，即使次贷危机爆发在美国，美元依然是各国首选的避险货币，美元的霸权地位在危机后不仅没有被削弱，相反在危机复苏中开始走强。正因为它拥有其他货币不可比拟的信用，所以国际上超过60%的国家和地区在执行与美元直接或间接挂钩的汇率政

---

① Peter Coy, The Tyranny of the U. S. Dollar: The Incumbent International Currency Has Been American for Decades, Is It For Regime Change? Bloomberg Businessweek, 10/3/2018.

策，将美元作为其"货币锚"，而美元 1992 年至 2022 年间在国际间外汇交易市场上的比例一直维持在 82%~90%；位居第二位的国际货币欧元在外汇领域的影响力远远低于美元，全球有 60 个左右的国家用各种方式将本国货币与欧元挂钩，全球外汇市场交易额中约有 31%~39% 涉及欧元，远远低于美元的占比；而人民币的占比更小，在 2010 年至 2019 年间仅为 1%~4%。① 根据国际清算银行（BIS）的最新数据，2022 年美元在国际外汇交易市场上的比例为 88%，欧元、日元、英镑、人民币分别为 31%，17%，13%、7%。② 因此，美元的汇率政策有极大的溢出效应，其国际影响力首屈一指。

3. 美国国债的地位

2018 年 10 月，美国国债的整体规模再创新高，突破了 21 万亿美元，已经超过了美国 2017 年的全年经济总量，也远远远远超过日本、德国、中国等国的国债规模。中国与日本一样，在成为美国的最大债权国后，对美国债权均是以美元计价和储备的。肇始于美国的 2008 年全球金融危机爆发后，美国国债在国际间的销售依然十分正常，有些国家为了避险还加大了对美国国债的持有量，2019 年底，美国国债持有人构成中，外国央行和投资者持有美债占比达到 35.32%，③ 这说明世界各国对美债和美元的信用非常认可。其他国家的国债规模和外国人持有的占比都远远低于美国。

4. 美元在国际储备领域的地位

"二战"后，美元在全球外汇储备的构成中一直占比最大，进入 21 世纪后，美元在国际储备中的占比出现下滑趋势。根据 IMF "官方外汇储备货币构成（COFER）"的统计数据，美元在可识别外汇储备中的占比于 2001 年达到峰值 72.7%，在 2020 年第四季度，各国央行持有的美元储备份额降至 59%，是 1995

---

① Monetary and Economic Department of BIS, OTC Foreign Exchange Turnover in April 2022, October 27, 2022, pp. 71-72.

② BIS, Turnover of OTC Foreign Exchange Instruments, by Currency. https：//stats. bis. org/statx/srs/table/d11. 3, Visited on November 7, 2022.

③ 李宝伟、张云、王鑫、徐皓：《美元国际货币地位和货币金融优势探究》，载《政治经济学评论》2022 年第 4 期。

年以来的最低水平。① 2022 年第二季度，美元在可识别外汇储备中的占比为 59.53%，尽管这一占比有所回落，但仍然遥遥领先于其他货币。同期，欧元的占比为 19.77%，日元、英镑、人民币和加元的占比依次为 5.18%、4.88%、2.88% 和 2.49%。② 时至今日，美元仍然是最主要的国际储备货币。

（二）"去美元化"的呼声不绝于耳

尽管美元的核心地位难以撼动，但国际社会已经深刻认识到了美元霸权的制度缺陷，尝到了美元过度特权损人利己的恶果。20 世纪 70 年代以来，"去美元化"的呼声此起彼伏，不绝于耳。SDR 的创建、欧元的诞生、亚元的探索都是希望摆脱对美元的依赖，但却未能如愿。2008 年全球金融危机爆发后，国际社会抓住历史机遇再次掀起改革国际货币体制的高潮，目标依然是削弱美元的霸权。但危机过后，美元的地位不降反升，美国利用其货币的特权地位转嫁危机，欧洲深陷主权债务危机的泥沼难以自拔，新兴经济体复苏缓慢，而美国经济则强势反弹。"去美元化"的呼声再次逐渐平息。

2018 年上半年，特朗普政府频频对新兴国家发起经济制裁，并挑起全球贸易大战。受到影响的新兴市场国家再次提出"去美元化"的诉求，并采取了具体的措施。（1）俄罗斯。2018 年 4 月，美国对俄罗斯发起新一轮制裁，使俄罗斯的股市和汇市承受重压。俄罗斯决定抛售价值近 900 亿美元的美国国债，目前俄罗斯已退出美债主要持有国行列。同时，俄罗斯不断加大黄金储备。俄罗斯央行 2018 年 7 月初发布的报告显示，其黄金持有量在 5 月时增加了 1%，其外汇储备

---

① Serkan Arslanalp, Chima Simpson-Bell, US Dollar Share of Global Foreign Exchange Reserves Drops to 25-Year Low. May 5, 2021, https：//www.imf.org/en/Blogs/Articles/2021/05/05/blog-us-dollar-share-of-global-foreign-exchange-reserves-drops-to-25-year-low, Visited on November 7, 2022.

② IMF. World-Allocated Reserves by Currency for 2022Q2. Currency Composition of Official Foreign Exchange Reserves（COFER）, https：//data.imf.org/? sk = E6A5F467-C14B-4AA8-9F6D-5A09EC4E62A4, Visited on November 7, 2022.

中美元和欧元占比下降，而黄金的占比超过 17%。① 除俄罗斯外，土耳其、德国、日本、英国、爱尔兰、瑞士、卢森堡、加拿大和墨西哥均在减持美国国债。而美元指数的上涨使很多新兴国家的本币面临贬值压力，菲律宾、印度也不得不抛售美债干预汇市。2018 年 5 月，美债持有量骤降至 149 亿美元，成为 2007 年以来的最低水平。② （2）土耳其。2018 年 8 月，美国和土耳其关系恶化，特朗普政府表示将对土耳其征收翻倍的钢铝关税，这一举措使作为全球第八大钢铁生产国的土耳其经济面临严重冲击，土耳其里拉大幅贬值。因此，土耳其的"去美元化"诉求也异常强烈。土耳其和俄罗斯正在加速推动双边能源贸易协议，两国之间直接使用本币结算。（3）伊朗。美国拟于 2018 年 11 月对伊朗进行经济制裁，伊朗与欧盟达成协议在其石油交易中使用欧元结算，印度可以用卢比购买伊朗原油。（4）其他新兴市场国家。随着美联储加息、强势美元回归和油价上涨等事件接踵而来，新兴市场货币集体面临贬值压力，不少国家出现货币危机。而且，新兴市场国家背负着大量以美元计价的债务，美元上涨意味着他们的债务负担更加沉重，新兴市场的脆弱性增强。鉴于此，2017 年 9 月委内瑞拉就宣布将实施新的国际支付机制，弃用美元，创建一篮子货币。印尼、马来西亚与泰国也宣布，在三国贸易结算中采用非美元货币或本币化交易。③ 印尼还与中国、日本、韩国和越南等国延长了货币互换协议。④

除了新兴市场国家外，欧盟最近也加入了"去美元化"的行列。2018 年 9 月，欧盟委员会主席容克在发表盟情咨文时，以"欧洲主权时刻"为主题呼吁提升欧元的国际地位，使其成为与美元抗衡的一种国际储备货币。为了使欧洲企业免受美国单边主义政策的冲击和减少美元的霸权影响，欧盟宣布建立一个独立于

---

① 《5 月中国增持美债 12 亿美元，俄罗斯退出美债主要持有国行列》，https: //baijiahao. baidu. com/s? id = 1606285559793386701&wfr = spider&for = pc, Visited on November 7, 2022.

② 《810 亿！俄罗斯疯狂抛售美债的背后，为何中国却反其道而行之?》，https: //baijiahao. baidu. com/s? id = 1606946826492019944&wfr = spider&for = pc, 2018 年 9 月 25 日访问。

③ 戚奇明：《多国扛"去美元化"大旗，美元"霸权地位"难保?》，http: //www. financialnews. com. cn/hq/yw/201809/t20180928_146966. html, 2018 年 10 月 2 日访问。

④ 《美元霸权面临挑战，人民币国际化不断向前迈进》，http: //www. fayiyi. com/investor/20181004/15943. html, 2018 年 10 月 2 日访问。

SWIFT 的欧洲自己的结算渠道和独立的银行支付系统。同时，欧盟也宣布在与伊朗的石油交易中将使用欧元进行结算，并且欧盟与俄罗斯之间也启动了用欧元结算石油与天然气交易的谈判。①

　　事实上，美元在国际货币体制中的主导地位与其对全球经济的贡献并不相称，美国在全球 GDP 的占比从"二战"结束时的 30% 降至当前的 18%，然而美元却仍扮演着戏剧性的主导作用。正如"金砖之父"奥尼尔指出，美元在全球金融中扮演的角色居然比美国经济本身还重要。② 在美国贸易保护主义重新抬头和美元霸权持续干扰的背景下，越来越多的国家和地区受到美元走强的伤害，它们开始质疑美元这种核心地位的合理性，并主动拒绝对美元的继续依赖，这也是当前"去美元化"行动浪潮形成的原因。但是，美元霸权被废除的时机是否已经来临？新兴国家的抱团取暖和欧盟这一重磅力量的加入能使"去美元化"取得成功吗？答案是否定的，至少短期内"去美元化"的目标难以实现。美元霸权地位的支撑来自它强大的经济实力、商品与资产的充分供给能力和巨大的网络效应。"去美元化"能否成功，关键在于这些主张"去美元化"国家对全球经济的整体影响力和它们之间用本币计价、结算、储备的占比。很明显，俄罗斯、土耳其、伊朗、印尼等都不是贸易大国，它们对世界经济的影响力非常有限。欧盟虽然有强大的经济实力，但是它并未提出"去美元化"的具体方案和可行对策，政治意愿强烈，但技术上还很薄弱。而且，欧元虽是仅次于美元的第二大国际货币，但其影响力却远远低于美元。

　　综上所述，美元仍然是现行国际货币体制的中心，但美元霸权所依托的美国经济实力却在慢慢下降，同时，越来越多的国家和地区提出了"去美元化"的主张并开始付诸行动。当前，美元最大的优势在于短期内与其竞争的货币都处于疲软状态，尚无替代者出现。欧元虽然位居第二，但欧盟内部政治不稳定，各成员国经济发展不平衡，缺乏中央税收和支出机构，英国脱欧、意大利的现状和经济复苏的急迫性等都是对欧元区的挑战。人民币是最具有潜力的货币，人民币国际

---

　　① 李曦子：《欧盟入列"去美元化"》，载《国际金融报》2018 年 9 月 17 日。

　　② 李东尧：《"金砖之父"：美国经济占全球比重骤减，美元霸权盛名难副》，https：//www.guancha.cn/internation/2018_10_05_474415.shtml，2018 年 10 月 9 日访问。

化也取得了巨大的进步，但距离国际货币的标准仍有很大的差距。日元和英镑的虚弱已成为常态。可见，短期内，没有一种货币能单独挑战美元的霸权。但这并不能改变美元霸权日益衰落的历史规律，也不能减少国际社会削弱美元霸权的决心。以中国为代表的新兴经济体和以欧盟为代表的发达经济体都在探讨参与改革的合适路径，尽管可能出现反复和波折，但现行国际货币体制的改革正在慢慢发生量变。对中国而言，人民币短期内不具备直接单独地挑战美元的实力和条件，美国为捍卫其美元霸权会对中国经济进行遏制，中国既要面临被遏制的外部压力，也能吸引在货币领域有共同诉求的伙伴。因此，现阶段，中国一方面应提升自己的货币实力，另一方面可以寻求更多的国际协调与合作，以积极倡导者的身份投入这场漫长而艰难的国际货币体制改革的进程。

二、中国参与现行国际货币体制改革的目标设计

鉴于美元"在位优势"明显，其国际霸权地位并未根本动摇，而国际社会仍缺乏强有力的竞争者和替代者，中国在参与美元本位体制改革时，不可能一蹴而就地实现终极目标，新的货币体制必然是长期演化的结果。因此，中国必须尊重现实的客观性分阶段地设计参与改革的目标。

（一）近期目标：抑制"美元陷阱"的风险

当前，以中国为代表的新兴国家大多深陷"美元陷阱"，必须减少对美元的路径依赖和抑制其网络外部效应。2008年全球金融危机爆发后10年以来，欧盟、东南亚国家联盟、金砖国家等都有摆脱美元依赖的强烈诉求，各国积极商讨如何发挥本币的国际作用。如上文所分析，以美元为中心的国际货币体制的运行能力依然强大，欧元和新兴国家的货币尚不具备挑战美元的实力和条件，这种状态具有可持续性。因此，中国近期参与改革的目标不是盲目地追求推翻美元霸权，而是应当锁定全球"第二"的目标，牢固地占据世界第二大经济总量的地位，承认美元超级特权存在的同时，逐步改善国际贸易领域的收支失衡问题，加强人民币的货币实力，争取在贸易结算、直接投资、股票和债券市场、外汇市场中更多地使用人民币计价和结算，让更多的国家将人民币纳入其国际储备的范畴，使人民币成为"一超多强"中的强者，而不仅仅是"一主多元"货币中无足轻重的一

元。在这样的近期目标的指引下，中国可以正确定位自己在当前改革中的角色。中国仍应"韬光养晦"，练好内功，在保证本国经济稳定高速发展的同时，积极谋求在国际货币体制改革中的主动权，但中国短期内不应成为改革的领导者。当前，中国不要单独地、主动地成为现行货币体制及其规则的挑战者，因为中国单独的经济实力和货币权力无法与美国抗衡，而且几乎除美国以外的国家在降低对美元的依赖方面有共同的诉求。中国此阶段应该多利用现有的全球治理平台，通过国际合作的力量提出自己的诉求。比如，在 G20 领导人峰会上发表本国的主张，推进 IMF 的功能改革和治理改革，提升在 IMF 的话语权后通过 IMF 推动货币体制改革的进程。另外，中国要将"一带一路"倡议与中国参与国际货币体制改革的近期目标紧密结合起来，使人民币在沿线国家得到更好的利用，取得更多的信任，为人民币的崛起积聚力量。

（二）远期目标：建立具有内在稳定机制的多极货币体制

近期目标实现后，"一超多强"的局面基本形成，但这依然是单极储备货币主导的国际货币体制。随着新兴国家对全球经济的贡献越来越大，美国的经济实力和影响力可能会逐渐下降，国际货币体制的格局应该从单极主导走向多极储备货币并存。在此阶段，中国的国力得到了进一步提升，人民币国际化也将继续推进，中国更多地要研究货币国际化的适度区间，避免货币国际化的负面效应的产生，同时谋求与其他强国货币的共存方式，积极倡导并推动构建具有内在稳定机制的多极货币体制。在这一目标的指引下，中国应从以下几个方面努力：（1）继续推进人民币国际化，并接纳所有高成长国家或经济体的货币，未来的国际货币体制应该包括美元、欧元、人民币、卢布、雷亚尔等多种中心货币，使该体制能拥有坚实的动态经济基础。（2）中国要倡导多极化体制中货币的互补性大于竞争性的共存关系。中国应该将人民币的国际化用途更多地运用于亚洲地区和"一带一路"沿线国家，强化与美元的互补关系。（3）中国要与国际社会通力合作，促进单极体制向多极体制过渡的平稳性，并避免多极体制内部的不稳定性和系统性风险。在过渡过程中，市场的羊群效应可能引发美元的崩溃，中国作为美债的最大持有者，不能坐视不理；而且，即使顺利过渡，各主要货币间不可避免的竞争关系会带来巨大的风险。中国应推动国际汇率波动和短期国际资本流动的全球管理制度的制定,成为新的国际规则的设计者。比如,倡议成立国际货币管理委员会,制定国际货币政策的协调机制和国际浮动汇率的目标区;对短期流动的资本交易征收"托宾税",等等。① 在这个阶段,由于国际货币体制已经开始质变,中国可以加大参与改革的力度和深度,并在条件具备时谋求国际货币体制改革的领导者地位。

三、中国参与现行国际货币体制改革的路径安排

中国参与现行国际货币体制改革的路径安排如图 3-1 所示。

当前,从根本上变革美元本位制的时机并未成熟,黑天鹅事件的频发和美国单边主义的奉行给未来的国际经济形势蒙上了灰暗的面纱,少部分国家和地区已经行动起来争取"去美元化",中国准确定位自己参与改革的角色,按照既定的近期目标和远期目标,坚定地继续推进国际货币体制的改革,并选择既符合中国国家利益又有利于建立公平稳健的国际货币体制的可行路径。如本书前部分所论述的,国际货币体制的法律缺陷主要在于缺乏对本位货币的制度约束、国际货币体制的功能受限以及作为机构载体的 IMF 面临合法性和有效性的治理危机。中国一方面要积极倡导国际法领域制度的改革,另一方面也要提升自身的货币实力,完善国内货币金融的法制建设,因此,中国应从国际和国内两条路径推动国际货币体制的改革。

(一) 中国参与改革的国际层面的路径设计

2008 年全球金融危机的爆发开启了改革现行国际货币体制的漫漫改革之路,中国也通过 IMF、G20 峰会和金融稳定委员会(Financial Stability Board, FSB)参与到改革之中。十年弹指一挥间,中国参与的国际货币体制改革取得了一定的成效,比如 IMF 整合了双边监督和多边监督,一定程度上加强了监督的公正性;改革了贷款工具和条件,增加了其贷款能力;提升了以中国为代表的新兴经济体在 IMF 中的份额和投票权;首次将新兴国家的货币人民币纳入 SDR 的货币篮子,

---

① 潘英丽等著:《国际货币体系未来变革与人民币国际化(中卷)》,格致出版社、上海人民出版社 2014 年版,第 132~136 页。

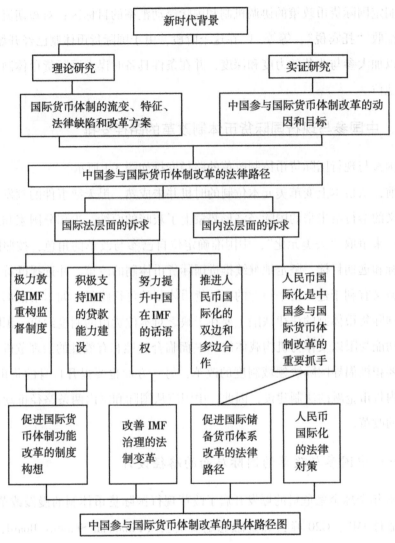

图 3-1 中国参与国际货币体制改革的路径图

等等。但是，改革远远没有达到既定的目标，中国必须和其他有共同诉求的国家和地区进行更紧密和有效的国际合作，通过敦促 IMF 重构监督制度和积极支持 IMF 的贷款能力建设促进国际货币体制的功能改革，通过努力提升中国及新兴市场国家在 IMF 话语权推动 IMF 治理的改革，并通过推进人民币国际化加快多元化国际储备货币体制的构建。

1. 极力敦促 IMF 重构监督的法律制度

IMF 的汇率监督制度存在明显的法律缺陷。《2012 年决定》的修改虽然一定程度上弥补了《2007 年决定》将监督重点放在以中国为代表的新兴经济体上的不公平缺陷，但是，监督制度厚此薄彼的状态至今仍未发生根本改变。最近，随着中美贸易摩擦加剧和人民币汇率的贬值幅度加大，美国极有可能故技重施，利用 IMF 的监督制度攻击人民币的汇率制度，指控人民币汇率被低估。因此，随着中国话语权的逐步提高，我国应提升在 IMF 监督领域改革的影响力，在 2019 年进行的首次五年期监督评审中积极发表自己的意见，提倡继续修改《2012 年决议》，并积极促进《IMF 协定》相关条款的修订。我国应从以下方面作出努力：

首先，正确解读货币主权原则对 IMF 监督机制的要求。国际社会从未明确地界定过货币主权的概念。无论是《IMF 协定》的条款还是任何其他重要的国际法立法文件都没有对货币主权进行描述和作出正式认可。一般认为，现代国际法是在前常设国际法院 1929 年的一项判决中正式承认货币主权，判决写道："一个国家有权管理自己的货币，这是一项被普遍接受的原则。"正是在此基础上，传统国际法承认了国家享有对其货币及货币金融制度的对内和对外方面的主权。因此，从理论上讲，如果一国未在国际条约中让渡其货币主权，则该国就享有管理其货币和货币制度的最高权力。随着全球经济的发展，货币主权概念也在不断演进。尤其是在当今，随着经济全球化和金融市场一体化程度的日益加深，主权国家在行使货币主权时受到的国际法约束慢慢少于来自经济因素的限制。当前，货币主权所受的纯粹的国际法约束主要有两种：一是加入货币联盟的国家因此同样对它们如何在货币领域行使各种主权权力作出重大限制，其中一些权力甚至完全转移给货币联盟的有关机构。另一个则是来自《IMF 协定》的约束。1971 年，IMF 的平价汇率体制被破坏后，IMF 出台了协定的第二修正案。在修改的协议中，国家可以被认为至少在货币领域的汇率政策这一项事项上获得了更多的自由裁量权，从而使成员国在该领域恢复了行使货币主权的权力。从这个角度来看，当代国家货币主权受到国际法的约束更少了。但是，如果从经济实践的角度看，货币主权事实上的限制却越来越多了。全球金融市场主导地位的日益增强，许多主权国家在货币和金融事项上的正当权利行使让人产生了监管日趋灵活的印象，事实上是这些国家在其监管事项范围内不再真正享有主权。比如，《IMF 协定》的第 6 条第（3）款赋予了成员国进行资本管制的权力，只要这些管制不以限制经常项目交易的方式进行。显然，成员国在资本项目是否开放、何时开放、怎样开放的事项上拥有主权。但是，一旦一个国家开放了资本项目，回退的措施并在未来重新引入资本管制的经济成本可能会令人望而却步。因此，现代国际在行使货币主权时，应该考虑经济上的限制条件。但是，即使各国在行使以前在货币领域的国家专属职权时受到日益强大的事实限制，这也并意味着现代国家要放弃它们的货币主权。相反，应该在新的时代背景下，重新审视货币主权的概念，赋予它与时俱进的内涵和价值。尽管货币主权仍是一个有争议的概念，但在金融一体化日益加深的时代，鉴于 2008—2010 年金融和经济危机的深刻教训，应将货币主权的核心价值定位为促进货币金融稳定和维护金融体制的完整性，从而促进全球福利的最大化。据此，每个国家在行使自己的货币主权时，都应该避免自身政策和制度导致全球金融不稳定，并禁止非法的资本流动，增强全球的金融安全。因此，货币主权概念中的价值追求具有双重功能。一方面，它为行使主权的国家提供了重要的现实政策指导，另一方面，它构成了评判一国行为是否合法的基准。当前，货币主权价值的实现需要在货币领域行使主权权力的国家进行国际合作。[1] 因此，IMF 在承认各国货币主权的前提下，要加强对各国货币合作的监督，尤其关注主要储备货币发行国的货币政策是否有助于实现当代货币主权的价值。这要求 IMF 的监督机制更加透明，并尽快设立问责机制。

其次，敦促 IMF 拓宽双边监督的范围。多年以来，IMF 在美国的主导下，将双边监督的范围一直局限在汇率操纵领域，其于 2007 年和 2012 年通过的两个关于监督的文件都是在为评判一国是否操纵汇率提供指导。对此，我国应从两方面提出诉求：一方面，扩大 IMF 监督事项的范围。IMF 既要对一国是否通过操纵汇率来妨碍国际收支的有效调整或对他国取得不公平竞争优势加强监督，也要着手对一国是否通过操纵国际货币制度实现上述目的的监督提供具体的指导意见。事实证明，美国往往利用美元的霸权地位，操纵国际货币体制，为实现自己的国内

---

[1] Claus D. Zimmermann, "The Concept of Monetary Sovereignty Revised", European Journal of International Law, August, 2013.

战略目标而不惜转嫁危机，损害外围国家的利益，但 IMF 对此却没有任何作为。另一方面，在进行汇率操纵的监督时，要扩大被监督成员国的范围。在全球经济失衡的背景下，IMF 应均衡地分配盈余国和赤字国的调整义务，对双方国家实施公平的监督。而 IMF 往往忽略各国经济实力、金融规模和体制观念的巨大差异，一味地将巨额失衡的责任加诸中国等新兴经济体。我国应论证中美巨额贸易逆差的根源不在于中国的汇率制度，这种失衡恰好是现行货币体制的产物。事实证明，自 2005 年汇改至今，人民币总体上大幅升值，但美国的贸易逆差并未出现好转的趋势。而美国在金融危机后的种种作为确有操纵汇率之嫌，比如它的三轮量化宽松政策事实上促进了美元的贬值。而 IMF 仍将监督范围重点放在新兴经济体的汇率政策上是有失偏颇的。

最后，提请 IMF 平衡监督重点。近 30 年来，国际金融秩序动荡不安，新兴国家和一些发展中国家频繁爆发金融危机，甚至在国际货币中心的美国也爆发了次贷危机，进而演变为全球金融危机。一个很重要的原因在于 IMF 多年的监管重点偏离。IMF 受美国等主要西方国家意识形态的影响，将全球经济失衡重点归因于中国等新兴经济体的汇率政策，而忽略了作为根源存在的美元本位的国际货币体制的缺陷。因此，在 2007 年次贷危机爆发前夕，IMF 仍将监督重点放在新兴经济体上，而盲目相信美国的金融风险已被控制。IMF 也没有及时监督美元等主要国际储备发行国的政策溢出效应，放任了次贷危机的传播和蔓延。因此，中国应建议 IMF 更关注系统性重要国家的政策外溢效应，并打破汇率偏见，将监督重点转向导致外部不平衡的所有国内政策。

2. 积极支持 IMF 的贷款能力建设

IMF 作为危机的贷款者，往往处于可用资源不足的尴尬境地，我国应积极参与 IMF 的贷款能力建设。目前，我国可以从 IMF 非优惠贷款资金来源的三个渠道参与提升 IMF 的可用资源：（1）成员国认缴的份额。份额是 IMF 贷款资金的主要来源。2010 年的份额改革方案于 2016 年生效后，成员国认缴的份额翻了一倍，达到 4770 亿 SDR。IMF 预计最迟在 2019 年秋季的年会上进行第 15 次份额公式审查，讨论是否继续增加成员国的份额。中国应该努力争取获得更多的份额分配，这是中国参与 IMF 贷款能力建设的最有选择。中国增加份额意味着向 IMF 缴纳份额的同时提升了中国在 IMF 的话语权，这也是我国重视的目标之一。但是，该路径受到 IMF 多边法律框架的制约，需要和发达国家进行长期的博弈，因此缺乏自主性并且难度较大。我国要在 2019 年举行第 15 次份额公式审查时积极主动地提出增加份额的诉求。（2）多边借款协议和双边借款协议。IMF 的成员国可以通过新借款安排（New Arrangement Borrow, NAB）这种多边借款协议向 IMF 提供贷款资源。NAB 是 IMF 为防范或处理国际货币体制遭受损害后所需资源的第二道防线。到 2016 年 2 月，因成员份额翻倍，NAB 的总额相应减少，参加 NAB 的 40 个成员国向 IMF 总共提供了 1820 亿 SDR 的多边贷款。双边贷款协议是 IMF 贷款资源的第三道防线。2008 年全球金融危机后，IMF 已发起了几轮双边借款活动以满足成员国在危机后的融资需求。2016 年，考虑到全球经济发展的持续不确定性，40 个成员国与 IMF 签订了双边贷款协议，总金额达到 3160 亿 SDR，有效期到 2019 年年末，如果贷款人同意，有效期可延展至 2020 年年末。新的双边贷款框架还引入了贷款人的投票权，即任何贷款都需要至少 85% 以上的债权人同意。我国也和 IMF 签署了双边贷款协议，但以后通过该路径向 IMF 增资时要慎重考虑。因为向 IMF 贷款不能提升中国的份额和话语权，在承担出资义务的同时没有获得相对等的权利，所以，我国不能以双边贷款协议作为参与 IMF 的贷款能力建设的主要手段。（3）IMF 的债券。为了增加应对 2008 年全球金融危机的资源，IMF 于 2009 年 7 月批准了向官方部门发行债券的框架。① 据此，IMF 首次发行以 SDR 计价的 5 年期债券，分季度发放利息。该债券可对 IMF 成员国政府或成员国央行发售，并可在 IMF 成员国和购买者间交易。② 2009 年 9 月，中国承诺购买不超过 500 亿美元的 IMF 债券，成为第一个与 IMF 签订债券购买协议的成员国。这体现了我国作为负责任的大国的基本立场和态度。相对前两个增资渠道而言，认购 IMF 债券的方法是目前中国参与 IMF 能力建设的最合适的路径。我国在利用 IMF 债券为 IMF 提供资源的同时，可以向国际社会展示中国日益上升的经济实力，增加 IMF 治理改革的动力。并且，认购 SDR 债券可以

---

① IMF: A Framework for the Fund's Issuance of Notes to the Official Sector, Prepared by the Finance and Legal Departments, http://www.imf.org/external/np/pp/eng/2009/061709B.pdf, last visited on February 22, 2012.

② 刘洪：《如何看中国购买 500 亿美元 IMF 债券》，载《经济参考报》2009 年 9 月 8 日。

改善我国储备资产的结构，也有利于加强 SDR 作为国际储备资产的作用，这与我国倡导构建多元化储备货币体制的一贯主张是一致的。更关键的是，中国通过认购债务对 IMF 增资的贡献可进可退：一旦增加份额和投票权的要求得到满足，我国当然可以把临时性的债券认购变为永久性借款安排；反之，如果改革进程不如预期，我国和广大发展中国家可以把债券认购变成谈判筹码，适时加以增减。① 可见，我国应支持并鼓励 IMF 发行以 SDR 计价的债券。总之，在参与 IMF 贷款能力的建设中，我国既要对 IMF 的资源增长作出经济大国应有的贡献，也要最大限度地维护并追求自身在 IMF 中的合法权益，在承担相应义务的同时获得基本对等的权利。

3. 努力提升中国在 IMF 的话语权

目前，我国对全球经济发展所作的贡献与我国在国际金融经济领域的影响力并不相称。我国应积极推进 IMF 的治理改革，构建公平的内部权力配置机制和决策机制，以提升我国在国际金融体制中的话语权。在参与 IMF 治理改革的过程中，我国应正确认识当前的国际经济形势，避免 20 世纪 70 年代法国参加国际货币体制改革时的激进立场，加强与发达国家的沟通以及与发展中国家的合作。一方面，对于在话语权方面与我国有共同利益诉求的新兴经济体，我国应谋求更紧密的合作，共同倡议建立公平互利、有利于全球经济发展的治理体制，并以发展中国家集团为依托，提出有利于集体提高发展中国家话语权的改革方案，争取最广大发展中国家的支持。另一方面，我国应与欧美日等发达经济体积极沟通，表明争取话语权的目的并非刻意减损某些国家的影响力，而是为了构建更公平合理的国际治理体制。在提出具体的改革建议时，综合考虑各国的诉求，以减少改革的障碍。

我国应从以下几个方面推进 IMF 治理的改革：（1）在份额和投票权改革方面，我国应加强对份额公式的研究，争取削弱美国的"一票否决权"。我国应积极利用份额公式的审查制度，对份额公式改革提出建设性的意见。目前，份额公式的变量选择和比例分配仍欠缺科学的依据，我国应加强这方面的研究，提出各

① 潘成夫：《国际货币体系改革、IMF 债券与人民币国际化》，载《金融与经济》2009 年第 10 期。

国可能达成共识的建议。在份额审查工作中，我国还应呼吁尽快建立份额分配的法律制度，改变由少数国家通过政治谈判决定份额调整的现状，增加份额分配的透明度。（2）促进 IMF 表决机制的改革。根据《IMF 协定》，重大事项需要 85% 的多数票表决，美国的投票权超过了 16%，因此美国拥有"一票否决权"。这一制度使 IMF 在某种程度上沦为美国的多边工具。我国应积极为 IMF 提供改革思路，以期构建更公平的决策机制，提高 IMF 治理的合法性。我国可以建议 IMF 按照是否实质改变成员国的权利义务分配的不同将 IMF 的决策事项分为两大类：一类是没有实质改变权利义务分配的事务性事项，遵从传统国际组织法的"一国一票"原则，每个成员国具有相同的法律地位；另一类实质性改变了权利义务分配的事项，仍保留"加权表决制"，但重大事项修改为 70% 的多数决策，并可以考虑设计"双重投票制"，既需要投票权超过总投票权的 70%，同时投赞成票的国家的数量要超过全体与会成员数量的 60%。另外，我国可以加强对通过净出售本国货币获得的加权票的研究。根据《IMF 协定》的规定，截至投票日，凡从 IMF 的普通资源账户中净出售本国货币每达到 40 万 SDR，则增加一票；反之，则减少一票。我国的外汇储备充足，人民币国际化取得了一定的成就，完全有能力向 IMF 或其成员国提供其所需的货币。因此，我国应研究如何利用这一及时反映各国经济动态的制度，在临近投票日时，通过出售人民币以尽可能地争取更多的投票权。（3）加大我国参与 IMF 机构改革的力度。虽然 2010 年改革方案生效后执董会的改革取得了一定的成效，但我国仍应关注后续改革进程的推进。欧洲国家董事的席位还未达到合理数目，总裁和副总裁的遴选结果仍未打破延续 70 多年的"君子协定"，IMF 仍缺乏监督机构，国际货币与金融委员会的性质依旧模糊。这些都需要中国向 IMF 提交可行的改革建议。从更可控的参与路径来看，我国应从人才输送的角度提高中国对 IMF 各项事务的参与度。在 IMF 的工作人员中来看，中国国籍人员的比例与我国对世界经济和 IMF 的贡献率并不匹配。实际上，IMF 的工作人员尤其是其管理层，在某种程度上可以对 IMF 的决策和运行进行隐形的权利渗透。目前，我国只在副总裁职位上占了一席之地，尽管 IMF 的管理层遴选具有很高的标准，即需要在高层经济决策方面具有卓越的记录，并具有杰出的职业生涯以及高超的管理和外交才能，但如果今后我国能参照管理层人才的标准，加强培养能够参与国际规则制定和国际组织管理的总裁人选，中国国籍的优秀人才担任 IMF 总裁的愿望也并非遥不可及。另外，我国向 IMF 的初级、中级岗位上输送的人才也较少，今后要加强国际人才的培养，争取全面为 IMF 输送更多、更专业、更高水平的中国籍人才。

4. 稳步推进人民币国际化的双边和多边合作

2008 年全球金融危机爆发后，中国官方于 2009 年 4 月正式决定在上海、广州等城市开展跨境贸易人民币结算试点，国内学者迅速掀起了人民币国际化的研究高潮。研究初期，人民币"周边化—区域化—全球化"的发展路径是非常有代表性的观点，即首先在周边国家的边境贸易中使用人民币结算，然后促进东亚各经济体以人民币作为锚货币，使人民币成为亚洲主导货币，最后使人民币成为在国际社会被广泛用作计价与结算、投资和储备的主要国际货币。但是，从人民币近 10 年的发展历程来看，人民币的区域化成效甚微，传统"三阶段进程论"面临夭折的命运。① 2013 年，习近平主席提出"一带一路"倡议，为人民币在更宽地域、更深领域和更高层次进行国际合作提供了新的思路：首先，继续扩大签署政府间尤其是与"一带一路"沿线国家间的货币互换协议或双边本币结算协议。截至 2018 年 3 月，中国央行已与 36 个国家或地区的中央银行或货币当局签署了货币互换协议，总金额超过了 3.3 万亿元人民币。② 通过货币互换，中国可以向境外提供人民币，境外机构和企业可以使用人民币在中国进口或投资，中国出口企业使用人民币计价和结算，有利于降低其汇兑风险。其次，通过亚洲基础设施投资银行和金砖国家银行等平台，推广人民币的使用。鉴于中国参与改革的目标不是与美元、欧元等在位国际货币进行替代性竞争，因此在人民币的国际合作方面，可以先主要谋求与中国文化更接近的东南亚国家和"一带一路"沿线国家之间的合作，通过向这些国家的基础设施提供资金融通，为其提供优良的公共产品，既符合中国产能转移和经济转型的需求，也能通过巨额的资金融通为人民币发展提供更多的国际空间。当人民币的货币实力提升到市场认可度较高的程度，中国可以加强与经合组织成员之间的合作，进一步扩大人民币的国际影响

---

① 刘一贺：《"一带一路"倡议与人民币国际化的新思路》，载《财贸经济》2018 年第 5 期。

② 中国人民大学国际货币研究所：《2018 年人民币国际化报告》，http：//www. 199it. com/archives/750776. html，2018 年 10 月 11 日访问。

力。最后，积极参与国际金融组织的金融监管和协调，加强金融监管的国际合作。人民币国际化不可避免地会对中国国内的金融安全带来一定的冲击，因此，我国应当和 IMF、FSB、巴塞尔委员会、国际证券监管委员会等组织加强合作，引进先进监管方法，不断提高监管标准和监管水平，以便更好地防范人民币国际化的风险。①

（二）中国参与改革的国内层面的路径设计

中国要倡议和推进现行国际货币体制的改革，必须加强本币的货币实力，因此，人民币的国际化是中国参与改革毋庸置疑的最佳路径。如前文所述，2009年中国官方并未使用"人民币国际化"的术语，而仅是提出了"人民币的跨境使用"，虽然之后学术界和各界媒体频繁使用"人民币国际化"这一词语，但直到 2015 年 6 月中国央行发布第一份《人民币国际化报告》才首次官方正式使用"人民币国际化"一词，这意味着经过 6 年的摸索，中国政府在尊重市场规律的基础上，准备加强顶层制度设计，助力人民币提升国际竞争力，标志着人民币国际化进入了一个新的阶段。

近 10 年来，学界和业界对于如何推进人民币国际化进行了更积极更深入的探索，已基本达成两点共识：第一，人民币国际化的重点应该是先以"一带一路"倡议为依托加强其周边化和区域化建设；第二，人民币国际化应从"贸易结算+离岸市场/资本项目开放"模式转向"资本输出+跨国企业"模式。② 笔者也赞同上述观点。具体而言，建议我国从以下路径推进人民币国际化：

1. 加强人民币的计价和定价功能

人民币国际化的本质是人民币的各项货币功能在国际间的延伸和扩展。作为价值尺度的人民币，其计价功能应从以下几个方面拓展：（1）争取与更多的"一带一路"沿线国家就大宗商品以人民币计价和结算。我国是石油、铁矿石、农产品、黄金和诸多工业原料等大宗商品的重要进口国，在定价和结算方面具备

---

① 向雅萍：《人民币国际化的法律路径探析》，载《河北法学》2013 年第 4 期。
② 刘建丰、潘英丽：《人民币国际化后续推进策略再思考》，载《上海管理科学》2018年第 4 期。

一定的谈判优势。例如，"一带一路"沿线有诸多产油大国，比如伊朗、俄罗斯、伊拉克、沙特等，我国可以与这些国家进行双边谈判，探讨用人民币计价和结算原油交易的可行性。再如，我国还可以与澳大利亚谈判铁矿石交易中人民币的计价和结算问题。此外，中国应积极建设大宗产品的期货市场，更好地发挥人民币的定价功能。2018 年 3 月，中国人民币原油期货上市，其日均交易量位列全球第三，引起了两大传统原油期货市场的关注，极大地增强了石油人民币的定价能力。2018 年 5 月，中国铁矿石期货引入境外交易者。中国应该继续推进这类基础性大宗商品的期货市场建设，提高中国在定价中的话语权。(2) 谋求对中国拥有储备量和产出量优势的资源以人民币进行计价和结算。中国矿产资源丰富，某些资源拥有重大的战略意义。当中国具有这种优势地位时，也可以利用资源的有限性和重要性和进口国进行谈判，争取用人民币计价和结算。(3) 建立境外加工贸易产业园区，鼓励产业园区与国内进行贸易时用人民币计价和结算。继续在"一带一路"沿线国家投资设立产业园，将中国已不具备比较优势的部分中低端产能转化出去，产业园以人民币从中国购买原材料以及返销部分商品回国可以为人民币的区域化和国际化的发展奠定实业基础。[①] (4) 鼓励点心债和熊猫债的发行，增加以人民币计价的债券的规模。尽管 2015 年 "8·11 汇改" 后人民币的贬值压力使点心债的规模下跌，但熊猫债的发行得到了政策的支持，2016 年之后，沉寂多时的熊猫债再次焕发了活力。2017 年，点心债市场出现回暖迹象。不过，点心债和熊猫债的发行和交易规则以及监管至今仍未形成系统的制度，中国应加强这方面的法制建设。

2. 提高人民币的境外直接投资规模

人民币国际化进程中，中国向境外国家输出人民币的最佳方式是有效率的资本项下输出，而不应是贸易项下的逆差。这条路径对政府和企业都提出了要求：(1) 政府层面，中国应继续简政放权，改革对外直接投资的监管制度，为境外投资提供既有合理的管理又有优质的服务的法律环境。2018 年 1 月和 3 月先后开始执行的《对外投资备案（核准）报告暂行办法》和《企业境外投资管理办法》

---

① 刘建丰、潘英丽：《人民币国际化后续推进策略再思考》，载《上海管理科学》2018 年第 4 期。

进一步简化了事前的管理环节，加强了境外投资的宏观指导，优化了对境外投资的综合服务，完善了相关的监管制度，促进了境外投资的持续健康发展。① 近两年，中国的境外投资流量都位居世界第二。中国政府应遵循该思路继续深化改革，为企业创造以人民币进行境外投资的有利条件。(2) 企业层面，企业要提高全球范围内有效配置资源的能力，善于规避境外投资中的各类风险。当前，我国应充分发挥中资企业在基础设施建设方面的显著的比较优势，在"一带一路"沿线国家投资基础设施建设，用人民币进行投融资。但鉴于"一带一路"沿线国家投资风险较大，中资企业应尽量采取与当地政府进行公私合营的模式，降低风险，保证投资项目的可持续性和合理的收益率。

3. 建立有深度的人民币金融市场

人民币国际化离不开境外人民币的回流机制，只有能回流的人民币才能给境外人民币持有者带来可预期的收益，增加持有者信心。除了利用人民币购买中国的商品外，境外持有者最重要的人民币回流渠道便是在中国的金融市场进行投资，因此，一个有深度、流动性强、开放度高的国内金融市场对人民币的国际化至关重要。当前，中国加强金融市场建设的可行措施主要有：(1) 建设一个统一、灵活、高效的债券市场。扩大债券市场的发行主体和债券品种，加强债券评级、担保、清算等制度建设，② 并且发展规模巨大而有效的国债交易市场。同时，进一步发展资本市场，培育多元化市场投资主体，设计多样性的金融产品，提高直接投融资比例。③ (2) 提高金融市场的市场化程度。促进人民币利率的进一步市场化，改革人民币汇率形成机制，减少境外人民币投资者套利套汇的行为，提升人民币的国际竞争力和抵御风险的能力。(3) 稳妥、有序、逐步地推进人民币资本项目可兑换。资本项目的开放是加强人民币金融市场深度的必要条

---

① 苏诗钰：《〈企业境外投资管理办法〉印发三项改革突出简政放权》，载《证券日报》2017 年 12 月 27 日。

② 丁一兵，付林：《金融市场发展影响货币国际地位的实证分析》，载《吉林师范大学学报（人文社会科学版）》2014 年第 2 期。

③ 丁一兵，付林：《金融市场发展影响货币国际地位的实证分析》，载《吉林师范大学学报（人文社会科学版）》2014 年第 2 期。

件。但是，资本项目的开放不是盲目的，必须与人民币国际化的目标协调一致。当前，适当的资本项目管制是必要的，但逐步的开放是有深度的金融市场的必然要求。

4. 完善人民币跨境支付系统

随着人民币支付功能的不断增强，投资功能的不断深化和储备功能的逐渐显现，跨境人民币的支付需求越来越多，人民币国际化早期的清算行、代理行等模式已不能满足跨境支付的要求。因此，中国央行分期建设人民币跨境支付系统（Cross-Border Interbank Payment System，以下简称 CIPS），为人民币国际化铺设"高速公路"。① 2015 年 10 月 CIPS（一期）顺利投产，2018 年 5 月 CIPS（二期）也全面上线，为人民币的跨境支付结算提供了更大的便利。但是，与高效运行多年的美元跨境清算系统相比，CIPS 仍需在以下方面进行完善：（1）加强对 CIPS 的制度建设。从 2015 年上线运行以来，有关 CIPS 的法律规则缺乏完善性和系统性，立法的位阶低，涉及的范围较小，并在制度上存在冲突和缺漏的问题。中国应适时制定专门的 CIPS 行政法规，以保障 CIPS 的稳定和持久运行。（2）对 CIPS 进行准确的法律定位。目前，CIPS 系统的运营机构的法定身份并未明确，其公共性质和非营利性也未被强调，更未形成清晰的保护范围。我国应明确规定 CIPS 运营机构的合法身份地位，建立组织健全、制约有效、权责明晰的现代公司治理结构，② 并强调 CIPS 的公共性质，在其内部治理中体现出业务的公众化。（3）建立公开、透明的监督机制。我国应建立 CIPS 的专门监督机构，设立相应的部门分别负责审查、监管和治理，最大限度地促进 CIPS 的制度化运行。同时，完善监管制度，对监管机构的运行制度与监管人员的工作制度进行规范，敦促监管人员尽职尽责，并在法律层面对监管机构的法律义务与法律职责进行详细规范，建立监管机构政务公开与政务透明的制度。③

① 谢众：《CIPS 建设取得新进展》，载《中国金融》2018 年第 11 期。
② 谢众：《CIPS 建设取得新进展》，载《中国金融》2018 年第 11 期。
③ 高群峰：《美元跨境清算系统与人民币跨境支付系统研究与启示》，载《中小企业管理与科技（下旬刊）》2018 年第 1 期。

第三节　人民币国际化是中国参与国际
货币体制改革的重要抓手

如上节所述，中国参与现行国际货币体制的改革应该从国际和国内两个层面双轨推进。但是，由于当前中国参与改革的时代背景已摆脱了开启此轮改革时美元遭遇的短期危机，所以，美元强势回归后，国际货币体制改革的讨论热潮逐渐消退，这一问题又回到了危机前悬而未决的状态，亚洲区域货币合作依然缺乏合作的动力和基础，也收效甚微，只有中国在人民币国际化的道路上砥砺前行，越行越远。① 鉴于此，一方面，中国不能在国际层面参与此轮改革的路径上止步，仍应抓住一切时机，通过与美国等国的艰难博弈，继续朝着既定的目标慢慢前行；另一方面，中国应将参与改革的重点放在国内层面的路径上，提升人民币的货币实力，积极推进人民币国际化，这是中国政府在现阶段参与国际货币体制改革的可控性最强、最为有效的路径选择。因此，人民币国际化是中国参与现行国际货币体制改革的最有力的抓手。

一、人民币国际化的战略意义

改革开放以来，中国经济持续高速发展，已跻身于经济大国之林，而人民币的国际地位及其在国际经济活动中发挥的作用与中国的经济实力并不相匹配。2008 年全球金融危机爆发后，中国政府开始试点人民币的跨境贸易结算，经过几年的摸索，中国央行于 2015 年在其官网发布公告，提出"积极有序地促进人民币国际化"，确定了人民币国际化的战略地位。人民币国际化是人民币在国际社会充分发挥价值尺度、交换媒介和储藏价值的货币功能而被广泛用作贸易计价及结算货币、投资货币和储备货币的过程和现象。② 人民币国际化这一战略的提出必将对中国和世界的经济金融体制构建产生深远的影响。

---

① 张明：《人民币国际化与亚洲货币合作：重新审视》，载《国际货币体制再思考：布雷顿森林会议七十周年后》，上海远东出版社 2014 年版，第 317 页。

② 韩龙：《资本项目制度改革流行模式不适合人民币国际化》，载《法商研究》2018 年第 1 期。

（一）人民币国际化是缓解国际货币体制缺陷的有力手段

2008 年全球金融危机爆发后，中国切身感受到了以美元为本位的国际货币体制对本国经济发展的破坏性影响。我国入世后，在经济全球化的浪潮中逐渐发展为世界工厂，向世界各国提供种类丰富的商品，经常项目顺差逐渐扩大。在次贷危机爆发的 2007 年，我国拥有的贸易顺差达到了 GDP 的 10%，并积累了大量的外汇储备。全球金融危机爆发后，作为危机爆发地的美国开始利用国际货币体制转嫁危机带来的损失。它先后推出三轮量化宽松政策，降低利率甚至实施零利率，向市场注入了大量的流动性，导致美元迅速贬值。由于美元的本位货币地位，我国国际贸易大多数都是以美元计价和结算，而我国的官方外汇储备资产中，绝大部分均为美元资产，美元的贬值导致我国外贸收入和储备资产迅速缩水。但即使在美元贬值导致美元储备资产原本和收益均降低的情况下，我国为了避险还是不得不加持美国国债等美元资产。此外，美元的贬值也给我国带来了输入性通货膨胀，使国内诸多调整政策在一定程度上失灵。究其根源，在于美元本位的国际货币体制的缺陷。美国仍然是该体制中唯一的核心国家，其他国家则共同构成了体制的外围国家。这一"中心—外围"的结构使美国政府完全可以不受约束、不付代价地利用美元的国际地位为其国家利益服务，而漠视其他外围国家的需求，剥夺其他国家的福利。处于外围的新兴市场经济体，不得不通过贸易积累大量流动性强、安全性高的美元外汇储备资产，以应付频繁爆发的货币金融危机，这使美国通过贸易逆差和资本输出向全球提供美元，再通过其发行的美国国债等美元资产回收美元的环流得以持续运转。并且，外围国家对美元储备资产的需求也不断压低美元资产的收益率和美元的利率水平，这一方面鼓励了美国寅吃卯粮式的负债消费习惯，另一方面也使发展中国家投资美元资产的收益率更加微薄。[①] 这一国际货币体制的不公正性早被法国 20 世纪 60 年代的经济学家雅克·鲁夫尖锐地剖析过："当代国际货币体制已经沦落为小孩子过家家的游戏。欧洲各国辛辛苦苦赚回的美元和英镑，然后又毫无代价地拱手返回发行这些货币的国

[①] 博源基金会编：《人民币国际化：缘起与发展》，社会科学文献出版社 2011 年版，第 18~19 页。

家，就好像小孩子玩游戏一样，赢家同意将赚回的筹码奉还给输家，游戏却继续进行。"① 如今外围国家的处境都与雅克·鲁夫描述的欧洲国家类似。正是在金融危机凸显了现行国际货币体制的缺陷并深刻感受到了自身作为外围国家的尴尬处境的背景下，我国开始试点跨境人民币结算，从而拉开了人民币国际化的帷幕。可以认为，美元本位的国际货币体制的缺陷在某种程度上催生了人民币国际化进程的启动。

为了克服现行国际货币体制的缺陷，必须摆脱对美元的依赖，我国的对策便是促进人民币的国际化。只有出现多种可与美元竞争的国际货币后，国际货币体制才能从单极霸权走向多元均衡，从而遏制美元"一币独大"的货币霸权。在众多候选的多元货币中，人民币应是最有潜力的选项。英镑、欧元和日元虽已跻身国际货币之列，但英镑和日元常年疲软，欧元已不在快速发展的窗口期，人民币成为改变单极货币体制的新希望。中国有责任也有实力通过促进人民币国际化改革当前的单极货币体制。当前，以中美贸易失衡为典型代表的全球经济失衡是无法持续的。尽管它属于结构性失衡，但作为全球经济失衡的重要当事方，我国和美国均有责任承担经济调整的压力。这种结构失衡的根源不在于美国指控的人民币汇率政策，② 而在于美元本位的国际货币体制。现行国际货币体制不仅不具备实现全球经济再平衡的"自动机制"，而且还在相当程度上加剧了全球经济的失衡。③ 因此，我国有责任通过人民币国际化参与国际货币体制的改革。同时，经过近几年的发展，国际社会对人民币的发展寄予厚望。2008 年金融危机后，中国一直是全球经济发展的重要引擎，人民币已成长为第二大贸易融资货币，第四大支付货币，在外汇交易市场的额度排名上升到第八位，中国的对外直接投资中约有 10% 以人民币计价，60 多个国家的央行将人民币作为其储备资产。这说明国际社会对人民币的信心与日俱增。哈佛大学教授 Frankel 认为，30 年内人民币

---

① 李兴伟：《"美元陷阱"与人民币国际化四维路线图》，载《当代世界》2011 年第 10 期。

② 2005 年以来人民币汇率形成机制改革的实践效果证明，中国单方面调整人民币汇率根本无助于纠正全球经济失衡。

③ 李晓等著：《国际货币体系改革：中国的视点与战略》，北京大学出版社 2015 年版，第 165 页。

可能成为主要国际货币之一。①

可见，美元本位的国际货币体制侵害了广大外围国家的利益，国际社会必须积极构建多元化的货币体制克服其缺陷。而在此进程中，人民币国际化是为国际社会提供多元化货币的最佳途径。未来，没有任何其他经济事件会比人民币成为国际储备资产对国际货币经济体制产生更大的冲击。② 因此，人民币国际化是国际货币体制改革的重要推动力。

（二）人民币国际化是中国走向金融大国的必由之路

改革开放 40 多年来，我国经济发展取得了举世瞩目的成绩，于 2010 年取代日本成为全球第二大经济体，成了 GDP 大国。但直到 2017 年，我国人均 GDP 的世界排名位于第 70 位，作为"世界工厂"的中国总体上仍处于国际产业分工的低端，自主创新能力差，我国仍不是经济强国。具体到金融领域，我国金融业起步晚，水平低，更谈不上是金融强国。而且，当前经济发展模式已不可持续。因此，未来必须对经济金融的发展进行转型。这种转型是人民币国际化的内在要求，人民币国际化比如会推动经济金融转型改革，为中国成为经济金融强国提供动力。

当前，我国经济发展增速放缓，外部市场萎缩，投资需求和消费需求疲软，人口红利逐渐消失，逆全球化浪潮来袭，中美贸易摩擦前景不明，传统的经济增长方式面临巨大的挑战，经济转轨迫在眉睫。而鉴于金融在经济中举足轻重的地位，金融转轨成为经济转轨的核心。根据经济学原理，金融转轨的内在要求在于：政府的立场要从帮助企业筹集廉价资本转变为保护债权人和中小投资者防范商业的欺诈；放松并最终取消行政管制，促进多层次资本市场体制与银行体制的平衡发展；进而促进国民经济的平衡和可持续发展，实现民众的财富积累以应对

---

① Jeffrey Frankel, "On Global Currency, Keynote Speech for Workshop on Exchange Rates: The Global Pespective", Sponsored by Bank of Canada and ECB, Frankfurt, June 19, 2009.

② Jeffrey Friedland, " Will 2015 Be The Year The Yuan Becomes a Global Reserve Currency?", 载《财经界》2015 年第 2 期。

老龄化社会的挑战。① 而货币的国际化是货币的各项职能在国际领域的延伸。人民币国际化与我国的金融转轨具有内在的逻辑一致性。主要原因在于：（1）人民币要实现国际化，必须拥有流动性和便利性。只有人民币在境外供应充分，并且以人民币计价的金融资产具有吸引力，海外持有者才愿意持有人民币及其资产，从而提升人民币的国际影响力。这就要求中国本土的金融市场具有足够的深度、广度和开放度，中国的跨国金融机构拥有在全球范围内配置资源并提供相应服务的能力。可见，人民币国际化可以促进深化金融市场的改革。（2）人民币国际化要求人民币具有收益性。作为投融资工具或储备资产，人民币要拥有收益性和保值增值的能力。而这一能力很大程度上取决于我国的经济增长潜力、金融体制配置资本的效率以及国内资本市场对外开放的程度。这就要求提高对金融机构的监管水平，扩大资本项目的开放，增加投资者的投资渠道。人民币国际化客观上要求加快资本项目可兑换的进程，并提升金融机构的服务能力。（3）人民币国际化需要人民币资产具有安全性，这是人民币发挥国际储备资产的必然要求。这要求我国政府拥有国际公信力并实现国家信用 AAA 等级，为我国发行人民币国债奠定信用基础。同时，我国还要健全保护私有产权的法律制度，保证人民币资产持有者的合法权益。这会提升我国国债市场对外国投资者的吸引力。（4）人民币国际化可能倒逼迫国内金融制度改革。人民币国际化也要遵循货币国际化的基本原理和规律，会对国内金融体制提出各种要求。为达到这些要求，国内金融体制改革不得不加快步伐，也可能要打破传统制度的藩篱，给改革带来更多的勇气和智慧。通过以上分析可以发现，中国金融体制的成功转型将为人民币国际化提供经济基础和制度保障，而人民币国际化的客观要求也为中国建设经济金融强国指明了方向。②

此外，人民币国际化会给我国带来收益，从而加快我国迈向经济金融强国的步伐。具体表现为：（1）为中国企业带来汇兑和融资便利。若人民币能在国际市场上发挥其计价和结算职能，那么中国企业可以有效地规避汇率风险，并可以节

---

① 潘英丽等著：《国际货币体系未来变革与人民币国际化（下卷）》，格致出版社、上海人民出版社 2014 年版，第 90~91 页。

② 潘英丽等著：《国际货币体系未来变革与人民币国际化（下卷）》，格致出版社、上海人民出版社 2014 年版，第 90~91 页。

约因应对汇率风险而支持的货币交易成本和费用。而且，若人民币能发挥投资货币的职能，那么中国企业可以在世界范围内进行投资和融资，在全球范围内合理配置其资源，以追求其利润的最大化。（2）为中国的金融机构拓宽业务，增加竞争力。人民币国际化后，我国金融市场会更加开放，金融机构的业务范围和地域范围的限制会不断放宽甚至取消，从而增加其利润来源，我国金融机构的竞争力也会得到提升。并且，人民币国际化要求提升人民币及其资产持有者的利益，降低持有的风险，这必然会催生金融创新，从而推动衍生品市场的发展。此外，人民币国际化还有利于加速上海国际金融中心市场的建设，推动香港、新加坡、伦敦等作为人民币离岸金融中心的发展，以促进中国金融市场的自由化。[1]（3）为中国带来铸币税收益的同时减少外汇储备的损失。布雷顿森林体制崩溃后，主权国家的货币发行就挣脱了黄金的限制，从而进入信用货币时代，这就意味着任何国家发行纸币都是借助货币发行权向纸币持有者筹集资金的过程，是对纸币持有者财富的一种无偿占有。[2] 因此，只要人民币在海外被持有，我国就可以获得相应的收益。此外，人民币成为主要国际货币后，我国在大宗市场上的定价权会得以提升，如果石油、矿石等用人民币计价结算，我国也可以规避美元带来的交易风险从而获得收益。更重要的是，我国在享受这些收益的同时，还可以一定程度避免储备资产缩水。人民币成为国际储备资产后，我国可以重新配置储备资产的篮子，降低对美元资产的依赖。总之，如果人民币实现国际化，我国在全球经济金融领域会获得更多的自主权，从而避免美元本位给我国带来的不利影响，并且当其他国家将人民币资产纳入其储备资产后，其他国家对我国经济的依赖性会增强，我国对世界经济的贡献和影响力也会提升，我国的国际经济地位将会稳步提高，中国跃升为经济金融强国的目标终将实现。

二、人民币国际化的新机遇和新动力

2008 年全球金融危机爆发时，经济实力快速上升的中国抓住机遇倡导并参

　　[1]　宋敏、屈宏斌、孙增元著：《走向全球第三大货币——人民币国际化问题研究》，北京大学出版社 2011 年版，第 92~95 页。

　　[2]　宗良、李建军等著：《人民币国际化理论与前景》，中国金融出版社 2011 年版，第 136 页。

与了新一轮的国际货币体制改革，而且，2009—2010 年，以跨境人民币结算为起点，人民币国际化迈入起步阶段。[①] 2011—2015 年，人民币进入升值通道，跨境业务蓬勃发展，离岸市场规模不断扩大，人民币国际化呈现爆发式增长的态势。2015 年 "8·11 汇改" 后，人民币汇率预期逆转面临贬值压力，美国等国退出量化宽松货币政策，国际环境发生变化，人民币国际化进入低迷期，到 2017 年第四季度才出现反弹。这一历程既让中国收获了诸多成果，里程碑的事件便是人民币在 2016 年 10 月 1 日正式成为 SDR 的篮子货币，但也用事实宣布了 "人民币贸易结算+离岸市场" 模式的失败，人民币国际化的前期繁荣很大程度上仅是顺周期的表现。若要使人民币国际化再次进入快车道，除了依靠我国近年来的经济持续稳定增长和金融市场稳步开放这两个一贯的有力支撑之外，中国必须寻找新的机遇和动力。

（一）"一带一路" 建设为人民币国际化提供了国际合作的新机遇

人民币在亚洲区域化方面几乎毫无成果，而 "一带一路" 倡议的实施为人民币区域合作开拓了新模式，为人民币国际化向更深层次、更高水平发展搭建了使用与流通的广阔平台。[②]

1. "一带一路" 倡议增加了贸易领域的人民币需求

近年来，中国与 "一带一路" 沿线国家的贸易额以 17% 左右的平均速度逐年增长，超过了中国外贸总额的 25%。[③] 中国与沿线国家建立经贸合作区和工业园区，各自发挥贸易比较优势，沿线国家主要对中国出口能源资源等大宗商品，中国则出口机器设备、交通运输工具等制造业产品。[④] 双边贸易蓬勃发展的同时，也为原油等大宗商品以人民币计价结算创造了条件，并且刺激了沿线亚洲和

[①] 中国人民大学国际货币研究所：《2018 年人民币国际化报告》，第 14 页，2018 年 7 月 14 日发布。

[②] 涂永红：《人民币国际化是防范金融风险的一项制度保障——从人民币国际化的由来谈起》，载《理论视野》2018 年第 9 期。

[③] 张帆、余淼杰、俞建拖：《"一带一路" 与人民币国际化的未来》，载《学术前沿》2017 年第 5 期。

[④] 蔡彤娟、林润红：《"一带一路" 倡议下的人民币国际化：互动、挑战与实施方案》，载《国际金融》2017 年第 7 期。

东欧国家甚至非洲和拉美国家持有人民币的意愿，从而扩大以人民币进行计价和结算的贸易圈和地域范围，有利于增加人民币在贸易领域的使用。2017 年，中国与沿线国家的双边贸易规模达到 7.4 万亿元，同比增长 17.8%。人民币在双边贸易结算中的使用份额显著提升，我国通过货币互换机制向沿线 212 个经济体提供了人民币流动性支持，对沿线国家货币直接报价交易增多，人民币的锚货币职能显著增强。①

2. "一带一路" 倡议促进了投融资领域的人民币使用

"一带一路" 沿线国家的供水、供电、通信等基础设施比较落后，成为制约它们经济发展的瓶颈。中国与沿线国家展开合作后，中国企业开辟出了新的直接投资领域，中国的境外投资额逐年上升。近年来，中国企业主要投资沿线国家的基础设施建设和工业园区建设，促进了人民币流出境外。而且，由于这些投资项目所涉金额巨大，项目融资必不可少。中国政府可以鼓励当地政府和企业发行以人民币计值的债券或向中国的商业银行、政策性银行或金融机构、亚投行等申请人民币贷款，这将极大地促进人民币的境外输出和使用。据亚洲开发银行估计，2020 年前亚太地区每年基建投资 7760 亿美元，若中国在沿线国家投资占比上升到 30%，未来 10 年总投资额约为 2 万亿美元。② 这将为人民币在投融资领域的境外使用提供巨大的发展空间。

3. "一带一路" 倡议提升了人民币在储备领域的地位

近年来，人民币的国际吸引力逐渐增强，超过 60 个国家或地区的中央银行或货币当局将人民币纳入其外汇储备。由于人民币在非美元货币中币值相对稳定，在纷繁复杂的国际形势下中国经济基本面仍然向后，所以越来越多的国家或地区提升了对人民币的信心。英国、欧洲央行、法国、德国、澳大利亚等发达国家或地区均明确表示将人民币纳入其外汇储备，日前，尼日利亚、东部和南部非洲 14 个国家正在考虑将人民币纳入外汇储备。"一带一路" 沿线国家与中国有着密切的经贸合作关系，新加坡、俄罗斯等已将人民币纳入其外汇储备。随着 "一

---

① 涂永红：《人民币国际化是防范金融风险的一项制度保障——从人民币国际化的由来谈起》，载《理论视野》2018 年第 9 期。

② 张帆、余淼杰、俞建拖：《"一带一路" 与人民币国际化的未来》，载《学术前沿》2017 年第 5 期。

带一路"建设的纵深发展，人民币有望成为更多国家和地区的外汇储备篮子的组成部分。

4. "一带一路"倡议加快了人民币金融服务机制的建设

高效灵活的金融服务机制是人民币国际化的硬件要求。"一带一路"倡议促进了人民币跨境支付系统的建设，目前，沿线国家的人民币国际化的支持系统已经具有一定的规模。① 对资本项目仍然有所管制的中国而言，这些支持系统为境外企业获得人民币提供了极大的便利。同时，中资银行在沿线国家推出的跨境人民币结算产品种类越来越丰富，包括贸易项下的人民币计值的信用证、托收和境外机构境内外汇账户结算等，这些都将为未来人民币的金融服务机制建设提供宝贵的经验和教训。

(二) 人民币入篮为人民币国际化提供了法制变革的新动力

2016 年 10 月 1 日，人民币正式加入 SDR 的货币篮子（以下简称入篮）。为了促进人民币入篮，中国已按当前 SDR 货币篮子遴选的关键标准"可自由使用货币"进行了必要的制度调整，但入篮后人民币将间接受到《IMF 协定》中有关 SDR 法律制度的约束，而且 IMF 每五年对 SDR 货币篮子进行审查并设置了退出机制，这些都让初入篮的人民币面临很大的考验。这意味着未来的人民币国际化除了拥有内生动力外，还获得了与 SDR 制度和要求保持一致的外在动力。

1. 人民币汇率制度应符合"等值原则"

《IMF 协定》第 19 条第 7 款规定，无论提供何种货币，也无论提供这些货币的是哪些成员，SDR 的参与成员们都应该得到同样的 SDR 价值，即等值原则。我国存在人民币在岸和离岸两种汇率，虽然 IMF 建议人民币汇率使用中国外汇交易中心发布的北京时间下午 4 点人民币对美元基准汇率，② 但同时也确认，为了确定 SDR 的美元价值，可以使用某个基于市场的人民币离岸汇率。直至目前，离岸和在岸人民币汇率之间仍存在出现重大差异的风险。这种差异不仅使 SDR

---

① 张帆、余淼杰、俞建拖：《"一带一路"与人民币国际化的未来》，载《学术前沿》2017 年第 5 期。

② IMF, "Review of the Method of the Valuation of the SDR", IMF Policy Papers（November 2015），p. 49.

的使用方在不同市场获得不同价值，而且还会给使用方的操作带来更大困难：其一，不利于借款人获得利益和防范风险。例如，IMF 的借款人如果是按离岸汇率和在岸汇率中较高者获得人民币，那么与获得其他篮子货币的成员相比，他可能会处于不利的地位。而且，在岸市场和离岸市场的汇率差之间的大幅度波动还会使 SDR 使用方更难以充分对冲其 SDR 风险暴露。① 其二，尽管 SDR 使用方可以不受妨碍地进入在岸和离岸市场，以便于使用方能够在条件最有利的市场进行交易，但这也意味着需要在两个市场都建立银行关系、开立账户，从而在一定程度上增加操作的复杂性以及交易和行政成本。中国作为一个发行 SDR 篮子货币的成员，有义务遵循"等值原则"，减少两种汇率差距带来的交易风险和交易成本。因此，入篮后，人民币汇率的市场化改革必须加快脚步。

2. 三个月国债应具备 SDR 利率计值工具的特征

根据 IMF 执董会的决议，纳入 SDR 利率篮子的工具应符合某些长期以来所要求的特点：（1）是投资者可实际运用的具有广泛代表性的一系列金融工具，而且其利率应能对相应货币市场中基本信用状况的变化做出反应。（2）具有与 SDR 官方地位所类似的风险特点，即具备最优的信用风险，该特性与市场中可以得到的政府票据的特性相似，如果没有适当的官方票据，则与最优质金融工具的金融风险相似。这些金融工具还应反映实际储备资产选择的需要，如金融工具的形式、流动性和期限等。② 据此，当前 SDR 利率篮子中的所有金融工具都以 3 个月政府债券的收益率为基础。为了促进人民币入篮，中国于 2015 年四季度起按周滚动发行三个月记账贴现式国债。尽管与国内其他金融工具相比，中国银行间市场三个月国债基准收益率是最恰当的人民币计值工具，但与 SDR 利率篮子的其他工具相比，该计值工具仍不能充分满足上述特征：首先，当前这类国债的持有人以银行为主，且采取"买并持有"策略，导致该市场交易不活跃，并且其发

---

① IMF, "Review of the Method of the Valuation of the SDR", IMF Policy Papers（November 2015），pp. 23-26.

② IMF, "Review of the Method of the Valuation of the SDR", IMF Policy Papers（November 2015），pp. 26-27.

行规模较小，流动性不足，从而影响到该类国债价格的形成及其代表性。① 其次，中央国债登记结算有限责任公司公布的国债收益曲线虽然对在岸市场中基本信用状况的变化所做的反应大致上是灵敏的，但收益率却违反了收益与风险对等的原则。② 国债是中国金融市场中信用风险最小的产品，但当前三个月国债的年化收益率为 2.69%，而同期三个月定期存款基准利率仅为 1.1%，很明显，国债利率的价格发现机制仍待完善。高于市场利率的国债利率，必然会增加使用 SDR 及人民币负债的成本，不利于 SDR 的推广和人民币的国际化，国债利率的市场化改革势在必行。

3. 资本项目管理制度应满足开展 IMF 业务与交易的要求

尽管人民币入篮是 IMF 对人民币可自由使用的背书，其并未在国际法层面创设实现人民币资本项目可兑换的义务，但入篮客观上对人民币可兑换程度提出了更高的现实要求。③ 作为可自由使用货币的发行国，中国在参与 IMF 业务和交易中的义务发生了变化：首先，根据《IMF 协定》第 5 条 3（e）（ii）和 7（j）（ii），在使用 IMF 的普通账户时，借款国可以其持有的 SDR 购买人民币；若成员国在购回中选择使用人民币，则 IMF 会接受其偿还人民币。中国不再有义务将 IMF 出售的人民币余额兑换为可自由使用货币，而是有义务与 IMF 和其他成员合作，在有购买或回购成员请求将人民币余额与其他可自由使用货币进行兑换时，确保上述资本项目的兑换能够实施。④ 其次，根据第 15 条 4（a）和 5（a）（i），在 SDR 账户业务中，IMF 可能指定中国向需要可自由使用货币的成员国提供人民币，SDR 账户的参加国也可与中国协商兑换其所需要的人民币，开展这些业务都要求人民币提高可兑换程度。此外，与 SDR 其他篮子货币相比，人民币可兑换的自由程度较低，这将加大持有人民币资产的投资者的交易成本，使人民币在国

---

① 于恩锋、龚秀国：《人民币"入篮"对 SDR 利率的影响——基于历史的视角》，载《国际金融研究》2017 年第 1 期。

② 韩龙：《人民币入篮需要我国作出怎样的法制变革?》，载《社会科学文摘》2018 年第 2 期。

③ 刘瑛、吕威：《人民币入篮下的资本项目可兑换法律分析》，载《财贸研究》2017 年第 6 期。

④ IMF，"Review of the Method of the Valuation of the SDR"，IMF Policy Papers（November 2015），p. 39.

际储备资产的竞争中处于不利地位。因此，在人民币入篮的现实压力下，必须进一步深化资本项目制度的改革。

三、人民币国际化的政策和制度保障

人民币国际化面临着不同于英镑和美元国际化的时代背景，我国一直在探索有中国特色的货币国际化模式。从历史的角度看，驱动英镑和美元国际化的主要动力是市场的需求。强大的经济实力、高度发达开放的金融市场、相对稳定的汇率以及政治和军事实力的保障都是促进货币国际化的重要条件。日元国际化的失败则从反面证实了货币的国际化必然受制于市场条件，在缺乏市场需求时仅靠政府的推动是无法实现货币国际化的。但政府的驱动力也不容忽视，欧元国际化的成功离不开各成员政府的合力推动，而且，即使是市场需求型模式下的美元国际化，国家权力也对其进程的推动起到了至关重要的作用。在美元具备了国际化的市场条件而踟蹰不前时，是《1913 年联邦储备法》的出台破除了美元国际化的桎梏，从而成就了美元国际化的伟业。① 以史为镜，适合人民币国际化的驱动模式应该是中国政府在尊重市场规律的前提下，精心进行顶层制度设计，通过政策和法律制度引导建设人民币国际化所需要的市场条件，先筑渠后引水，最终实现人民币国际化的水到渠成，从而走出一条有中国特色的政府和市场双驱动的国际货币化道路。

（一）人民币国际化的制度框架

一般而言，实现货币国际化的货币发行国主要需要具备以下市场条件：（1）以经济规模和对外贸易为主体现的强大的综合国力。（2）资本项目基本开放。（3）具有富有深度、流动性且开放的金融市场。（4）汇率由市场供求关系决定。② 中国政府正是从这些方面通过政策和法律制度为市场的发展创造了一定的

---

① 韩龙：《实现人民币国际化的法律障碍透视》，载《苏州大学学报（哲学社会科学版）》2015 年第 4 期。

② Jeffrey Frankel, "Internationalization of the RMB and Historical Precedents", *Journal of Economic Integration*, Vol. 27, No. 3, 2012. 转引自韩龙：《实现人民币国际化的法律障碍透视》，载《苏州大学学报（哲学社会科学版）》2015 年第 4 期。

条件。

在跨境贸易人民币结算业务制度方面，我国自 2009 年决定开展跨境贸易人民币结算试点以来，不断扩大试点的地域范围直至取消地域限制，允许所有从事经常项目交易的企业以人民币作为跨境计价和支付工具。2013 年后采用了宏观审慎管理方式，下放重点监管企业名单的审核权限，简化了管理流程。2014 年开始开展个人跨境人民币结算业务。至 2015 年，人民币在经常项目下的计价与结算几乎没有了法律障碍。在上述制度的鼓励和推动下，人民币目前已成为全球第四大支付货币。在人民币直接投资领域，2010 年 10 月，新疆地区率先开展了人民币境外直接投资的试点，人民币国际化延伸至资本项目领域。我国允许境外机构以合法获得的境外人民币在中国境内依法从事直接投资活动，并提供便利人民币投资结算的操作规程，逐渐拓宽人民币外资直接投资的业务范围。经过几年的政策推动，以人民币计价的直接投资在 2014 年达到了峰值。2015 年 6 月，中国取消了境内和境外直接投资项下的外汇登记核准制度，2016 年到 2017 年，中国将外商直接投资的逐项审批制逐步完善为"备案制+负面清单"，2018 年 3 月新的《企业境外投资管理办法》正式实施。通过上述改革措施，我国的直接投资项目基本实现了可兑换。在人民币金融领域，我国已允许境内银行和非金融机构依法开展人民币境外放款合担保业务，明确规定了多类主体在境内银行间债券市场发行人民币债券的资格和权利；先后设置了 QFII、QDII、RQFII、RQDII 等机构投资者，并不断放宽投资比例、额度等限制，使投资者在我国尚存在资本管制的情况下获取了参与证券市场的路径；加强了我国证券市场与境外市场的互联互通，目前，我国已正式和香港开通了沪港通、深港通、基金互认等机制，并在投资额度、投资主体等方面不断放宽管制。2017 年，中国开放债券通中的"北向通"，2018 年 6 月 12 日，中国央行、国家外汇管理局对 QFII、RQFII 等实施了新一轮的外汇管理改革，这些制度使人民币的国际金融计价交易的功能得到了夯实。2017 年年底，包括直接投资、国际信贷、国际债券与票据等在内的国际金融人民币计价交易综合占比为 6.51%，创历史新高。①

---

①　中国人民大学国际货币研究所：《2018 年人民币国际化报告》，第 3 页，2018 年 7 月 14 日发布。

人民币在汇率和利率制度改革方面，从 2005 年 7 月中国央行启动人民币汇率改革以来，人民币汇率的市场化程度日益提升。经历了四次汇率制度改革后，人民币汇率的浮动区间基本达到了市场化的要求，中间价的形成机制更能体现市场的供求关系。同样地，人民币的利率制度也正朝着市场化迈进，人民币一年期以上存款的利率浮动上限被取消，商业银行获得了更多的定价权。

此外，中国政府还在离岸市场的发展、跨境金融基础设施的建设等领域推出了诸多政策和规定，并与三十多个国家签订了双边货币互换协议。这些规则形成了保障和促进人民币国际化进程的制度框架，极大地提升了人民币在国际上的影响力。

（二）提升法制建设在人民币国际化中的作用

近十年来，政府主要通过密集发布的政策来引导人民币国际化的发展。政策的优势在于发布与废除的程序成本低、效率高，能更灵活地适应瞬息万变的市场需求。但是，大量行政手段的调整导致人民币国际化规则缺乏透明度和可预见性，减损了人民币的吸引力，并且，已取得的改革成果因未被固化为法律制度而可能出现回退现象。可见，要实现人民币国际化的既定目标，提升中国参与国际货币体制改革的能力，仅依靠政策是不够的，必须有适宜的法律制度为其保驾护航，法律路径是实现人民币国际化不可或缺的手段。当前，中国应及时梳理林林总总的人民币国际化的改革措施，提升法制化程度。

1. 适时修改与人民币国际化改革成果不一致的法律

人民币国际化取得了丰硕的成果，但中国某些相关的重要法律却至今未反映出这些变革。（1）作为人民币汇率制度和资本管理制度最重要的法律依据的《外汇管理条例》（以下简称《条例》）的诸多条款已滞后于改革的现实。为了增强人民币汇率弹性，中国于 2010 年的汇率改革中重提"参考一篮子货币进行调节"，改变了全球金融危机后人民币钉美元的做法，至今人民币汇率中间价一直参考一篮子货币，而现行《条例》仅规定人民币"以市场供求为基础、有管理的浮动汇率制度"，并未确定"参考一篮子货币进行调节"的汇率制度。① 另外，2016 年 10 月，中国将外商投资的"全面逐案审批制"改革为"普遍备案制与负面清单下的审批制"，但《条例》却仍规定"境外机构、境外个人在境内直接投资，经有关主管部门批准后，应当到外汇管理机关办理登记"，明显与现行立法相悖。因此，必须尽快修订《条例》，准确界定中国的人民币汇率制度，并及时反映改革取得的成果，取消部分资本项目管制的许可、批准等要求，简化或者下放部分审批权，使通过改革获得的资本项目可兑换的空间得到法律保障。(2)《商业银行法》未能吸收人民币利率改革的成果。随着 2015 年中国央行取消一年期以上（不含一年期）定期存款的利率浮动上限，商业银行获得了一定的自主定价权，但现行《商业银行法》仍规定，"商业银行应当按照中国央行规定的存款利率的上下限，确定存款利率，并予以公告"，未能跟上人民币利率市场化改革的步伐。因此，应尽快修订这些与改革现实相背离的条款。

2. 提高立法层次，构建完善的人民币国际化的立法体制

目前，中国关于人民币汇率改革、国债利率价格的形成以及资本项目逐步开放的文件中，大部分都属于其他规范性文件，法律效力有限，不能与部门规章、行政法规和法律等相抵触。中国应梳理现行的大量的其他非规范性文件，将同领域的改革措施定期进行归纳整理，条件成熟的应尽快提升其立法层次。比如，可以制定《资本项目开放条例》，规范资本项目开放的目标、原则及具体措施。另外，提高《条例》的立法层次，制定《外汇法》，使其成为人民币国际化的基本法律，明确规定人民币国际化的战略目标和具体制度。由此，可以形成以《外汇法》《中国人民银行法》等法律为上位，以成熟的具体改革措施为内容的行政法规、部门规章和地方性法规为核心，以其他规范性文件为辅助的立法体制。

(三) 合理设计未来人民币国际化法制改革的重点路径

尽管在政府密集发布的制度的推动下，人民币国际化取得了巨大的成就，但距离人民币成为国际货币的既定目标还有很大的差距。目前，相关法制的不健全未能为人民币国际化进一步的稳定快速发展创造适宜的法律环境，从而形成人民

---

① 刘珈利、曾文革：《SDR 篮子货币评估法律框架视域下中国外汇管理改革》，载《云南师范大学学报（哲学社会科学版）》2017 年第 3 期。

币国际化的障碍。人民币国际化是一项系统工程，实现的路径错综复杂，必须要细致策划、充分论证、协调推进。

通过对人民币国际化进程中的制度改革和取得的成绩的梳理，可以发现，目前的人民币国际化呈现出以下态势：（1）从国际货币职能的角度看，人民币在贸易计价和结算职能方面国际影响力最大，在金融产品计价、结算和投资上作用有限，而在官方钉住汇率、外汇市场干预和外汇储备中则没有作用或者作用十分有限。①究其原因，人民币国际化从跨境贸易人民币结算起步，在人民币单边升值强烈预期的推动下，人民币主要通过贸易的方式流向境外，而由于我国的资本项目并未充分开放，所以境外的人民币除了用于进口中国的商品外，很难找到回流渠道。尽管我国在资本管制的前提下陆续开通了境外人民币的某些投融资渠道，但国内的金融市场缺乏深度和流动性，使境外人民币持有人对人民币资产的收益心存疑虑。此外，中国国债市场的落后也抑制了外国政府将人民币作为国际储备资产的动力。因此，资本项目的管制和国内金融市场欠发达成为人民币进一步发挥国际货币职能的明显障碍。（2）从人民币国际化的发展阶段来看，以 2015 年"8·11"汇改为转折点，人民币国际化在 2011—2015 年快速推进，之后陷入低迷徘徊期，直到 2017 年年底才重回快车道。很明显，在人民币升值预期强烈时，"贸易输出+离岸市场"的模式在推动人民币国际化的同时，也在一定程度上制造了离岸市场人民币的虚假繁荣。中国仍实施资本项目的管制，输出境外的人民币主要集结于香港、新加坡、伦敦等离岸市场，尤其集中在香港。而且，离岸市场和在岸市场的人民币汇率、利率的形成机制有差异，价格也存在差别。因此，当人民币"一币两价"时，在存在资本项目管制的背景下，大量套利套汇的现象在内地和香港之间发生，人民币的流出和流入并没有真实的贸易背景，从而出现跛足的人民币跨境结算格局。② 而当出现人民币贬值预期时，离岸市场的人民币交易慢慢沉寂，直到贬值预期消失，人民币国际化才再次加快步伐。因此，离岸和在岸市场人民币汇率和利率的差别也是影响人民币国际化进程的重要因素。

---

① 韩龙：《人民币入篮需要我国作出怎样的法制变革？》，载《社会科学文献》2018 年第 2 期。

② 张明：《人民币国际化的最新进展与争论》，中国社会科学院世界经济与政治研究所国际金融研究中心 2011 年工作论文，第 10~17 页。

　　综上所述，阻碍人民币国际化进程的制度因素主要体现为以下几点：资本项目管理制度的开放度与人民币国际化目标的协同性不足；人民币在岸市场的汇率和利率形成机制没有充分市场化；建设有深度和有充足流动性的国内金融市场的制度零散滞后。因此，未来人民币国际化法制改革的重点将放在这三个方面，从而形成了较清晰的人民币国际化的法律路径，即协调推进资本项目制度的逐步开放、稳步推进人民币汇率形成机制的改革和积极构建深化国内金融市场的法律制度。

第四章 促进国际储备货币体制 改革的法律路径

　　2008—2009 年的全球金融危机使世界经济遭遇了前所未有的下滑趋势，不过同时也带来了 20 世纪 70 年代以来改革国际货币体制的首个契机。2010 年至 2012 年，在欧元区深陷欧债危机、主要经济体取消财政刺激等多重因素下，全球经济在低迷中缓慢前行。在此期间，美国经济首先强劲复苏，从 2014 年起持续走强。强势美元的回归抑制了国际社会改革美元本位制的国际货币体制的热情。经历了 2012—2016 年异常缓慢的发展期后，从 2016 年中期起，全球经济基本走出危机的泥沼，世界各地的经济增长普遍加快，经济乐观情绪开始恢复，到 2017 年下半年，美、欧、日等发达经济体的经济增长达到峰值。与此同时，中国等部分新兴市场经济体也保持了快速增长，但由于石油价格上涨，美国收益率上升，一些基本面较弱的新兴市场和发展中经济体的货币面临市场压力。2018 年 4 月，由于美国宣布的贸易措施造成的贸易紧张局势和政策不确定性加剧，世界经济增长的下行风险已经上升。目前，美国的财政刺激继续扩大，其经济增长势头仍然强劲，但因其宣布的贸易措施，导致已出现增长放缓的风险；欧元区和英国的国际贸易和工业生产增长减缓，2018 年上半年的增长水平低于预期；中国经济改革深入进行，虽因贸易壁垒增加、信贷增长减弱等被 IMF 调低了 2019 年的增长预期，但其仍保持高速增长。总体而言，按人均计算，约 45 个新兴市场和发展中经济体在 2013—2018 年的经济增长低于发达经济体。① 这一局面在某种程度上证明了美元本位制在近期的可持续性，国际货币体制改革的呼声因此

---

　　①　IMF，"World Economic Outlook"，https：//www.imf.org/en/Publications/WEO/Issues/2018/09/24/world-economic-outlook-october-2018，visited on 12/21/2018.

逐渐沉寂。但是，如果再次丧失了在危机时刻激发的改革国际货币体制的动力，那么这场改革又将无疾而终。当前，国际经济格局已悄然改变，从经济总量来看，新兴市场经济体已然崛起，欧美对世界经济增长的贡献逐渐下降，建立有管理的多元储备货币体制的可能性慢慢增大。在可预见的未来，美元依然是重要的国际货币，欧元会维持现有的国际地位，人民币国际化也终将实现，但东亚单一货币"亚元"因缺少现实基础将诞生无望。此外，超主权货币体制是改革的理想目标，将 SDR 首先改革为多元化储备货币体制中的一元将有利于促进理想目标的实现。因此，未来最为可行的国际货币体制改革的法律路径为：构建有管理的、稳定的多元储备货币体制的法律环境；改革 SDR 的法律制度，使其成为多元体制中的重要一元。

第一节　多元化国际储备货币体制的法制构想

牙买加体制下，世界进入了多种货币无序竞争的多元化时代。但是，由于缺乏纪律约束和管理制度，在弱肉强食的自然法则下，形成了美元"一币独大"的局面。在当前构建一个公平、有序的多极国际储备货币体制的改革进程中，必须要克服两个不稳定因素带来的困扰：一是从单极向多极过渡中可能引发美元崩溃；而是储备货币之间的竞争性或替代性带来的多元货币体制内在的不稳定性。因此，有必要利用国际法构建多元化国际货币体制的管理制度，界定竞争的目标，构建竞争的条件和纪律，制定维持稳定的管理规则，设立预防和补救滥用垄断地位和权利的标准和程序，① 为建立稳定有序的国际货币体制提供制度保障。

一、多元化国际储备货币体制的架构

国际储备货币体制多元化是目前最为可行的改革方向。但是，对于多元化体制内部的货币组成和架构仍存在争议。有的学者认为，美元的地位没有备选货币

---

① Ernst Baltensperger, Thomas Cottier, "The Role of International Law in Monetary Affairs", *Journal of International Economic Law*, September, 2010. p. 937.

可以取代，多元化体制会呈现"一主多元"的格局。① 也有学者赞同蒙代尔提出的"金融稳定性三岛"的设想，② 还有学者将其进一步发展为未来会出现美元、欧元和人民币"三元鼎立"的局面。③ 对于多元化内部结构的分析是设立管理制度的基础。因此，有必要首先讨论国际货币储备体制架构。

（一） 多元化国际货币储备体制的主要元素

国际货币体制的历史反复证明，国际货币体制内的主要元素构成反映了国际政治经济力量的对比。在自发的金本位制崩溃后，国际社会处于无体制的时代，当时的国际货币秩序由美国、英国和法国三股势力操控，它们的国别货币加上黄金成为彼时的主要国际储备资产。20 世纪 80 年代，随着德国和日本的崛起，美元、马克以及日元主导国际货币体制。④ 如今，国际经济格局继续变化，新兴市场国家逐渐崛起，有必要甄别以下货币的发展趋势，以衡量其是否能成为多元化储备体制中的构成元素。

1. 美元

2008 年金融危机后的国际实践有力地说明了美元作为第一位的国际储备资产的地位短期内不会改变。在特朗普政府"美国优先"的政策指引下，美国经济增长持续趋好，依然非常强劲。2018 年 8 月，美国公布其季度经济增长率为 4.1%，创四年来新高。长远来看，美国的经济强国和军事强国的地位不会变化。作为当今世界上唯一的超级大国，加上美元本位多年的在位优势和历史惯性，美元不可辩驳地将构成未来多元化体制中重要的一元。而且，现行体制下的外围国家也会被迫维持美元的国际储备货币的地位。由于美元环流的影响，众多高储蓄的新兴市场经济体都深陷"美元陷阱"，如果美元的储备货币地位不保或美元崩

---

① 郭立军、文非著：《货币压制》，石油工业出版社 2011 年版，第 195 页。

② Robert Mundell, "Currency Areas, Exchange Rate Systems and International Monetary Reform", Universidad del CEMA, Buenos Aires, Argentina, on April 17, 2000.

③ Vivekanand Jayakumar, Barbara Weiss, "Global Reserve Currency System: Why Will the Dollar Standard Give Way to a Tripolar Currency Order?" Front. Econ. China 2011, 6（1）: 120.

④ Mansoor Dailami, "The New Triumvirate", Foreign Policy, Deep Dive, September 7, 2011.

溃，那么这些国家持有的大量美元资产将迅速缩水，它们的财富将瞬间蒸发。因此，在没有将财富转化为其他形式的资产前，维持美元作为国际储备货币的地位对高储备的外围国家也是有利的。不过，这些国家已意识到"美元陷阱"的危机，未来将减少对美元的依赖，在多元化体制下逐渐实现去美元化。

正是基于上述原因，巴里·埃森格林等人认为，在国际货币体制的顶层，美元是无可替代的。然而，这一立场忽视了近年来全球相对经济实力的急剧变化以及美国与其他主要国际经济参与者之间的深刻相互依存关系。[1] 过去 10 年，全球经济关系发生了四个显著变化，在很大程度上削弱了美国的霸权。首先，新兴市场国家和石油出口国积累了大量对美国的债权，新兴经济体和发达国家之间经济实力的对比出现了重大调整。次贷危机后，这些国家逐渐转向刺激内需的宏观经济政策，以图减少对美元的需求和依赖。其次，1999 年 1 月 1 日发行的欧元已成为国际货币体制的重要参与者，在某种程度上和某些领域里，国际社会出现了一种替代美元的可行选择。目前，在一些国家已出现欲以欧元代替美元去支付石油交易货款的动向。[2] 再次，美国主导的多边主义在许多领域普遍衰落，美国逐渐失去在利用多边机构主宰世界经济的权力。最后，经济政策的改善和制度的日益成熟，提高了新兴市场经济体的地位，扩大了新兴市场经济体的国际影响力。所有这些变化，都在一定程度上削弱了美国的实力，并催生了金砖国家等集团的出现。总的来说，这些转变意味着未来有关全球经济改革的重要决定不再仅仅由美国及其盟国或者其所主导的 G7 作出。此外，美国的经常账户存在过度逆差，财政赤字已经占到 GDP 的 4.3% 了，其整体公共债务和对外债务高企，财政状况不可持续，这些都削弱了国际社会对美元的信心。长远来看，美元在国际货币体制中的核心和优势地位将逐渐不保。美国是时候该预料到会出现一个几种全球性货币与美元竞争的时代，并且应该开始创立这样一个时代。[3]

---

① Mansoor Dailami, Paul Masson, "The New Multi-polar International Monetary System", Policy Research Working Paper By Development Economics Development Prospects Group in the World Bank, December 2009, pp. 2-3.

② ［日］小林正宏、中林伸一著，王磊译：《从货币读懂世界格局》，东方出版社 2013 年版，第 99 页。

③ C. Fred Bergsten, "Why the World Needs Three Global Currencies", Financial Times, February 15, 2011.

2. 欧元

欧元是历史上第一次通过自愿的多边谈判创设出来的国际货币，它的诞生并非基于霸权的映射。在它存在的近 20 年里，它确实已成为美元的一个合法竞争者。欧盟吸收越来越多的货币进入欧元区，创造了一个拥有庞大资金池的地区经济体，大大降低了成员国投资者的交易成本和汇率波动风，欧元还成为许多邻国的锚货币。它的国际影响力不容低估，目前已是仅次于美元的第二大国际货币。在某些年份，全球以欧元发行的国际债券已经超过了以美元发行的债券。过去 10 年，全球以美元计价的外汇储备所占比例稳步下降，部分归因于欧元的竞争力。据 IMF 统计，2018 年第二季度，在已知分配的外汇储备资产中，欧元占比达到 19.77%，遥遥领先于英镑和日元。①

但是，欧元与美元相比，实力相差甚多，欧元和美元也没有展开实质意义上的势力争夺。② 经历欧债危机和英国脱欧事件的冲击后，欧元的前景增加了一些未知之数。欧元若要超越区域货币而成为和美元地位平等的基轴货币，还有很长的道路需要摸索。目前，欧元体制的缺陷很明显：欧洲央行需要得到其他欧盟机构更强大的支持，民主赤字需要得到解决，欧盟的官僚机构需要精简；在金融领域，缺乏覆盖全欧洲的监管制度或共同的监管机构，以致对倒闭的银行只能做出笨拙的回应，也不能充分了解跨境风险敞口；在财政方面，其转移机制薄弱，很难通过政策协调达到健全财政的目的；在国债发行方面，各国在共同发行国债的机制上难以达成共识，很大程度上减损了欧元作为国际储备货币的吸引力。因此，欧元有潜力成为多元化货币体制中的一分子，不过欧元区必须深化一体化进程和进行结构性改革。

3. 日元

日本 20 世纪 50 年代一跃而成为资本主义市场的第二大强国后，在 60 年代开始积极推进日元国际化，80 年代后日元逐渐成为主要的国际储备货币之一。

---

① IMF, World-Allocated Reserves by Currency for 2022Q2. Currency Composition of Official Foreign Exchange Reserves（COFER）, https：//data. imf. org/？sk = E6A5F467-C14B-4AA8-9F6D-5A09EC4E62A4, Visited on November 7, 2022.

② 熊爱宗、黄梅波：《国际货币多元化与国际货币体系稳定》，载《国际金融研究》2010 年第 9 期。

1985 年《广场协议》后，日本经济增速大大减缓。90 年代，经济状况良好的美国，由于旺盛的需求为亚洲提供了庞大的国内市场，而此时的日本泡沫经济崩溃，处于"失去的十年"中，无法为亚洲各国提供与美国相匹敌的国内市场。而本应在业务上实实在在推进日元国际化的日本金融机构，却忙于处理国内的不良债权，逐步缩小甚至撤出了海外的业务。美国利用良机，在亚洲市场大量撒播美元，使美元成为亚洲地区的主导国际货币。最终，日本意图以亚洲为基础，把日元推上世界基轴货币之一的野心，因其国内金融体制的脆弱及经济的低迷而受挫。① 日元在其国际化的高潮时期，在全球外汇储备中的占比曾高达 8.7%，但其国际化失败后，这一占比逐渐下降，据 2022 年 IMF 的 COFER 的统计数据，日元在全球储备中的占比仅为 5.18%，远远落后于美元和欧元。根据 IMF 于 2022 年 10 月发布的《世界经济展望》，在全球经济增长率达到 6.0% 的 2021 年，日本的 GDP 增幅仅为 1.7%。② 如果日本经济持续陷入低迷，而新兴市场国家又迅速崛起的话，那么在多元化国际储备货币体制中，日元很可能会被其他新兴国家的货币后来居上，从而取而代之。

4. 英镑

19 世纪，英国借助出口贸易和航运业的发展，成为世界上最强大的国家，英镑也成为第一个重要的国际货币。英国银行业国际金融业务的充分发展也支撑了英镑的国际地位，直到第一次世界大战前，英镑都是最重要的贸易结算货币和储备货币。"一战"后，美国、德国等新兴资本主义国家崛起，英国逐渐失去了在世界工业领域的垄断地位。1931 年，英国宣布放弃金本位制，标志着"英镑时代"的结束。此后，凭借老牌国际货币的惯性，英镑一直充当国际储备资产，但它在国际外汇储备中的占比却呈现逐渐下滑的趋势。1992 年英镑危机后，英镑被迫退出欧洲汇率机制，至 1999 年欧元诞生后，英镑的地位再次跌落。如今，英国脱欧事件悬而未决，英镑的前景被蒙上了阴影。在 2017 年全球 GDP 排名中，英国落后于美、中、日、德、法，位于第六位。在 2018 年第 3 季度，英镑

---

① ［日］小林正宏、中林伸一著，王磊译：《从货币读懂世界格局》，东方出版社 2013 年版，第 214 页。

② IMF，"World Economic Outlook：Countering the Cost-of-Living Crisis"，Washington，DC. October，2022，p. 9.

在全球外汇储备中的占比仅为 4.49%。可见，英镑的昔日辉煌很难重现。

5. 人民币

经过 40 多年的改革开放，我国经济总量增长迅速。根据世界银行的统计，我国 GDP 在全球的占比从 2008 年的 7.245% 提高到 2017 年的 15.168%，而美国则从 23.204% 微涨到 24.032%。① 不断增大的经济规模和良好的增长趋势为我国人民币的国际化提供了契机。2008 年全球金融危机后，中国政府采取一系列措施积极推动人民币的国际化使用，人民币在贸易计价和结算领域、投资领域以及储备货币领域都取得了很大的成就，2016 年 10 月 1 日正式加入 SDR 的货币篮子，成为可自由使用的货币。尽管人民币国际化的前景比较乐观，但是，国际化不可能一蹴而就，人民币只能成为未来国际货币体制中备选的一元，短期内不可能挑战美元的国际地位。目前，我国金融市场发展滞后，资本项目尚未充分开放，汇率弹性有限，这些都是人民币国际化的绊脚石。而且，在政府债券等兼具安全性和流动性的资产供给方面，人民币与美元之间还存在着不可逾越的鸿沟。在未来 10 年内，人民币可能成为一种有竞争力的储备货币，它会极大地削弱美元的统治地位，但还不足以取代美元。②

6. 其他新兴国家的货币

2008 年全球金融危机后，新兴国家中的佼佼者"金砖五国"的总体经济规模在数量上极其可观，它们的 GDP 总量超过了美国，对全球 GDP 增长的贡献率约有一半，将美国远远抛在后面。G20 取代 G8 成为全球治理的重要平台，标志着金砖国家（BRICs）的崛起。因此，有必要在分析人民币后，探讨巴西雷亚尔、俄罗斯卢布、印度卢比和南非兰特在未来国际货币体制中地位问题。印度、巴西和俄罗斯的 GDP 在全球占比均比较靠前，在 2017 年分列第 7、第 8 和第 12 位，南非经济规模较小，一直是这个群体的名誉成员，其货币可以暂且不论。尽管其他三国经济总量为货币的国际化带来优势，但是各国均存在一些阻碍其货币

① 《世行数据分享：最近十年全球 GDP 及中美日三国 GDP 占全球比重变化》，https://baijiahao.baidu.com/s? id=1605752316072646722&wfr=spider&for=pc，2018 年 10 月 12 日访问。

② ［美］埃斯瓦尔·S. 普拉萨德著，刘寅龙译：《即将爆发的货币战争》，新世界出版社 2015 年版，第 297~298 页。

国际化的因素。印度双赤字居高不下，为它的增长笼罩了一层阴影；巴西的恶性通胀虽已被遏制，但在外界眼里，它依旧是一个政治、经济极不稳定的国家；俄罗斯虽开放了资本项目，但其金融市场发展程度十分有限。从发展前景来看，这三国货币的发展趋势都弱于人民币，要成为国际货币体制中的一元，比人民币有着更漫长的道路。

（二）多元化国际储备货币体制的结构

通过以上分析，可以预测，未来几十年，国际上很可能出现至少三个主要的货币中心——美元、欧元和人民币，呈现出与单极货币体制完全不一样的体制架构。美国仍拥有强大的经济实力、高度稳定的政治和卓越的军事优势，虽然美元的主导地位会下降，但它不会像英镑一样失去主要国际储备货币的地位，它仍将是未来多元化国际货币体制中首屈一指的重要货币。欧洲的区域一体化可能会继续保持强劲的势头，拥有 28 个成员国的欧盟和拥有 19 个成员并仍在扩张的欧元区拥有较大的经济规模、辐射广泛的全球贸易联系和宏观经济的稳定，这些足以支撑欧元扮演主要国际储备货币的角色。[①] 相较于新兴市场国家的货币，人民币是最有潜力和可能最先实现国际化的货币。我国坚定不移的改革开放的战略、巨大的经济总量和持续高速的经济增长、逐步开放的资本项目改革、汇率形成机制的改革以及有深度、流动性高的金融市场的稳步建设都为人民币国际化的顺利进行提供了保障。人民币应该有信心超越日渐衰弱的日元和英镑，成为主要的国际储备资产。日本和英国凭借其较高的 GDP 占比，发达的金融市场和国际货币的惯性，可以将日元和英镑作为国际货币体制中的次要货币。而后来居上的新兴市场国家的货币也可以跻身国际货币体制的第二层次，与日元、英镑一起发挥次要国际货币的作用。

由此，笔者设计了未来国际储备货币体制的金字塔结构。位于塔尖的是美元、欧元和人民币，这三种货币要遵守主要国际货币的纪律，并分享主要国际货币的利益。位于第二层次的是日元、英镑、瑞士法郎、澳元、加元、雷亚尔、卢

---

① 向雅萍：《全球金融危机背景下国际货币体系改革的法律路径研究》，武汉大学 2012 年博士论文，第 44 页。

布、卢比等，它们履行次要货币的义务，同时也享受赋予次要国际货币的权利。塔基由其他国别信用货币组成。据此，国际储备货币的多元化将是一种有秩序、有层次的多元化，即美元、欧元、人民币构成多元的国际储备货币体制的"三极"，其他经济体则根据地理位置、经济开放程度、经济规模、进出口贸易的商品结构和地域分布、国内金融市场的发达程度和一体化程度及相对的通货膨胀率分别和这"三极"结成区域货币同盟甚至是成立统一货币区。① 这将形成一个有层次、有合作、有竞争的协同发展的多元化体制。

二、多元化国际储备货币体制的管理机构

如前文所述，无论是维护单极货币体制向多级货币体制的过渡期的美元稳定，还是构建多元储备货币体制的内在稳定性，都需要加强对未来国际货币体制的管理。新的体制架构复杂，而且在多元体制下，各国可能比在霸权体制下更难达成政策的协调。新的体制所要求的管理和协调机制都不太可能完全依靠市场力量自发演化而成。必须研究相关的制度设计和安排，增加人为干预的力量，促进新的国际货币体制的建立。② 在管理机制的构建中，首先应是设立一个能促进各国共同协商并相互制约的多元化国际储备货币体制的管理机构。

（一）建立多元化国际储备货币体制的管理机构的必要性

当前"无体制"的国际货币体制已经蕴含着巨大的风险，如果在向多元化体制迈进的过程中，没有一个多边管理机构促进国际合作，那么货币间日益加剧的竞争很可能导致汇率长期不稳定，资本流动更加频繁和无序，无法形成金字塔式的货币结构。美元不会轻易放弃霸权，欧元或许能与美元竞争，但它不太可能取代美元的卓越地位。金砖国家中，目前还没有可与美元竞争的候选货币。尽管人民币可能在一二十年后成为一种重要的国际货币，但中国首先需要进一步发展其金融基础设施，并在许多其他艰难的经济改革中取得进展。人民币向美元发起挑

---

① 程实：《次贷危机后的国际货币体系未来发展：本位选择、方向和路径》，载《经济学家》2009 年第 6 期。

② 宋逢明：《重构国际货币体制：世界还需要美元吗？》，http：//money. 163. com/09/0427/20/57UDQB5C00252G50. html，2017 年 12 月 27 日访问。

战的道路依然曲折而漫长。在这样的国际形势下，如果促进国际货币体制多元化的管理者缺位，那么这一改革目标很难实现。

当前的国际货币体制就是一个管理不力的体制，IMF 不能有效地阻止各国利用汇率低估来刺激经济增长，也不能制止各国利用汇率高估来实现"竞争性通缩"。就像过去几十年一样，全球经济逐渐出现持续性失衡。如今，影响金融稳定的不仅仅是汇率政策，更重要的是影响国民储蓄和总需求的财政和货币政策。虽然 IMF 在不断完善其监督机制，拓宽其监督范围，但是仅有 IMF 的监督制度是不够的。因为储备货币的发行国都是发达经济体或新兴市场经济体，它们一般无须利用 IMF 的资源和贷款，所以可以无视 IMF 的政策调整建议。IMF 的监督机制无法有效地约束主要储备货币发行国。但是，在多元化货币体制下，只有主要国家承诺调整其政策，防止全球失衡加剧，并解决全系统的资产价格泡沫问题，才能防止各种危机的再次出现。因此，建立多元化体制的管理机构实属必要。

此外，在多元化体制中，各国变更储备资产构成带来的信心风险不容小觑。正如罗伯特·特里芬在 50 多年前提出"特里芬难题"时指出的，储备货币国家在出现国际收支逆差时，会遭遇信心危机。虽然这些赤字可能对增加全球流动性至关重要，但与之相关的锚货币国的国际债务的增加可能会让国际社会怀疑其兑现这些债务的能力。在一个只有单一储备货币的体制里，因缺乏备选项，取代这种货币的可能性非常有限，各国的储备资本构成相对稳定。因此，尽管人们对美国未来的货币政策和近几十年来的巨额经常账户赤字感到担忧，但美元并未面临无序下跌，甚至在美国爆发次贷危机并引发全球金融危机后，美元还成为世界的避险货币。然而，在多种储备货币的情况下，由于一种主要储备货币的持有者很容易转向另一种货币，被放弃的货币发行国很可能面临巨大的信心风险。新兴市场国家和发展中国家呼吁摆脱美元很可能引发一场对美元的信心危机，导致以美元计价的资产价值大幅缩水。如果没有一个管理机构出面协调各国转换储备资产时储备货币发行国的应对政策，那么难免造成金融不稳定的风险，这将对所有国家的经济活动及其发展造成严重的后果。

（二）IMF 是管理多元化国际储备货币体制的主要国际组织

未来的国际货币体制将面临至少三个权力中心并存的态势，它需要一个具有广泛代表性的国际组织充当管理者。目前，有几种路径可供选择：其一，由近年来作为主要国际经济论坛的 G20 管理国际货币体制。1999 年 G20 诞生时是为了加强发达国家与发展中国家的对话，2008 年全球危机后，它逐渐演变成为国际社会协调重要经济事务的论坛。① 危机后的 G20 峰会多次发布宣言，强调全球经济治理和国际政策的协调，并支持改革国际货币体制这一酿造危机的根源。但是，G20 峰会不是一个正式的国际组织，只是一种非正式的对话协商机制，而且其参与国非常有限，其宣言缺乏法律约束力，因此，它的权威性、合法性和机制化都存在不足，G20 峰会没有能力胜任国际货币体制管理者的角色。其二，金融稳定理事会或国际清算银行。金融稳定理事会是致力于评估全球金融系统的脆弱性、促进各国监管机构合作和信息交流并协调国际标准制定工作的多边国际组织。BIS 是协调各国金融政策和促进各国央行合作的多边机构。两者都是专业的国际金融组织，与国际货币体制的管理相比，它们更专偏向于全球金融监管的标准和方式、金融业务的管理和服务，以便维护金融稳定。并且与 G20 峰会类似，两者的成员有限，同样存在合法性和代表性缺陷，也不是担任货币体制管理者的最佳选择。其三，由国际货币体制的守护者和监督者 IMF 担任管理者。尽管 IMF 在 2008 年金融危机前的表现差强人意，但是它的职能、它的专业和它的历史决定了它应该继续肩负起管理多元化国际货币体制的重担。笔者赞同第三种建议。

IMF，顾名思义，是维护国际货币体制正常运转的最主要机构。IMF 成立之初，它的主要职能体现在以下方面：通过建立与改变外汇汇率调整国际收支；通过贷款或国际储备的使用，向收支失衡的国家提供资金；调整国际储备。② 在后来的实践运行中，由于国际收支问题涉及广泛的经济和货币问题，各国必须授权 IMF 从事更广泛的与货币相关的事务，否则 IMF 便无法完成使命。③ 经过多年的运行，IMF 逐渐培养出了专业的人才，积累了国际货币体制管理的丰富经验和大量教训。IMF 吸纳了几乎最广泛的成员国，建立了完备的组织机构，并一直致力

---

① 李仁真、王进：《G20 峰会：全球金融治理的主导机制》，载《武大国际法评论》2012 年第 15 卷。

② Robert Solomon, *International Monetary System* 1945-1981, New York: Harper and Row, 1982, p. 6.

③ 王贵国著：《国际货币金融法（第三版）》，法律出版社 2007 年版，第 39 页。

于为国际货币金融问题的商讨提供机构平台，以促进国际货币合作。因此，IMF的目标、职能和能力最契合多元化国际货币体制对管理者的要求。

当然，IMF作为多元化国际货币体制的管理者，也要加强与其他国际金融机构的合作。首先，加强与G20峰会的合作。G20峰会推动了发达国家和新兴市场国家就国际经济中的重大问题进行开放有度和有建设性的探讨，加强了不同利益集团国家间的合作，有利于全球金融稳定和经济的可持续增长。IMF可以通过G20峰会加强与各国的沟通与对话，并在协调成员国的宏观经济政策方面向G20峰会寻求支持和帮助。其次，加强与世界银行的合作。世界银行和IMF一向有合作关系。当前，世界银行主要致力于减少贫困，因此，在IMF实施管理存在信息缺口时，世界银行可以向IMF提供发展中国家和最不发达国家的财政货币政策和国内经济状况，为IMF的管理和监督提供数据支撑。再次，加强与BIS的合作。经过90多年的演变，BIS已发展成为当今世界各国中央银行进行国际货币和金融合作的主要论坛。① 在多元化的国际货币体制中，IMF会加强对金融部门风险的管理，BIS可以提供各种客观的标准和数据。同时，多元化环境下，各国储备资产的转换也离不开BIS的服务。最后，加强与区域性货币联盟的合作。未来国际货币体制的金字塔结构中，可能围绕着塔尖的主要货币会形成货币区域，比如美元区、欧元区和亚元区（人民币区），等等，IMF应密切关注区域联盟的形成和发展，利用区域的传导机制更好地履行其对次要货币的管理职能。

（三）在IMF内部设立专门的国际货币管理委员会

鉴于未来多元化国际货币体制管理事务的重要性和复杂性，IMF应在内部设立一个常设的、专门的管理部门负责新体制的稳定。目前，IMF的理事会最有权力管理储备货币的事项，但因其工作方式为召开年会，不能及时地、高效地处理日常管理事务。执董会是IMF的常设决策机构和日常执行机构，但国际储备货币事项至关重要，理事会不便将此决策权下放至执董会。而且，执董会的选区分布和选举的代表构成与多元化储备体制的结构并非完全一致，执董会的决策可能与储备货币发行国的决策存在差异。纵观IMF正在有效运行的组织架构，笔者认

---

①　谢世清著：《解读国际清算银行》，中国金融出版社2011年版，第1页。

为，国际货币及金融委员会（International Monetary and Financial Committee of the Board of Governors，以下缩写为 IMFC）最适合改革为国际货币体制的专门管理机构。

IMFC 正式成立于 1999 年 9 月，它目前的主要职责为：就国际货币和金融体制的监督与管理向 IMF 理事会提供建议并汇报工作，包括应对正在发生的可能造成体制动荡的事件；考虑执董会为修订《IMF 协定》提出的建议；针对理事会向其提出的其他事项提供咨询。[1] IMFC 的规模与构成与执董会一致。它也有 24 位成员，选举执董的每组国家选举一名委员会成员。可见，IMFC 没有正式的决策权，它只对理事会提供咨询意见，其报告对成员国也没有法律约束力。不过，在实践中 IMFC 已成为为 IMF 工作和政策提供战略方向的关键工具。IMFC 管理国际货币和金融体制的丰富经验以及它在实践中起到的重要作用为其担任 IMF 内部专门管理储备货币的部门提供了条件。

笔者建议，将 IMFC 改革为专门的国际储备货币管理委员会，并为其制定专门的工作章程。通过修改《IMF 协定》，明确授予 IMFC 管理国际储备货币体制的决策权，并规定其通过的决议对成员国具有法律约束力。该委员会委员的选任和组成要彻底摆脱执董会的模式，充分反映危机后各国的主权货币、区域性货币的力量对比。基于前文中笔者对主要货币的前景分析和多元化国际货币体制的远景规划，该委员会至少应包括来自美国、欧盟等国际货币发行国和中国等迅速发展的主要新兴市场经济体的部长级官员。根据未来国际储备货币的架构，位于最高层次的三极美国、欧盟、中国可以依据实力对比分别选派 2 名委员，位于次级地位的货币的发行国选派 1 名委员，其他货币发行国分区域选派委员。委员会的决策机制采用协商一致的方式。[2] 专门委员会主要负责以下事项：（1）制定主要国际储备货币的发行纪律。（2）明确主要储备货币发行国的权利和义务。（3）协调各成员国的宏观经济政策。（4）制定国际浮动汇率的目标区。（5）征收托宾税或采取其他方式，抑制一种货币与另一种货币之间的短期交易。

---

① IMF, "A Guide To Committees, Groups, and Clubs", https：//www.imf.org/en/About/Factsheets/A-Guide-to-Committees-Groups-and-Clubs#IC, visited on 10/12/2018.

② 向雅萍：《全球金融危机背景下国际货币体系改革的法律路径研究》，武汉大学 2012 年博士论文，第 47 页。

三、主要国际储备货币的法律约束机制

牙买加体制下，国际储备货币挣脱了黄金的束缚，也不再承担法律上的义务。一方面，获得核心储备货币地位的美元享受着各种货币特权，比如获得大量的铸币税收益，无纪律地发行货币来减少外汇储备积累的压力，降低国内企业和个人的外汇风险，减少贸易和投资成本，提升本国在国际金融领域的话语权，等等；另一方面，持久显著的经常账户失衡，包括汇率错配的不稳定的汇率体制，无序频繁的资本流动，外汇储备的过度增加和消耗，来自过多的或不充分的全球流动性的失衡等问题层出不穷。美元在享受货币特权的同时却罔顾源自其特权的国际货币金融体制的动荡不安。究其原因，在于国际社会缺乏一套对主要国际储备货币的法律约束机制。

（一）建立国际储备货币的准入与退出机制

一国货币要成为主要的国际储备资产或被他国货币取代从而失去主要储备资产的地位，往往是市场选择的结果，比如英镑的衰落和美元的崛起等。但是，经济学家发现，通过细致的经济金融计量分析，可以找到某些衡量一国货币是否具有成为主要国际储备资产条件的共同因素。2005 年，美国两位经济学家利用 IMF 披露的七种国际化货币数据，对 1973 年至 1988 年的主要国际储备货币进行了调查，发现一国 GDP 规模越大，其在国际储备资产中的占比就越大，而通货膨胀率、汇率波动的幅度则与储备货币占比呈现明显的负相关关系。[1] 2008 年，另外两位美国教授从货币力量的角度揭示了主要国际货币应具备的条件。他们认为，国际货币应具有影响力和自制力这两个维度的力量。影响力是指一种货币在某种程度上能压制其他货币，从而发挥其重要作用的能力。这是成为主导性国际货币的必要条件。自治力是独立制定本国货币政策，与外部压力隔离的能力。[2] 国内

---

[1]　Menzie Chinn and Jeffrey Frankel, Will the Euro Eventually Surpass the Dollar as Leading International Reserve Currency? Presented at NBER Conference on G7 Account Imbalances: Sustainability and Adjustment, June 1, 2005.

[2]　Benjamin J. Cohen and Paola Subacchi, "A One-And-A-Half Currency System", *Journal of International Affairs*, Vol. 62, No. 1, Fall/Winter 2008, pp. 151-163.

也有不少经济学家从多个角度研究一国货币成为国际货币的必要条件，其中有代表性的研究结论是：一国货币要成为国际货币需要五个条件：一是该国经济规模和国际贸易规模在世界经济中占有相当大的比重；二是国内的金融市场规模足够大；三是具备充足的外汇储备；四是其货币在一定时期内呈现升值态势；五是货币可以完全自由兑换。①

IMF 可以在上述经济学研究的基础上，总结出公认的影响一国货币是否能构成国际货币的共同条件并进行量化，据此设置国际货币的最低和最高准入标准，比如 GDP 连续几年在全球经济总量中的占比、汇率波动的幅度、国内金融市场的规模和通货膨胀率，等等。IMF 对各主要货币适时进行评估，并公布达到最低标准和最高标准的货币，各国可将达到标准的各类货币作为本国储备资产的候选项，再由市场力量决定其在国际货币体制中的地位。如果某些国际货币发行国因经济基本面下滑或经济实力明显下降，以致其国内各项经济指标达不到国际货币的最低标准时，IMF 应该向该发行国发出警告并规定一段合理的调整期，若调整期届满仍不能满足最低标准的，可以向成员国建议不将其作为国际储备货币或减少对该货币的持有或使用。在 IMF 的干预和引导下，各种国际货币会面临退出压力，从而促使国际储备货币发行国适时适当地调整其国内政策，并减少其各项政策的溢出效应。

（二）制定国际储备货币的发行机制

理论上，在成熟的多元化国际储备体制中，由于各主要储备货币间存在竞争或替代关系，除非它们的发行国存在共谋，否则每个储备货币发行国因担心本币超发导致本币贬值而被其他货币替代，都应自我约束本币的发行。但是，在向多元化体制过渡的过程中，美元仍会在一段时间内维持其主导地位，欧元竞争力有限，人民币国际化有待时日，因此，仍然有必要设立储备货币发行的约束机制，短期内为美元发行提供纪律，长期来看，有利于避免多元化的储备货币当局实施共谋而损坏国际货币体制。

---

① 李稻葵、尹兴中：《国际货币体系新架构：后金融危机时代的研究》，载《金融研究》2010 年第 2 期。

尽管货币的发行与定值属于一国的货币主权范畴，但作为国际储备货币，必须维系国际社会对它的信任和价值预期，因此，必须受到国际法上义务的约束。建议从以下方面来约束国际储备货币：首先，确定储备货币发行的基本原则，要求主要储备货币发行国在货币发行时，既要促进国内经济目标的实现，也要与国际流动性和国际经济状况相吻合；其次，规定储备货币发行国的披露义务，在 IMF 就货币发行数量和价值变动的原因向储备货币当局质询时，发行国要作出充分、全面和及时的信息披露和合理的解释；① 最后，制定储备货币发行的标准规则。鉴于国际货币的需求量并非由国际贸易规模的增长额决定，而是取决于国际收支不平衡的融资需要，因此可以牙买加体制建立之初全球收支失衡的绝对值在全球 GDP 的占比 3% 为参考，设定一个国际收支不平衡上浮的预警线（比如 4%）和国际货币发行国联合干预线（比如 5%）。② 当然，这一标准规则还有待经济学家的进一步论证，IMF 进行管理时，不能仅仅涉及单个因素，还要加强研究其他因素与货币发行之间的关联性，比如全球资产市场的泡沫情况或大宗商品的定价变化等等。如果国际收支失衡程度超过了 4% 的预警线，IMF 就有权要求各储备货币发行国就本国货币发行政策作出解释；如果达到 5% 的干预线，则 IMF 可以要求相关国家暂停货币的发行。

（三）完善主要储备货币间的汇率管理制度

当前，全球外汇市场已经成为一个本质上有投机和套利资本支配的市场，高达 800 万—1000 万亿美元的年交易额中，出于贸易等真实经济背景的交易仅为 30 余万亿美元，占比不到 4%。各国的投机资本利用汇率的剧烈波动和逐渐自由化的资本市场，频繁地、大规模地在全球范围内流动。现实证明，放任国际汇率的自由浮动和短期资本自由流动已对实体经济发展造成了巨大的伤害，并引致各种金融危机的频繁发生和迅速蔓延。与布雷顿森林体制黄金美元双挂钩的可调整固定汇率制度的正负 1% 的变动区间和凯恩斯国际清算联盟方案中允许的正负 5%

---

① 张永亮：《国际储备体制法制化的模式选择》，载《政法论丛》2017 年第 6 期。
② 潘英丽：《关于国际货币体系演变与重构的研究》，https：//wenku. baidu. com/view/7b6f447002768e9951e73860. html，2017 年 8 月 25 日访问。

的变动区间相比，现行国际浮动汇率制度下双边汇率高达 40%～100% 的波动，已经丧失了事实上的合法性。① 未来多元化的国际储备货币体制下，主要储备货币间的汇率仍以自由浮动为主，如果继续放纵汇率的无序波动，那么多元化体制的内部稳定性必然面临严峻的挑战。因此，加强国际汇率管理势在必行。

事实上，西方学者针对汇率的剧烈波动和偏差曾经提出过两种有代表性的解决方案。其一，国际浮动汇率的目标区管理。该理论由美国威廉姆森教授首创，他建议测算出各国货币的均衡税率水平后，建立一个 10% 的浮动目标区段。各国政府通过外汇干预的方式，保证货币在这一区间段内自由浮动。1999 年，美国外交学会专家提出了一份报告，建议成立国际货币管理委员会，允许主要国际货币的市场汇率围绕中心汇率上下浮动 10%～15%。② 不过，也有学者反对目标区的设置，认为这种折中方法不仅不能避免浮动汇率带来的通货膨胀风险，还兼具了固定汇率制的缺点，即通过政府的干预削弱了货币的自治力。当时，各国对待目标区的态度也不一致。法国和德国政府支持这一建议，但美国、欧洲中央银行和英国等则持反对意见。③ 因此，该建议目前仍停留在学术讨论的领域，未能付诸实施。其二，建立宏观经济协调机制。麦金农是这一方案的代表学者。他认为，主要国际货币应以购买力平价为基础确定它们之间的均衡汇率，并通过货币政策维持该汇率水平。但在缺乏规则的情况下，各国进行宏观政策协调的动力不足，实践中很难单独依靠政策协调实现汇率的稳定。

2008 年全球金融危机发生后，IMF 引入了对美国、欧盟、日本、英国和中国等系统重要性国家的政策外溢效应的评估工具，某种程度上有利于各国政策的协调和主要国家间汇率的稳定。但是，仅依赖该监督工具仍不足以实现多元化体制下的稳定。建议由前文倡议的作为国际货币管理委员会的 IMFC 负责对主要储备

---

① 潘英丽等著：《国际货币体系未来改革与人民币国际化（中卷）》，格致出版社、上海人民出版社 2014 年版，第 134 页。

② Council on Foreign Relations Independent Task Force, Safeguarding Prosperity in a Global Finance System: The Future International Financial Architecture, Carla Hills and Peter Peterson, Co-Chairs, Morris Goldstein, Project Director, Wahington D. C. Institute of International Economics, 1999.

③ Dominick Salvatore, "The Present International Monetary System: Problems, Complications and Reforms", Open Economies Review 11: S1, 2000, pp. 141-142.

货币的汇率进行专门和综合的管理。IMFC 可以兼采上述两种建议之长，一方面进行 10%～15% 的宽幅度目标区管理，这一简单的汇率目标区安排既可以避免幅度过大、时间过长的汇率失衡，也为系统重要性国家内部的政策实施保留了灵活性。有经济学家论证，每边各 10%～15% 的宽度已能包容汇率大部分时间的波动，以便适应主要国家和地区内部利率的短期波动和经济周期的变化。[1] 另一方面，通过上述目标区的设立，引导各国进行货币政策的协调。如果主要货币发行国就汇率目标区作出了承诺，那么它们会引导私人资本流动时避开区间的边缘，以减少过多的官方干预。如确需干预，货币当局可以先公布干预的意图，通过市场预期产生实际干预的效力。若上述方式无法奏效，该货币当局应主动和其他储备货币进行国际协商，协调其国内货币政策，以促进全球经济增长和发展目标的方式集体进行干预。IMFC 应负责目标区的监督和各国货币政策的协调。

（四）构想征收托宾税的规则

为了应对短期资本流动对多元化国际货币体制的冲击，除了设置目标区管理制度外，还可以考虑征收托宾税。托宾税是美国经济学家 James Tobin 于 1972 年首次提出的，其主要目的是通过对外汇交易征收统一的交易税，抑制纯粹投机性交易。在多元化的国际储备货币体制下，在全球范围内征收 0.2%～0.5% 的托宾税，可以带来以下利益：首先，托宾税可以抑制投机，减少汇率波动，引导国际资本以增进全球福利的方式流动和投资，从而促进实体经济的稳定发展。[2] 其次，可以通过征收托宾税提高 IMF 提供全球公共产品的能力。IMF 的国际货币管理委员会征收了托宾税后，可以增加 IMF 的资金来源，从而为国际金融救助提供更多的弹药，有利于维护国际金融体制的稳定。最后，托宾税可以稳定主要货币尤其是美元的汇率，减少资本的过度流动，为单极化货币体制向多极化货币体制的过渡创造良好的国际环境。因此，建议 IMF 通过投票决定托宾税的征收机构、税率、程序及税收用途等，制定有关托宾税的具体征收规则，这也是保障未来多

---

[1] 潘英丽：《国际金融框架改革争论述评》，载《华东师范大学学报（哲学社会科学版）》2002 年第 3 期。

[2] 潘英丽等著：《国际货币体系未来变革与人民币国际化》，格致出版社、上海人民出版社 2014 年版，第 135 页。

元化国际货币体制稳定的一项有力措施。

四、对主要国际储备货币发行国的货币政策评审机制

2008 年全球金融危机揭露出了系统重要性国家政策的外部溢出效应对国际金融体制稳定的冲击作用。危机后，IMF 拓宽了监督范围，加强了监督力度，通过《溢出效应报告》这种多边监督工具向系统重要性国家的国内政策和对外政策进行监督。但是，该监督工具是通过较全面的政策监督来防范导致危机的各种风险，没有对货币发行的特殊关注。由于 IMF 监督与对储备货币发行国的货币发行政策的管理侧重点不同，目标也略有差异，再加上货币发行政策强烈的主权属性，所以建议借鉴 WTO 的贸易政策评审机制的软法规范，在监督机制之外另行构建对主要国际储备货币发行国的货币政策评审机制。

(一) 建立货币政策评审机制的意义

建立货币政策评审机制是为了促进 IMF 宗旨的实现，即为国际货币问题提供商讨与协作的便利，从而更好地促进国际货币合作。由 IMF 的国际货币管理委员会 IMFC 负责定期轮流地审议多元化储备货币体制下的各类国际货币发行国的货币政策和相关实践，分析其对国内经济目标和国际货币体制稳定的影响，并发布集体评估后的评审报告，通过表扬或赞赏来激励遵守纪律和为货币体制稳定作出贡献的成员国，通过批评或敦促改正来约束采用不利政策的成员国的溢出效应。这一机制不仅有利于提升主要国际储备货币发行国政策的透明度，也有利于形成对货币发行国的软性约束机制，在促进国际货币合作的同时避免了政治上的对抗。

(二) 货币政策评审机制的构想

为了加强对主要国际储备货币发行国的约束，建议 IMF 制定《货币政策评审机制》，为单一货币体制向多元化货币体制过渡创造稳定的国际环境，并为未来的多元化体制建立对主要货币发行国的软性约束机制提供经验。考虑到多元化国际货币体制中的货币结构，目前 IMF 可以授权 IMFC 每年对美国和欧元区进行一次货币政策评审，其他货币如人民币、英镑、欧元、澳元、加元等每两年审议

一次，如果有其他发展势头强劲的新兴市场国家货币或短期内对国际货币体制影响较大的货币，可以酌情组织审议。IMF 可以委派工作人员与被审议国进行接触，提出问题，被审议国应作出回应，陈述自己的货币政策并为评审提供帮助和便利。评审的会议应该公开进行，任何利害关系方或有兴趣的成员国都可以参与并提出问题。评审会议结束后，IMF 发布不具有法律约束力的《货币政策评审报告》，对被审议国的货币政策作出评论并提出建议。这一机制会将主要储备货币发行国置于国际舆论之下，给它们带来了一定的压力，可以有效地抑制各国滥发货币的动机。

五、争端解决机制和责任制度

（一）构建国际货币合作领域的争端解决机制

目前，美元只享受作为主导国际货币的权益而不承担相应的国际义务的状况无疑会给其他国家带来负面影响甚至损害。而在未来的多元化国际货币体制中，为了促进其内部稳定性，国际社会必将对多个储备货币发行国构建相应的义务，那么货币当局有可能会违反义务或虽未违反义务但造成其他主体的损失。根据现行的国际法，受到一国货币政策影响而遭遇不利后果的主体却没有任何救济手段。这不符合国际、国内法制的共同经验，可以说，在国际货币合作领域，缺乏一套和平解决争端的规范和程序。而争端解决机制无论对促进美元本位制向多元化货币体制转变还是维护未来多元化货币体制的稳定都有至关重要的意义。

一个有效的货币争端解决机制是各国际储备货币发行国的义务得以履行，规则得以遵守，条文得以正确解释与适用，乃至整个货币体制得以有效运转的保障。[1] 主要储备货币发行国的政策具有显著的溢出效应，可能会对储备货币持有国或其他利害关系方产生妨碍或造成损失。建议有选择地借鉴 WTO 的争端解决机制：首先，争议要涵盖"非违法之诉"。因《IMF 协定》中对成员国的强制性义务极少，如果能推进改革进行修订，可能会增加某些硬性义务，但鉴于货币问

---

[1]　向雅萍：《全球金融危机背景下国际货币体系改革的法律路径研究》，武汉大学 2012 年博士论文，第 53 页。

题的强烈主权属性，成员国的义务仍会以软性约束为主。因此，IMF 应借鉴 "非违法之诉" 规则，规定 "一成员国认为其依《IMF 协定》直接或间接享有的利益丧失或受损，或本协定的目标的实现正受到妨碍，即可向 IMF 提起申诉"。其次，规定具体的争端解决程序。明确争端解决机构，设计具体的调解、磋商程序和专家小组程序，为争议方提供对话的平台。鉴于国际货币合作事项与贸易合作的明显区别，不能照搬 WTO 的程序规则，其争端解决机制仍应以调解和磋商为主，即使有专家小组报告，也应定性为没有法律约束力的建议。IMFC 要求争议一方执行报告时，对话和劝说仍是首选方式。

（二）设计违反国际货币规则的责任制度

未来多元化的国际货币体制中，成员国尤其是主要储备货币发行国的硬性义务会增多。但徒法不足以自行，国际法律责任是维护国际货币体制有效运行的一个重要制度环节。根据现代国际法的理论，国际责任包括了过失责任和无过失责任。无过失责任是指国际责任主体没有故意或过失行为，但有违反国际法的客观事实，并给其他国际法主体造成了损害，就应承担国家责任。[①] 在国际货币法领域，违反规则同样将触动国家责任机制和引致适当的国际组织的行动，IMF 可以设计从 "点名羞辱制"（Naming and Shaming）开始，慢慢过渡到比较成熟的货币制裁制度。"点名羞辱制" 是国际反洗钱和反恐融资组织 "金融行动特别工作组" 的一项责任制度。对于未遵守示范性的反洗钱标准的成员，金融行动特别工作组会将他们置于定期公布的不合作的国家和地区名单之上，直到他们采取措施完善其国内立法和监督政策，才能从名单上除名。[②] 近期，当主要储备货币国违反其国际义务时，可以通过理事会或 IMFC 的会议，公布违反义务的成员国名单，责令它们定期调整政策，直至其政策的不良影响消失。待有序的、稳定的多元化格局形成后，再过渡到有强制力的货币制裁制度。对于违反义务的储备货币发行国，可以强制实施冻结投票权、征收罚款甚至勒令退出等制裁手段，以有力

---

① 李浩、张湘兰：《国家管辖外海域生物多样性保护国际法规范的完善》，载《中国海商法研究》2016 年第 2 期。

② 向雅萍：《全球金融危机背景下国际货币体系改革的法律路径研究》，武汉大学 2012 年博士论文，第 53 页。

地保障多元化储备货币体制的内在稳定性。

第二节　SDR 改革的法制保障

SDR 是唯一由全球性的国际组织创设和管理的国际储备资产，它的创立是为了解决布雷顿森林体制的致命缺陷，即当各国官方储备增长时，主要储备货币美元没有充足的可兑换性，无力保持按官价兑换黄金。尽管 SDR 命运多舛，功能有限，但其从诞生之日起即与弥补国际货币体制的缺陷相关联。因此，每当美元的主权货币角色与其国际货币角色之间出现冲突时，SDR 就会成为国际货币体制改革的希望。2008 年全球金融危机再次揭露了美元本位制的漏洞和风险，将 SDR 改造为超主权货币并建立超主权货币体制的倡议再次响起。但鉴于改革 SDR 的政治压力和技术难题，短期内该目标难以实现。目前，可以探索增强 SDR 作用的制度建设，使它先跻身于多元化国际货币体制的金字塔结构中，成为多元化中重要的一元，并为未来构建超主权货币体制积累制度经验。

一、SDR 的创设与地位变迁

（一）SDR 的创设背景

20 世纪 50 年代后期，美国国际收支开始出现逆差，慢性赤字导致海外美元余额不断增加，市场上曾经出现的"美元荒"演变为"美元灾"，而越南战争的泥潭也迫使美国大肆发行美元，造成国内通货膨胀力持续上升，1970 年的美元购买力只剩下 1946 年的一半。1960 年和 1968 年的两次美元危机证明了美元与黄金挂钩的制度安排下美元的可兑换性难以为继，大量过剩的美元严重动摇了国际社会对美元的信心。很多国家不愿再持有美元储备资产，但却没有任何别的备选项。无奈之下，各国只能减少外汇储备的增长。1967 年，全球国际储备总额相当于国际贸易额的 57%，比 1958 年下降了 21%。① 为了解决可兑换储备资产不

---

① Joseph Gold, "Special Drawing Rights, Character and Use", IMF Pamphlet Series, No. 13, 1970, p. 7.

足的问题，包括美国在内的各国学者纷纷提出改革布雷顿森林体制的种种方案。

1. 特里芬方案

美国经济学家特里芬以"凯恩斯计划"为蓝本，主张彻底改革 IMF，将其改造为世界中央银行，由其发行一种"信用储备资产"，该储备资产既可以代替黄金但又可与其自由兑换，发行量由国际贸易的增长量决定，不受黄金储备量和实际生产量的限制。各国以此国际货币替代境外流通的美元，并将其持有的全部外汇和 20% 的黄金存入 IMF，以克服一国货币作为国际储备资产遭遇的"特里芬难题"。该方案要取消美元的国际储备货币地位，遭到了美国政府的强烈反对，最终未被采纳。

2. 埃夫方案

法国经济学家吕埃夫主张恢复金本位制，将黄金的官价提高两倍以上，便于美国用黄金兑换各国持有的美元，增加美元的可兑换性。美国用黄金兑换美元后，各国国际收支逆差全部用黄金清算，美元不再充当国际储备资产。这一方案同样否认了美元的国际储备货币地位，并且会导致各国持有美元的含金量大大减少，美元汇率面临调整。因此，该法案未能得到绝大多数国家的支持。

3. 马奇卢普方案

美国经济学家弗里茨·马奇卢普主张废除布雷顿森林体制，将固定汇率制改变为浮动汇率制，解除美元与黄金的固定汇价，各国货币发行不再与黄金挂钩。这一方案可以解决全球流动性不足的问题，而且后面的国家实践也形成了该理论描述的浮动汇率制。但在当时的国际形势下，各国担忧浮动汇率制会带来新的问题，比如助长投机、加剧资本流动等，遭到了多数国家尤其是发展中国家的反对。

4. 伯恩斯坦方案

在美国官员伯恩斯坦之前，部分学者和官员提议创造一种新的国际储备资产来弥补现有储备的不足。时任 IMF 总裁的 Zolotas 提议 IMF 发行自己的储备凭证，以满足全球对储备资产的需求。伯恩斯坦提出了较为具体的方案，他提议十国集团加上瑞士发行一种"混合储备单位"，这种储备资产由 11 国的货币按商定的比例组成，并以一定的黄金作为价值保证，但不能兑换黄金。它可用于国际结算，拥有黄金的世界货币职能。① 创造新的国际储备资产的建议未损害美国的利益，又能在某种程度上保证国际社会对国际储备增长的需要。多数国家比较认可这一改革方案。

（二）SDR 的创立过程

20 世纪 60 年代初的美元危机后，伦敦黄金市场价比黄金官价高出 20%，约为每盎司 41.5 美元。美国越来越难以维持美元和黄金的固定比价，西方国家已经感觉到了布雷顿森林体制的岌岌可危。1963 年，十国集团决定成立专家小组彻底审查危机的实质。经过激烈的讨论，各国大致形成了两种不同的立场：英美两国认为各国除了美元外，完全没有其他的备选项作为国际流通手段，因此主张创立一种"新储备货币"来补充储备资产的不足；而以法国为首的西欧国家则认为问题的实质并非国际储备手段不足，而是美国脱离黄金的束缚后无节制地发行美元和不断扩大的贸易逆差导致市场上美元供给过剩，因此当务之急是美国解决其收支失衡问题，而非创造新货币。最终，奥颂拉专家小组（Ossola Group）协调两方立场，建议采纳伯恩斯坦方案创立集合准备单位（Collective Reserve Unit），即现在的 SDR。② 之后，关于新储备货币的性质与适用范围等内容的实质性谈判持续进行。

谈判期间，各国一直存在比较尖锐的分歧。以法国为代表的一些国家主张新货币单位应作为贷款使用，其他国家则认为新货币应作为国际储备资产使用。③ 新的储备资产最终被命名为"特别提款权"，"提款权"反映了其与一般提款权共有的贷款特征，"特别"则反映其不同于一般贷款的储备资产的特殊性质。这种模糊不清的名称是为了使"代表不同意见的各方均认为其意见占了上风"。④

① 潘英丽等著：《国际货币体系未来变革与人民币国际化（中卷）》，格致出版社、上海人民出版社 2014 年版，第 118 页。

② 钱文锐：《特别提款权在国际货币体系改革中的地位与作用——基于特别提款权定值稳定性的研究》，上海交通大学 2013 年硕士学位论文，第 7 页。

③ 钱文锐：《特别提款权在国际货币体系改革中的地位与作用——基于特别提款权定值稳定性的研究》，上海交通大学 2013 年硕士学位论文，第 8 页。

④ Margaret Garritser de Vries, "The International Monetary Fund, 1966—1971, The System Under Stress", Washington, D. C. IMF, Vol. 1, No. 3, 1976, p. 154.

经过 5 年左右的谈判，IMF 与十国集团达成协议并发布了《国际货币基金 SDR 大纲》，随后，IMF 在 1967 年的年会上通过了《基于 SDR 的融资便利性刚要》。1968 年美元的第二次危机使国际金融形势更加危急，十国集团就创立 SDR 的问题召开会议。此次会议虽然同意设立 SDR，但法国仍然拒绝在公报上签字。另外，关于 SDR 是仅适用于十国集团内部还是推广至所有 IMF 的成员国的问题也曾存在争议。最后，面对其他国家较大的压力，十国集团决定所有 IMF 成员国都有权分配到 SDR，并将有关 SDR 分配和使用的决议交由 IMF 多数票表决通过，这实际上是赋予份额较大的国家更多的发言权。1968 年 5 月底，IMF 理事会通过了《IMF 协定修正案》。1969 年 7 月，修订后的《IMF 协定》正式生效，SDR 依法创立。

从创立背景和过程来看，SDR 实际上是缓和美元危机的产物，也是主要工业国家妥协的产物。这种先天缺陷使它很难实质上修正国际货币体制的缺陷，一旦美元度过危机，它就会被弃而不用。SDR 并非国际储备货币，与凯恩斯构想的"班柯"和特里芬建议的"信用储备资产"在性质上有本质区别。

（三）SDR 的作用和地位

1. SDR 的作用

SDR 是在布雷顿森林体制的大厦将倾之际被创设出来的，国际社会对它的诞生寄予厚望，IMF 希望通过制度设计使 SDR 发挥以下三方面的作用：其一，保持对主要国际储备货币可兑换性的信心，通过提供 SDR 这种补充性的储备资产，避免美元的过度供给，从而维护储备货币兑换黄金的信心。20 世纪 60 年代的危机证明，如果国际储备资产的增长完全只能由美元这种国际货币来满足的话，该国际货币不可能保持可兑换性，必须要提供其他储备资产作为补充。其二，弥补国际清偿能力或全球流动性的不足。美元发生危机后，美国通过国内政策抑制其他国家的储备增长，而其他国家也因对美元失去信心而主动降低外汇储备。SDR 的诞生可以为其他国家提供可替换美元的储备资产，从而增加市场的流动性。最后，纠正布雷顿森林体制固有的国际收支调节的不对称性。储备货币国美国可以通过发行美元来弥补其赤字，无须承担调整的痛苦代价；而其他国家则要付出巨大的代价才能有效地调节其国际收支。SDR 的发行可以改善各国国际储备资产的构成，减少美元在储备资产中的占比，避免美元的"无泪赤字"，使贸易赤字方和盈余方公平地分配调整责任。

　　然而，在 SDR 存在的近半个世纪里，其被期待的作用都未能得到正常发挥。事实上，美国赞成 SDR 方案的初衷是用 SDR 弥补美国由黄金约束的国际清偿能力不足，而不是满足各成员国对国际储备资产的需求；由于美元受黄金枷锁的约束，美国需要通过 IMF 分配到 SDR 维持其国际收支不平衡而不是让其他国家在国际收支调节中享受与它对等的地位。① 由于有关 SDR 的制度和运行的决议需要 IMF 多数票表决，因此美国作为其"最大股东"，其立场和态度对 SDR 的作用发挥有至关重要的意义。在最初的 SDR 分配方面，IMF 决定按成员国的份额分配 SDR，而发达国家持有的份额远远高于发展中国家，导致 SDR 的分配也不均衡，拥有国际货币的发达国家全体获得 3/4 的 SDR，而需要积累储备资产的发展中国家却只能分到 1/4，这样的分配不仅不能纠正国际收支调节的不对称，相反还加剧了这种不对称的程度。当国际社会要求美国限制过剩美元的供给，用 SDR 部分替代美元时，美国提出了过渡期要求，希望其他国家自觉限制对美国的出口或增加对美国的进口，以助其积累大量黄金来维持美元的信用。但美国的这一要求无疑被其他国家反对。SDR 并未能力挽狂澜，恢复国际社会对美元可兑换性的信心，SDR 制度出台后 4 年左右，布雷顿森林体制彻底崩溃。牙买加体制下，美元挣脱了黄金的束缚，与其他国际货币进行自由浮动，美国发行货币再没有硬性的纪律约束，这也意味着只要美元能维持其霸主地位，就可以向世界提供足够的流动性。在美国完成石油美元定价机制和两次石油危机后，美元"一币独大"的地位逐渐稳固，国际社会提出的解决过剩美元的"替代账户"方案因美元不再过剩而被无限期搁置，在美元本位下，SDR 为国际社会提供流动性和国际储备资产的作用也不再受到重视。

　　2. SDR 的地位

　　自诞生 50 年来，SDR 在国际货币体制中的地位并非一成不变。1969 年《IMF 协定》第一次修订时，创设了 SDR，将其作为补充美元的国际储备资产。

---

　　① 潘英丽等：《国际货币体系未来变革与人民币国际化（中卷）》，格致出版社、上海人民出版社 2014 年版，第 122 页。

1970 年 IMF 进行了第一次 SDR 的分配，90 亿 SDR 的分配额在全球储备资产的占比为 8.4%，比较符合其补充性储备资产的地位。[1] 此后，随着牙买加体制的建立，美元的兑换压力骤减，SDR 在全球储备资产中所占的比例在 1976 年时下降到 2.8%。但是，由于 20 世纪 70 年代末，美国大肆发行美元导致美元大幅贬值，IMF 决定重提 SDR 的重要地位，在对《IMF 协定》的第二次修改中，明确提出"促使 SDR 成为国际货币体制中的主要储备资产"。为了配合 SDR 的"主要储备资产"的地位，IMF 于 1979 年进行了第二次共计 120.5 亿 SDR 的分配，分配结束后的 1982 年，SDR 的占比超过了 4%，但远远没有达到"主要储备资产"的目标。[2] 随着主要西方国家货币的国际化，牙买加体制下能充当国际储备货币的币种越来越多，发达国家对 SDR 的兴趣越来越小。尽管发展中国家对 SDR 仍抱有希望，但囿于它们有限的份额和投票权，其诉求很难实现。1992 年《IMF 协定》第三次修订时，没有涉及 SDR 的问题，SDR 的占比下降到 2.4% 左右。直至 2008 年全球金融危机爆发前，除了 1997 年第四次修改《IMF 协定》时提出了进行一次特别分配外，十几年来 IMF 再没有进行 SDR 的普通分配，而且特别分配的提议也因美国的阻挠迟迟未能生效，国际社会对 SDR 的关注度严重下降。2008 年危机前，SDR 的比例仅有 0.43%。可见，尽管 SDR 备受 IMF 的重视和提拔，但却依然像苏珊·B. 安东尼的"银制美元"一样，是国际货币体制里"被冷落的女人"。[3] 2007 年美国次贷危机爆发后，国际社会再次出现了流动性危机，SDR 又一次成为各国关注的焦点。迫于国际经济形势的压力，美国终于批准了《IMF 协定》的第四次修正案，IMF 于 2009 年 8 月进行了一次数额为 2500 亿美元的 SDR 的普通分配，9 月完成了约 215 亿 SDR 的特别分配。2019 年末新冠肺炎疫情暴发后，持续不断的疫情继续给民众健康和社会经济带来巨大损失。为了有效对抗疫情的影响，2021 年 8 月，IMF 执董会审议批准了规模为 6500 亿美元

---

① "The Strategy, Policy, and Review Department of the IMF, Enhancing International Monetary Stability—A Role for the SDR?" January 7, 2011, p. 12.

② 乔依德、徐明棋：《加强 SDR 在国际货币体系中的地位和作用》，载《国际经济评论》2011 年第 3 期。

③ ［加］蒙代尔著，向松祚译，张之骧校：《国际货币：过去、现在和未来》，中国金融出版社 2003 年版，第 115 页。

（相当于约 4560 亿特别提款权）的特别提款权（SDR）普遍分配，其规模为 IMF 历史之最。新创设的 SDR 按照各成员国在 IMF 的份额占比分配给了全部的 190 个成员国，为其提供了大量的流动性。其中，约 2750 亿美元流向了新兴市场和发展中经济体，低收入国家共分得约 210 亿美元。①

纵观 SDR 的地位变迁，可以明显发现，只有美元出现危机时，SDR 的地位才有所上升。由于美元本位制在目前的可持续性，SDR 几乎没有可能成为国际货币体制的主要储备资产。原因如下：（1）目前无法克服来自美国的政治抵制，美国绝不允许 SDR 取代美元成为主要的国际储备资产。（2）国际社会从未探讨 SDR 成为主要储备资产后过剩美元如何退出的问题，持有大量美元储备资产的发展中国家也不敢轻易提议用 SDR 替代美元。因此，不仅历史上，而且在未来，SDR 都难以成为主要的国际储备资产。不过，危机再次证明，SDR 仍有修正美元本位制的潜力。随着国际经济格局的变化，美元的嚣张特权正逐步被削弱，国际货币体制最理想的改革目标仍然是超主权货币体制。但鉴于 SDR 制度改革的巨大障碍，目前讨论的重点是提升 SDR 在国际货币体制中的地位，使其至少能成为和美元具有竞争性的国际储备资产。当前，学术界对 SDR 的研究热情和 G20 对 SDR 寄予的厚望都给 SDR 的地位提升带来了动力。很多学者发文讨论 SDR 的法律定性、发行规则、替代账户、使用范围等问题，但很难就实质性问题达成共识。而且，随着危机后美国经济的强势复苏，美元指数反弹，关于改革 SDR 的讨论又慢慢沉寂下来。但是，如果错过了历史进程中的机会之窗，进一步改革就会更加遥遥无期。2016 年 10 月 1 日，人民币的入篮使 SDR 的构成更能代表世界主要货币，这将为 SDR 的地位提升带来新的希望。

二、SDR 的法律制度及其运作机制

经过六次修订的《IMF 协定》非常详尽地规定了 SDR 的制度框架。其中，最核心的法律制度如下：

---

① IMF，IMF Annual Report 2022：Crisis upon Crisis，https：//www.imf.org/external/pubs/ft/ar/2022/downloads/imf-annual-report-2022-english.pdf.

（一）SDR 的参与主体与其他持有者

SDR 是 IMF 分配给全体成员国应对国际收支失衡时对可自由使用货币的潜在兑换权。目前，IMF 的所有成员国都是 SDR 账户的参与者，成员国在参与 SDR 账户时要承担以下义务：（1）在与 SDR 相关的交易中兑换可自由使用的货币。（2）向普通资金账户支付手续费、利息，转移资金等。（3）以本国货币或他国货币通过 SDR 兑换。① 一国如果退出 IMF，就意味着同时退出 SDR 账户。SDR 参与国也可以书面申请注销其 SDR 账户。除了参与国之外，SDR 还有其他指定持有者。"指定持有者"的主要职能是通过 SDR 和各国货币的兑换为各国的中央银行提供短期流动性，② 但它们在 IMF 中并没有 SDR 账户，无权参加 SDR 的交易活动，可以通过普通资金账户与 SDR 的参与国进行交易和业务往来。1974 年，国际清算银行被认定为"指定持有者"，到 1985 年时，IMF 共认定了包括世界银行、国际开发协会、国际农业发展基金会等 16 个"指定持有者"，1992 年因瑞士成为成员国后，"指定持有人"名单减少到 15 个。

（二）SDR 的分配与撤销制度

《IMF 协定》第 18 条第 1 节首先规定了 SDR 分配和撤销的指导原则：（1）必须参考世界经济发展对长期性国际储备的需要，SDR 的分配与撤销应避免导致全球经济的停滞、通货紧缩或通货膨胀。IMF 不应针对短期因素或个别国家的经济或国际收支失衡问题来决定是否增加或减小国际储备资产的存量。IMF 的执董会每年提交一份关于国际储备存量是否能满足世界经济贸易发展需要的报告。（2）非歧视原则。IMF 的所有成员国均有权参加 SDR 账户和使用 SDR，各国均按照其在一般资源账户下的份额获得 SDR 的分配。但由于各国的份额分配并不平等，很大程度上取决于各国的政治影响力和经济实力，因此，这种非歧视原则只是相对的。（3）自愿原则。IMF 的成员国可以自由选择是否参加 SDR 账户，

---

① 钱文锐：《特别提款权在国际货币体系改革中的地位与作用 ——基于特别提款权定值稳定性的研究》，上海交通大学 2013 年硕士学位论文，第 8 页。

② 钱文锐：《特别提款权在国际货币体系改革中的地位与作用 ——基于特别提款权定值稳定性的研究》，上海交通大学 2013 年硕士学位论文，第 10 页。

不过，目前所有的成员国都参加了 SDR 账户；在 IMF 分配 SDR 时，各参加国亦可选择是否接受新分配的 SDR，只要满足规定的条件，一国还可以改变自己的决定，从不接受新的分配转向接受新分配。[①] 第 2 节规定了分配和撤销 SDR 的程序性规则。IMF 应以"基本期"为单位作出分配或撤销 SDR 的决定，基本期为 5 年，但可以延长或缩短。IMF 的总裁应在上一基期结束前的 6 个月内对下个基期的分配与撤销提出建议。根据《IMF 协定》的规定，未经总裁建议，任何关于 SDR 分配或撤销的决议均不可能作成，除非在特定情形下总裁认为不必提出建议。总裁提出建议时，应与 SDR 账户的参与国进行磋商，以确认其建议能得到广泛的支持。建议作出后，总裁应提交给执董会以取得其认可。但执董会无权修改该建议，只能以多数票赞成或反对该建议。建议获得执董会通过后，最后由总裁提交理事会批准，任何关于 SDR 分配与撤销的决议，均需得到 SDR 全部参加国 85% 的多数票通过。[②]

按照上述分配规则，IMF 在实践中的分配分为两种模式：周期性的普遍分配和一次性的特殊分配。前者是 IMF 根据世界经济发展的状况每隔 5 年决定是否进行新的分配，迄今为止，IMF 总共进行了三次普遍分配；后者是出现特殊情况时，通过 85% 多数票表决进行的不定期分配，IMF 在 2009 年进行了一次特殊分配。经过四次分配后，IMF 共分配了 2910 亿美元的 SDR。IMF 通过 SDR 的分配向每个成员国提供了一种无成本的国际储备资产，各国按份额获取的 SDR 既不需要向 IMF 支付利息，也不获取利息。

（三）SDR 的交易与业务制度

根据《IMF 协定》的明文规定，SDR 的交易与业务规则体现了 SDR 的三类用途。

1. 与指定货币承兑国兑换可自由使用的货币

当成员国希望将手中持有的 SDR 转换成其所需的可自由使用货币时，该成

[①] 向雅萍：《全球金融危机背景下国际货币体系改革的法律路径研究》，武汉大学 2012 年博士学位论文，第 74 页。

[②] 向雅萍：《全球金融危机背景下国际货币体系改革的法律路径研究》，武汉大学 2012 年博士学位论文，第 74~75 页。

员国首先必须向 IMF 提交书面报告，说明兑换用途，然后由 IMF 安排汇兑交易。IMF 对书面申请的要求是：申请国进行 SDR 兑换交易必须是为了解决国际化收支不平衡或基于其货币的储备地位或其在储备资产中的发展的"需要"，不能专门用于其国际储备资产结构的改变。IMF 在安排另一国接受申请并执行兑换交易安排时没有数量或比例的限制，任何成员国只要满足申请条件都可以申请将其持有的 SDR 兑换为相等额度的可自由使用货币，这是成员国的权力。不过，对于被指定的成员国而言，它被课以兑换的法定义务，这有利于保障 SDR 的国际储备地位。IMF 的执董会每半年会制订一份"执行计划"，公布可能被指定的各个备选国家的国际储备情况及未来三个月这些国家可能被指定兑换的额度。被指定的兑换国，一般是国际收支状况良好且具有充足的国际储备的国家。对一国国际储备地位的判读需要考虑该国在 IMF 的份额、贸易量和过去该国动用国际储备进行支付的情况等因素，IMF 往往考虑让持有 SDR 比例较低的国家承担汇兑义务。"可自由使用的货币"一般是指美元、欧元、英镑和日元等国际货币。《IMF 协定》第 30 条第（f）款具体解释了何谓"可自由使用货币"。①

2. 成员国之间用 SDR 与某国货币进行自愿交换

SDR 账户参与国可以与其他成员国之间协商进行 SDR 的交换，而不需要 IMF 协助执行。进行协议交换时，各国不需获得 IMF 的同意，也无须遵守 IMF 关于兑换目的和兑换币种的限制。这种自愿交易的安排在很大程度上扩大了参与国进行货币兑换的自由度，有利于促进 SDR 的广泛使用。此外，自愿兑换的汇率也可由交易双方自行协商，不必根据 IMF 的代表性汇率决定，不过协商的汇率结果要得到 IMF 的批准。这有利于 SDR 币值的稳定，也能避免其国际储备资产的地位受到负面影响。通过自愿交易安排后，成员国可将其持有的 SDR 转换为可自由使用货币，间接用于支付进口、偿还外债、干预外汇市场或改变其国际储备的构成。并且，根据《IMF 协定》的规定，通过一定的表决程序后 SDR 可以用于 IMF 批准的任何与金融相关的交易，比如货币汇兑安排、贷款业务（提交贷款、偿付本金、支付利息等）、贸易的远期交易、国际金融的结算、金融交易的

---

① "可自由使用货币"是指被基金指定的一会员国的货币，该货币：(i) 事实上国际往来支付中被广泛使用的。(ii) 在主要外汇市场上被广泛交易的。

保证金相关业务与捐赠等。①

3. 通过一般资源账户进行 SDR 交易

在一般资源账户下，IMF 可以持有 SDR。其持有的主要途径有：成员国加入 IMF 时用 SDR 缴纳的份额，在成员国与 IMF 进行的各种交易中缴纳的 SDR 或成员国用 SDR 缴纳各种费用。此外，IMF 还可以以支付利息、分发红利等方式实现 SDR 的再次分配。可见，SDR 可以直接用于支付配额、回购、向 IMF 支付费用或为减贫与增长信托基金提供资源等。

IMF 于 2018 年统计了 2009 年分配的 SDR 的使用和交易情况。在 2009 年 9 月至 2010 年 9 月，SDR 的交易出现了短暂飙升。共有 21 个国家（主要是新兴市场国家和低收入国家）出售了约 32 亿 SDR，显然，交易的 SDR 只占分配总额的极小部分。其中约 90% 的成员国将其 2009 年分配到的 SDR 出售了至少 75%，（不包括与贷款项目相关的交易）。2009 年 9 月至 2015 年 6 月，除了与贷款项目相关的交易外，共有 29 个国家出售了其持有的 SDR。在 2016 年 1 月第 14 次份额总审查生效后，大约一半的成员国选择以 SDR 而非可自由使用的货币支付其部分份额的认购，这一举动也可能会使用它们在 2009 年分配到的 SDR。此外，一些借款成员国使用 2009 年分配到的 SDR 偿还了它们在 IMF 的贷款。②

（四）SDR 的定值制度

考虑到国际经济形势的变化多端，《IMF 协定》并没有规定 SDR 定值的具体原则和方法，而是将制定 SDR 定值原则和方法的决议交由 IMF 进行表决。根据《IMF 协定》，SDR 的定值方法由总投票权 70% 的多数票决定，条件是以下变动需要总投票权的 85% 多数决定：（i）定值原则变更；或（ii）实际上对原则应用的根本性改变。不过，实践中哪些问题属于定值方法，哪些属于定值原则，也不时出现争议。SDR 在创立之初，由黄金定价，与美元保持 1:1 的汇价。SDR 的交易方式是其他国家先将其货币转换为美元后再兑换为 SDR。布雷顿森林体制崩

---

① 潘英丽等著：《国际货币体系未来变革与人民币国际化（中卷）》，格致出版社、上海人民出版社 2014 年版，第 112 页。

② IMF, "Consideration on the Role of the SDR", IMF Policy Paper, April 2018. p. 22.

溃后，IMF 决定用一揽子货币来确定 SDR 的价值。最初由 16 种货币入选 SDR 的货币篮子，但篮子种类过多导致计算复杂，币值不够稳定，从 1981 年 1 月 1 日起，货币篮子减少到 5 种。2001 年之后，由于欧元的诞生，SDR 的货币篮子由美元、欧元、英镑和日元四种货币构成。2016 年 10 月 1 日，人民币正式被纳入 SDR 货币篮子内，目前 SDR 由 5 种货币加权定值。为了使 SDR 的币值更能适应国际宏观金融形势的发展和变化，IMF 执董会决定从 1986 年 1 月 1 日起，每 5 年对 SDR 的货币篮子进行评估，以决定 SDR 货币篮子的币种及各币种的权重。可见，关于 SDR 定值的制度主要包括两个方面。

1. 币种的选择标准

在采纳 SDR 定值决定的过程中，执董会多年来都遵循了若干原则，主要包括：SDR 的价值应保持稳定；列入篮子中的货币应能代表国际交易中最经常使用的货币；篮子中货币的相对权重应当反映其在世界贸易和金融体制中的相对重要性；SDR 篮子的遴选标准应当稳定；SDR 定值方法应具有连续性，只有当货币在世界经济中的作用发生重大变化时才会对定值方法进行修正。① 这些原则的主要目标都是提升 SDR 作为国际储备资产的吸引力。根据上述原则，IMF 目前仍延续2000 年以前在 SDR 定期审查会议的决定中甄选篮子货币的标准，即入选货币由本决定或其任何修订条款生效前 12 个月结束的五年期内出口货物和服务价值最大的 IMF 成员国或包括 IMF 在内的货币联盟发行，并且已由 IMF 根据《IMF 协定》第 30 条（f）款认定为可自由使用。比如，IMF 于 2015 年审查人民币的入篮资格时，主要识别以下两项：截至 2014 年 12 月 31 日的 5 年中，或在之后修订时的最近 5 个日历年中，人民币的商品、服务出口以及收入贷记项的规模是否最大；人民币是否能被 IMF 认定为可自由使用货币。当前，美国和欧元区的出口分列第一和第二位，中国出口量排世界第三，接下来是日本和英国，人民币满足第一个标准。因此，人民币入篮时关键是如何识别"可自由使用货币"。"可自由使用"标准于 2000 年被增列为选择篮子货币的第 2 条标准，以衡量金融市场广度和深度的各种指标。根据《IMF 协定》中的定义，一种货币要被认定为"可

---

① IMF，"Review of the Method of Valuation of the SDR"，IMF Policy Paper，November，2015，p. 47.

自由使用"必须具备"广泛使用"和"广泛交易"这两大要素。广泛使用要素的目的是保证有关货币可以直接用于满足某个 IMF 成员的国际收支需要，而广泛交易要素则是为了保证该货币可以间接使用，即可以在市场上兑换成另一种货币，既满足某个成员的国际收支需要，也不会产生重大的不利汇率影响。"可自由使用货币"不一定必须在所有外汇市场广泛交易，但必须在一个以上的主要外汇市场中交易。① 为了提高该遴选标准的客观性，执董会一直依靠量化指标来进行评估。2015 年，执董们在对 SDR 货币篮子进行评估时普遍同意，在评估广泛使用程度时，主要考察货币在所持官方储备、国际银行负债和国际债务证券当中所占份额等指标，而在评估广泛交易程度时，则重点考察货币在外汇市场上的交易量。② 另外，在 2015 年的执董会非正式讨论中，多数执董认为将货币在官方所持外币资产、国际债务证券发行量以及跨境支付和贸易融资中所占份额作为补充指标是比较适当的。③

2. 币种的权重设定

SDR 篮子中货币权重的现行决定方法是于 1978 年通过的。根据该决定办法设置的权重公式，货币权重由前五年内货币发行国的出口和被其他成员国作为外汇储备所持有的货币数量相加得出。出口意在反映该货币在世界交易系统中的重要性，国际储备体现其在国际金融系统中的重要性，并反映出 SDR 作为补充储备资产的作用。不过，在 1985 年后的 SDR 定期评估中，成员国担心唯一的金融变量无法恰当反映各货币在国际金融交易和国际资产持有中的重要性，在具体评估时均使用了补充性金融变量。执董们在实践中也注意到之前的权重公式低估了资金流动的相对重要性，并认同在考虑金融部门相对于对出口的权重时应评估补充性金融指标。补充性金融指标包括但不限于：外部债券、货币和外部银行负债、各货币占国际银行业负债比重的简单均值、国际债务证券和场外衍生

---

① 宋晓燕：《人民币加入特别提款权货币篮子：一个法律层面的思考》，载《上海财经大学学报》2016 年第 5 期。

② 宋晓燕：《人民币加入特别提款权货币篮子：一个法律层面的思考》，载《上海财经大学学报》2016 年第 5 期。

③ IMF, "Review of the Method of Valuation of the SDR", IMF Policy Paper, November, 2015, pp. 7-8.

品以及各货币占外汇市场交投量的比重，等等。SDR篮子货币的加权公式仍在不断完善中。

（五）SDR的利率制度

根据《IMF协定》，若成员国持有的SDR数额低于IMF分配给它的数额，该成员国就要为差额部分向IMF支付利息；反之，若持有的SDR数额高于其配额，IMF则要就超出部分向成员国支付利息。因此，在SDR的定期评估审查中，逐渐形成了SDR的利率制度。事实上，SDR的利率在IMF资金操作中发挥着关键作用，它也是计算以下利息的依据：各成员国对IMF通用资源借款应付的利息、减贫和增长信托基金下多个借款协定的利息，IMF投资账户中所投资资金的基准等。[1] 根据执董会多年的实践，纳入SDR利率篮子的金融工具应符合某些长期以来所要求的特点。这些金融工具应该：（1）广泛代表某一具体货币的投资者能够实际运用的一系列金融工具，而且其利率应能对相应货币市场中基本信用状况的变化做出反应。（2）具有与SDR本身的官方地位所类似的风险特点，也就是说，具备最优质的信用风险特性，该特性与市场中可以得到的政府票据的特性相似，如果没有适当的官方票据，则与最优质金融工具的金融风险相似。这些金融工具还应体现储备管理者做出的实际储备资产选择，例如与金融工具的形式、流动性和期限有关的选择。按照这一指导，当前SDR利率篮子中的所有金融工具都是以3个月政府债券的收益率为基础。

通过上述制度的分析，可以得出结论：作为国际储备资产的SDR并未获得国际储备货币的属性。在SDR创立之初，SDR的性质曾是IMF面临的最基本和最困难的问题。[2] 不过，从IMF设计的制度来看，SDR是一种非货币的官方国际储备资产。它具有储备资产的特性，成员国可以通过指定交易或自愿交易，将其

---

① IMF, "Review of the Method of Valuation of the SDR", IMF Policy Paper, November, 2015, p. 40.

② J. Gold, "Legal Technique in Creation of a New International Reserve Asset: SDRs and Amendment of the Fund's Articles", IMF, 1979, p. 141.

分配所得的 SDR 兑换成它所需要的外汇，从而调整其收支失衡或补充其国际储备。① 它由 IMF 创造和配置，和任何主权国家没有直接联系。并且，它仅是官方储备资产和账面资产。SDR 仅由 IMF 发行和分配，私人部门不能发行。它也不能在现实中进行流通。更重要的是，SDR 不是国际货币。SDR 不具备货币的三项基本职能。在官方领域，SDR 仅有价值尺度和储藏价值的功能，而在私营领域，SDR 除具有价值尺度功能外，并无其他功能。② 无论在公在私，SDR 都不能充当交换媒介。事实上，IMF 设计的制度赋予 SDR 的核心功能是成员国可以用 SDR 向其他成员国换取它调整国际收支或补充国际储备所需要的可自由使用货币，SDR 实质上持有 SDR 的成员国向其他成员国购买和兑换被请求国拥有的可自由使用货币，从而获得可自由使用货币融资的请求权。③

三、SDR 制度的法律缺陷

作为官方储备资产，SDR 确实具有其他储备资产所无法比拟的优点。首先，以篮子货币作为 SDR 定价的基础，保证了 SDR 作为储备资产购买力的稳定。其次，SDR 分配是对世界储备的永久性增加，不存在收回风险，降低了信用风险与系统性风险。其次，SDR 的创造成本几乎为零，而通过贸易盈余或国际借贷市场获得储备资产的成本则相对较大，且不易获得。最后，SDR 的发行是 IMF 根据世界经济的增长需求来自主制定的，与任何国家的经常账户赤字无关，因此可以避免储备货币发行国的国内政策与全球范围对储备货币的需求之间的冲突。④ 但是，SDR 如今在国际货币体制中依然扮演着一个相对次要的角色。即使在 2009 年 IMF 大分配之后发行的股份增长了 10 倍，SDR 也只占除黄金外不到 4% 的官方储备总额，SDR 的作用没落，也缺乏作为官方储备资产的吸引力。究其原因，在于 SDR 的制度设计存在重大缺陷。

---

① Antonio Galicia- Escotto, "Liability Aspects of SDRs", Issue Pape (RESTEC), No. 10, December 2005, p. 15.

② 韩龙:《人民币入篮与我国法制变革》，载《政法论坛》2017 年第 6 期。

③ 韩龙:《人民币入篮与我国法制变革》，载《政法论坛》2017 年第 6 期。

④ 李仁真、向雅萍:《加强 SDR 地位的法律路径探析》，载《武汉大学学报（哲学社会科学版）》2012 年第 3 期。

（一）　SDR 的发行和分配制度的低效性

《IMF 协定》没有提供 SDR 作为潜在储备货币角色的明确参考，SDR 的发行既没有如黄金般的实物担保，也没有任何国家的经济实力作为货币的后盾。IMF 自身的缺陷也使各成员国对 SDR 作为完全的国际储备和最后的支付手段缺乏充分的信心。因此，各国对 SDR 的发行不感兴趣。而且，三次极其有限的 SDR 的普通分配证明了 SDR 发行和分配规则的不足。《IMF 协定》只是模糊不清地规定了 SDR 的分配原则和程序性规则，导致这些原则和规则因缺乏可操作性而难以执行。

首先，关于 SDR 的分配要"基于世界经济发展对国际储备的长期需要"原则。纵观 IMF 历史上的三次 SDR 分配，其共同的背景均为美元遭遇危机或美国经济发展遇到困难，事实上 SDR 的分配并非按照全球经济发展的需求来进行。因为"世界经济发展对国际储备的长期需要"空洞而缺乏量化标准，很难判断和操作。从实践来看，随着很多国家放开对资本项目的限制以及国际金融市场的急剧扩张，很多发展中国家都需要高额的国际储备来防范风险。但 SDR 的分配实际上并未考虑国际社会对于国际储备资产的需求，往往只是发达国家在政治上协调一致后的决定。

其次，关于分配的"非歧视"原则。在已经进行的几次分配中，所有成员国按照份额分配 SDR 看起来是非歧视原则的体现，实际上加剧了 SDR 制度的不公平性。三次分配的结果是外汇储备需求最小的发达国家得到了最大的份额分配，而那些有更高储备需求但份额较低或偏低的新兴经济体和发展中国家只能得到份额分配的一小部分。据 IMF 统计，根据出资份额方法分配 SDR，在未来五年，即使另外再有一次 2500 亿美元的 SDR 分配，新兴市场和发展中国家最多能获得它们所需额一半的储备。[1]

最后，关于分配的"自愿"原则。由于资本流动日益频繁，金融监管秩序相对滞后，广大发展中国家为了防范危机均需要增加外汇储备。美元的霸主地位使

---

[1]　[美] 杰克·布尔曼、[法] 安德烈·艾卡德等著，范莎、刘倩等译：《国际货币体系改革》，中国大百科全书出版社 2015 年版，第 112 页。

外围国家的储备结构不得不偏向美元，这已经导致了美元储备资产价格的扭曲，而对美元的依赖使国际货币体制更加脆弱。从此角度而言，IMF 的新兴市场经济体和发展中经济体对 SDR 这种低成本的国际储备资产是非常有获得意愿的，但 85% 的多数票决策制度使它们的意愿不能实现。

正因为上述指导原则并未能得到遵守，SDR 分配的程序性规则事实上也被搁置一旁。《IMF 协定》规定了发行 SDR 的基本期及每年发行一次的规则，不过同时又规定了诸多例外情形，因而未能形成常规的发行纪律。IMF 在 2009 年前近 30 年时间内没有分配一次 SDR 实际上已是对 SDR 分配基期规则的一种背离。正因为没有强有力的发行规则的约束，SDR 的整体发行量非常少，至今在全球储备资产中的比例仍然微乎其微。

（二）SDR 使用范围制度的狭窄性

尽管在理论上，《IMF 协定》并未限制 SDR 的使用范围，因为除上文罗列的 SDR 的三种官方使用途径外，经 70% 投票权通过，包括现货、远期、掉期、贷款、抵押、捐赠和金融债务清算等在内的各种 SDR 的交易都是允许的。但是，《IMF 协定》对 SDR 官方用途规定的缺陷和对私人用途规定的缺失使 SDR 的使用范围仍然很狭窄。

首先，SDR 在官方领域使用的制度缺陷。（1）官方 SDR 不能直接用于外汇市场的干预操作。SDR 只能由 IMF、成员国国家机关或其他"指定的持有人"持有。若想利用 SDR 干预外汇市场，必须首先将它兑换成可自由使用的货币。这一兑换可通过与任何其他成员国的"自愿交易"或"指定机制"来实现。为了保障"自愿"市场的流动性，IMF 会与一些成员国协商制定协议，让它们更便利地买卖与份额成比例的指定数额的 SDR。但是，在任何情况下，一成员国通过 SDR 换取可自由使用货币都需要好几天，不能满足成员国政府及时干预外汇市场的需求。（2）SDR 的利率也是抑制 SDR 更广泛使用的重要因素。SDR 的利率是按其篮子货币的短期利率的平均值计算的，但 SDR 可以由成员国永久净持有，并且事实上也往往被成员国持有很长时间。因此，SDR 资产的回报率往往没有以 SDR 篮子货币计价的长期公债回报率高，这导致大部分官方储备都倾向于投资国别货币的长期国债。这些缺陷可能导致 SDR 的使用者很难商议出均衡扩大 SDR

的长期安排。

其次,《IMF 协定》缺乏对 SDR 私人领域用途的明确规定。当前 SDR 的法律框架并未禁止任何市场参与者发行或持有 SDR 计价的金融产品。随着商业银行以存款或股票形式发行 SDR 金融资产,SDR 的金融衍生品市场在 20 世纪七八十年代快速成长。SDR 计值的资产最早发行于 1975 年,并在 20 世纪 80 年代早期达到其巅峰。到 1981 年年底,有 40—50 家银行准备接受和管理 SDR 存款,这种存款的总额达到 50 亿—70 亿 SDR,以 SDR 计值发行的债券达 5.63 亿,并且,5 家辛迪加银行发放了价值 9.08 亿 SDR 的贷款。有些银行提供了活期账户便利,世达国际结算系统和欧洲清算系统这两个欧洲债券清算系统的成员可通过在它们的账户中找借记或贷记来交易 SDR 债券。但是,SDR 的市场仍然迅速枯竭,1981 年之后,各银行再也没有发行 SDR 债券或贷款,银行存款也下滑了。① 由于缺乏 IMF 和成员国当局的支持,已经恢复的市场信心以及对现有储备货币的幻觉,SDR 金融衍生品市场逐渐消失了。

(三) SDR 的使用规则制度缺乏合理性

鉴于 SDR 的不同作用,IMF 将 SDR 界定为多义词,它有三种含义:(1) 官方 SDR (O-SDR),即 IMF 发行和管理的国际储备资产,主要用于基于 IMF 的指定或成员国的协议,由一成员国以 SDR 向另一成员国购买或兑换可自由使用货币。(2) 以 SDR 计值的金融市场工具 (M-SDRs),是任何当事人均可以发行和持有的资产。(3) 作为记账单位的 SDR。但是,当前关于 SDR 使用的具体法律规则存在明显缺陷。

首先,O-SDR 的相关立法严重滞后,改革亦举步维艰。尽管《IMF 协定》希望促使 SDR 成为国际货币制度中的主要储备资产,但关于更进一步的制度设计和改革从未达成过一致。即使是《IMF 协定》中规范的制度,亦已与现实脱节。比如《IMF 协定》中 SDR 的分配制度,虽有例外规定,但 SDR 的分配现实已使分配制度形同虚设。再如《IMF 协定》第 5 条第 3 节规定备用安排应不致使 IMF

---

① IMF, "The Role of the SDR—Initial Considerations", Staff Note for the G20, July 15, 2016, p. 6.

所持有的购买国的货币超过其份额的 200%，但 2016 年早期的备用安排制度就允许成员国在备用安排的有效期限内累计借款额度达到份额的 435%，而在 2018 年 6 月，IMF 批准向阿根廷提供为期 3 年，数额达 500 亿美元的备用安排，该额度约为阿根廷份额的 1110%。① 而且，发放给危机中成员国的贷款一般附加了条件，这与 IMF 框架下构想的无条件使用 O-SDR 相背离。显然，《IMF 协定》的诸多制度已严重滞后于现实的发展。

其次，作为记账单位的 SDR 的制度缺乏。SDR 币值相对稳定是其优势之一，某些国际组织和国家自愿将其作为计价工具，IMF 可以通过推广该项作用来提升国际社会对 SDR 的理解和熟悉程度，但《协定》并未课以成员国以 SDR 作为其国际收支、国际投资和外汇储备资产的报告货币的义务，相关立法处于空白状态。

最后，M-SDRs 的发行、持有及交易等无法可依。《IMF 协定》下的 SDR 的法律框架并未禁止任何市场参与者发行或持有 M-SDRs。在 20 世纪七八十年代，某些银行曾发行过 M-SDRs，但后来这些活动就休眠了。② 事实上，和单一主权货币相比，因继承了 O-SDR 的货币篮子的多样性，M-SDRs 将降低汇率和利率风险。而且，SDR 的货币篮子是 IMF 根据一定的标准甄别选出的，M-SDRs 提供了预先打包好的多样性投资组合，这可能对小额投资者和官方投资者具有较大的吸引力。但是，M-SDRs 最初靠买入-持有这种小额投资的方式进行积累，它们将比相关单一货币拥有更少的流动性，并且清算系统的缺失也不利于二级市场的进一步发展。更重要的是，M-SDRs 的篮子仅仅代表众多潜在的资产组合的一种，不一定对每个投资者都最具吸引力，同时，其篮子的多样性特性也表明从事每一个 M-SDRs 交易的投资者或发行者都将面对着五种货币的债权和债务，投资者不得不进行互购交易或对冲国别货币的风险。这种复杂性无疑会阻碍 M-SDRs 的发展。况且，SDR 货币篮子每 5 年要审核一次，市场参与者必须考虑篮子货币种类

---

① IMF, "IMF Executive Board Approves US $ 50 Billion Stand-By Arrangement for Argentina", Press Release, No. 18/245, http：//www. imf. org/en/News/Articles/2018/06/20/pr18245-argentina-imf- executive-board-approves-us50-billion-stand-by-arrangement, visited on 2018/6/23.

② IMF, "The Role of the SDR—Initial Considerations", Staff Note for the G20, July 15, 2016, p. 14.

和权重发生变化带来的风险。上述障碍都需要通过具体的制度设计去克服，但显然，相关制度的讨论仍处于初级阶段。

综上所述，在现有国际法律框架下，SDR 并不具备作为国际储备资产的安全性、流动性、普遍可接受性和可获得性，不能发挥主要国际储备资产的作用。SDR 作为一种具有超主权性质的储备资产，可能比国别货币更难以得到市场的认同。要想 SDR 真正成为主要的国际储备资产，需要世界各国进行全方位、深层次的国际合作。① 尽管建立超主权单一货币体制只是改革的远景目标，但目前探讨 SDR 的制度缺陷并从加强 SDR 在国际货币体制中作用的角度去革新 SDR 的法律制度，也是有利于多元化国际货币体制建立的一条重要路径。

四、加强 SDR 作用的法律对策

尽管将 SDR 改造为超主权货币的目标比较遥远，但近期可以通过改革 SDR 的法律制度来加强 SDR 在国际货币体制中的作用。如果 SDR 能在官方和私营领域得到广泛的使用，这一国际性的储备资产将有力地弥补国别货币作为储备资产的弊病，有利于近期多元化国际货币体制的建立。

（一）修改 SDR 的分配和供给制度

IMF 历史上，SDR 的分配次数和分配规模都非常有限，分配机制具有实质上的歧视性，这极大地削弱了 SDR 作为国际储备资产的吸引力。因此，完善 SDR 的分配和供给制度至关重要，其是增强 SDR 作用的先决条件。

1. 明确规定 SDR 的发行周期和条件

根据当前的国际储备资产结构，按照《IMF 协定》的规定每年定期发行 SDR 似乎失去了现实基础。在储备资产过剩的环境下，没有必要每年发行新的 SDR。建议制定明确的 SDR 的发行条件，将 SDR 的发行与全球储备总额的增长相联系，并扣除其他储备资产对全球储备总额的贡献度，而且在分析此联系中，特别关注发展中国家对储备增长的需求。鉴于当今国际金融经济形势的复杂性和易波动

---

① 李仁真、向雅萍：《加强 SDR 地位的法律路径探析》，载《武汉大学学报（哲学社会科学版）》2012 年第 3 期。

性，作为常态，IMF 应每年对 SDR 的发行进行一次审查，该审查可以结合 IMF 的监督机制进行。如果达到规定的发行条件，则 IMF 要进行 SDR 的分配；反之，当年则暂不发行新的 SDR，以避免流动性过剩导致的通货膨胀、资产泡沫和资本的无序流动。此外，SDR 的发行还要考虑逆周期性。如果遭遇经济危机或经济严重下行的风险，可以临时集中发行 SDR。常规发行和逆周期发行可以互为补充，即通过一种既定的方案，将部分或全部本应在繁荣期间发行的 SDR 改在萧条期间发行。①

2. 制定 SDR 发行量的法律标准

如果经过 IMF 的年度审查需要发行 SDR，则 IMF 还要规定 SDR 的发行数量。而对于每次发行多少数量的 SDR 最适合，经济学家们作出了大量研究。有的学者预估，如果每年发行 2000 亿美元 SDR，可以满足国际社会 2000 年到 2009 年的预防性储备货币一半的需求。② 美国著名经济学家威廉姆森则认为每年发行 4570 亿美元 SDR 最为合适。③ 但不同测试模型得出的不同结论有待进一步的研究和论证。《IMF 协定》没必要规定每次 SDR 发行的具体数额，只需明确 SDR 发行量的法律标准。发展中国家曾提出 SDR 的分配应与发展中国家对发展基金的需求相关联，这是扩大对发展中国家援助的有效方法，但这一提法遭到了美国、德国等国的反对。主要理由有：SDR 的发行需求主要取决于国际清偿能力的需要，而不是发展中国家对发展基金的需要；两者相联系极易导致流动性泛滥，刺激通货膨胀，从而影响国际社会对 SDR 的信心。诺贝尔经济学奖得主斯蒂格利茨认为，应该以抵消当年外汇储备的增加量为目的来确定 SDR 的年发行量，并将其固定在某个值。建议《IMF 协定》规定 SDR 发行量标准时，综合考虑上述两种因素，即发展中国家对发展基金的需求和外汇储备的增量，并确定不同的权重。IMF 发行 SDR 前，可以借助其监督职能测量发展中国家对国际清偿力的需

① Ocampo, José Antonio, "Building an SDR-Based Global Reserve System", *Journal of Globalization and Development*, Vol. 1, Iss. 2. 2010, pp. 11-12.

② Obstfeld, M., J. Shambaugh, and A. M. Taylor, "Financial Stability, the Trilemma and International Reserves", NBER Working Paper 14217, August, 2008.

③ John Williamson, "The Future of the Reserve System", *Journal of Globalization and Development*, Vol. 1, Iss. 2, 2010, Article 15.

求，并设计两个因素的不同权重来确定具体的发行数额。当然，这是在 SDR 成为主要国际储备货币的情况下的发行量，否则可能刺激全球通货膨胀。近期改革中，SDR 的发行量要考虑美元等国别储备资产的占比，予以适当地扣除。然后，随着 SDR 作用的提升和吸引力的增强，逐步扩大 SDR 的发行量。

3. 制定 SDR 分配标准的法律规则

SDR 的分配一直以各国的份额为标准进行。2009 年根据不合理的份额进行的 SDR 普通分配和特殊分配，对国际货币体制的改革或主权债务危机的救助几乎无实践意义。发展中国家获得的 2% 的相对规模不可能改变积攒外汇储备的"自我保险"行为，而对于本币为国际储备货币的发达国家而言，其量化宽松政策比得到 SDR 更有效用。最近的分配仍然是需要的国家只能获得极少的 SDR，而不需要的国家却可以得到大多数 SDR。因此，斯蒂格利茨提出了 SDR 分配与份额脱钩的建议，主张按需分配，也有学者提出"SDR 分配与份额倒挂钩制"，份额越高，获得的 SDR 越少。但这些改革方案损害了美国等发达国家的利益，必然面临较大的政治阻力。威廉姆森的方案比较折中。他主张将 IMF 成员国分成发达国家与新兴市场经济体及发展中国家两个集团，然后根据两个集团过去 6 年外汇储备的平均增长速度区别对待地分配 SDR，其中 83% 将分配给需要外汇储备的新兴市场经济体和发展中国家。将 SDR 分为两部分后，在两个集团内部，仍然按照份额进行分配。这一方案既兼顾了 SDR 分配与份额相连的制度传统，也能满足不同利益集团对储备资产的需求，有一定的合理性。不过，鉴于发达国家与发展中国家区分标准的模糊性，建议 IMF 首先划分出低收入国家，再参考各国储备的多少和对世界经济的贡献水平将剩下的国家划分为两类，高储备的国家往往是通过高额的储备进行自我保险，它们需要更多的 SDR 的分配，而低储备的国家一般有多种手段应付危机和调节收支，它们对 SDR 的需求相对较少。IMF 应在这三类国家之间进行按需分配，然后在每个类型的国家之间按照份额比例进行 SDR 的分配。

（二）设立替代账户的法律制度

1971 年，美国在美元泛滥成灾的背景下停止了美元与黄金之间的可兑换。美国原则上不反对恢复美元的可兑换性，条件是顺差国纠正它们的收支失衡，并保持国际社会对美元的信心。但困难在于如何处理各国持有的大量剩余美元。在此背景下，IMF 提出了设立"替代账户"的建议，允许贸易盈余国将其外汇储备中的美元或其他国别货币储备资产集中到 IMF 建立的这一内部账户，并获得相应数额的 SDR。它的运行机制是：IMF 在一定限额内所发行的 SDR 从成员国购买它们暂不需使用的美元储备资产，于是债权国对美国的权利要求转移到 IMF，美国的美元债务转换为对 IMF 的债务；原债权国持有的美元资产转变为 SDR 资产，其外汇储备中减少了美元的比例，呈现多元化样态；IMF 用收到的美元购买美国的长期国债和其他国家的长期政府债券，所得利息收益则以某种方式还给"替代账户"的存款国家，以取代这些存款国家持有美元资产时的短期收益。这一建议短期内可以帮助顺差国避免巨大的美元储备资产的贬值风险，长期内，逐渐用 SDR 代替美元成为主要国际储备资产，有利于克服"特里芬难题"，从而建立更公平的国际货币体制。鉴于其短期内缓解美元贬值的压力，因此该建议提出后，不仅没有遭到美国的反对，而且得到了其他国家的广泛支持。随后，美国和主要顺差国对替代账户的技术问题提出疑问，IMF 于 1972 年任命"货币委员会"（C20）专门探讨替代账户技术问题的解决方案。经过 1973 年、1977 年的两轮协调后，由于美国和主要顺差国就资产转换中产生的美元贬值后汇兑风险承担的技术问题存在根本分歧，替代账户机制暂时被搁置。1978 年，第二次石油危机重新引发了国际社会对替代账户的热情。在这场对美元的信心危机中，替代账户第三次成为各主要国家的重大议题。由于美国贬值压力巨大，为防止外汇储备持有国大量抛售美元，美国同意考虑为外汇储备国的资产转换带来的汇兑风险提供一定的担保，并承诺对此提供防范的支持。[①] 替代账户的最大技术难题得到了改善，但是，美国的债权国提出质疑，美国长期国债的低利率可能导致对 SDR 的正利差消失，美国的这一担保脆弱而无力。IMF 意识到这一风险后，提议出售黄金为汇兑风险提供担保，但在 1980 年的执董会上，荷兰、巴西、印度等国代表反对出售黄金的建议。而美国考虑到替代账户不仅可能增加其长期国债的融资成本，而且长远来看会威胁美元的国际地位，因此，在美国的游说下，德国等主要

---

① 郑联盛：《替代账户：历程、机制、问题与改革前瞻》，载《国际经济评论》2016 年第 1 期。

债权国对替代账户的建立提出了反对意见。最终，因无法解决汇兑风险带来的亏损问题以及私人不能持有 SDR 进行流通导致的流通问题，替代账户方案走入绝境。2008 年金融危机爆发后，美国开始意识到"双赤字"不利于美国经济的复苏，而以中国为首的高储备国家担心美元大幅贬值，在此背景下，经济学家们再次提出替代账户方案。①

从制度设计上来看，设立替代账户在理论上是一项多赢的制度创新：首先，替代账户在不给外汇市场施加压力的情形下减少了过剩美元的冲击，② 有助于稳定国际金融市场。其次，可以减少高储备的新兴市场经济体和发展中国家因美元贬值而遭受的国际储备资产缩水的风险。再次，以一种有规则的方式提供了脱离美元的储备分散化手段，从而降低美元的国际储备作用，提升 SDR 的作用。最后，替代账户可以使 IMF 通过集中外汇储备来加强全球的流动性管理，有利于建立多元化的国际货币体制。但是，替代账户的技术问题依然没有解决。谁来承担替代账户中的汇兑风险，替代账户是自愿性还是强制性以及用什么资产支付收益率等问题都急需得到解答。第一，谁来承担汇兑风险？IMF 将过剩美元集中起来后，一些国家的汇率风险就会转移到 IMF 成员国大家庭。如果美国不愿承担替代账户下 SDR 的汇兑风险，IMF 可能就要面临美元贬值而产生的亏损问题。美国著名经济学家彼得·凯南对汇兑损失的技术难题进行了近 30 年的模拟计算，认为美国应可以单独承担汇兑风险。如果美国不愿意，则建议所有替代账户的参与国缴纳 1% 的管理费或由 IMF 进行筹款，形成一笔储备金以维持替代账户的日常营运并弥补汇兑损失。③ 可见，汇兑风险这一技术难题并非没有解决路径可寻，政治博弈才是替代账户的根本制约因素。第二，替代账户是自愿性还是强制性？当前，各国倾向于将替代账户界定为成员国自愿加入的账户。对美国而言，由于其美元本位制和美元环流的建成，它可以轻松地将美元贬值压力传输给外围国，没

---

① 郑联盛：《替代账户机制：历史、涵义与约束》，中国社会科学院世界经济与政治研究所国际金融研究中心，Policy Brief, No. 09029. 2009, p. 6.

② John Williamson, "Why SDRs Could Rival the Dollar, Peterson Institute for International Economics", Policy Brief, No. PB09-20, 2009, p. 4.

③ Peter B. Kenen, "The Substitution Account as a First Step Toward Reform of the International Monetary System, Peterson Institute for International Economics", Policy Brief, No. PB10-6, 2010, p. 5.

有动力再接受一个有强制约束力的机制作茧自缚；对高储备国而言，它们是将自己的外汇储备交由 IMF 进行管理，而 IMF 多年的信誉及亲美的立场使它们心生忧虑。如果满足各利益方的要求将替代账户界定为自愿账户，确实符合各方的诉求，但很有可能使设立替代账户的目的和意义荡然无存。如果美国不愿参加替代账户，则替代账户毫无价值；如果参加国过少，替代账户规模有限，其作用也不能充分发挥。在当前的国际经济形势下，将替代账户设定为强制性账户仍然困难重重。第三，支付收益率的工具是什么？替代账户建立后，成员国的美元资产部分转移到该账户之下，IMF 会将账户中的美元大量投资于美国的长期债券，那么，当债券到期后，债务人应用哪种工具来支付利息？如果用美元支付，美国只需多印钞票即可履行债务，这不利于约束美元的发行，应该招致其他国家的反对。若用 SDR 支付，美国必须通过贸易顺差或其他途径赚钱 SDR，但"双赤字"的美国显然不愿受此支付工具的约束。这一难题会严重影响替代账户的可持续性。此外，还存在替代账户的使用频率、进入条件、流动性风险的分担、财务完整性等一系列的技术问题。

　　鉴于替代账户机制有利于多元化国际货币体制的建立，而且国际社会已寻求到某些技术难题的解决路径，可以考虑制定替代账户的具体规则：首先，建立强制性的替代账户。通过修改《IMF 协定》明确授权 IMF 管理替代账户，制定指导原则，并要求所有成员国必须加入替代账户。IMF 有权决定替代账户的规模，制定各国将外汇资产投入替代账户的比例标准，比如要求成员国最低将本国外汇储备的 1% 在替代账户中兑换为 SDR，最高比例不超过 5%，先试点形成小规模的替代账户，之后再慢慢扩大各国投入的比例。其次，按照"谁受益，谁分担"的法律原则来解决替代账户的汇率风险分担问题，美国和以中国为代表的高储备国家都是替代账户的受益者，由它们承担汇率风险具有可行性。鉴于替代账户机制的主要目的是分散各成员国外汇储备的风险，而非盈利，因此，替代账户中美元的利率可以略低于市场水平。① 另外，少量黄金的售卖可以成为弥补汇率损失的补充性机制。最后，明确要求替代账户下的债务国用 SDR 支付利息，只有这样，

---

　　① 向雅萍：《全球金融危机背景下国际货币体系改革的法律路径研究》，武汉大学 2012 年博士论文，第 85 页。

替代账户才能发挥限制美元特权的作用，如果美国仍然用美元支付利息，用替代账户机制约束美元发行的目标和改善国际货币体制的目标都将不可能实现。

（三）增设 SDR 的定值条款

《IMF 协定》一直没有明确 SDR 的具体定值规则。为了使 SDR 的货币篮子能及时地反映国际经济格局的变化，也为了维持 SDR 价值的合理性和稳定性，IMF 每 5 年定期对 SDR 进行审查，并发布《SDR 定值方法审查》等政策性文件，从而形成了实践中的定值规则。在 2015 年 11 月举行的每 5 年一次的常规评审结束后，IMF 宣布人民币于 2016 年 10 月 1 日正式加入 SDR。目前，SDR 货币篮子包括美元、欧元、人民币、日元、英镑五种货币，它们的权重分别是 41.73%、30.93%、10.92%、8.33% 和 8.09%，这是 SDR 历史上首次将一个金融业市场化程度尚不充分的发展中国家的货币纳入其篮子中。但是，这种调整并没有从本质上改变国际货币体制依赖主权货币特别是美元的局面，美元依然在 SDR 中占有很大权重。事实上，新兴市场国家已在全球经济中发挥日益重要的作用，约有一半的世界经济增长来源于新兴市场经济体和发展中国家。[1] 为了让 SDR 的货币篮子更具有代表性，IMF 应该反思 SDR 篮子货币的甄选标准和各种构成货币的权重公式，在条件成熟时，在《IMF 协定》中增设 SDR 的定值条款。

1. 制定清晰的 SDR 篮子货币的遴选标准

现行的遴选标准由 IMF 于 2000 年 10 月 11 日通过的关于 SDR 定值方法审查的第 12281-（00/98）G/S 号决定（以下简称《2000 年决定》）进行规定。该决定扩大了货币选择标准的范围。原有的标准是：这些货币是 IMF 成员（或包括 IMF 成员的货币联盟）发行的货币，在比定值决定生效日期提前 12 个月截止的 5 年期间内，这些成员的货物和服务出口值是最大的，[2] 即"出口标准"。此外，《2000 年决定》新列入了一项要求，即被选中纳入特别提款权篮子的货币须经执

---

① Zoellick, Robert, "A Monetary Regime for A Multipolar World", Financial Times, February 17, 2010.

② 宋晓燕：《人民币加入特别提款权货币篮子：一个法律层面的思考》，载《上海财经大学学报》2016 年第 5 期。

董会确定为符合第 30 条 (f) 款的"可自由使用货币".① 《IMF 协定》对"可自由使用货币"进行了名词解释，但由于法律条款没有具体规定何谓"广泛使用"和"广泛交易"，适用时不可避免地会出现理解和解释的分歧。为了增强 SDR 的储备资产属性，2011 年 9 月，IMF 执董会曾提出过新的评估标准——储备资产标准，具体表现为四项指标：该货币在国际外汇储备中的使用情况，即期外汇市场交易量，外汇衍生品市场交易量和 OTC 未偿付衍生品存量，以及拥有市场化的适当的利率工具。② 但是，随着金融危机的逐渐消退，国际社会希望 SDR 作为主要国际储备资产的热情再次回落，该标准最终并未被采纳。因此，IMF 应当评估货币在外汇市场上的交易量，货币在官方所持外币资产、国际债务证券发行量以及跨境支付和贸易融资中所占份额等因素，③ 尽快制定甄别"可自由使用货币"的具体指标。

2. 修改《2000 年决定》中的货币加权公式

SDR 篮子中货币权重的现行决定方法是 1978 年通过的。根据该公式，审查前 5 年内货币发行国的出口和货币在其他国家储备资产中所占的比重相加得出各项货币的权重。该公式比较陈旧，已经不能反映国际金融流动性逐渐上升的现状，公式中金融变量的权重相对较低。公式中出口的权重过高，将储备作为唯一的金融变量虽能充分反映 SDR 作为储备资产的属性，但却忽视了过去一二十年迅速增长的私营部门的资金流动。因此，建议重新设计公式的变量，并改变各项变量的权重。单一的储备变量不能充分反映金融交易中货币使用的深度和广度，特别是私营部门交易，可以在储备之外，加入国际银行债务、国际债务证券和外汇交投量等金融指标。为了保持公式的连续性，出口和金融变量仍然是同等权重，各占 50%，金融变量内部储备和其他补充性变量各占 25%。因此，新的公式可以表述为：50% 出口 + 25% 储备 + 25% 补充性金融变量。

---

① 宋晓燕：《人民币加入特别提款权货币篮子：一个法律层面的思考》，载《上海财经大学学报》2016 年第 5 期。

② 李本：《人民币入篮后的"不可回撤义务"与践行路径》，载《社会科学研究》2017 年第 1 期。

③ 宋晓燕：《人民币加入特别提款权货币篮子：一个法律层面的思考》，载《上海财经大学学报》2016 年第 5 期。

（四）拓宽 SDR 的使用范围

当前，IMF 可以从官方和民间市场多个层面来逐步拓展 SDR 的使用范围。

1. 扩大 SDR 的官方使用范围

修改《IMF 协定》中的 SDR 制度可以从扩大 SDR 的官方使用范围开始进行尝试：（1）评估 SDR 的分配制度。IMF 拟研究 2009 年的分配对国际流动性带来的影响，确定其发行是产生通货膨胀的风险，抑或有助于避免全球通货紧缩的潜在风险。建议在研究成果的基础上重新设计 SDR 的分配制度，保证在每个基期或特殊时期由 IMF 的理事会或执董会对分配进行评议或表决，并出具相关报告。（2）增设 IMF 危机贷款的功能。近些年来，IMF 对处于金融危机中的成员国发放的贷款以及危机救助工具已超出了《协定》中普通提款权部门和特别提款权部门的制度框架。建议设置专门的金融危机救助提款权部门，具体制定使用 SDR 的条件、利率、期限、用途、限额及程序等，通过明确的危机贷款制度提升 SDR 的作用。（3）明确规定成员国在公开的官方统计数据中采用 SDR 作为计价工具。IMF 应要求各成员国在公布收支平衡、国际投资状况和持有的外汇储备资产等统计数据时，同时以美元和 SDR 作为记账单位。IMF 的公开出版物及其发布的数据亦应如此。另外，IMF 还可以提倡其他领域的国际条约和国际组织在需要记账单位时优先采用 SDR。

2. 建设有深度的、流动性强的 M-SDRs 市场

2016 年 8 月世界银行发行的木兰债是 1981 年以来全球市场上发行的第一笔 SDR 计价金融产品，从此唤醒了沉睡 35 年的 M-SDRs 市场。但是，由于交易主体有限，提供交易便利的平台和激励性规则的缺失，该市场缺乏深度和流动性。IMF 应采取以下措施应对 M-SDRs 市场培育的困难：（1）刺激 M-SDRs 的发行。除了国际组织和主权国家外，IMF 应明确规定各国商业银行及各类非金融机构均有资格发行或持有 M-SDRs，市场发育早期鼓励溢价发行，适时对有愿望扩大 SDR 作用的成员国提供发行建议和指导。另外，从技术角度研究降低 M-SDRs 发行成本的对策，以应对单一货币金融产品交易成本逐渐降低和其更具灵活性的挑战。（2）为 M-SDRs 的交易提供清算服务。一旦 M-SDRs 市场开始发展，必然会对 M-SDRs 的清算系统产生需求。目前，相关交易仍需利用篮子里的多个货币系

统进行清算，每个 M-SDRs 的发行条件中均需明确谁有权选择清算货币的币种以及清算时间，这将极大地抑制二级市场交易的发展。IMF 可以借鉴 20 世纪 90 年代 ECU 民间市场的成功经验，与国际清算银行合作，由其为 M-SDRs 的交易者提供清算服务。（3）制定标准条款应对 5 年一次的 SDR 审查带来的不确定性。在市场发育早期，IMF 可以提供两种标准合同供交易者协议选择。其一，在发行或买卖 M-SDRs 的协议中封闭 SDR 的货币篮子，即一旦签订了合同，就一直保持篮子中货币种类和权重的效力，即使发行日和交易的到期日是在新一轮评审期之后，M-SDRs 仍以原货币篮子定价和交易。其二，在协议中采用开放篮子，即一旦新一轮评审作出了改变，M-SDRs 须按照新的币种和权重进行定值和交易。一般而言，新的变化更能反映发行和交易时市场力量的对比。由于 SDR 货币篮子的构成具有较大的稳定性，重新审查带来的风险可能不应被过分夸大。相较而言，第二种条款能保持 M-SDRs 的统一标准，便利于市场协议、做市商安排和常规发行的发展，可能更有利于加强 M-SDRs 的流动性。IMF 应跟踪观察重新评估对 M-SDRs 的影响，当条件具备时，选择其一作为 M-SDRs 的强制性交易规则。

第五章　推动国际货币体制功能改革的制度构想

现行国际货币体制的复杂性、不协调性和无序性是当前国际政治和经济秩序的反映，IMF 存在的意义和目的就是为了阻断这些缺陷，从而促使国际货币体制正常发挥它提供监督和对不可预知的波动作出反应的功能。但是，当前的体制缺乏一个普遍的名义上的锚，没有管理全球流动性的官方手段，没有一套充分协商一致的规范各国权利义务规则，也没有在赤字国和盈余国之间建立以市场或政策为基础的调节机制。① 在这样一个缺乏统一管理国际货币事务的游戏规则的背景下，IMF 的监督功能和贷款功能显得尤其重要。IMF 在控制名义锚上的失败使它几乎没有剩下任何一个能实现国际货币体制功能的工具，因此，必须加强 IMF 的监督工具和贷款工具的制度建设，以期促进国际货币体制的良好运行。

第一节　IMF 监督机制的改革

自从 IMF 的成员国从固定汇率制中解放出来后，主要股东们便不再依赖 IMF 来维持它们的收支平衡。现行国际货币体制也无法限制某些国内政策对其他国家和全球金融稳定带来的负面影响，法律疲软而权力凸显的事实依然存在。② 当

---

① Bessma Momani, Kevin A, In Lieu of an Anchor: the Fund and Its Surveillance Function, In *Handbook of the International Political Economy of Monetary Relations*, Edward Elgar Publishing Limited, 2014, p. 428.

② Bessma Momani, Kevin A, In Lieu of an Anchor: the Fund and Its Surveillance Function, In *Handbook of the International Political Economy of Monetary Relations*, Edward Elgar Publishing Limited, 2014, p. 430.

前，加强 IMF 的监督功能显得既必要又迫切。

一、IMF 监督机制面临的挑战

随着一体化的发展，当今国际经济和金融体制面临的困难日益凸显，主要表现为全球经济持续不平衡增长、国际收支调整过程极其不对称以及对其他国家和全球经济带来负面影响的国内经济金融政策约束有限。尽管 IMF 不断从监督实践中吸取教训并多次调整其监督法律框架，但 IMF 的监督实效依然不尽如人意，其监督制度面临着巨大的挑战。

（一）IMF 监督机制的实证分析

1. IMF 监督机制在危机前的实践①

20 世纪 90 年来以后，肩负着检测全球经济潜在危险重任的 IMF 从频发的危机中吸取教训，启动"金融部门评估规划"以帮助成员国健全其金融体制，创建国际资本市场部以专注资本市场的发展和系统性风险，还增设货币与资本市场部旨在更好地整合在金融机构和资本市场方面的分析，希望能提升 IMF 的监督能力。2008 年的全球金融海啸将世界经济带入自 20 世纪 30 年代大萧条以来最寒冷的严冬。在引致危机的风险集聚过程中，改革后的 IMF 各机构的监督工作都在如常进行。但是，IMF 却沉浸在 10 年良性经济环境和较低宏观经济波动后的持续乐观情绪中，既没有向处于危机中心的国家发出警告，也没有向广大成员国就即将发生危机的相关风险和脆弱性提出任何清晰的预警。

（1）双边监督的实践。双边监督一直是 IMF 最主要的监督方式。根据独立评估办公室（Independent Evaluation Office，IEO）2011 年发布的调查报告，IMF 在 2004—2007 年的双边监督质量参差不齐，监督实效是失败的。

首先，IMF 充分强调了全球经济失衡的风险，却忽略了这种失衡与金融体制内积累的系统性风险之间的关联性，导致 IMF 无法识别发达国家的金融系统性风险。在对处于金融海啸震中的美国经济的双边监督中，IMF 重点分析了其经常项

---

① Independent Evaluation Office of the International Monetary Fund, "IMF Performance in the Run-Up to the Financial and Economic Crisis: IMF Surveillance in 2004-07", January 10th, 2011.

目逆差的问题，建议其通过财政整顿减少不断扩大的逆差。但 IMF 较少关注美国的货币政策在信贷和住房价格上涨中起到什么作用以及解决家庭储备投资失衡的政策是否紧迫等问题，只是在 2006 年与美国的第四条磋商报告中指出美国经常账户差额与住户的储蓄投资差额密切一致。即使接触了风险的边缘，IMF 也没有敦促美国加强对金融部门的审慎监管。但是，IMF 漠视的风险恰恰成了 2008 年金融海啸的导火线。这说明，IMF 监督的重点被先入为主地置放在经济失衡和汇率风险方面。这几年，IMF 试图通过创造多边磋商工具、制定《2007 年决议》等多管齐下的策略改进监督方法，并提出中国增加汇率弹性、石油生产国提高国内消费、欧元区实施结构性改革等政策建议。可见，无论是针对发达国家还是新兴市场国家，IMF 的监督重点都偏放在全球经济失衡风险方面。对汇率失调给予更大重视的偏向不仅使 IMF 不能全面客观地监测风险，也在某种程度上引发了IMF 和成员国当局之间的紧张关系。拉脱维亚、中国等几个国家的第四条磋商都在危机爆发前的关键时期遭到明显拖延，汇率偏向显然削弱了 IMF 监督的吸引力。

其次，IMF 基本赞同处于危机中心的最大型系统性金融中心的政策和做法，但却严密监督新兴市场国家的汇率政策和其他政策，并频频发出各种警告和建议。这种偏见导致 IMF 无法识别引爆危机的风险来源国。在对发达经济体的监督中，IMF 在很大程度上依赖于政府当局的评估。IMF 的工作人员（大部分有欧美国家受教育的背景）普遍认为，市场约束和自我监管将足以避开金融机构的严重问题，"完善的"金融市场可以在最低监管情况下安全地促进大型金融体制的发展。因此，先进经济体不大可能发生危机。在这种群体思维的影响下，IMF 的监督结论是发达经济体的金融体制是健全的，监管机构是稳健和成熟的。面对引发危机的美国货币政策和金融政策，IMF 几乎成为美国政策的拥护者，夸大证券化对风险分散的好处，低估房价大幅下跌的可能性，并鼓励美国继续进行金融创新。而对于可以帮助当局和金融专家以全面方式分析金融部门问题的工具"金融部门评估规划"，在美国的坚持下，被定性为自愿监督工具，美国在危机前一直拒绝接受该工具的监督，从而错过了风险识别的时机。而对于新兴经济体，IMF 的监督要严格得多。IMF 的主要精力放在识别新兴市场的宏观经济脆弱性和风险上。2001 年，IMF 推出了脆弱性分析，这项监督工作取得了一定的成功，但 IMF

并未将发达国家也纳入脆弱性分析和早期预警系统之列。具有讽刺意味的是，当IMF致力于新兴市场国家的脆弱性分析时，2007年的次贷危机却在它认为稳健的美国爆发了，引致危机的风险却并非源于它一向严密监督的新兴市场体。

最后，IMF监督中仍存在隐形的权力渗透，IMF对主要先进经济体的双边监督盲目乐观。作为大股东，主要先进经济体至少可以从两个方面影响IMF的监督工作：其一，通过给予IMF工作人员认知干扰和政治压力影响IMF的监督。由于教育背景的类似性，大多数工作人员都不愿意挑战先进经济体当局在货币和监管方面的观点，因为这些当局拥有更丰富的金融数据和众多高素质的经济学权威。此外，有部分工作人员称，他们受到其工作对象国家的过度控制，"向当权者说出实情"，在大型经济体具有非常大的政治压力。其二，通过提出特别建议影响IMF的监督。在IMF这个大"股份公司"中，几个大股东便是特定建议背后的推动力，他们往往按照自身诉求分散IMF的监督注意力。在2007年危机形成期间就有两个很好的例证：美国通过推动制定《2007年决议》成功地将IMF工作人员的关注焦点引导至对汇率的分析上来，并促使IMF加强了对全球经济失衡的关切程度；2008年IMF人员减裁分散了基金组织管理层和高级工作人员在特别重要时刻的注意力。这些都是IMF监督失误的重要原因。正是因为主要先进经济体的影响力，IMF对它们的监督结果明显有失偏颇。即使是在危机蔓延的过程中，IMF仍然坚持对美国、英国、欧元区等国家和地区的乐观评估，尤其是对美国，在次贷危机已经悄然而至的2007年，IMF与美国的第四条磋商报告中仍认为"核心商业和投资银行财政状况健全，系统性风险似乎较低。按照国际标准，银行体制的盈利能力和资本充足率很高……尽管因次级贷款困难近期有所上扬，违约风险的市场量度仍属正面"。更有甚者，IMF还建议其他先进国家效仿美国和英国在金融部门的做法，作为它们进行更大创新的手段。正是这种对发达经济体的隐形权力渗透的默认和对英美金融市场的盲目乐观使IMF难以做出准确的判断和预警。

（2）多边监督的实践。2007年次贷危机爆发前，多边监督的两大旗舰文件《世界经济展期》和《全球金融稳定报告》都突出强调了一些与危机相关的脆弱性，但是力度明显不够。相反，旗舰文件的主基调和关键信息都是乐观的，致使人们对"大稳定"持有普遍的信任并引致国际社会对不断出现的风险和脆弱性表现出盲目乐观和自满的情绪。相对而言，《全球金融稳定报告》更多地触及引发危机的风险。它多次谈及充足流动性正把资产价值推出合理水平，金融创新带来的结构性转变使信贷风险转向非银行，衍生工具的扩散使流动性风险更显相关性。但是，该报告并未深入分析上述风险清单与宏观经济整体情况的关联性，因此并未在 IMF 的核心信息中得到突出反映。2007 年春季，《全球金融稳定报告》改变了"全球金融体制稳健并富有弹性"的措辞，谨慎地指出"潜在的金融风险已转向"，"投资头寸在某些市场的共同积累可能在条件发生变化时导致无序修正"，但 IMF 还是得出了"强健"的评估结果。《全球经济展望》更为乐观，2007 年春季，报告预测"世界经济增长将继续保持强劲"，10 月，IMF 认为虽然前景可能脱离轨道，但鉴于大型金融机构有足够的抗压能力，金融危机将会受到遏制。直到 2008 年夏天，IMF 仍在其公开声明中更加自信地认为危机已经得到遏制。显然，IMF 的多边监督也未能识别引致危机的风险类型及其来源。

2. IMF 监督机制在《2012 年决议》出台前的实践

2007 年的次贷危机从爆发到蔓延为全球金融海啸，IMF 都没能就危机前不断升级的脆弱性和风险发出及时和明确的警告。令人难堪的监督实践使 IMF 坚定地走上了改革之路。2009—2011 年，IMF 开始完善原有监督手段并不断开发新的监督工具来提升其监督能力。概括而言，IMF 从相互关联性、风险评估、金融稳定、外部稳定和法律框架等方面深化了其对风险的关注。[1]

（1）相互关联性方面。2008 年金融危机突出了对国内房地产、金融、财政等部门与各国经济稳定之间的联系作出更多分析的必要性，也深刻展示了重要国家国内政策的溢出效应[2]。因此，危机后 IMF 主要采取了以下措施将监督与全球经济的相互关联性联系起来：其一，首次启动《溢出效应报告》，评估中国、欧元区、日本、英国和美国世界上 5 个系统重要性经济体的经济政策的冲击力。该项监督工具将填补双边监督的国内侧重点与多边监督的宽泛覆盖面之间的缺口，将会有力地将双边监督和多边监督结合起来。其二，按周期准备多边国家主题报

---

[1] IMF, "Strengthening Surveillance—Lessons from the Financial Crisis", IMF Factsheet, October, 2011.

[2] "溢出效应"，是指在当今存在大量贸易和金融联系的经济中，一国政策对另一国的影响。

告，以分析成员国面临的共同问题；并强调在第四条磋商报告、《世界经济展望》和《地区经济展望报告》中都将包括对相互关联性的更多分析。其三，与 G20 紧密合作，评估成员国的政策是否支持全球经济的平衡和可持续增长，关注国与国之间的联系和外溢效应。

（2）风险评估方面。IMF 在风险评估方面取得了进展。IMF 引入了早期预警机制（EWE），以识别和评估低概率但对全球经济影响较大的风险，以及专门用于评估发达国家、新兴市场国家和低收入国家脆弱性和新产生风险的分析框架。IMF 每半年进行一次这类分析。此外，鼓励 IMF 在与成员国的第四条磋商中，利用早期预警机制、脆弱性评估、《世界经济展望》和《全球金融稳定报告》的结论，更多地关注风险评估。

（3）金融稳定方面。鉴于金融部门易爆发和蔓延危机的潜力，对金融部门实施更有效的监督是非常关键的。IMF 在它的多边和双边监督中越来越关注金融部门的问题。首先，改革"金融部门评估规划"（Financial Sector Assessment Program, FSAP）。FASP 是 IMF 与世界银行工具于 1999 年创立的监督工具。在 2008 年危机前，FSAP 是各国自愿选择的监督工具，不具有强制性。但起源于金融部门的风险引致全球金融危机的事实让 IMF 重新思考该监督工具的重要作用。危机后，IMF 明确规定了 FSAP 的功能，即通过分析金融部门的弹性、监管和监督框架的质量以及管理和解决金融危机的能力，对一国的金融部门进行全面和深入的评估，然后根据调查结果，针对具体国家的具体情况制定微观和宏观审慎性的建议。并且，IMF 列出金融部门被视为"具有系统重要性"的世界前 25 位的经济体，规定每 5 年对它们强制进行一次 FSAP 中的金融稳定评估。最近的一次评估在 2016 年完成。至此，IMF 正式将金融部门问题纳入了 IMF 的双边监督体制。其次，为加强成员国金融部门工作人员的专业知识，IMF 为所有具有系统重要性和脆弱性的经济体指派经验丰富的金融部门专家，并更努力地向其传播分析工具和进行内部培训。最后，IMF 为其金融业监管制定了一项战略计划，投入更多的资源用于研究和监督金融市场和复杂的金融机构。

（4）外部稳定方面。外部稳定仍是 IMF 监督的核心，也是各国相互依存的一个关键因素。IMF 对外部稳定评估的范围和深度都有所扩大，不仅包括汇率水平评估，也包括对国际收支、资本流动和国际储备政策的分析。此外，为确保外部稳定评估的适当覆盖性、一致性和透明度，IMF 定期发布符合《世界经济展望》的六个月周期的外部平衡、货币和政策多边一致评估报告。

3. IMF 监督机制在《2012 年决议》出台后的实践

虽然经过 3 年改革后 IMF 的监督机制有所改善，但 IMF 于 2011 年进行 3 年期监督评审后仍然认为监督机制存在诸多不足，尤其是 IMF 监督的法律框架没有充分反映经济现实，也没有充分整合双边和多边监督。2012 年，IMF 出台了整合双边和多边监督的新决议，以期为全球稳定提供更广泛的途径。在《2012 年决议》的指导下，IMF 的监督工作呈现以下特点：

（1）更注重对风险和溢出效应的分析。IMF 将所有监督工具进行整合，深化了对各国政策溢出效应传导方式的分析，以便充分暴露脆弱性。《2012 年决议》发布前，双边监督和多边监督分开进行。为了更好地发挥它们的协同作用，并更深入了解国别详情，IMF 将各种线索联系在一起，形成了新的监督产品体制（见图 5-1）。①

第四条磋商（Article IV Consultation）、脆弱性演练（Vulnerability Exercise, VE）和对外部门报告（External Sector Report, ESR）均由工作人员与成员国当局进行接触交流完成。VE 既覆盖了非系统重要性国家的国内风险和外部风险，也覆盖了系统重要性国家的风险。通过对它们的对内溢出效应和对外溢出效应的分析，对其脆弱性进行评估。系统重要性国家的对外溢出效应也有一部分在连接双边监督和多边监督的《溢出效应报告》中体现。在双边监督中，IMF 内部风险小组通过对所有成员国的脆弱性国别分析，形成了工作人员对全球关键风险的看法，这些观点总结在全球风险评估矩阵（Global Risk Assessment Matrix）中，为全球和区域的风险识别和旗舰文件的撰写提供技术依据。同时，IMF 还作出重大努力，通过一种新的外部平衡评估方法（External Balance Assessmet, EBA）和 ESR 加强了对成员国对外部门的监督。EBA 相较于过去的汇率问题咨询小组（Cousultative Group on Exchange Rate Issues），可以提供更广泛的一套指标对外部情况进行全面评估。而 ESR 结合双边监督，对 28 个系统性经济体和欧元区的外部状况和政策进行了多边一致法分析。此外，IMF 也在进一步研究监督模型的更

---

① IMF,"2014 Triennial Surveillance Review—Overview Paper", July 30, 2014, p. 9.

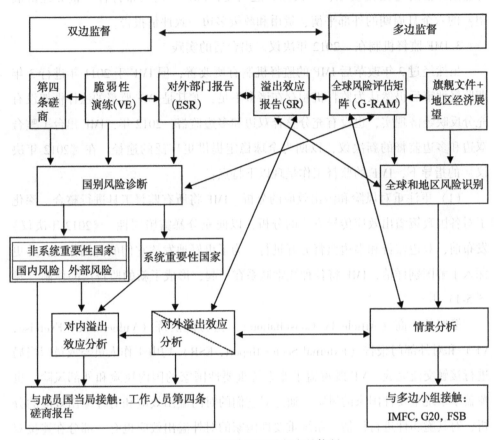

图 5-1 IMF 制定的新监督产品体制

新。目前在资产负债表方法和宏观金融分析法方面有所进展，但仍在摸索中。

（2）IMF 监督提出的政策建议更具有灵活性和针对性。2008 年金融危机有力地证明了全球经济的关联性对国内政策选择的影响。由于危机后各国政策制定的复杂性，IMF 监督在提供政策建议时也面临诸多新的挑战。不过，应对挑战的方法不是让监督覆盖所有国家的所有政策领域，而是根据各国的不同情况量身定制咨询意见。当前，IMF 试图超越传统的政策组合，以期更灵活地提出建议。IMF 突破了"财政政策作为短期稳定工具的作用有限，政策设计和实施方面具有滞后性"的传统认知，对危机特别严重的国家提出了实施财政刺激的灵活和务实的政策建议；对于非常规的货币政策，IMF 从定义到传输渠道等方面评估其影响，认识到非传统货币政策在发达国家恢复金融市场的功能，不过，IMF 也越来越关注其负面溢出效应；关于宏观审慎政策，IMF 认识到针对单个金融机构的宏观经济政策和微观审慎措施的传统组合无法识别和应对系统性金融风险，而且发达经济体和新兴经济体都在危机后运用宏观审慎政策作为遏制系统性金融风险的新杠杆，IMF 也将重点放在了宏观审慎政策的建议上；关于资本流动政策，危机发生后，一些国家的对策是用资本流动管理和宏观审慎措施补充宏观经济政策，并取得了良好的效果。在此基础上，IMF 提出了一种新的体制观。它认为，资本自由化需要有良好的计划、时间和顺序，不一定是所有国家在任何时候的适当目标。资本流动管理措施虽然不能取代必要的宏观经济调整，但在某些情况下是有效的。IMF 认为，未来的挑战是如何组合上述各种政策。此外，IMF 意识到如果它能提供一套连贯的分析和建议，并更好地利用其拥有的跨国政策的知识和经验，那么它的政策建议会发挥更大的价值。

（3）IMF 监督的影响力有所提升。危机后，很大一部分成员国认为 IMF 是其宏观政策决策方面的主要外部顾问，IMF 在逐渐提升自己的形象。首先，IMF 越来越重视和成员国的双边对话。IMF 在与成员国的接触中，加强了政策对话。IMF 工作人员思想更加开放，更能对成员国的不同需求做出反应，有助于建立信任关系和提升双边建议与成员国的相关性。正因如此，IMF 的政策建议也不再像危机前那么教条。此外，IMF 正努力面临着平衡"值得信赖的顾问"和"无情的诚实人"两种角色的挑战。IMF 认为加强对话并不是意味着告诉成员国他们想听到的意见，而只是多倾听和理解某一特定成员国的需要和关切，以便更合理更公正地履行其监督义务。不过，这样的努力短期内很难见到实质性的效果。其次，IMF 正努力提高其公正性。有效的监督依赖于分析和建议的可信性和合法性，而这两种都可能因为缺乏公正而被破坏。在一个相互关联的世界里，监督的一致性和公正性至关重要。IMF 的外部研究者建议其引入"统一待遇原则"来保证监督的公正性，即在工作人员等资源的分派和分析的深度方面对待不同的国家要给予统一的待遇。最后，IMF 在促进全球合作方面发挥了更大的作用。IMF 鼓励全球政策制定者共同努力，关注自身政策的溢出效应。同时，通过对 G20 的相互评估程序的支持，IMF 找到了促进全球合作的新渠道，可以利用相互评估程序的分析和建议促进和影响全球政策讨论。

（二）对 IMF 监督工作的评价

2008 年全球金融危机之后，IMF 全面改革其监督工具，更新其法律框架，很大程度上提高了 IMF 监督的有效性、公平性和合作性。在 2014 年 7 月的调查中，多数受访者认为，IMF 与成员国关系的发展是积极的。他们认为，国际货币基金组织已不再是一个教条主义的机构，而是一个更具合作性的机构。它的工作人员更愿意进行真正的对话，并对国家的需要作出更积极的反应。IMF 的政策咨询意见，特别是关于财政政策和资本流动管理的观念的微调也被视为一项受欢迎的进步。① 而在法律框架方面，自《2012 年决议》后，2014 年 12 月的《2014 年三年期监管审议——关于加强监管的总裁行动计划》、2015 年 5 月的《实施 2014 年三年期监管评估计划的初步措施》和《第四条款磋商监管的指引》等文件的发布都有助于强化 IMF 对成员国提出的政策建议的作用。但是，IMF 的监督工作距离充分发挥监督职能和实现其监督目标仍有很大的差距。

1. 宏观经济和金融部门的联系性分析不足

1997 年东南亚金融危机和 2008 年全球金融危机都极其生动地展示了宏观经济和金融部门间的联系。但在 IMF 的监督中，金融部门的问题却一直没有受到应有的重视。甚至在后危机时期的 2011 年，IMF 在审查部分双边监督的文件中指出，只有 1/3 左右的报告充分分析并识别金融部门政策与宏观脆弱性的关联。不过，危机后对 FSAP 的改革将 IMF 的监督往前推进了一步。IMF 规定每 5 年对金融部门被视为"系统重要性"的世界前 25 位的经济体进行强制性的双边监督。这项监督工作仍在有效运行，并取得了初步的成效。事实上，更深层次的宏观金融分析有助于更好地理解部门之间的联系与冲击传导的路径，在许多国家，金融部门是外部和国内冲击得最快和最强大的传播者，反馈效应往往放大了最初的影响。更广泛地说，金融部门的结构和运作可能支持或破坏宏观经济的稳定。了解这些关系是进行有效风险和溢出分析以及制定平衡的政策组合的先决条件。FSAPs 虽已被纳入双边监督中，但是从监督实效来看，金融和宏观经济分析仍然

---

① IMF, "2014 Triennial Surveillance Review—Stakeholders' Perspectives on IMF Surveillance", July 30, 2014, p. 4.

支离破碎。这在一定程度上反映了一个长期趋势，即"多面手"宏观经济视角在很大程度上与"专家"金融视角相分离，目前仍缺乏联系宏观和金融变量的统一模型。来自 FSAPs 的分析并没有缩小这一差距，因为它偏重于机构和微观审慎问题，而且监督频率无法满足对宏观经济问题进行频繁监督的要求，这一缺陷在非系统重要性国家更为严重。如此，FSAPs 的强制性金融稳定评估的覆盖范围、监督频率和成员国的参与度都不够反映瞬息万变的金融市场和金融机构的新发展。这些缺陷妨碍了 IMF 去了解金融部门发展的宏观相关性以及其他部门对金融稳定的影响，致使监督效果未能达到预期。

2. 双边监督和多边监督的整合不足

尽管《2012 年决议》从法律框架上整合了双边监督和多边监督，但是实践中两者仍然没有充分结合，尚不能相互配合和相互借鉴。对于系统重要性经济体而言，虽然 IMF 以第四条磋商的形式将其外部溢出效应纳入双边监督框架下，但磋商报告在分析的深度和将溢出效应纳入政策讨论的程度方面各不相同，而且，国内政策制定者更专注于国内目标，很难从双边监督工作中获得修改其政策的动力。同时，成员国政策的"回溢效应"（即系统重要性国家从自身的外部溢出效应中所体验到的负面反馈效应风险）本可使监督中的分析更丰富，并可刺激成员国参与政策讨论，然而，最强大的回溢效应通常是来自尾部风险的溢流，不会被目前开发的模型捕获，此时区域经济展望和集群报告有助于弥补一些信息缺口，多边监督可以更系统地为成员国的第四条磋商提供资料，以便专家做出最佳评估。同样，在对成员国政策内部溢出效应的双边监督方面，很多第四条磋商报告都讨论了全球风险的影响。为了提高对受到全球风险重大影响国家的分析的精确性，报告可以更系统地包括其他可选择的、量化的情景，阐明全球不利情景的影响。这种情况下，应该利用多边监督的溢出效应报告中全球风险的情境，更大程度地量化溢出效应对成员国的影响。此外，IMF 已采用 EBA 和 ESR 对成员国进行监督，这两个监督工具提供了综合分析所有有关外部部门指标的良好模型，可以将国别风险和全球风险联系起来。但是，上述两种监督模式的实践关联性却没有真正建立起来，两种监督模式的交流一般是在监督接近尾声时，由相关工作人员进行协调，以避免监督结论的不一致，而在监督过程中，两者没有相互为用，仍处于分离状态。

3. 监督报告仍不能提供足够坦诚和清晰的政策建议

在 IMF 目前的内部治理结构中,"向当权者说出实情"仍然面临着强大的抑制因素,特别是在对 IMF 的几大股东国进行监督时尤其明显。有的工作人员坦言,某些时候监督工作就是为了"证明"当局政策的"正当性",如果说出实情,其不会获得激励,而如果随波逐流提出顺周期的看法,则即使是结论错误也不用承担责任。因此,工作人员在关于大国的监督中,不坦诚地提出建议可能会更有利于其职业生涯。IMF 虽然一直呼吁工作人员做"无情的诚实人",但收效甚微。2014 年的 3 年期监督评估报告指出,对较大经济体的监督并不总是能反映出它们的系统性影响。例如,有时有些关键问题在某种程度上被隐藏在报告中……或不太知名的出版物中,从而起到淡化这些问题的效果。IMF 的外部研究和调查也表明,这反映出了与系统重要性国家监督相关联的额外压力和过分监视。① 因此,监督的坦诚性仍有待提高。另外,IMF 的监督报告有部分提供的建议不够清晰。虽然 IMF 的多边监督产品在危机后逐渐受到了成员国的高度重视,但有些新的监督产品,比如《溢出效应报告》和《对外部门报告》还在构建读者群的进程中。扩大后的一系列多边产品对 IMF 传递信息的清晰度提出了重大的挑战。作为读者的成员国和外部专家均发现很难消化和吸收关键信息。尽管各产品之间的信息传递大体上是一致的,但报告的绝对数量正在"超载"政策制定者的"带宽"。而且,即使是该领域的专家有时也很难理解报告中使用的一些技术语言,这对成员国接受监督建议制造了很大的障碍。未来 IMF 要考虑用一个单一的产品将关键的监督信息综合成一致和连贯的整体,以提高信息的清晰度。

4. 监督工作中仍存在政治偏见

一直以来,IMF 更偏向于对发展中国家的监督。由于受到西方自由思潮和经济理论的影响,IMF 几乎总是赞同英美等国的政策选择。因而,即使大型先进国家对全球收支失衡负有不可推卸的责任或面临与新兴经济体同样的脆弱性,IMF 也很少将发达经济体纳入其监督框架之下。这种明显的政治偏见在《2007 年决议》出台前后得到了充分的体现。身处引致危机的巨大风险中,IMF 却可以对此类金融风险视而不见,并坚信英美等国的决策者、其金融监管机构和大型金融机

---

① IMF, "2014 Triennial Surveillance Review—Overview Paper", July 30, 2014, p. 28.

构有能力采取补救措施引导经济走向正常轨道。在美国的促使下，IMF 在危机爆发前仍在关注中国等新兴经济体的汇率政策，从而试图将全球收支调整的义务强加于新兴市场国家。这一做法引起了广大新兴市场国家的不满，其政治偏见昭然若揭。在一次外部调查中，86% 的新兴市场国家代表表达了"监督的收益者是 IMF 的最大股东"的抵触情绪。① 虽然危机后 IMF 开始重视监督的公平性，但在 2014 年关于"IMF 应采取哪些措施来改善其政策建议"的调查中，仍有超过 50% 的受调查者要求更多地考虑政治制约因素，在所有被调查事项中关注度位居第二。② 可见，IMF 摆脱政治偏见，进行公平性改革的任务依然艰巨。

二、IMF 监督框架的法律缺陷

虽然 IMF 监督的法律框架不断完善，但从监督实效来看，IMF 依然不能充分识别影响国际经济金融稳定的国别风险和全球性风险，无法捕捉重要国家政策溢出效应的传导渠道，双边监督和多边监督的合作有待加强，其政策建议的可信度和清晰度均有很大的提升空间，而公平性缺陷也仍然是阻碍 IMF 履行其监督义务的障碍。可见，现有的法律框架并未能为现代的最优监督实践提供法律依据。危机后对 IMF 监督实效的两次三年期评估从实证的角度揭示了 IMF 监督框架的重大法律缺陷。

（一）IMF 监督框架的碎片化缺陷

IMF 监督的法律框架忽略了监督对象的相互关联性，致使监督在以下几方面呈现碎片化的状态：

1. 国内政策与对外政策被立法人为地区分

将一国政策区分为国内政策和对外政策缘起于《IMF 协定》的第 4 条第 1 节，该条款通过列举义务时的不同措辞形成了成员国义务"内软外硬"或"内

---

① Manuela Moschella, "Lagged Learning and the Response to Equilibrium Shock: The Global Financial Crisis and IMF Surveillance", *Journal of Public Policy*, Vol. 31, Issue 02, 2011, pp. 126-127.

② IMF, "2014 Triennial Surveillance Review—Review of IMF Surveillance Products", July 30, 2014, pp. 32-33.

柔外刚"的局面。由于成员国在国内政策和对外政策方面承担了不同性质的义务，IMF 监督只能按其不同性质采取了不同的监督方式。《2007 年决议》制定时，IMF 的基本思路是：一国的汇率政策往往直接影响外部稳定，而国内政策仅仅是通过国内稳定的促进间接地影响外部平衡。因此，《2007 年决议》的汇率偏见非常明显，它忽略了其他政策对外部稳定带来的影响。事实上，所有政策都是影响一国内部平衡和外部平衡的因素，从而可能从根上影响全球稳定和国际货币体制的运行。从此意义上讲，IMF 要关注的应是相互关联的政策对全球经济的作用。《2012 年决议》出台后，国内政策引起国内不稳定，但并非通过国际收支不稳定而影响国际汇率体制稳定的情形被纳入双边监督框架下，而即使国内政策并未引起国内不稳定，但其溢出效应影响国际汇率体制的情形也要纳入 IMF 的多边监督框架。这一指导意见拓宽了 IMF 的监督范围，似乎不再区分国内政策和对外政策，几乎覆盖了各类政策导致的国际汇率体制和国际货币体制的不稳定情形。但是，作为 IMF 监督的基本法律依据的《IMF 协定》第 4 条将国内义务规定为"尽力型"的软性义务，而将汇率政策及其他对外政策界定为硬性义务，由此，形成了"外紧内松"的监督制度，即使依据《2012 年决议》，IMF 监督目前既覆盖了对外政策，也涉及国内政策，IMF 也不能对国内政策实施类似汇率政策一样的监督力度。

此外，由于没有法律条文对国内政策范围的明确规定，现在 IMF 的监督范围已从传统的财政政策、货币政策和金融政策拓展到其他相关国内政策。近三四年来，IMF 对成员国的金融部门发展、宏观金融联系、风险评估、外部稳定前景、重大宏观社会问题（特别是关于创造就业和不平等的问题），以及有关的对外和对内的溢出效应等进行了更加深入的监督。尽管成员国在扩大双边监督的范围方面基本能达成共识，但对于哪些政策应该被监督，各国看法却并不一致。比如，有关当局对社会问题（如贫穷和收入不平等）和其他结构性问题（如劳动力市场、监管和部门问题）是否应被双边监督涵盖有不同的看法。有的强烈支持 IMF 加强对这些问题的关注。正如一位国家权威人士所言："IMF 专注于其狭隘使命的做法已站不住脚。它需要考虑到更广泛的情况和应用更全面的方法。"但是，大多数人都认为，IMF 应该坚持它在传统监督领域的比较优势，只有结构性问题与宏观政策相关联时才关注这些问题。① 这是《IMF 协定》人为地将监督对象区分为国内政策和对外政策后派生出来的缺陷，IMF 对上述政策和问题的监督并没有得到明确的约章授权，只是在实践中摸索出来的现状。因此，必须重新思考《IMF 协定》对成员国义务的分类标准，并明确 IMF 监督覆盖的政策范围，赋予 IMF 对被立法甄别出来的相关政策的统一的监督职权。

2. 宏观金融的关联性仍未被立法充分识别

《IMF 协定》在第二次修正时，并没有认识到金融部门政策与其他宏观经济政策的相互关联性，并认为促进汇率体制稳定便可以促进国际货币体制稳定，从而完全忽略了金融部门政策对国际货币体制的冲击和影响。2008 年金融危机改变了 IMF 对金融部门政策的认知，它开始强化和完善 FSAPs 这一监督工具。目前，大多数成员国都支持 IMF 加强对金融部门发展政策及其对实体经济、公共财政和国际收支影响的监督。它们认为，尽管牵涉时间和人力资源，但这项监督工作是非常有价值的。但是，由于立法中并未重视对重视金融部门政策的监督，关于宏观金融联系的理论模型和经验评估仍在进行中，从事这一监督工作的工作人员经验和专业水平参差不齐，导致对金融部门政策的风险调查结果和建议在质量和深度上存在很大的差别。因此，立法的缺失使 IMF 目前仍不能准确一致地识别金融部门政策带来的风险。

3. 双边监督与多边监督的整合有待加强

《2012 年决议》作为指导 IMF 进行监督的政策性文件，首次将双边监督和多边监督进行了整合，其重点是整合了 IMF 监督的政策范围。但是，由于其基本法律《IMF 协定》并未有关于多边监督的具体规定，实践中双边监督和多边监督的一体化和一致性仍面临挑战。理论上，多边监督的产品可以为各国经济发展和政策选择提供一个更广阔的视角，这既可为 IMF 的双边监督提供建议，也符合日益增强的全球互联性的要求。但是，实践中两个维度的监督往往面临一体化和一致性问题。有的政府当局认为多边监督文件中对其他国家的分析比第四条磋商报告更为坦率。但是，当他们面对关于自己国家的不同意见时，他们倾向于优先考虑

---

① IMF, "2014 Triennial Surveillance Review—External Study—Report on Interviews", July 30, 2014, p. 15.

第四条磋商报告中的意见，认为这些意见更加符合"当地的经济、体制和政治现实"。一些地区部门的工作人员抱怨在某些情况下多边监督和双边监督报告之间存在"不和谐的信息"。为了避免不一致的信息，他们花了大量的时间查看各种文档。溢出效应报告也受到一些批评，被指该报告的分析方法不透明，难以向当局解释，因此可能会影响而不是支持双边政策对话。① 可见，虽然双边监督和多边监督的连接已取得明显进展，但仍需采用立法措施加强相关部门的协作，以提高其一致性和整体化程度。

（二）IMF 监督框架的合法性缺陷

《IMF 协定》第 4 条的汇率偏见为 IMF 监督制度的合法性缺陷埋下了伏笔，而《2007 年决议》的发布则使 IMF 的监督框架陷入最严重的合法性危机。它在美国次贷危机爆发之时，继续漠视发达经济体对国际金融稳定带来的风险，过分关注发展中经济体和新兴经济体的汇率政策，有意忽视了汇率自由浮动的发达经济体应承担的国际收支调整义务，从而对采取钉住或有管理的浮动汇率制的成员国造成歧视。该文件颁布后，众多发展中国家对 IMF 监督的合法性提出了质疑。在制作 2011 年《IMF 三年期监督评估报告》的采访过程中，大多数政府表达了对《2007 年决议》的不满，觉得它将监督重点过窄地聚焦在汇率问题上。② 成员国在提出质疑的同时，也呼吁 IMF 给予所有相关政策公平的监督权重，避免监督框架为少数国家所利用。《2012 年决议》虽然在多边监督和加强对国内政策的监督方面对《2007 年决议》作出了修改，但并没有从本质上弥补合法性缺陷。在 IMF 于 2014 年制作 3 年期报告的采访中，大多数发达国家当局认为 IMF 监督是相当公平的，但有人提到，在最强大的国家，尤其是美国，复杂的政治环境使 IMF 根本不可能对其政策选择产生实质性影响。相比之下，新兴市场国家则有更多的抱怨。有些国家认为，IMF 更关注它们的脆弱性，而较少监督发达经济体的同类风险。有人指出，IMF 仍然对其发达成员不用全力，继续手下留情。许多新

---

① IMF, "2014 Triennial Surveillance Review—Exernal Study—Report on Interviews", July 30, 2014, pp. 14-16.

② IMF, "2011 Triennial Surveillance Review—Review of the 2007 Surveillance Decision and the Broader Legal Framework for Surveillance", August 26, 2011, p. 11.

兴市场国家当局抱怨，IMF 对发达经济体的非常规货币政策的溢出效应分析低估了它们在资本账户领域的这些政策带来的风险。还有一些国家不满于 IMF 对亚洲大国，尤其是中国采取了更通融和包容的态度。非 G20 的国家则抱怨，太多的人力资源被用于支持不到成员国数量 15% 的 G20 成员的监督上，他们认为，这大大限制了分析的深度，并对 IMF 向其他成员国提供咨询意见的质量产生了不利影响。可见，国际社会尤其是新兴市场国家对 IMF 监督的合法性仍存疑虑。

（三）IMF 监督框架的操作性缺陷

《IMF 协定》第 4 条使用了大量软法词汇，诸如"努力""适当照顾""引向""寻求"等，这些措辞使成员国的相关义务没有硬性的约束力。而即使是硬性义务，IMF 监督的法律框架也没有对相关概念给予清晰的描述，比如何为"国际收支的有效调整"，何为"国际货币体制"，何为"不公平的竞争优势"，至今均无解释。《2012 年决议》附件澄清了"汇率操纵"的含义，但在构成要件的认定上运用了难以评估的目的要素，使该制度仍然缺乏可操作性。IMF 成立至今，没有宣布一个国家是汇率操纵国，也为监督制度缺乏操纵性提供了佐证。此外，IMF 的监督产品只能给成员国提出政策建议，如果成员国拒绝采纳，IMF 没有任何手段要求成员国避免采取威胁全球金融体制和国际货币体制稳定的政策。从这个角度讲，IMF 的监督建议也缺乏可操作性。因而，IMF 有必要在以下两种机构模式中作出选择，即基于对话和劝说的纯粹的合作机构，抑或主管全球经济和金融政策的严格的执行（制裁）机构。这个问题的答案对提高 IMF 监督框架的操作性至关重要，目前 IMF 更倾向于合作机构，未来监督机制的可操作性令人担忧。

（四）IMF 监督框架的程序性缺陷

《IMF 协定》第 4 条第 3 节仅规定了 IMF 监督的两种程序性义务，即成员国在 IMF 进行汇率监督时的磋商义务和在 IMF 进行监督时提供数据的义务。而对于监督的具体部门、对象、范围、标准、方式、时限、报告通过等程序则全无规范。《2007 年决议》主要补充了双边监督的范围和标准，而《2012 年决议》更大的贡献是为多边监督建章立制，规定了多边监督的范围、正常磋商和特别磋商的监督形式以及对话和劝告为主的监督模式。但是，综合分析 IMF 监督的法律框架，诸多程序性问题仍未解决：首先，缺乏对监督主体的具体规定和相应的激励及问责制度。IMF 监督的法律框架没有明确规定双边监督和多边监督各自的监督主体，更未涉及两者的协调义务。并且，激励和问责制度的缺失非常不利于让工作人员成为"无情的诚实人"。其次，两种监督的提起、流程、频率、时限和监督报告的效力等程序性规则均无明文规定。《IMF 协定》只在第 12 条第 8 节提及监督报告发布的问题。一般而言，未经成员国同意，IMF 不得单方公布其对成员国政策监督的报告。但如果该国的情况将直接导致各成员国国际收支失衡时，经 70% 总投票权通过，可以发布针对某一会员国的报告。这一程序性规则使监督报告的透明度大打折扣。最后，数据采集的规定也不利于 IMF 充分开展监督。为了 IMF 监督的便利，成员国负有向 IMF 提供它进行监督时所需资料的义务。但是，IMF 需要从私人部门获得资料（如在对全球系统性重要金融机构进行监督时，为了详细分析跨国的金融联系性）才能进行有效的监督，《IMF 协定》第 8 条第 5 节（b）有效地禁止 IMF 从成员国获取此等资料的权利。因此，IMF 只能依赖相关成员的自愿分享才能获得这类资料。这一规则导致的数据缺口会成为 IMF 监督有效开展的法律羁绊。

三、IMF 监督制度改革的法律对策

IMF 建立的一个重要初衷是克服"二战"后各国经济政策协调中的缺陷，以提供稳定的国际货币体制。但是，以固定汇率制为特点的布雷顿森林体制并未实现稳定的愿望，而随后在无体系的体制下，国际收支失衡及其调整不对称的老问题仍未解决，各种新问题更是层出不穷。短期汇率波动频繁剧烈，中长期汇率失衡时常发生，不稳定的货币投机肆意横行。① 与此同时，在牙买加体制建立之时为维护其正常运行而增设的 IMF 监督制度却明显软弱无力。2008 年金融危机再次为 IMF 监督制度的失灵提供了生动的注脚，近十年来的监督实效也用事实证明了 IMF 监督制度的法律缺陷。国际社会已充分意识到了改革 IMF 监督制度的必要性和紧迫性，但每个国家都想尽量维护其主权范围内的政策策略，因此，IMF

---

① 丁志杰：《浮动汇率：存在未必合理》，载《中国金融》2008 年第 1 期。

必须在稳定的国际货币体制这一公共产品和各国进行政策选择的主权之间寻求最佳平衡。

(一) 改革 IMF 监督制度的指导原则

后危机时期的监督实践揭示出了 IMF 监督制度面临的主要挑战：不能限制有些政策对其他国家和全球经济金融稳定带来的负面影响。这并非一个新的挑战，至少在过去 100 年间就已经在各地区流行了。① 因此，必须根本地、全面地改革 IMF 监督制度，从而为国际货币体制的稳定提供制度保障。在改革的过程中，建议遵循以下几个原则：

1. 全面监督原则

《IMF 协定》第 4 条将成员国的义务区分为国内政策义务和对外政策义务，并规定了不同的监督力度，导致 IMF 的监管范围出现真空，即对于没有引起国内不稳定的国内政策，不管是否影响国际汇率体制和国际货币体制的稳定均不受监督；对于引起国内不稳定的国内政策，如果不是通过国际收支渠道影响国际汇率体制的稳定，也不在 IMF 的监督范围内。《2012 年决议》在一定程度填补了监督真空，将上述监管漏洞分别纳入多边监督和双边监督的框架下。但是，由于第 4 条设置的 "内软外硬" 的区别义务，对国内政策的监督力度远远不够。事实上，国内政策的溢出效应对国际货币金融体制稳定的侵蚀与汇率政策带给国际货币金融体制的冲击一样不可小觑，应将两者置于同等地位也是实现了真正对国内政策和对外政策的全面监督。

此外，在《IMF 协定》第 4 条设置的对外政策的第三项具体义务中，成员国既要避免操纵汇率也要避免操纵国际货币体制来 "妨碍国际收支的有效调整或取得对其他成员国的不公平竞争优势"。但 IMF 从未对操纵国际货币体制的义务进行任何形式和任何程度的监督。其实，国际社会中只有少数储备货币发行国才有能力操纵国际货币体制，曾任中国驻 IMF 执行董事的葛华勇也指出，如果从世界经济格局仔细审视，就会发现对全球系统性稳定有关键影响的主要是发行国际储

---

① ［美］杰克·布尔曼、［法］安德烈·艾卡德等著，范莎、刘倩等译：《国际货币体系改革》，中国大百科全书出版社 2015 年版，第 91 页。

备货币的国家。① 而对操纵国际货币体制监督的漠视正符合这些国家的利益诉求，但却使 IMF 监督的对象出现了漏洞。多年来，在全球经济失衡问题上，IMF 更多地将调整责任加诸新兴市场国家，严密监督它们的汇率制度，对于美国等发达经济体操纵国际货币体制获取不公平的优势则置若罔闻。有经济学家曾指出："由于美元是世界贸易和金融的首要储备货币，美国通过其利率政策，事实上是全球操纵汇率的'蛇头'，美联储主席是操纵汇率的'首席男巫'。"② 美国利用美元环流回收境外的美元，再通过美元贬值，减轻其负债，从而维持其日益扩大的贸易逆差。美国对这种变相掠夺他国财富抗辩的理由主要是美元的贬值是由市场决定的，并非人为操纵。事实上，历史上没有任何政府会听任其汇率完全取决于市场，而市场力量也是根据中央银行关于利率变动的考虑，以及政府税收和贸易政策做出的相应预期和回应。③ 如果 IMF 仅监督实行钉住汇率或有管理的浮动汇率制国家的外汇政策，而完全无视浮动汇率制国家滥用其货币的国际地位的操纵行为，那么 IMF 的监督必然失之偏颇。

总之，未来的 IMF 监督制度应该对国内政策和对外政策一视同仁，既严密监督操纵汇率行为，也要积极关注操纵国际货币体制行为。只有这样，IMF 的监督才具有全面性。

2. 科学监督原则

IMF 在监督过程中，往往会因为先入为主的认知导致错误的理念或缺乏权威的监督标准和有效的监督工具而使监督失去科学性。首先，IMF 的监督理念受到了英美等国过多的干预而失之偏颇。在欧美经济思想的影响下，IMF 在全球经济持续性失衡的认知上更偏向于美国等西方大国，而将监督重点一直放在新兴市场国家的汇率政策上。事实上，现在的全球经济失衡不过是"特里芬难题"的再现，而其根源，不在于中国或某个发展中国家的汇率形成机制或汇率失衡问题，

---

① 《中国执董就〈对成员国政策双边监督的决定〉答问》，http：//www.gov.cn/jrzg/ 2007-06/22/content_658053.htm，2015 年 12 月 20 日访问。

② 亨利·C·K·刘，林小芳：《美国：世界首要货币操作国》，载《国外理论动态》 2007 年第 6 期。

③ 亨利·C·K·刘，林小芳：《美国：世界首要货币操作国》，载《国外理论动态》 2007 年第 6 期。

而恰恰在于以美元为主导的现行国际货币体制的内在运行机制。① IMF 完全忽略国际货币体制的影响，并罔顾发展中国家和发达国家在经济实力、市场影响、金融规模以及体制观念的巨大差异，在这样的认知下进行监督极易失去客观性。其次，IMF 在进行汇率监督时，无法突破技术上的瓶颈——汇率严重偏差的科学衡量标准。作为《2007 年决议》和《2012 年决议》中的一个重要指标，汇率严重偏差对于认定汇率操纵具有重要的意义。但是，不仅 IMF 倾注数十年人力、物力和财力也没有建立起被各国普遍接受的标准或模型，② 而且整个经济学界也是如此。③ 以 IMF 对人民币均衡汇率的测量为例，仅用"宏观经济平衡法"和"购买力平价法"就能得出"人民币被低估 15%～30%"和"轻微低估"如此迥异的结论。这样的结论显然不能成为 IMF 监督的依据。最后，IMF 的监督工具也要与时俱进。随着国际经济的纵深发展，IMF 的某些传统监督工具难以适应新现实的需要，需予以改善或重置。比如，进行外部部门评估时，要在更广泛的国家范围内逐步用 EBA 取代 CGER，这需要不断提升 EBA 的监督技巧。此外，溢出效应报告、ESR 等监督工具也需要逐步完善。IMF 应进一步研究有哪些根本原因造成了监督数据提供方面的严重问题，并应研究如何才能改进鼓励制度。④ IMF 应从以上几个方面努力，加强对相关经济理论的研究，为 IMF 监督提供科学的理论依据。

3. 公平监督原则

纵观 IMF 的监督历史，无论其监管制度如何变革，监督对象却始终是发展中国家，而对国际货币体制稳定更有影响力的发达国家基本上可以一直游离在监督框架之外。IMF 成立之初，一个重要宗旨就是防止成员国发生国际收支逆差和货币危机，因此，其对于成员国汇率政策的监督重点一直是经常项目逆差的可维持

---

①　贺小勇、管荣著：《WTO 与 IMF 框架下人民币汇率机制的法律问题》，法律出版社 2010 年版，第 83 页。

②　韩龙著：《人民币汇率的国际法问题》，法律出版社 2010 年版，第 194 页。

③　韩龙著：《金融法和国际金融法前沿问题》，清华大学出版社 2018 年版，第 202 页。

④　詹才峰：《新形势下国际汇率监督制度的演变方向》，载《上海金融》2009 年第 4 期。

性以及相应的货币高估问题。① 当时以美国为首的西方国家主要是贸易盈余国，处于贸易逆差状态的发展中成员国向 IMF 申请救援时，IMF 往往将实施货币贬值作为向其发放贷款的条件。而当美国挣脱美元发行的纪律约束，不再需要通过贸易顺差向世界输送美元时，IMF 通过《2007 年决议》外部稳定概念的引入，将监督重点从逆差国转移到顺差国。虽然监督的重点发生了变化，但监督对象仍然是发展中国家。这样的监督制度明显失之偏颇。

IMF 监督制度缺乏公正性，致使 IMF 的政策建议失去可信性，并在一定程度上损害了 IMF 的合法性。为了让 IMF 监督真正地、充分地发挥作用，未来的改革必须加强 IMF 监督的公正性。公正性原则从以下两个方面为改革提供指引：其一，加强对系统重要性国家政策的溢出效应的监督。IMF 要梳理主要国际货币发行国的政策对国际汇率体制和国际货币体制的冲击渠道，不能一味突出汇率政策对外部稳定的效应。一国的低利率政策、国内金融部门政策等都可能造成汇率体制不稳定，而这些国内政策正是 IMF 汇率监督中缺失的环节。另外，主要国际货币发行国之间汇率水平波动剧烈是发展中国家和地区乃至全球金融动荡的重要因素，这些国家不能仅以市场决定汇率为由就脱离 IMF 的监督。其二，发达国家和发展中国家对于维护国际汇率体制的稳定和国际收支平衡，都肩负着责任，但由于两者对世界经济的影响力和能力的不同，建议在 IMF 监督体制中引入"共同但有区别"的责任原则，② 以体现公平原则。发达成员国和发展中成员国应加强合作，根据各自的能力承担不同的调整责任。

（二）修改《2012 年决议》

《2012 年决议》虽然进一步改善了对 IMF 监督的指导性原则，但其仍存在明显缺陷。尽管某些缺陷囿于《IMF 协定》的规定，短期内难以迅速克服，但鉴于此类决议的性质，对它的其他缺陷进行修改是一条更容易、更快捷的温和改良型路径。决议的修改只需要执董会简单多数通过即可生效。当然，这条路径不能从

---

① 贺小勇：《IMF〈对成员国汇率政策监督的决定〉对中国汇率主权的影响》，载《法学》2008 年第 10 期。

② 贺小勇：《IMF〈对成员国汇率政策监督的决定〉对中国汇率主权的影响》，载《法学》2008 年第 10 期。

根本上克服 IMF 监督制度的法律缺陷。但考虑到《IMF 协定》的修改困难更大、耗时更长，而 IMF 当前迫切需要改革其监督制度，因此，可以考虑在"2020 年综合监督检查"后修改《2012 年决议》。具体的修改建议如下：

1. 拓宽汇率监督的调整范围

根据《IMF 协定》第 4 条第 1 节，成员国的汇率义务包括避免操纵汇率和避免操纵国际货币体制两方面，《2007 年决议》将重点放在了"为获得不公平竞争优势而进行的汇率操纵"上，而没有对"为妨碍国际收支的有效调整而操纵汇率"及"为上述两种目的而操纵国际货币体制"作出任何指引。这一处理方式引起了广大发展中成员和新兴市场成员的反感，它们认为《2007 年决议》的制定目的有偏私之嫌。而随后出台的《2012 年决议》并未有效地弥补该缺陷，监督范围依然狭窄。建议新修改的决议能将上述三种情形纳入汇率监督，明确规定相关的概念、各种行为的构成要件和界定指标以及引发 IMF 调查的具体情形，从而尽可能实现对发达国家和发展中国家的公平待遇。

2. 平衡双边监督的重点

IMF 应该吸取 2008 年金融危机的教训，改变汇率偏见。虽然修订后的决议仍然不能改变成员国国内政策义务的性质和范围，但可以为成员国执行这些政策提供更均衡、更综合的指南。IMF 在进行双边监督时，必须全面评估成员国包括货币、财政、金融部门政策、汇率政策及其他影响宏观经济的所有国内政策，适时调整对各项政策关注的权重，并向成员国提供类似于指导汇率政策监督的指标和 IMF 需要审查的具体情形。而且，IMF 应摒弃把全球经济持续失衡更多地归因于发展中国家和新兴市场国家的偏见，在对发达国家的国内政策和外汇政策进行监督时，同样引入外部稳定原则来强调发达国家的调整责任。只有这样，才能一定程度上提升 IMF 监督的公平性。

3. 加强程序性规则的制定

《2012 年决议》虽然首次为多边监督建章立制，但其具体程序规则仍有欠缺。修改后的决议要明确主要监督工具的监督频率、时限、主要流程等，尤其重要的是，要明确双边监督和多边监督的一致性。对于双边监督，目前应从以下方面加强程序性规则的建设：（1）明确规定双边监督的部门主体、工作人员的职权和义务、监督频率、具体流程和报告通过的程序等。（2）明确成员国提供信息和资料的义务。特别是涉及成员国的私人部门时，鼓励成员国积极主动配合 IMF 的审查，提供必需的数据。（3）建立工作人员的奖惩机制，使工作人员成为独立于其国籍国或其他利害关系国度的"无情的诚实人"。（4）提高报告的透明度。鼓励更多的成员国公布第四条磋商报告。

（三）修改《IMF 协定》

虽然修改《2012 年决议》可以在一定程度上克服 IMF 监督制度的法律缺陷，但不能从根本上变革监督制度。只有修改《IMF 协定》的相关条款，才是根本变革 IMF 监督制度的唯一路径。但是，《IMF 协定》条款的修改都要经历复杂的程序，并由拥有 85% 多数票和 3/5 以上成员国同意时，该修正案才能对成员国生效。IMF 监督制度的变革涉及各国政策选择的主权权力，势必引起成员国之间艰苦的谈判，因此，以下的建议可以视为 IMF 监督制度中远期改革的目标。

1. 对《IMF 协定》第 4 条的修订

第 4 条作为 IMF 监督的基本法律依据存在明显的不足，它人为区分国内政策和对外政策，分离双边监督和多边监督，众多义务软弱无力，诸多概念模糊不清等，都成为 IMF 监督的法律障碍。建议从以下方面完善第 4 条的规定：

首先，整合第 4 条下的成员国义务，以全面监督为主要指导原则，罗列出清晰的、有约束力的义务。整合的思路是：对于每个成员国应履行义务的监督是全方位的，包括货币、财政、金融和结构政策等。在一定程度上，这些政策会综合影响全球经济和金融的稳定，影响到内部、外部、汇率的稳定。一个实行浮动汇率制度的国家也无法免除这些义务。[①] 建议第 4 条摒弃所有具有软法特征的词汇，删除含义模糊无法操作的义务，重新提炼成员国的硬性义务，并进行合理的排序。可以设想成员国应具体承担以下四项义务：（1）首要义务是确保国际货币体制的有效运行。（2）应该指导国内经济和金融政策，通过价格稳定来培育有序的经济增长。（3）应该避免操纵汇率，并防止国际货币系统阻碍有效的国际收支调整或获得不公平的竞争优势。（4）应该促进金融的稳定，包括培养潜在的经济

---

① ［美］杰克·布尔曼、［法］安德烈·艾卡德等著，范莎、刘倩等译：《国际货币体系改革》，中国大百科全书出版社 2015 年版，第 93 页。

和金融环境，以防止实际有效汇率产生不稳定的中断。① 据现行第 4 条第 3 节
(a) 的规定，IMF 作为一个整体有义务监督国际货币体制的有效运行，但没有规
定个体成员国对国际货币体制应尽的义务，这使 IMF 的监督义务有空谈之嫌。因
此，重新列举成员国义务时，应将确保国际货币体制的有效运行的义务落实到每
个成员国，从而为对各国国内政策溢出效应的监督提供明确的制度基础。后面的
三项依次规定了成员国维护内部稳定、外部稳定和全球金融稳定的硬性义务，使
IMF 对国内政策和对外政策的监督力度取得了一致性。

其次，规定监督各项义务的具体指标。为便于对各国政策的监督，IMF 可以
构建一些具体的标准。比如，一国的经常账户赤字或盈余不应持续超过全球生产
总值的比例；成员国国际资产的增减在一段时间内不能超过其 GDP 的比例；成
员国通货膨胀率的最高比率；成员国每年的财政赤字在其 GDP 中的最高比例；
成员国的货币政策、财政政策、外汇政策和其他经济、金融政策应根据评估标准
对成员国真实有效汇率加强平均；成员国国际储备的货币构成变化的最高比例；
成员国应避免使其实际汇率持久、显著地远离其规范的政策等。这些指标可以和
上述四项义务对应起来。当然，有些指标已在国际社会达成共识，但有些还需要
经济学家的钻研和各国的谈判才能形成一致意见。将指标量化有利于增强 IMF 监
督的科学性和可操作性，是未来努力的方向。

最后，明确规定成员国违反义务后的责任。IMF 监督所受到的批评还包括监
督无力，违反义务的国家不用承担任何责任。IMF 一直被定位为以对话和劝说为
基础的合作机构，因此无论是双边监督的第四条磋商报告，还是多边监督的旗舰
文件及溢出效应报告等新产品，都只限于对成员国提出政策建议。这一定性使
IMF 监督的实效大打折扣。为了更好地发挥 IMF 的监督功能，更有效地促进国际
货币体制的稳定，建议赋予 IMF 一定的制裁权，要求违反义务的国家承担相应的
责任。如果 IMF 在监督中认定成员国违反了第 4 条的义务，那么它可以提出补救
政策措施的方案供成员国调整违反义务的政策，同时对成员国的政策进行密集和
及时的跟进，并公开散发调整政策的报告。这类似于"点名羞辱"的程序。如果

---

① ［美］杰克·布尔曼、［法］安德烈·艾卡德等著，范莎、刘倩等译：《国际货币体
系改革》，中国大百科全书出版社 2015 年版，第 92 页。

成员国仍拒不调整政策，IMF 可以通过投票权和 SDR 的分配与持有对成员国进行制裁，比如暂时冻结其对 SDR 的持有，剥夺全部或部分参与 SDR 未来分配的权利，冻结全部或部分投票权等。同时，还可以要求成员国缴纳类似罚款的款项。比如对外汇储备超额征收费用（针对盈余国）或对外汇储备不足额征收费用（针对赤字国），限制利用 IMF 贷款的额度，提高借款的利率等。当然，制裁权需要主权国家的授权，可能会遭到某些成员国的阻挠，但将 IMF 改造为一个具有制裁功能的国际组织，对于维护国际货币体制的稳定具有非常积极的意义。

2. 对《IMF 协定》第 1 条的修订

《IMF 协定》第 1 条规定了 IMF 的宗旨，第 4 条的成员国义务和 IMF 的监督制度均从第 3 项宗旨"促进汇率稳定，维持有序的外汇安排，避免竞争性外汇贬值"派生而来。但是，第 1 条是《IMF 协定》的原始条款，已经不能充分反映浮动汇率制合法化后的国际货币体制对相关立法的需求。首先，IMF 不必再以促进汇率稳定为目标，在主要国家货币之间自由浮动的现实基础上，IMF 更关注汇率体制的稳定。这是《IMF 协定》第二次修正时就应该完成的任务。其次，频繁爆发的货币金融危机证明，有序的外汇安排和稳定的汇率体制并非实现国家货币体制稳定的充分条件，新时代背景下，各种金融风险层出不穷，其传播渠道也日益复杂，必须要升华 IMF 的宗旨，将其从维护汇率稳定的层面提升为维护国际货币体制的稳定。最后，如果要对第 4 条进行上文建议的修订，那么第 1 条宗旨的指引是必不可少的。第 4 条修改后，不再规定一般性义务，而是规定四项具体的硬性义务，其中首要义务是每个成员国都应该确保国际货币体制的有效运行。因此，可以将第 1 条的宗旨和现行第 4 条的一般义务进行整合，将第 3 项宗旨修改为"通过促进汇率体制的稳定和全球经济和金融的稳定来促进国际货币体制的稳定"，从而为 IMF 监督制度提供更广泛和全面的适用空间。

3. 对其他相关条款的修订

随着第 1 条和第 4 条的修改，为了充分发挥 IMF 监督职能的功效，有必要修改其他配套的法律制度：首先，修改信息提供义务的法律制度。《IMF 协定》第 8 条第 5 节（b）规定成员国提供信息时，没有义务提供太详细的资料以致泄露公司和私人的信息。但是，IMF 在对成员国的金融部门政策进行监管时，这些信息是必不可少的。因此，建议修改该项的规定，要求成员国提供私人部门的必要资料，以便更好地进行金融稳定风险的监督。尽管这样会导致来自成员国关于法律和实践的担忧，尤其是，关于这些信息的机密性的保存和披露使其对这些公司的潜在责任并不清晰，但是确立信息提供义务的方向会极大地提升 IMF 对金融部门的监管水平，具体的担忧可以通过其他立法或例外条款加以排除。其次，修改监督报告的通过程序。第 12 条第 8 节规定了对成员国作出负面评估的成员国政策报告的公布条件，即 70% 以上总投票权多数通过，这意味着 IMF 没有权利单方决定是否公开此类报告，尤其是第四条磋商报告。在实践中，此类报告的公开还需要被监督成员国的同意。为了加强 IMF 监督的影响力和执行力，建议修改该条款，授予 IMF 单方决定公布报告的权力，尤其是有关系统重要性国家的政策报告。有学者认为，只要监督是基于客观信息，对它们的经济和金融政策以及成效的公开评论，就不会破坏 IMF 与其成员国的关系。① 尤其是系统重要性国家，它们政策的溢出效应决定了 IMF 公开其政策报告的必要性。当然，本条也可设置例外条款以最大限度地维护成员国的主权。比如，国际资产货币构成的信息可以不予公开。最后，厘清第 4 条和第 6 条的关系。第 4 条义务修改后，IMF 有权全方位监督成员国经济和金融政策，并提出政策整改的建议，其中可能涉及资本项目的管理政策。如果一国政策违反了第 4 条义务，IMF 可以根据情况要求其实施资本项目的管制。2012 年后，IMF 对资本项目管制有了新认知，放宽对成员国资本项目义务的修改是可行的。

第二节　IMF 的贷款机制的改革

贷款是与监督同等重要的 IMF 的三大核心职能之一。但是，2008 年全球金融危机爆发时，IMF 捉襟见肘的贷款能力和在贷款历史中的污名使其在危机救助中的地位非常尴尬。美联储通过国际货币互换提供了事实上的国际最后贷款人，而作为国际货币体制守护者的 IMF，却因可用资源的匮乏、贷款工具的僵化、贷款条件的严苛与救助职能的虚无而无法承担国际最后贷款人的重任。未来多元化

① ［美］杰克·布尔曼、［法］安德烈·艾卡德等著，范莎、刘倩等译：《国际货币体系改革》，中国大百科全书出版社 2015 年版，第 100 页。

的国际货币体制逐步摆脱对美元的依赖后，IMF 应当责无旁贷地向国际社会提供最后贷款人。因此，改革 IMF 的贷款机制，构建最后贷款人的法律制度，是更好地发挥国际货币体制功能的重要保障。

一、IMF 贷款机制的改革及评析

为支持处在全球经济危机之中的国家，也为了提高贷款能力和声誉，IMF 在危机后对贷款工具、贷款条件、贷款能力等进行了一系列的改革。直到目前，改革仍在进行中。

（一）IMF 的贷款工具改革及评析

从 2009 年 3 月开始，IMF 对贷款框架进行了持续并重大的改革。在贷款工具的设计方面，主要有以下改进措施：取消以往极少使用的贷款安排，整合了新的贷款工具；重整了贷款的费用和期限结构；将各国的正常贷款限额增加了 1 倍，非优惠贷款新的年度及累计的贷款限额分别提高到份额的 200% 到 600%；重新设计了针对低收入国家的贷款安排，以加强 IMF 提供优惠短期贷款和紧急融资的能力；加强了备用安排，新增了灵活贷款额度和预防性和流动性限额两个工具，以便向有着强劲基本面和政策的成员国提供大额的预先融资。目前，IMF 针对不同类型的国际收支需求以及成员国的具体国情提供了多种贷款工具。备用安排（Stand-By Arrangements，SBA）和备用信贷（Standby Credit Facility，SCF）分别针对陷入危机的新兴市场经济体或发达市场经济体和低收入国家提供援助，从而解决短期或潜在的国际收支问题。中期贷款（Extended Fund Facility，EFF）与相应的提供给低收入国家的中期信贷（Extended Credit Facility，ECF）是 IMF 向面临长期国际收支问题的国家给予中期支持的主要工具。为预防或减轻危机，并在风险加剧时提振市场信心，IMF 可以向已经采取强硬政策的成员国提供灵活信贷额度（Flexible Credit Line，FCL）或预防性和流动性额度（Precautionary and Liquidity Line，PLL）。因商品价格冲击、自然灾害和国内脆弱性问题而面临国际收支迫切需求的国家，则可通过快速融资工具（Rapid Financing Instrument，RFI）及相应的提供给低收入国家的快速信贷（Rapid Credit Facility，RCF）获得紧急援助。① 2010 年 IMF 设立的专门针对低收入国家的"减贫与增长信托"（Poverty Reduction and Growth Trust，PRGT）包括上述三个优惠贷款窗口：中期信贷（ECF）、备用信贷（SCF）和快速信贷（RCF）。为满足危机后低收入国家不断增加的资金需求，IMF 的优惠贷款承诺显著扩大，2012 年 9 月，执董会批准将黄金出售利润形成的普通储备的一部分分配给 PRGT，使其每年可发放贷款平均额度达到 18 亿美元，2015 年 7 月，IMF 将所有优惠贷款的限额扩大了 50%，以进一步增强针对低收入国家的金融安全网。2016 年 10 月，执董会同意 ECF 和 SCF 的零利率至少延续到 2018 年年底，而 RCF 将无期限适用零利率。② 在上述众多的贷款工具中，以下三种工具更集中地反映了危机后 IMF 贷款工具的改革特点。

1. 备用安排（SBA）③

备用安排是 IMF 的传统贷款工具。自 1952 年 6 月成立以来，IMF 的备用安排（SBA）已被成员国多次使用，是 IMF 为新兴市场国家和发达市场国家提供的主要贷款工具。2009 年，SBA 与 IMF 的其他更多工具一起进行了升级，以更加灵活地应对成员国的需求。危机后改革的要点有：提高了借款限额，精简和简化了贷款条件，可以提前预付更多资金，新框架还允许在预防的基础上扩大高贷款限额的借贷。SBA 框架使 IMF 能够迅速响应各国的外部融资需求，并支持旨在帮助它们摆脱危机和恢复可持续增长的政策。

（1）借款资格。所有面临外部融资需求的成员国都有资格获得 SBAs，但须遵守 IMF 的政策。不过，中等收入成员国（欧债危机后部分发达国家）更经常使用 SBA 支助，因为低收入国家有一系列适合其需要的零利率优惠性贷款。

（2）贷款和还款时间。SBA 的贷款期限是灵活的，一般为 12—24 个月，但不超过 36 个月，这符合解决短期国际收支问题的要求。还款一般在 3—5 年内还清。

---

① IMF Lending, March 8, 2018, https：//www. imf. org/en/About/Factsheets/IMF-Lending, last visited on 10/12/2018.

② IMF Factsheet, IMF Support for Low-Income Countries, http：//www. imf. org/en/About/Factsheets/IMF-Support-for-Low-Income-Countries, visited on 10/12/2018.

③ IMF Stand-By Arrangement（SBA），March 8, 2018, https：//www. imf. org/en/About/Factsheets/Sheets/2016/08/01/20/33/Stand-By-Arrangement, last visited on 10/12/2018.

（3）贷款的具体规则。根据 SBAs 获得 IMF 援助的条件取决于成员国对资金的需求、偿还能力和使用 IMF 资源的记录。在这些指导方针下，SBA 在贷款金额和时间上提供了灵活性，以便于满足借款国的需求。根据不同情况，IMF 制定了不同的贷款规则。第一，正常条件。2016 年年初实施第 14 次份额审查后，SBA 的借款限额被提高，12 个月期间内的贷款限额为新配额的 145%，整个项目期限内累计限额为新配额的 435%（扣除还款）。第二，特殊条件。根据 IMF 的特殊准入政策，IMF 可以在个案基础上发放高于正常限额的贷款，这需要 IMF 执董会加强审查。在 2008 年金融危机期间，面临严重融资需求的国家能够利用特殊的 SBAs。第三，预先提供资金的条件。如果有强有力的国家政策和融资需求性质，新的 SBA 框架可以基于一国的政策和外部环境为成员国预先提供资金。第四，快速借贷的条件。SBA 下的资金资助可以在 IMF 的紧急融资机制下加速，该机制使 IMF 的贷款能够迅速获得批准。在全球金融危机期间，这种机制曾多次得到利用。第五，预警贷款的条件。新的 SBA 框架扩大了高贷款限额的预防性备用安排（High Access Precautionary Arrangements，HAPAs）的范围，这是一种针对巨大潜在融资需求的保险安排。当各国不打算提取核定数额，但在需要时保留提款的选择时，就可以使用预防性安排。

（4）贷款的条件。当一国向 IMF 借款时，它同意调整其经济政策，以克服最初导致它寻求救援的问题。这些调整政策的承诺，包括具体的条件，一般载于成员国借款时的意向书中。目前，IMF 进一步改革了其贷款条件，更注重条件的可衡量性和可观察性：第一，量化的条件。IMF 使用量化的项目目标来监测成员国获得贷款后国内政策的进展，比如审查国际储备和政府赤字或借款的目标，与该项目的目标是否一致；第二，结构性条件。新的 SBA 框架停止使用结构性表现标准。相反，以一种全面的方式评估对实现贷款项目目标至关重要的结构性措施的履行进展，包括通过关键政策领域的基准进行评估。

2. 灵活信贷额度（FCL）①

FCL 是 IMF 本着为不同情形的国家提供不同贷款的改革思路创设的新贷款工

---

① IMF Flexible Credit Line（FCL），March 8, 2018, https：//www. imf. org/en/About/Factsheets/Sheets/2016/08/01/20/40/Flexible-Credit-Line, last visited on 10/12/2018.

具，旨在满足政策框架非常强大、经济表现良好的国家对危机预防和危机缓解贷款的需求。迄今为止，哥伦比亚、墨西哥和波兰这三个国家已经使用了 FCL。虽然这三个国家到目前为止都没有提款，但在风险加剧的时期，FCL 为这些国家提供了宝贵的信心支持。

（1）贷款的资格。资格标准是 FCL 机制的核心，要让 IMF 对成员国在必要时采取纠正措施的能力充满信心。在 2017 年对 FCL 和 PLL 的审查中，在保持现有的资格标准的前提下，IMF 建立了一套核心指标和阈值，以提高资格制度的可预测性和透明度。资格审查过程的核心标准是评估成员国是否：拥有强大的经济基本面；正在实施——并有持续的跟踪记录——非常强有力的政策；继续致力于在未来维护此类政策。具体而言，除了申请的成员国在最近的第 4 条协商中获得了对其政策非常积极的评价外，申请国还应达到以下标准：可持续的外部环境；私人资本流动主导的资本账户；主权国家以优惠条件稳定进入国际资本市场的记录；在借款安排建立在预防性基础上，尽管存在潜在国际收支失衡压力，但储备头寸仍相对宽松，IMF 提供资金援助是正当的；健全的公共财政，包括可持续的公共债务状况；在健全的货币和汇率政策框架下，保持低而稳定的通胀；金融体制稳健，没有可能威胁系统稳定的偿付能力问题；有效的金融部门监管；数据完整性和透明度。

（2）贷款的灵活性。FCL 提供的灵活性意味着 IMF 可以满足广泛的国家需求：其一，有资格的国家可以灵活地在预先指定的期限内随时提取信贷额度，或将其视为一种预防性工具。其二，FCL 向有资格的国家保证，鉴于政策框架的强大，这些国家可以在不附带任何持续条件的情况下预先获得 IMF 的大量资源。其三，FCL 作为一种可再生信贷额度，在第一年进行资格审查后，起初贷款时限可能为 1 年或 2 年。如果一个国家决定利用信贷额度，可以在 3—5 年再还款。其四，对 FCL 的贷款没有上限，可以根据具体情况评估提供资源的额度。

（3）贷款的成本。尽管 FCL 有更大的灵活性或可能更高的额度，但其借款成本与 IMF 的传统备用安排（SBA）和预防性和流动性限额（PLL）下的借款成本相同，以便有资格的国家低成本地度过困难期。

3. 预防性和流动性限额（PLL）

2008 年全球金融危机突出表明，建立有效的全球金融安全网，为各国提供更有效的危机预防工具非常重要。预防性和流动性限额（PLL）的目的是灵活地满足具有良好的经济基础但仍存在有限弱点的成员国的流动性需要，因为这些弱点使它们无法使用 FCL。到目前为止，马其顿和摩洛哥这两个国家使用了 PLL。

（1）贷款的资格审查。与 FCL 类似，PLL 资格认证标准也是良好的基本面和强劲有力的政策，资格评估的核心标准与 FCL 一致。不过在具体标准上，PLL 的标准要宽松一些。除了在最近的第 4 条获得了积极的评价外，IMF 还对以下五个领域的政策进行审核：外部地位和市场准入；财政政策；货币政策；金融部门的健全和监督；数据的充分性。虽然要求申请国在大多数领域有良好的表现，但允许在其中一个或两个领域存在中度的弱点，而这五个领域中任何一个的重大弱点都将使成员国丧失参加 PLL 的资格。另外，有下列情况的国家不能使用 PLL：持续无法进入国际资本市场；需要进行大规模的宏观经济或结构政策调整（除非这种调整是在核准之前可靠地进行的）；公共债务状况极有可能在中期无法持续；银行普遍破产。

（2）贷款的事后审查。使用 PLL 的国家承诺重点实施旨在减少其在资格审查过程中存在的脆弱性的政策。IMF 组织执董会通过 6 个月一次的审查，对 1 至 2 年期的 PLL 进行监督。审查将评估该项目在多大程度上仍在实现其目标的轨道上。如果一个成员国在核准该安排时实际需要国际收支平衡，则按照审查的同样周期，分阶段每半年支付一笔款项。6 个月的 PLL 安排不通过审查加以监测，但如果认为对 PLL 的成功至关重要，可以采用先行行动标准进行监督。

（3）贷款的期限和限额。PLL 的期限可以是 6 个月，也可以是 1 至 2 年。有实际或潜在短期国际收支需要的国家，如果在 6 个月内能在解决其脆弱性方面取得可信进展，则可获得 6 个月期限。通常情况下，6 个月期限 PLL 的最高限额为成员国份额的 125%。但是，如果一国产生国际收支失衡后的贷款需求是外生冲击的结果，包括区域或全球压力的增加，则可以获得更多的援助。一般来说，续期 6 个月的 PLL 安排，必须在批准前六个月的 PLL 安排后的 2 年冷却期后。对于 1 至 2 年的 PLL 安排，第一年的最高限额为份额的 250%，整个安排期内限额为份额的 500%。在为期一年以上的 PLL 安排中，第二年还款的款项可在需要时分阶段偿还，但须经 IMF 执董会在审查期间内核准。

2008 年金融危机的复苏期内，危机影响持续存在，全球增长仍然疲弱，除了直接受到危机冲击的国家外，最初受冲击较小的经济体也开始出现国际收支困难。陷入困境的经济体纷纷寻求官方金融支持，各国对 IMF 资金资源的需求上升到前所未有的水平。2008—2013 年，IMF 核准了一般资源账户下 4200 亿 SDR 的贷款安排。成员国提款约 1670 亿 SDR，其中近 1190 亿 SDR 是在此期间进行的。包括一般资源账户和 PRGT 资源在内的 IMF 未偿信贷从 2007 年的不足 100 亿 SDR 上升到 2013 年的 900 亿 SDR 以上，截至 2015 年 6 月，偿还额下降至近 600 亿 SDR。[1] IMF 在此期间提供的贷款项目帮助全球经济和大多数受项目支持的国家有效地抵御了危机的影响。一些新兴经济体和小国能够应对贸易和资本流动的崩溃；欧元区获得了时间来建立抵御危机蔓延的防火墙；2011 年阿拉伯之春之后，中东和北非地区的经济改革和信心得到了支撑。IMF 的贷款成果反映了新的贷款工具设计的重点会因各国面临的问题不同而有所不同。例如，在处理冰岛、爱尔兰和拉脱维亚的金融部门紧张方面取得了良好进展，在亚美尼亚、拉脱维亚、塞舌尔和斯里兰卡的项目中实现了有效的外部调整。塞浦路斯、约旦和希腊实现了适当的财政调整，亚美尼亚、多米尼加共和国、匈牙利、牙买加和塞舌尔成功实施了广泛的结构性改革。哥伦比亚和波兰完全避免了经济萎缩，墨西哥也从一年的衰退中迅速复苏。

上述贷款工具的改革克服了以往"一刀切"的缺陷，更多地关注了各国尤其是低收入国家的不同国情和利益需求，向公平的法律原则迈进了一步。SBA 的加强和升级，各种工具贷款限额的提高以及贷款结构的减化都有利于发展中国家。改革后，没有资格申请 FCL 和 PLL 的发展中国家可以将 SBA 作为危机预防工具，更高的贷款限额有利于发展中国家获得更多的贷款支持，成本与期限结构的调整有助于建立从 IMF 借款的正确激励机制，更多的优惠贷款工具可以促进低收入国家向 IMF 寻求短期和紧急融资的帮助。[2] 但是，危机后新设立的 FCL 和 PLL 却用表面上的公平掩饰了事实上的不公平。绝大多数发展中国家不可能符合 FCL 和 PLL 的"事前资格审查"。获得新贷款工具资助的国家往往和欧美具有千丝万缕

---

① Charles Collyns, "Lorenzo Giorgianni", Philip Lane, "Crisis Program Review", November 9, 2015, pp. 10-11.

② 占云生、汪浩、李万业、郑其敏：《对国际货币基金组织贷款新政的评析》，载《中国集体经济》2009 年第 7 期。

的联系。比如，获得 FCL 资助的国家中，美国和墨西哥、欧盟和波兰之间的经济关联度相当高，FCL 一旦使用，将有利于美国和欧盟在墨西哥和波兰受困的资金安全撤离，因此，FCL 的实际最大受益者仍然是美国和欧盟。[1]

（二）IMF 贷款条件的改革与评析

根据《IMF 协定》的规定，成员国在一般资源账户请求 IMF 贷款时，除了提取储备部分的资金外，其他信用部分的贷款一般都要附加条件。广义上的条件既包括 IMF 提供的贷款方案的设计标准，即宏观经济和结构政策，[2] 也包括用来监测该国与 IMF 合作制定的目标进展情况的具体工具。设立条件是为了帮助各国通过调整政策解决国际收支失衡问题，从而避免各国采取损害国家或国际繁荣的措施。与此同时，这些条件规定的措施旨在保障 IMF 的资源，确保该国获得贷款后有足够的能力偿还贷款。IMF 贷款项目下的所有条件必须对实现宏观经济计划目标或监督实施情况至关重要，或对执行《IMF 协定》的条款及其政策下的具体规定是必要的。

1. 贷款条件的具体表现[3]

成员国向 IMF 申请贷款时，一般会同意调整其经济政策以克服最初导致它寻求救援的问题。这些承诺，包括双方商议的具体条件将载于成员国的借款意向书中。IMF 会根据条件，对借款国进行项目审查。项目审查为执董会提供了一个框架，以便定期评估 IMF 提供的贷款项目是否在正常轨道上，以及是否需要进行修改以实现项目的目标。审查将回顾性评估（项目条件是否符合商定的时间表）和前瞻性评估（项目是否需要根据新的发展情况进行修改）结合起来。IMF 的条件调整要求表现为先行行动（Prior actions）。先行行动是指一国同意在执董会批准融资或完成审查之前采取的措施。它们确保该贷款项目具有成功的必要基础，或

---

① 占云生、汪浩、李万业、郑其敏：《对国际货币基金组织贷款新政的评析》，载《中国集体经济》2009 年第 7 期。

② 蔺捷：《金融危机背景下 IMF 贷款条件性改革》，载《国际商务研究》2011 年第 5 期。

③ IMF Conditionality, https://www.imf.org/en/About/Factsheets/Sheets/2016/08/02/21/28/IMF-Conditionality, visited on 10/12/2018.

者在偏离商定的政策之后回到正轨。具体而言，IMF 贷款条件主要包括以下标准下的政策：

（1）定量性能标准（Quantitative Performance Criteria，QPCs）。该标准是具体的、可测量的条件。QPCs 总是与当局控制下的宏观经济变量相关，例如货币和信贷总量、国际储备、财政平衡和外部借款。一国向 IMF 借款时，其条件可能包括最低水平的净国际储备、最高水平的央行国内资产净值或最高水平的政府借款等。

（2）指示性指标（Indicative Targets）。除了 QPCs 之外，还可以建立指示性指标，以评估成员国在实现贷款项目目标方面的进展情况。有时，由于经济趋势的数据具有不确定性，会使用这种指示性指标条件。随着不确定性的降低，这些条件通常被转化为 QPCs，并进行适当的修改。

（3）结构性基准（Structural Benchmarks）。它通常是不可量化的改革措施，这些措施对实现项目的目标至关重要，在审查期间作为评估项目履行情况的标志。它们因项目而异，包括改善金融部门运作、建立社会安全网或加强公共财政管理等措施。

在审查中，如果不满足 QPCs，执委会可以批准正式放弃或拒绝此项目。如果因偏差小或暂时满足或该国当局已采取或将采取纠正措施，该项目仍可能会成功实现。如果结构基准和指示性指标未得到满足，则不能放弃审查此项目，而应根据项目的总体执行情况进行评估。IMF 的贷款安排监测数据库（Database for the Monitoring of Fund Arrangements，MONA）是公开的，它涵盖了项目条件的所有方面。

2. 贷款条件的演变与发展

IMF 的贷款一直涉及政策性条件。直到 20 世纪 80 年代初，IMF 的条件限制主要集中于宏观经济政策。随后，随着 IMF 越来越多地参与低收入和转型国家的贷款项目，这些国家严重的结构问题使 IMF 逐渐重视结构性条件，结构性条件的复杂性和范围也日益增加。但是，严苛的条件使 IMF 饱受诟病。2009 年 3 月，IMF 改革了其条件性框架，以加强其预防和解决危机的能力。这次改革废除了结构性表现标准，相反，IMF 决定以一种全面的方式评估对实现贷款项目目标至关重要的结构性措施的履行进展，包括通过关键政策领域的基准进行评估。2012

年，执董会讨论了审查有关条件的指导方针，并强调，IMF 应努力从以往的危机中吸取教训，提供更有针对性、更灵活的贷款条件。经过改革，IMF 贷款的条件总体上更适合各国的需要，更精简，更注重 IMF 专业知识的核心领域，但仍需要进一步加强执行基本政策的领域，比如，跟"宏观社会"有关的条件或国家的债务上限等条件。

3. 对贷款条件的评析

在 IMF 众多的贷款条件中，饱受争议的是结构性条件。结构性条件聚焦于 IMF 贷款的核心领域，对实现贷款目标非常关键。在最近的 IMF 贷款项目中，结构性改革发挥了重要作用。在全球金融危机期间，结构性条件的年均数量均有所上升。到 2013 年，平均水平接近 2003—2005 年的峰值。① 2011 年的条件性审查指出，欧元区项目（希腊）的结构性条件的数量和深度都有所增加，欧元区以外的一些项目（波斯尼亚-黑塞哥维那、牙买加、突尼斯和乌克兰）的结构性条件性水平也很高。② 在初始经济面较弱和汇率较僵硬的国家，结构性条件设置较多。在中东和北非地区，结构性改革试图解决阿拉伯之春期间凸显的脆弱性，特别是那些与不平等、青年失业和社会问题有关的脆弱性。希腊、乌克兰等具有最高结构条件的项目启动了后续安排。在这些情况下，高结构性条件反映了早期项目的经验教训，同时也体现了 IMF 为解决成员国面临的新的全球性挑战所作的一般性努力，如潜在增长、就业创造、不平等和其他社会问题。

结构性表现标准的废除使 IMF 贷款条件的合法性得以提升。但是，长期以来 IMF 贷款条件有"干涉成员国内政"之嫌的缺陷仍未彻底克服。随着结构性条件的广泛使用，IMF 贷款条件涉及的范围越来越广，不仅包括一国宏观经济政策方面的改革和调整，还逐渐包括了诸如公司管理、银行规制、税收改革、贸易自由、消除外国投资管制、允许外国银行和公司设立子公司以及控制价格等通常由一国政府来管理的事项。而且，其严苛的条件还延伸到社会和文化政策领域，如

---

① Charles Collyns, "Lorenzo Giorgianni, Philip Lane", Crisis Program Review, November 9, 2015, pp. 42-43.

② "The Strategy, Policy, and Review Department of the IMF", 2011 Review of Conditionality, June 18, 2012, p. 32.

人权、军费开支、社会福利项目、政府腐败及环境保护等。① 甚至，根据 2011 年至 2013 年的一份调查，许多条件性主要集中于政治敏感领域。② IMF 要避免利用条件的设置干预过多尚未让渡的主权范围内的事项。

（三）　IMF 贷款资源的改革与评析

目前，IMF 的资源主要来自各国以 SDR 或可自由使用货币缴纳的份额、多边借款和双边借款安排。2008 年金融危机后，为了增加可用资源，IMF 从多方面对资金来源渠道进行了改革。首先，IMF 于 2009 年进行了 2500 亿美元的 SDR 的普遍分配，并进行了份额改革，各成员国缴纳的份额是 IMF 贷款的主要资金来源，危机后 IMF 的贷款能力提升了 3 倍；其次，多边借款和双边借款安排为份额资源提供了临时性补充，对 IMF 在全球经济危机期间向成员国提供特殊的资金支持起到了极其关键的作用；最后，2009 年 9 月执董会通过 85% 多数票表决，授权 IMF 出售有限黄金。IMF 于 2010 年 12 月完成了约占其持有量 1/8 的 403.3 公吨黄金的出售。44 亿 SDR 黄金出售收益的一部分用于设立"减贫与增长信托"基金，用于补贴对低收入国家的优惠贷款。经过一系列改革后，IMF 目前拥有 9750 亿 SDR 的总资源，在留出流动性缓冲后，可以转化为约 7000 亿 SDR（约 1 万亿美元）的放贷能力。

不可否认，通过危机后 SDR 的分配和双边、多边借款安排以及 2010 年的增资方案改革，IMF 的资源和可贷资金得到了极大的扩充。但是，即便如此，IMF 的份额相对于 GDP 的规模也仅仅达到了 1983 年的水平，考虑到近几十年的贸易不平衡，如果希望 IMF 的增资与 1983 年占 GDP 的规模持平，IMF 增资的规模应该达到 220%，短期内，IMF 如此大的增资规模很难实现。可见，危机后的 SDR 分配和 2010 年的增资改革收效甚微，借款安排也只能起到临时的补充作用，目前的资源模式远远不能满足 IMF 作为国际最后贷款人的资金需求。因此，必须深化扩大 IMF 资金来源的改革，除了重构 SDR 的分配规则以满足 IMF 作为最后贷

---

①　向雅萍：《后次贷危机时期 IMF 改革的法律思考》，载《武汉理工大学学报》2010 年第 2 期。

②　王萍：《论 IMF 贷款条件性改革动向对亚投行的发展启示》，载《理论月刊》2016 年第 5 期。

款人的资金需求外，还要广开路径增加 IMF 的资金来源和收入。

二、改革 IMF 贷款机制的法律对策

尽管 IMF 在近 10 年对贷款工具、贷款条件和贷款资源进行了全面的改革，但由于历史的惯性及治理的缺陷，IMF 距离正式国际最后贷款人的路途依然遥远而漫长。短期内，IMF 应继续深化其危机贷款的职能改革，提升其危机救援能力；远期内，应不断深化 IMF 的治理改革，反思 IMF 的宗旨和职能的法律制度，适时修改《IMF 协定》，将 IMF 构建为有约章授权的、高效公正的国际最后贷款人。

（一）重新定位 IMF 的宗旨

众所周知，《IMF 协定》与《国际复兴开发银行协定》是在布雷顿森林会议上同时通过并生效的，IMF 和世界银行也依宪章于 1945 年 12 月 27 日同日成立。这对国际金融机构之间的渊源甚深，虽然各有分工不同，但成员国在制定宪章时，却在宗旨方面做了过于宽泛的规定，导致两者的宗旨出现了重叠和交叉。《IMF 协定》第 1 条规定 IMF 的宗旨之一是"便利国际贸易的扩大与平衡发展，以促进和维护高水平的就业和实际收入……作为经济政策的首要目标"，《国际复兴开发银行协定》第 1 条也规定了类似的宗旨"促进国际贸易长期均衡地增长，并保持国际收支的平衡，以协助会员国提高生产力、生活水平和改善劳动条件"。事实上，作为两大国际金融组织，"便利或促进国际贸易的发展"不应成为其宗旨，而是 IMF 实现了维护国际货币体制稳定的宗旨和世界银行实现了在发展中国家减少贫困和建立共享繁荣的可持续之道的宗旨后自然出现的良好结果。宽泛的宗旨使 IMF 的职能出现了偏差，比如 IMF 为了促进和维护高水平的就业和实际收入而热衷的长期贷款和贫困减少与增长战略事实上是世界银行的主要职能。2008 年全球危机爆发前，由于主要工业国家早已不向 IMF 申请贷款，而大多数发展中国家因 IMF 贷款条件的严苛而失去了对 IMF 的信任，再加上危机前十年国际金融秩序相对稳定，IMF 在乐观情绪的影响下，逐渐将贷款重点偏向于消除贫困的长期贷款，而不是调整国际收支的短期贷款，其职能逐渐偏离在核心宗旨之外。危机爆发后，IMF 反应迟钝，束手无策。2009 年，世界经济陷入复苏的泥

沼，增长缓慢；2010 年以来，以希腊和爱尔兰为首的欧元区国家先后爆发了主权债务危机，其带来的市场动荡导致金融稳定的进程出现倒退。[1] 而且，主要国际货币间汇率波动剧烈，资本进出无序，货币危机不断。2018 年 8 月，土耳其里拉大幅贬值，拖累俄国、印度、南非等新兴经济体的货币跌幅一度创下新低，国际货币金融秩序不稳定因素的积累使 IMF 回归其核心宗旨显得非常紧迫和必要。因此，建议修改《IMF 协定》，将 IMF 与世界银行的宗旨进行明确的区分，强调 IMF 的宗旨为"通过组织全球货币金融合作与提供国际最后贷款人的国际金融危机管理服务而实现国际货币金融体制的稳定与发展"。只有重新定位 IMF 的宗旨，才能将 IMF 有限的资源运用到最急需的领域，增强其作为国际最后贷款人的贷款能力。

（二）正式赋予 IMF 管理危机的职能

布雷顿森林体制下，IMF 的核心职能是维护固定汇率的稳定，对面临收支平衡压力的成员国提供短期贷款帮助。20 世纪 80 年代后，汇率大幅波动，短期资本无序流动，国际货币金融危机频繁爆发，IMF 逐渐开始充当危机管理者和贷款者，向遭受危机冲击的国家提供有限的国际最后贷款人。国际金融经济形势发生了巨变，但 IMF 历史上 5 次对《IMF 协定》的修改均没有反应 IMF 职能在事实上发生的变化。由于 IMF 管理和救援危机的职能没有明确的、合法的依据，IMF 可能会面临"越权"的指责。而且，IMF 若要成为正式的国际最后贷款人，必须得到《IMF 协定》这一宪章性文件的明确授权。

目前，IMF 在国际经济实践中的主要职能与《IMF 协定》规定的传统职能已出现了明显的出入。除了技术援助这一职能没有发生太大的变化外，另外两项 IMF 的核心职能都突破了《IMF 协定》中条款的规定。（1）监督职能。《IMF 协定》中的监督偏重于对汇率体制的监督，对国际货币体制的监督虽有原则性规定，但操作性不强。在危机后的实践中，IMF 开始注重多边监督，关注系统重要性国家政策的溢出效应，而且在双边监督中，也突破了汇率政策监督的狭窄范围，开始重新分配对国内政策和对外政策的权重，以期提升监督的有效性。（2）

---

[1]　谢世清：《后危机时代国际货币基金的职能改革》，载《国际贸易》2011 年第 11 期。

贷款职能。《IMF 协定》中 IMF 的主要职能是"为遭遇国际收支困难的成员国提供贷款，帮助其恢复宏观经济的稳定"。但在 20 世纪 80 年代后的国际实践中，IMF 并非仅针对遭遇收支失衡困难的成员国发放贷款，更多地是向受到货币危机和金融危机的成员国发放危机贷款。而在危机贷款中，由于《IMF 协定》没有规定设立贷款条件的标准，IMF 在发放危机贷款时，其贷款条件慢慢从传统的宏观领域蠕升到微观领域。危机贷款职能因缺乏法定性，一方面其合法性缺陷抑制了该职能的发挥，另一方面，也为 IMF 危机前 10 年滥用贷款条件提供了温床。在危机贷款附加的条件下，IMF 开始关注破产法、知识产权法、司法改革以及其他为市场提供便利的法律和机构安排，并深入公司治理甚至政治管理（通过关注腐败）的领域。显然，IMF 的职权出现了"从宏观到微观"的转化。[①] 可见，IMF 实践中的两项核心职能都没有充分的法律依据。

因此，除了上一节探讨的改革 IMF 监督职能的法律建议外，还需要从以下方面完善 IMF 的贷款职能的法律制度：首先，加强 IMF 危机管理的职能。IMF 应制定危机贷款的原则、条件、程序等，主持债务重组、贷款条件执行、监督与评价、"受灾国"间政策的协调等工作，管理危机，防止金融恐慌。并且，要设计危机后期的退出机制，协助成员国经济的恢复。其次，明确授予 IMF 危机贷款的职能。考虑修改 SDR 的发行和分配规则，加大 SDR 的发行量；将多边借款、双边借款和发行以 SDR 计值的国际债券的资源模式常态化和制度化；扩大投资授权，改革收入模式。近年来，随着 IMF 的贷款工具的优化，IMF 的收益有所增加。根据 2018 年执董会的收入报告，2018 财政年度 IMF 的净收入总额估计为 7 亿 SDR（约 10 亿美元），收益将增加到 IMF 的预防性余额中，截至 2018 年年底，该余额约为 174 亿 SDR（250 亿美元）。[②] IMF 应该更高效地利用收益。最后，为使资金更好地发挥维护金融体制稳定的功能，IMF 应将贷款目的限定在危机救助和短期收支失衡的救助两方面，即将 IMF 的贷款类型分为两大类：危机信贷和收支失衡信贷。因此，IMF 向长期面临国际收支问题的低收入国家提供中期支持的

[①]　向雅萍：《后次贷危机时期 IMF 改革的法律思考》，载《武汉理工大学学报》2010 年第 2 期。

[②]　IMF Executive Board Reviews the Fund's Income Position for Financial Years 2018 and 2019-20, June 14, 2018, p. 1.

主要工具"中期信贷"业务应当转移给世界银行及其他地区发展银行,只有这样才能实现 IMF 的核心宗旨。

(三) 制定 IMF 作为国际最后贷款人发放危机信贷的法律制度

IMF 作为国际最后贷款人具有相对的可信性。但要将其构建为多元化国际货币体制的最后贷款人,不仅需要授予职权,提升贷款能力,还需要从以下方面设计国际最后贷款人发放危机贷款的具体规则:

1. 将贷款工具的贷款限额与份额脱钩

目前 IMF 正在使用的贷款工具中,除 FCL 没有设置贷款上限以外,其他贷款工具都将贷款上限与份额挂钩。事实上,符合 FCL 资格审查的国家可能只有韩国、新加坡、巴西等发达国家或新兴市场国家,广大需要 IMF 大额资金援助的发展中国家几乎不可能通过该工具的资格审查。但是,由于大多数发达国家都已经实现了自由浮动汇率,并有比较开放的资本项目制度,它们多拥有多种调节收支和应对外部冲击的手段,除了欧洲主权债务危机期间,IMF 曾向少数发达国家提供过援助外,近半个世纪以来,绝大多数拥有较高份额的发达国家都没有向 IMF 申请过贷款。相反,由于汇率往往盯住美元或实行有管理的汇率制度,大多数发展中国家的经济具有较强的脆弱性,更易产生金融危机和受到外部风险的传染,但需要资金的发展中国家可能囿于有限的份额而无法得到充足的资助。贷款限额与份额挂钩的制度会产生不需要贷款的国家限额闲置,而急需要资金融通的发展中国家却碍于限额不能得到需要的资金。因此,为了让 IMF 更好地发挥最后贷款人的职能,必须废除限额与份额挂钩的制度,建议 IMF 将贷款的限额限定为救助危机所需资源的固定比例,由申请救援的国家详细论证危机带来的影响及危机救助所需资源的合理性。当然,IMF 也可以设定不同类型贷款工具的最高限额,如果根据固定比例计算的限额超过了此最高限额,则以最高限额为准。

2. 设计合理的贷款利率制度

关于最后贷款人的利率制度,理论上有两种做法:(1) 收取惩罚性利率。这一主张的理由是为了防范道德风险,避免接受救援的主体滥用最后贷款人提供的贷款,因此收取高于市场利率的惩罚性利率。(2) 收取市场利率。有的学者认为过高的利率会打击借款人借款的积极性。在危机救助中,如果借款人因高利率而顾虑重重，甚至放弃请求救助，则很可能贻误了救助的最佳时机，从而导致危机的蔓延。因此，笔者赞成第二种理论。但是，目前 IMF 的贷款工具的利率既不是惩罚性利率，也不是市场利率。无论是 6 个月的短期限贷款，还是 1—2 年的贷款，甚至 4—5 年的长期贷款，IMF 均按 SDR 的短期市场利率收取利息。这样的利率制度明显不利于 IMF 的资源积累。IMF 应该重新设计 SDR 的利率制度，除了当前每日公布的短期利率外，考虑长期利率的生成方式，形成不同期限的利率曲线，各贷款工具依据贷款期限的长短使用合适的 SDR 的市场利率。

3. 事先设定国际最后贷款人进行危机救济的具体规则

最后贷款人的古典理论提出了最后贷款人政策应该事先向公众公布，以阻止恐慌和危机的蔓延，然而由于道德风险问题的出现，纽约联储总裁 Corrigan 和金融史学家 Kindleberger 等学者提出了建设性模糊法（Construction Ambiguity Approach）。这种方法认为，面对金融危机，最后贷款人应当避免事先作出承诺，而是随机地提供最后贷款人公共产品，保留相机的权利，以决定是否、何时、在什么条件下提供资金支持。Kindleberger 认为："适度的不确定性，但不能太多，有利于市场建立自我独立性。"这一方法虽然使金融机构或主权国家面对一定不确定性，从而不会过度冒险，但是，它最大的弊端在于使危机救济失去了确定性，不能实现最后贷款人阻止危机蔓延的功能，并可能增加危机救济的成本。前 IMF 副总裁 Fischer 明确反对建设性模糊法，提倡透明度原则，主张最后贷款人应事先公布其规则。笔者认为，建设性模糊法与当前的国际组织的透明度原则相违背，而且，在国际法层面，如果事先没有明确设定 IMF 进行危机救济的条件，那么 IMF 很容易沦为西方国家向发展中国家施压甚至是干涉发展中国家内政的工具。①

因此，IMF 应当事先制定提供国际最后贷款人的具体规则：（1）实体性规则。IMF 应明确规定救助的预设条件、救助对象的资格、救助方式、危机信贷的优先权等制度。IMF 可以事先规定公平的、无歧视的预设条件，如良好的基本面、合理的宏观政策、满足国际监管标准的金融机构政策，等等，一旦满足预设

---

① 向雅萍：《全球金融危机背景下国际货币体系改革的法律路径研究》，武汉大学 2012年博士论文，第 151 页。

条件的成员国遭受金融危机，IMF 将快速向危机国家提供贷款，不需要再经过审议或者谈判，而不满足预设条件的成员国同样也可能得到援助，但需要进行具体的谈判；IMF 的救助对象应当是所有的成员国，虽然时任 IMF 第一副总裁的安妮·库鲁格在 2001 年较为详细地阐述了国家债务"破产机制"，指出主权国家也可能丧失清偿力而陷于破产，但是，债务危机问题的解决很大程度上取决于能否有足够的资金支持其执行国内的经济调整计划，真正恢复清偿能力，从而使债务危机得到彻底解决。因此，不管成员国是否有清偿力，IMF 都应当进行救助；IMF 的救助方式是直接向成员国的中央银行提供流动性支持；IMF 的危机信贷应该具有优先受偿权，即受援国家的所有债权，无论有无担保或者抵押，在追索权上都低于国际最后贷款人。（2）程序性规则。IMF 应该制定成员国寻求救援的具体程序和责任制度。建议 IMF 改变目前和成员国通过非正式磋商来设定贷款条件的规则，由寻求资金援助的成员国在提请救援申请时自己设定条件，IMF 执董会则具有审查这些条件的特定权力。执董会审查条件时，应遵循合理性标准，避免僵化和干涉内政的嫌疑。IMF 要公开条件审查的工作方式和管理原则。并且，在援助发生后的较短时期内，IMF 应对外公开其提供危机援助的贷款总额、贷款条件、效果评估等事项。公开的方式包括在 IMF 的网站上公布或发表公开出版物，以便于需要这些信息的人能够及时地、详细地获得有关资料。对于设定的贷款条件，受援国应当坚决执行。如果受援国获得所需的贷款后没有严格执行条件，IMF 可以"点名羞辱"，甚至可以取消该国使用 IMF 资源的权利。[1]

4. 构建防范道德风险的法律制度

如果 IMF 转变为国际最后贷款人，它将面临双重道德风险：一方面受援国预期有国际最后贷款人提供足够的、确定的信贷支持，它将更倾向于超额向外举债，对本国经济金融风险置之不理。另一方面，受援国的国际债权人有意放松或疏忽对其信贷风险的控制，一味地追求高额的回报，因为他预期债务国因发生偿债困难陷入危机时，国际最后贷款人会提供援助资金来保护他们的利益。[2] 一般

---

[1] 向雅萍：《全球金融危机背景下国际货币体系改革的法律路径研究》，武汉大学 2012 年博士论文，第 151~152 页。

[2] 郑振龙、江孔亮：《关于 IMF 能否作为国际最后贷款人问题之研究》，载《现代财经》2000 年第 9 期。

而言，第一重道德风险的发生概率相对较小，因为受援国过度举债将付出巨大的成本和代价，它的国际信誉和经济实力都将下滑。因此，法律要更多地关注另一方面的道德风险。建议 IMF 采用以下法律对策：（1）借鉴《保险法》的保险与防灾减损相结合的原则，赋予成员国维护国内金融稳定的义务。国际最后贷款人政策类似保险制度，与之相关的道德风险可以借鉴保险的基本原则。如上文所分析，IMF 作为国际最后贷款人的制度框架必须有较高的透明度，确保被危机传染的国家若满足预设条件就可以得到紧急信贷，从而保证健康的金融系统不会因此而受到冲击。但是，为避免道德风险的发生，对于首先爆发危机的国家，如果是因其违反维护国内金融稳定的义务而出现金融困难或者丧失清偿力，则由 IMF 详细评估后再决定是否给予贷款援助以及是否需要承担惩罚性利率。（2）加强 IMF 的监督职能。IMF 应提高预警能力，强化宏观经济与金融部门的监督，及时提出政策建议。IMF 还可以考虑和国际清算银行合并，利用巴塞尔银行监管委员会等专门机构实现优势互补，提高 IMF 的全球监督能力及政策分析能力，减少道德风险的发生。IMF 作为国际最后贷款人，在给国际社会带来金融稳定的效用的同时，不可避免地带来了道德风险，但只要这种道德风险能够通过制度的约束而被控制在合理范围内，那么就不能因为道德风险而否认国际最后贷款人存在的意义。

第六章　改善 IMF 治理的法制变革

　　《IMF 协定》及依据该协定成立的 IMF 对于促进"二战"后国际货币金融关系的相对稳定和自由化具有重要作用,是现代国际经济体制的三大支柱之一。[1]随着布雷顿森林体制的崩溃,它的根本任务慢慢从维护汇率的稳定转变为确保国际货币体制的稳定。但是,由于治理的缺陷,IMF 的合法性和有效性受到质疑。欧美等国通过份额制度、决策机制、权力渗透等工具使 IMF 越来越漠视广大发展中国家的利益,国际社会对 IMF 的认同度日益下降,IMF 的核心目标也难以实现。1997 年东南亚金融危机后 IMF 的救援行动使诸多发展中国家大失所望,IMF陷入被边缘化的尴尬境地。2008 年全球金融危机爆发后,IMF 逻辑地承担了拯救危机的重担,但其种种表现均不尽如人意。巴里·艾钦格林指出:"有时候危机会提醒我们为什么会有 IMF,但如果 IMF 不能提出一些新的想法去处理危机,那么危机只能告诉我们为什么需要遗忘 IMF。"[2] 雄辩的事实再一次证明了 IMF 治理改革的必要性和紧迫性。危机后,在 G20 的倡导下,IMF 非常重视治理结构的自我完善,但改革依然举步维艰。近年来,欧洲稳定机制、金砖国家开发银行、亚洲基础设施投资银行等区域性框架相继建立,各国试图强化区域内自救机制,从而减少对 IMF 的依赖。如果 IMF 治理改革落空,则进一步强化了新兴市场国家寻求在 IMF 之外建立小多边框架的动力。而国际货币体制的正常运行离不开IMF 这类提供国际协作和管理的全球性机构平台,因此,IMF 的治理改革对于国际货币体制的完善有着至关重要的意义。

---

　　① 参见余劲松、吴志攀主编:《国际经济法(第四版)》,北京大学出版社、高等教育出版社 2014 年版,第 15 页。

　　② 向雅萍:《后次贷危机时期 IMF 改革的法律思考》,载《武汉理工大学学报(社会科学版)》2010 年第 2 期。

2019 年 7 月，纪念布雷顿森林体系创立 75 周年的大会在法国巴黎召开，新时代下的国际合作、全球治理及 IMF 的未来等问题再次成为各国政府代表和专家关注的焦点。当前，世界经济格局深刻调整，单边主义肆虐横行，去美元化浪潮暗流涌动，75 年前建立布雷顿森林体系的社会基础发生了翻天覆地的变化。IMF作为一个为适应变化而建立的多边机构，正站在十字路口，顺应新的形势进行改革的成败将决定其在国际舞台上的去留。但是，历史和现实都证明了全球金融稳定和经济发展离不开 IMF 的支撑和贡献。正如 IMF 时任代理总裁大卫·利普顿在 75 周年会议上指出的，自由贸易、灵活汇率和不具破坏性的资本流动是全球经济繁荣不可或缺的要素，这都要求多边机构尤其是 IMF 发挥比以往更重要的作用。①IMF 唯有砥砺前行，突破治理改革的瓶颈以重获国际社会对它的信心，才能不负厚望地迎接未来的挑战。

第一节　IMF 治理的基本法律框架

IMF 的治理是由一系列的法律制度构成的制度框架。它主要包括份额制度的设立、表决权的分配、表决方式的制定和治理结构的建立等。

一、IMF 的份额制度

在《IMF 协定》的文本中，"份额" 这个词出现的频率非常高，达到 66 次，这说明了份额制度的重要性。《IMF 协定》第 3 条规定了 IMF 的份额和认缴制度，第 5、12、13、18 条都有与份额相关的规则，体现了份额对于成员国的四项重要意义：份额分配的多寡决定了成员国应向 IMF 承担缴纳多少款项的义务；决定了成员国能分配到的 SDR 的多少；决定了成员国的加权票的票数高低；也决定了成员国能获得的 IMF 贷款的最高额度。此外，份额还决定了 IMF 的总部地址和

---

① David Lipton, "The Future of Bretton Woods", Keynote Speech at the Bretton Woods: 75 Years Later, https://www.imf.org/en/News/Articles/2019/07/12/sp071619-the-future-of-bretton-woods, visited on 18 July 2019.

其资产的存款机构。① 因此, 份额分配制度是 IMF 治理的核心制度。

(一)《IMF 协定》中的份额分配和认缴制度

《IMF 协定》第 3 条规定的份额和认缴制度的可操作性并不强。在怀特的"存款原则"占上风的争论中, IMF 的制度设计者要求每个成员国按照各自分配到的份额向 IMF 进行认缴, 从而使各国认缴的份额成为 IMF 最主要的资金来源。第 3 条第 1 节规定了对每一个成员国分配以 SDR 表示的份额, 每个成员国的认缴额应等于其份额。但没有规定具体的份额分配公式和方法。第 2 节规定了份额的调整规则, 即 IMF 应定期进行份额总检查, 并可以适时提出调整全体会员国的份额或单独调整某一个会员国的份额。第 3 节规定了成员国分配的份额发生变更时的付款方法, 第 4 节规定了成员国在缴纳份额时用证券替代货币的条件和规则。可见, 尽管份额在 IMF 的治理体制中具有牵一发而动全身的重要性, 但相关的制度安排却非常模糊。

(二) 现行份额公式的解析

在此情形下, IMF 不断研究份额分配公式的制定原则和具体变量及权重, 以明晰份额的分配规则。从建立之初至今, IMF 总共制定了 6 个份额分配公式, 但前面 5 个公式均不能得到大多数国家的认可。为此, 1999 年, IMF 特意委托了一个外部专家组制定了新公式, 即第一章中提及的现行份额公式。但该公式仍然过于复杂, 而且广大发展中国家对此公式计算出的份额不太信任, 总觉得有"暗箱操作"之嫌。② 因此, 现行公式的变量和权重仍有值得商榷之处。第一个变量 GDP 是最能评估一国经济实力和其对世界经济的贡献能力的重要指标, 将其纳入公式的变量中具有合理性, 但它的计算方法很容易导致高估发达国家的贡献, 因为占多数的以汇率折算的 GDP 更有利于采用浮动汇率制和高收入水平的发达国

---

① 根据《IMF 协定》第 13 条的规定, IMF 总部应设于持有最大基金份额的会员国境内, IMF 得将其他资产, 包括黄金在内, 存于持有最大份额的 5 个成员国所指定的存款机构内, 或 IMF 所选择的其他指定存款机构内。

② 陈天阳、谭玉:《IMF 份额与投票权改革的困境及对策》, 载《金融教学与研究》2013 年第 6 期。

家。而 GDP 在现行公式中的权重是 50%，鉴于该指标的重要性、客观性及可获得性，该权重仍然有上调的空间。第二个变量是开放度。在固定汇率和贸易保护主义盛行的背景下，开放度确实能测算出各国的经济活跃度和贡献水平。但是，随着全球经济一体化的纵深发展，即便在当前美国特朗普政权的干扰下，全球大多数国家都是贸易自由主义和 WTO 多边贸易体制的拥护者，在新的经济形势下，开放度的作用明显下降，而且该变量与 GDP 的关联性非常高，GDP 高的国家开放度往往也相对较大，这两个变量有重复计算的嫌疑。第三个变量是官方储备。用官方储备的多寡来衡量一国的经济实力也需要时代背景。如今，各主要储备货币发行国之间实行浮动汇率制，而且资本市场越来越发达，发达国家不再需要高额的外汇储备就可以处理收支失衡及其带来的问题。储备量的高低与经济实力的关系越来越小，也没有发现储备高的国家能向 IMF 提供更多的资源，该变量的废除或保留值得探讨。第四个变量是经济的波动性。由于该变量与各成员国对 IMF 资金的潜在需求没有关联性，IMF 大部分执行董事都倾向于删除此变量。[①] 当前金融形势下，资本无序流动，经济格局动荡不安，波动性与一国经济实力、对 IMF 的资金贡献和对 IMF 的资金需求等关联性都不太明显，因此，该变量的选择也遭受质疑。可见，现行份额公式的设计并不能满足份额的四大功能的需求，必须继续进行探讨。

（三）IMF 历次份额总检查的实践

根据上述份额制度，IMF 历史上总共进行了 14 次份额总检查。从 1958 年开始到 1990 年 6 月的第九次份额检查，除了一次检查没有增加份额的建议外，每次的份额检查都有增资计划，最高增长幅度达到 1958 年到 1959 年检查后的 60.7%，最低幅度是 1965 年检查后的 30.7%，在 1997 年东南亚金融危机爆发前，IMF 的份额增长了 12.7 倍。但是，基本遵照规则进行的份额检查和份额增资并没有为 IMF 提供足够的资金，当危机爆发后，IMF 的弹药非常有限，因此，

---

① 陈天阳、谭玉：《IMF 份额与投票权改革的困境及对策》，载《金融教学与研究》2013 年第 6 期。

1998 年 IMF 决定增长 45% 的份额，份额总数达到 IMF 原始份额的 18.4 倍。[①] 即使再次增资，IMF 的贷款能力仍然捉襟见肘。之后，因国际社会没有爆发大型的金融或货币危机，各主要发达国家的财政面临困境，亦无向 IMF 贷款的意愿，所以随后的两次份额检查没有增资建议。直到 2008 年全球金融危机的爆发和欧洲主权债务危机的蔓延，发达国家才意识到，它们也可能会需要 IMF 的贷款。在这样的动力下，第 14 次份额检查才通过了将份额增加 100% 的增资计划，IMF 的现有份额达到了原始份额的 36.8 倍，相当于每年按 7% 左右的增速在上涨。IMF 遵守了份额规则，并且份额的增速已经高于全球经济增长的速度，但是，每当危机爆发时，IMF 就会面临资金短缺的困扰。实践证明，IMF 的份额制度已不能满足现行国际货币体制正常运行的需求。

二、IMF 的投票权制度

IMF 的投票权制度主要包括两个方面，即投票权的组成和投票权的测算方法。

（一）投票权的组成

一般而言，为了体现国家主权平等，国际组织的投票机制多数为"一国一票制"，但是，在 IMF、世界银行集团的各组成机构等国际金融组织中，其投票权要兼顾平等与效率原则，因此其构成相对复杂。根据《IMF 协定》第 12 条第 5 节（a）款的规定，每个成员国获得的基本票与份额没有关系，按照主权平等的原则，189 个成员国不分大小强弱，每个成员国的基本票是平均分配的。[②] 2008 年 IMF 治理改革方案于 2010 年生效后，成员国的基本票从之前的 250 票上升为 750 票。另外，与份额挂钩的是成员国的加权票。成员国每认缴 10 万 SDR 便增

---

① IMF, IMF Quotas, IMF Factsheets, Sept. 26, 2016, Https：//www. imf. org/external/np/exr/facts/quotas. htm, Oct, 30, 2016.

② 《IMF 协定》第 12 条第 5 节（a）款规定："每个成员的总票数等于基本票数和以份额为基础的票数之和。(i) 每个成员国的基本票是，所有成员国总投票权聚集之和的 5.502% 在所有成员国之间平均分配所得票数。基本票数应为整数。(ii) 以份额为基础的票数是，按份额每认缴 10 万 SDR 分配 1 票加权票。"

加一票加权票。成员国的投票数是其基本票与加权票之和。由于基本票的比例非常小，所以决定成员国投票权多寡的重要依据一直都是份额。

（二）投票权的测算方法

自成立之初开始，IMF 的投票权的组成都没有发生过变化，但是关于投票权的测算方法有些微调。相对而言，加权票的计算方法比较稳定。一般情况下，根据成员国获得的份额计算其加权票，但有一点值得注意的是，根据第 12 条第 5 节（b）款的规定，测算加权票时，除了考虑分配的份额外，还要考察投票日各国在普通账户下的借贷情况。① 至于基本票的测算方法，2011 年版的《IMF 协定》改变了过去直接规定票数的做法，而是规定了一个百分比作为测量方法。这是因为随着份额和投票权的不断扩大，基本票的比例越来越被稀释，为了保证基本票的比重，维护投票权小国的利益，最新的修改文本固定了基本票的占比。但是，这个比例并没有恢复到 IMF 建立之初的比例。1945 年，基本票占总投票权的比重是 11%，经过不断地稀释后，下降到 2006 年的 2%。这一比重的严重下降侵害了份额较少国家的利益，是其合法性缺陷的重要表现。因此 2008 年的改革方案决定将基本票提高 3 倍，从而使基本票的比重上升到 5.502%。为了固化这一改革成果，IMF 在 2011 年修订《IMF 协定》时，将该比例写入了法律文本。但显然，这个比例并不能满足份额分配较少国家对改革的期望，基本票发挥的作用越来越有限。

三、IMF 的决策机制

根据《IMF 协定》的 12 条第 5 款（c）的规定，除另有特别规定外，所有 IMF 的决议，必须有投票的过半数决定。② 这说明 IMF 的决策机制与 WTO 等国际组织的有区别，不以协商一致为前提和先导，而是将投票作为决策的唯一方

---

① 《IMF 协定》第 12 条第 5 节（b）款规定："凡截至投票日，成员国从 IMF 普通资金中净出售的该国货币价值每 40 万 SDR 应增加一票。反之，净购入的该国货币价值每 40 万 SDR 应减少一票。但不论净购入或净出售，在任何时候均以不超过该国份额为限。"

② 参见《IMF 协定》第 12 条第 5 节（c），https：//wenku.baidu.com/view/5ac09cfe770 bf78a652954ef.html，2018 年 5 月 3 日访问。

式。不过，通过分析 IMF 的法律文本，投票制的多数决分为不同的类型，包括全体一致通过，85%通过、70%通过和简单多数（50%）通过等。

（一）全体一致通过

《IMF 协定》第 28 条第 2 款规定，对于下列条款的修改事宜须经全体成员国成员国一致同意：（1）关于成员国退出 IMF 权利的条款。（2）关于未经成员国同意不得变更其份额的规定的条款。（3）关于非经成员国提议不得变更其货币平价的规定的条款。上述三类条款涉及成员国在 IMF 下的基本权利和义务，因此，其修改必须采用全体一致的表决方式。

（二）85%多数通过

在《IMF 协定》中，重大事项都需要达到成员国总票数 85%以上才能通过。通过梳理，这些事项主要包括：（1）IMF 成员国份额的任何变更。（2）IMF 对成员国总的汇兑安排，但不限制各成员国选择适合自己的外汇安排。① （3）变更成员国以本币购买可自由使用货币后的购回期限，由此而规定的期限将适用于所有成员国。② （4）IMF 进行与出售黄金相关的业务活动的决定。（5）将普通账户的部分剩余额转入投资账户的决定。（6）设立一个新的委员会的决定。③ （7）增加或减少执行董事的人数。（8）改变 SDR 定值的原则或根本改变 SDR 在应用实施中的原则的决定。④ （9）非成员国、未参与特别提款权账户之成员国以及代理一个以上成员国执行中央银行职能的机构以及其他官方单位是否可以成为 SDR

---

① 《IMF 协定》第 4 条第 2 节（c）款：为适应国际货币制度的发展，IMF 可以总投票权 85%的多数规定总的外汇安排，不限制各会员国根据 IMF 的目的和协定规定的义务选择外汇安排的权利。

② 参见《IMF 协定》第 5 条第 7 节（c）款：基金可以规定会员国应从购买之日后三年起到五年止的期限内分期作出购回。基金可以总投票权 85%的多数票改变本分节定的购回期限，由此而规定的期限将适用于所有会员国。

③ 《IMF 协定》第 12 条第 1 节：IMF 应设理事会、执行董事会、总裁及工作人员。如理事会决定，经总投票权 85%多数票同意，可设一委员会。

④ 参见《IMF 协定》第 15 条第 2 节，https：//wenku.baidu.com/view/5ac09cfe770bf78a652954ef.html，2018 年 5 月 3 日访问。

的持有者的决定。① (10) 关于 SDR 的分配与撤销的决定。(11) 关于暂停某些条款施行的决定。② (12) 成员国与 IMF 间或成员国之间就《IMF 协定》条款的解释发生异议后裁决的程序问题。③

此外，还有一项尤其重要的事项需要双重多数表决，即关于协定的修改。④《IMF 协定》第 28 条第 1 节规定：除了需要全体一致通过才能修改的条款外，其他条款修改的通过既需要成员国的数量超过全体成员数量的 60%，也需要赞同的票数超过总投票权的 85%。这种双重表决制是为了保持《IMF 协定》条款的稳定性，既体现了对国家主权的尊重，也考虑了成员国对 IMF 的贡献。

(三) 70% 多数通过

在《IMF 协定》中，还有一些技术性的事项需要成员国票数的 70% 以上进行决策，主要包括：(1) 除期限和所用币种的规定外的成员国份额变更时的付款方法。(2) 成员国购回 IMF 所持有的本国货币的购回期限是否延长的决定。(3) 普通账户下成员国的手续费和酬金率计算方法的决定。(4) 特别支付账户可否在 IMF 清理前终止的决定以及 IMF 是否拥有就终止后的特别支付账户进行管理并制定规章的权力的决定。(5) 在任何时候分配普通储备的任何部分的决定。(6) 是

---

① 参见《IMF 协定》第 17 条第 3 节，https：//wenku. baidu. com/view/5ac09cfe770bf78 a652954ef. html，2018 年 5 月 3 日访问。

② 《IMF 协定》第 27 条第 1 节规定："遇有紧急情况或意外情形的发展危及 IMF 的活动时，执董会经 85% 总投票权的表决得暂行停止某些条款的施行，但其期限不超过一年。但如发现法定的紧急情况和意外情形仍继续存在时，经理事会总投票 85% 的多数表决，得予以延长，延长期不超过二年。"

③ 《IMF 协定》第 29 条 b 款规定：凡成员国与 IMF 间或成员国间对于《IMF 协定》条文的解释发生任何异议时，应即提交执董会裁决。如执行董事会已按照上述规定裁决，任何成员国仍可以在裁决后 3 个月内要求将该异议提交理事会作最后裁决。提交理事会的异议将由理事会的"解释条文委员会"考虑。委员会成员投票权为每人一票。委员会的决定应即视作理事会的决定，除非理事会以总投票权的 85% 多数通过另有规定。

④ 《IMF 协定》第 28 条第 1 节规定："任何修改本协定的建议，不论其为成员国、理事或执董会提出，应先通知理事会主席，然后由其提交理事会。如有 3/5 成员国并持有 85% 总投票权接受此修改案，IMF 应即将此一事实通知各会员国。"

否发表一项针对某一成员国的报告的决定。① （7）确定 SDR 价值方法的决定。② （8）SDR 账户的参与国是否可以按照合适的条件进行业务的决定。②

除了上述列举出来需要特别多数票表决的事项外，其他事项均只需简单多数票表决，即超过 50% 的票数视为通过待表决的决议。可见，IMF 根据所议事项的不同特征及重要性程度，设置了不同的多数票规则。

四、IMF 的治理结构

IMF 的治理结构的主要框架由理事会、执董会、总裁和工作人员等构成。

理事会是 IMF 的最高决策机构，每个成员国可以分别选派一名理事和一名副理事参加 IMF 的理事会。理事会每年召开一次年会，不过若经 15 个以上成员国或持有 1/4 总投票权的成员国请求，理事会也可以召开会议。③ 每次会议的法定人数要超过全体理事人数的 50%，并且参会国要持有不少于 2/3 总投票权。由于理事会并非常设机构，所以其将大部分决策权都授予了执董会，但是它仍然保留了以下事项的决策权：同意份额的增加、SDR 的分配、新成员的加入和《IMF 协定》文本条款的修订等。

执董会是 IMF 的执行机构和日常决策机构，行使理事会授予的一切权力。执董会由分别来自 24 个选区的 24 名执行董事组成。在 2016 年的一揽子治理改革方案生效前，5 个选区由份额最多的前 5 名国家单独占有，剩下的区域划分为 19 个选区，由选区内的国家选举产生执行董事。当前，改革方案生效后，取消了份额前 5 名的成员国指派执行董事的规则，所有的执行董事都由选举产生。鉴于欧洲国家拥有的席位数量与其经济贡献不成比例，在改革方案中，欧洲国家承诺从其拥有的 9 个席位中让出 2 个席位给新兴市场和发展中国家。此外，改革方案还

---

① 《IMF 协定》第 12 条第 8 节规定："IMF 经总投票权 70% 多数通过，得决定发表一项致某一会员国的报告，说明该国货币或经济的情况及发展变化将直接造成各会员国国际收支的严重不平衡。"

② 《IMF 协定》第 19 条第 2 节（c）款规定：IMF 经 70% 的多数票通过，可以规定一参与国经授权和另一参与国按基金认为合适的条件所进行的业务，条件应符合于特别提款权账户的有效实施以及本协定中关于正当使用特别提款权的规定。

③ 参见《IMF 协定》第 12 条第 2 节（c）款，https：//wenku.baidu.com/view/5ac09cfe770bf78a652954ef.html，2018 年 5 月 3 日访问。

放宽了各选区任命第二副执董的条件，以增强非洲地区等多国选区在执董会中的代表性。IMF 每 8 年对执董会的规模和席位审议一次。执董会中除了执行董事外，还有 250 名左右工作人员。它的工作方式是连续开会，在实践中他们大约每周开三次会，讨论的范围几乎涵盖了从对成员国经济的年度检查到与全球经济相关的政策问题等所有 IMF 职责范围内的事项。其具体的职责主要包括制定战略并监督战略实施情况、执行双边监督并与成员国进行第四条磋商、监督国际货币体制、审批成员国使用 IMF 资金、任命总裁、提供机构监督以及制定行政管理政策等。① 执董会的决策一般采用协商一致的方式，但有时候也会采用加权表决制进行投票。

总裁和副总裁是 IMF 的管理层。总裁由执董会选举产生，理事或执行董事都不能兼任总裁，其任期为 5 年。除了在执董会双方票数相等时可以投一票决定票外，总裁没有投票权。② 总裁是执董会的主席，也是 IMF 工作人员的首脑，在执董会的监督下负责有关 IMF 工作人员的组织、任命和辞退。当前，还有一位第一副总裁和三位其他副总裁辅助总裁的工作。总裁、副总裁和工作人员都应完全对 IMF 负责，而不对其他官方包括自己的母国负责。各成员国应尊重此种职守的国际性，并应避免任何对 IMF 工作人员执行职务施加影响的企图。③

此外，IMF 还有一个重要的咨询机构——国际货币与金融委员会（IMFC），它的人员构成和执董会是一致的，主要任务是就国际货币和金融领域的重要事项向理事会提供咨询意见和建议。它的工作方式是每年召开两次会议，会议结束后发布没有法律约束力的公报。因其关注的问题非常关键，所以它的公报会受到 IMF 及其成员国的重视。当然，除了 IMFC 以外，还有 G7、G20 等非正式的国家集团也会向 IMF 提出建议，尽管它们都不是 IMF 的下属机构，但它们的建议，尤其是 G20 公报会对 IMF 的决策发挥很大的指导作用。

---

① 潘英丽等著：《国际货币体系未来变革与人民币国际化（中卷）》，格致出版社、上海人民出版社 2014 年版，第 148 页。

② 参见《IMF 协定》第 12 条第 4 节（a）款，https：//wenku. baidu. com/view/5ac09cfe770bf78a652954ef. html，2018 年 5 月 3 日访问。

③ 参见《IMF 协定》第 12 条第 4 节（c）款，https：//wenku. baidu. com/view/5ac09cfe770bf78a652954ef. html，2018 年 5 月 3 日访问。

第二节 危机后 IMF 治理改革的成果评析

一、IMF 治理改革后的制度评析

2008 年全球金融危机爆发后，IMF 将治理列为其改革重点，先后形成了 2008 年改革方案和 2010 年一揽子改革方案，并分别于 2011 年和 2016 年正式生效。两次改革除未触及决策机制外，均从份额、表决权和治理结构等方面提高了 IMF 的代表性和合法性，治理改革取得了一定的成果。

（一）IMF 的份额制度改革

根据《IMF 协定》的相关规则，成员国份额分配的多寡与以下重要事项挂钩：成员国应向 IMF 承担缴纳多少款项的义务；成员国能分配到的 SDR 的多少；成员国加权票的票数高低；成员国能获得的 IMF 贷款的最高额度。此外，份额还决定了 IMF 的总部地址和其资产的存款机构。① 因此，份额制度是 IMF 治理的核心制度，也是历次治理改革的重点对象。

1. 份额分配的改革成果评析

尽管份额在 IMF 的治理体制中具有牵一发而动全身的重要性，但《IMF 协定》第 3 条规定的份额和认缴制度的可操作性并不强，制度安排非常模糊，导致发达国家与新兴市场和发展中国家的份额分配严重失衡。2008 年改革方案在 2006 年批准将中国、韩国、墨西哥和土耳其的份额增加近 40 亿特别提款权的基础上，将 54 个国家的份额增加 200 亿特别提款权，新兴市场国家是这次总共 4.9 个百分点的份额转移的主要受益方。2010 年改革方案继续将总份额扩大 1 倍，将 2008 年份额与发言权改革期间商定的 2384 亿特别提款权增加 1 倍至 4768 亿特别提款权，并向有活力的新兴市场和发展中国家转移超过 6% 的份额。经过调整，

---

① 根据《IMF 协定》第 13 条的规定，IMF 总部应设于持有最大基金份额的会员国境内，IMF 得将其他资产，包括黄金在内，存于持有最大份额的 5 个成员国所指定的存款机构内，或 IMF 所选择的其他指定存款机构内。

中国成为 IMF 第三大股东国，印度和巴西继中国和俄罗斯之后也跻身 IMF 十大股东之列。份额的转移主要来自一部分先进经济体和石油生产国的份额比重减少。同时，为了保护最贫穷成员国的话语权，IMF 向这组别的国家给予特别的份额分配，以维持它们的投票权比重。经过两次改革，以中国为代表的新兴市场国家的代表权和话语权得以显著提升。但是，发达国家的份额比重仍为 57.7%，投票权比重为 55.3%，其中，G7 的份额和投票权比重分别为 43.4% 和 41.2%，美国的份额和投票权比重分别为 17.4% 和 16.5%，发达国家仍然拥有 IMF 的主导权。

2. 改革后的份额公式的解读

《IMF 协定》没有规定份额公式或制定份额公式的原则和方法，只要求每隔一定时期对成员国的份额进行一次总检查，IMF 正是借助每次份额检查的结果不断摸索并反思份额分配的公式。IMF 的历史上总共出现过 6 个份额公式，但前 5 个公式均因计算过于复杂和缺乏透明度而饱受批评。1999 年，IMF 聘请了外部专家组（Quota Formula Review Group）来对份额分配公式以及相关事宜进行修改和评估，历经 10 年后，外部专家组研究的公式于 2008 年诞生。改革后的公式包含四个变量，即 GDP、经济开放度、国际储备和波动性，所占权重分别为 50%、30%、5% 和 15%。IMF 依据新公式进行了第 14 次份额总检查，并决定将份额增加 1 倍。从份额公式的使用情况来看，变量的选择和权重的分配无疑有利于发达国家集团，而且，即使是明显有利于发达国家的份额公式，也只是份额分配的参考工具，IMF 的份额分配和增长更大程度上取决于政治谈判，这使得份额分配缺乏客观的法律标准。显然，这样的份额公式无法实现份额的四大功能。

（二）IMF 的投票权制度改革

IMF 的投票权制度主要包括两个方面，即投票权的组成和投票权的测算方法。危机后的两次改革将重点放在提升新兴市场国家和发展中国家的投票权上，因此主要修改了体现国家主权平等的基本票制度。

根据《IMF 协定》第 12 条第 5 节（a）款的规定，每个成员国获得的基本票与份额没有关系，按照主权平等的原则，189 个成员国不分大小强弱，每个成员国的基本票是平均分配的。2008 年 IMF 治理改革方案于 2010 年生效后，成员国的基本票从之前的 250 票上升为 750 票。至于基本票的测算方法，2011 年版的《IMF 协定》改变了过去直接规定票数的做法，而是规定了一个百分比作为测量方法。这是因为随着份额和投票权的不断扩大，基本票的比例越来越被稀释，为了保证基本票的比重，维护投票权小国的利益，最新的修改文本固定了基本票的占比 5.502%，以固化最新的改革成果。但是，这个比例并没有恢复到 IMF 建立之初 11.3% 的比例，基本票发挥的作用越来越有限。

（三）IMF 的治理结构改革

IMF 的治理结构的主要框架由理事会、执董会、总裁和工作人员等构成。2016 年的一揽子治理改革方案生效后，取消了份额前 5 名的成员国指派执行董事的规则，所有的执行董事都由选举产生。鉴于欧洲国家拥有的席位数量与其经济贡献不成比例，在改革方案中，欧洲国家承诺从其拥有的 9 个席位中让出 2 个席位给新兴市场和发展中国家。此外，改革方案还放宽了各选区任命第二副执董的条件，以增强非洲地区等多国选区在执董会中的代表性。IMF 每八年对执董会的规模和席位审议一次。执董会的改革一定程度上提升了新兴市场国家和发展中国家在 IMF 中的话语权，但欧洲国家的承诺尚待兑现，而且即使兑现承诺，执董会席位的分配仍然明显有利于发达国家。

关于总裁的遴选，危机后的 G20 国家达成共识，即管理层的遴选过程应透明、公平、任人唯贤、不受国籍限制。2011 年 5 月 IMF 前总裁卡恩的辞职为这一共识的落实提供了实践机会，但是最终，法国财政部长拉加德毫无悬念地击败唯一的竞争对手——墨西哥中央银行行长卡斯滕斯，被选举为新总裁，总裁由欧洲人担任的历史并没有在达成改革共识的情况下被改写。不仅如此，值得重视的是，大多数新兴国家也将支持票投给了拉加德，从而维护了旧制度。2011 年 7 月 26 日，朱民正式出任 IMF 副总裁，成为历史上首位进入 IMF 管理层的中国人，这折射出以中国为代表的新兴市场国家在 IMF 中的话语权日渐提高。但值得注意的是，自 IMF 成立以来，其管理层一直是"一正三副"的模式，而朱民则是以增设的第四副总裁的身份上任，拉加德任命的第一副总裁仍然是美国人。朱民的任命并没有打破 IMF 的"君子协定"，这次新增一个副总裁的岗位，看似开创了60 余年未见之新局，实则是无奈之举，原因在于现在把持副总裁一职的美、欧、日三强不愿意让权。可见，发达国家并不打算爽快地让后来者分享权力，而且，新兴市场国家似乎也远没有准备好以主角的身份登场，治理结构改革仍然任重道远。

二、IMF 治理改革后的合法性评析

合法性原本是指作为一个整体的政府被民众所认可的程度，它更多地被认为是一个社会学或政治学概念。① 现代国家中，合法性往往建立在政治权力的有效性之上，包括政府能否有效地对社会事务进行管理，经济能否可持续发展。② 将此概念推广至全球治理的理论中，合法性标准就具有复杂性和多样性了，比如民主国家一致同意、全球性民主，等等。全球治理机制只有具有民主性时才被视为合法。因此，IMF 的治理体制应该给予其每个成员国平等的话语权，只有这样，IMF 的治理才是民主的，才具有合法性。显然，尽管全球金融危机后 IMF 的治理改革取得了一定的成果，但 IMF 的治理依然没有达到合法性标准。

（一）份额公式不合理

IMF 的份额公式是在实践中逐步建立起来的，至今仍在改革的途中。2011 年至 2013 年，IMF 每年进行份额公式评审（Quota Formula Review），2013 年至今每年采集成员国的变量数据并根据份额公式计算各国份额的变化，并更新一次份额数据库，以便为下一个公式的产生提供及时、高质量和统计时广泛可得的数据。通过多年评估和模拟演算，可以发现，该公式虽然相对简单透明，但新兴市场国和发展中国家的份额仍然被低估。具体表现为：（1）GDP 这个混合变量中，60% 的市场汇率定价的 GDP 和 40% 的购买力平价定价的 GDP 的比例分配对新兴国家和发展中国家不利。制定公式时这种和稀泥的做法实际上是发达国家和发展中国家妥协的结果。有人指出，购买力平价计算的 GDP 很难量度，但 IMF 在 2014 年发布的政策文件中指出，购买力平价定价的 GDP 数据的质量与公式中其

---

①　潘英丽等著：《国际货币体系未来变革与人民币国际化（中卷）》，格致出版社、上海人民出版社 2014 年版，第 172 页。

②　［美］马丁·李普塞特著：《政治人：政治的社会基础》，上海人民出版社 2011 年版，第 29 页。

他变量数据大致相当，与市场 GDP 和其他价格统计数据一样可靠。① 这一结论为提高购买力平价计算的 GDP 的权重扫清了技术障碍。事实上，几乎 90% 的新兴市场国家和最底层 25% 的发展中国家将受益于混合变量中购买力平价定价的 GDP 比例的增加，这才是发达国家不愿增加该比例的实质原因。（2）经济开放度这一变量的选取和较高的权重更有利于发达国家。当前，开放度和一国经济规模的关联性是存疑的，有些小经济体开放度很高。而且，开放度和 GDP 两项变量有着千丝万缕的联系，两个变量均入选且权重最高实有重复计算之嫌。但保留开放度的变量资格和较高的权重显然对发达国家更有利。显然，现行份额公式的设计对新兴经济体和发展中国家并不公平，而且，由于份额公式没有法律约束力，最终实际的份额往往不是直接依据份额计算公式进行的，而更多的是受制于政治力量的博弈，这种立法状态也对发展中国家非常不利。

（二）表决机制不公平

尽管国际货币体制几经演变，但 IMF 的投票权分配状况却没有发生实质性的变化，停滞不前的 IMF 投票权格局并不能反映世界经济力量的此消彼长。

1. 加权票分配不均衡

IMF 的加权表决制类似股份公司的股东表决机制，不同于国际组织中体现主权平等的 "一国一票" 制，发展中国家作为整体在投票权上受到歧视。随着新兴市场经济体的崛起，它们希望更深入地参与全球经济治理活动的诉求越来越强烈。然而，直到 2008 年全球金融危机爆发，这些呼声才得到了应有的重视和回应。② 英国前首相布朗把这种以 IMF 加权投票权换取发展中国家参与和支持的过程称为 "世纪大交易"（A Grand Bar-gain）。③

---

① IMF，"Quota Formula—Data Update and Further Considerations"，IMF Policy Paper，August 2014，p. 18.

② 参见李仁真、涂亦楠：《金融危机背景下国际货币基金组织代表性改革》，载《华中师范大学学报（人文社会科学版）》2010 年第 3 期。

③ "International Financial Governance：Toward the London G20 Summit Conference Report"，http：//www. l20. org/publications/42 ox London-Conference-Report-Revised. pdf.，visited on 28 August 2019.

对于当前与份额挂钩的加权票，不同的经济体都从自身利益的角度出发提出了批评意见。发展中国家认为加权票的分配过分强调了发达国家集团的利益，它们的经济总量在全球经济中的比重远远没有达到其在 IMF 中所占投票权的 57% 的比例。对以金砖国家为代表的新兴市场国家而言，所获得的加权票远远不能反映它们近些年来对世界经济所作的贡献，严重抑制了这些国家在 IMF 中的话语权。最不发达国家集团也认为加权票不能充分尊重其主权，没有考虑它们的国家利益。总之，加权票的不均衡分配背离了国家平等和国际正义的基本原则，导致发展中成员国普遍没有取得相应的代表权，不利于它们通过 IMF 这一平台表达自身利益诉求从而实现其对国际经济治理的主张。[1]

2. 基本票比例过低

为了体现主权国家地位平等，IMF 在成立之初设计了基本投票权制度，即每个成员国无论分配份额的多少，均拥有数额相等的 250 个基本投票权。然而，随着加权票的增多，基本投票权的地位却在不断下降，2008 年全球金融危机前其在总投票权中的比例仅为 2.1%，远远低于 IMF 创立之初的 11.3%，这个低微的比例使表面上代表公平分配的基本投票权在决策时几乎毫无意义。危机后，IMF 虽将基本票提高了 3 倍，其占比被提高至 5.502%，但仍不能回归到 IMF 设立之初的水平。过低的基本投票权使发展中国家对 IMF 的合法性产生了严重质疑。他们认为 IMF 没有给予他们应有的话语权，缺乏国际民主精神。因此，发展中国家对 IMF 失去了信任感，从而产生了 IMF 的代表性危机。

3. 表决方式不民主

目前无论是简单多数还是特别多数表决方式，发达国家集团都拥有足够的投票权去实质性地影响 IMF 决定的通过，美国和欧盟在重大事项表决中拥有一票否决权。因此，在当前的表决方式中，发展中国家对于某一决议的支持或异议都得不到合理的体现。IMF 的决策权实质上掌控在美国为首的少数发达国家手中，广大发展中国家认为表决方式已沦为少数发达国家利益最大化的工具。此外，欧美国家还通过总裁和执董会等席位进行权力的隐形渗透，影响 IMF 最终的表决结

---

① 李仁真、涂亦楠：《金融危机背景下国际货币基金组织代表性改革》，载《华中师范大学学报（人文社会科学版）》2010 年第 3 期。

果。长期以来，IMF 总裁由欧洲人担任，作为交换，美国人担任世界银行行长，而且，美国从未放弃 IMF 第一副总裁的位置。在日常决策机构执董会中，虽然已将执行董事的指定与选举相结合的制度改革为选举制，但很明显，欧洲国家的席位与其经济贡献并不相符，24 名执行董事的选举仍然没能充分满足发展中国家对 IMF 代表性的期望。

（三）组织机构缺乏监督和问责机制

考察 IMF 的三层组织结构，IMF 的机构框架缺乏透明度和问责制，这也是 IMF 治理中的重大法律缺陷之一。

1. IMF 的决策过程不够透明和民主

IMF 的理事会在每年年会上集中讨论"宪法性事项"。虽然理事会是由所有成员国委派的理事组成，但由于会期短，议题多，每个议题被重视和讨论的程度差异较大，发达成员国更有能力主宰议题的选择。并且，在会议之前，国家集团尤其是主要发达国家举行秘密会议的情况非常普遍；在会议之中，由于小国家集团可能已达成共识，最终议案能否通过还是主要取决于发达国家的立场。另外，IMF 的执董会可以随时召开工作会议，讨论各种"业务性工作"。但是到目前为止，执董会的席位仍然分配不均。尽管废除了最大 5 个份额国的委派制，全面实现了选举制，但最大的选区包括了 23 个国家，虽然可以增加 1 到 2 名副执行董事，但这样的席位分配容易忽视选区内成员国在社会经济体制、政治经济的发展状况和文化理念上的差异，使选区内各国难以达成一致，从而直接导致执董会的决策缓慢和决策困难。按照当前执董会的选举制度，美欧获得了执董会 1/3 的表决权。发展中国家纷纷指责执董会的席位分配制度阻碍它们参与国际经济政策的讨论，遏制了它们的话语权。

2. IMF 的决策过程缺乏必要的监督

IMF 处理的事务大多涉及各成员国的根本经济利益。然而，《IMF 协定》却没有提供良好的机制监督 IMF 的运行，更无法对 IMF 的相关机构和工作人员进行问责。2008 年全球金融危机爆发时，IMF 对迎面而来的危机毫无察觉，危机爆发后又因弹药不足延缓了救助时机，但 IMF 的失职却没有产生任何责任和后果。主要原因在于：IMF 没有评估和检查执董会工作的机制，缺乏考核 IMF 总裁工作表现和工作能力的制度。为了使 IMF 的工作变得更透明和更有效，更加方便成员国预测、评估和检查自身代表权在 IMF 中的行使情况，IMF 设计一套监督机制和问责制度是非常必要的。

第三节 IMF 治理改革的法律对策

由于份额和治理的缺陷，IMF 很难实现它的核心目标，即保障国际货币体制的稳定。尽管 2016 年治理改革方案的生效使 IMF 向合法和有效的国际经济组织迈进了一步，但 IMF 若要在现行国际经济体制中继续发挥支柱性的作用，重拾国际社会对它的信任，改革的路途依然漫长。因此，IMF 应持续关注国际格局和形势，抓住时机继续推进治理改革，最终形成一个合法有效的、完善的、富有生命力的大多边框架，与当前兴起的诸多小多边框架各司其职，相互配合，共同维护全球金融和经济的稳定。

一、IMF 治理改革的新时代背景

2008 年全球金融危机的爆发在深刻揭露 IMF 治理缺陷的同时也给改革带来了动力，但随着美国经济的强势复苏和美元指数的反弹，治理改革在美国的阻挠下几近搁浅，除 2010 年一揽子改革方案于 2016 年艰难生效外，IMF 近十年来在该领域再无其他建树。2017 年 1 月美国总统特朗普执政以来，美国奉行"美国优先"的单边主义，毁约退群的行径使其经济与美元日益失信。在此背景下，IMF 治理改革迎来了新的契机。一方面，国际社会对多边合作的需求到了最为迫切的时刻，而作为国际经济多边体制支柱之一的 IMF，唯有深化其治理改革才能承担重任；另一方面，美国国际信誉受损，其领导力和影响力下滑，IMF 治理改革的阻力有所下降。①

---

① 向雅萍：《布雷顿森林体系 75 周年后 IMF 治理改革的未来之路》，载《南海法学》2020 年第 2 期。

（一）国际经济格局持续深刻变化

新兴经济体的群体性崛起可能是 21 世纪最重要的经济事件。① 2000—2007 年，以金砖国家为代表的新兴经济体迎来了强劲的、持续的增长态势，成为世界经济发展的新引擎。随着各国经济实力的此消彼长，国际经济格局开始发生变化，逐渐形成"东升西落"的局面。2008 年全球金融危机的爆发不仅没有阻挡新兴经济体高速发展的步伐，相反将其推向了国际经济舞台的前端。不同于美欧日等主要发达经济体的萎缩和低迷，中国、印度、印尼等新兴经济体依然保持高速增长，在一定程度上支撑了世界经济的复苏。据 IMF 统计，2008 年新兴经济体对全球经济增长的贡献率达到 78%。若按购买力平价计算，新兴经济体占全球 GDP 的比重在 2008 年首次超越发达经济体而达到 51.2%。② 此后，新兴经济体对世界经济的推动作用不断加强。最近 10 年，新兴经济体的年平均增长速度约为 5.1%，高出发达经济体 3.9 个百分点，其购买力平价计算的 GDP 全球占比超过了 60%，对全球经济的贡献率亦达到 80%。③ 新兴经济体在国际经济格局中扮演的角色越来越重要。

国际经济格局的深刻变化促使新兴经济体产生了变革现有国际经济秩序的强烈诉求，发达经济体与新兴经济体间围绕国际经济事务的话语权和国际经济规则的制定权的战略博弈日益激烈。近两年来，美国特朗普政府"以退为进"，退出多项多边协议并借助双边或区域性谈判重订更高标准的国际经济规则；欧日通过各种大型自由贸易协定谈判为其规则制定的主导权奠定基础；中国、东盟等新兴经济体积极构建以自身为核心的自由贸易协定的网络。经过一番较量，2018 年的经济数据显示，美国经济"一枝独秀"，欧日经济增速放缓，新兴经济体增长疲弱。2019 年 7 月 IMF 发布的《世界经济展望》下调了新兴经济体的增长预期。究其原因，尽管新兴经济体的经济实力大大增强，但其制度性话语权并未得到根

---

① 彭红利著：《新兴经济体的崛起及影响》，河北美术出版社 2015 年版，第 10 页。
② 陈四清：《完善全球金融治理》，载《中国金融》2018 年第 15 期。
③ 参见博鳌亚洲论坛发布的《新兴经济体发展 2018 年度报告》。

本提升，有限的影响力无法助力其主导现有国际经济秩序变革。[1]

IMF 作为国际经济秩序的三大支柱之一，是新兴经济体提升其话语权的重要平台。但是，IMF 的治理未能反映国际经济格局的最新力量对比变化，新兴经济体的份额和投票权远未达到 50%，致使美欧等发达经济体仍可利用其在 IMF 中的规则主导权作出仅有利于其自身经济发展的决策。在话语权与经济实力不相称的情形下，新兴经济体迫切地需要提升其在 IMF 中的代表权和投票权，这将为 IMF 的治理改革注入源源不断的动力。

（二）美国的单边主义破坏国际合作

2017 年以来，美国特朗普政府就将"美国优先"作为其核心的价值诉求。"美国优先"实质上是将美国的国家利益凌驾于全球治理的共同利益之上并枉顾国际义务，是新时代霸权主义和单边主义的体现。2018 年至今，美国先后退出了诸多重要的国际条约和国际组织。但是，美国的退出行为并非意味着美国在全球治理领域影响力的全面收缩，相反，美国在涉及其核心利益领域的退出是为了推出一系列更高标准、歧视性的、更符合美国利益的治理规则，而在其影响力逐渐减弱或治理成本有所上升的领域的退出，则通过另起炉灶在降低成本的同时谋求更强的控制力。因此，美国的单边主义势必破坏以多边主义为核心的国际合作。当前，这种破坏力在国际经济领域已初现端倪。美国以国家安全为由加征关税，挑起全球贸易战，致使全球关税水平上升；单方面加大对伊朗的制裁力度，并威胁制裁任何与伊朗有经贸往来的国家；[2] 持续阻挠 WTO 上诉机构成员的选任程序，致使上诉机构危机程度日益加深；[3] 签署《美加墨协定》，建立了更有利于美国的新区域经济秩序。美国单边主义的横行为世界经济的发展蒙上了一层阴影。

时下，以"美国优先"为核心的单边主义和倡导平等合作的多边主义之间的摩擦日益明显。美国诸多的"退群"和毁约行为直接导致全球治理体系对其丧失

---

[1]　姜跃春：《国际经济格局新变化及其发展趋势》，载《人民论坛·学术前沿》2019 年第 1 期。

[2]　袁征：《美国单边主义行为冲击国际秩序》，载《人民论坛》2019 年第 1 期。

[3]　石静霞：《世界贸易组织上诉机构的危机与改革》，载《法商研究》2019 年第 3 期。

约束力，碎片化的格局使治理体系内部逐渐产生"离心力"，国际组织机构和决策程序形同虚设。① 鉴于此，联合国大会对美国的单边主义作出有力回击，布雷顿森林委员会通过出版《重振布雷顿森林会议精神》的论文集来捍卫多边主义。而且，美国的单边主义也影响了它与其他国家的关系。除了中、俄等新兴经济体外，美国与其盟友之间亦产生了裂痕。面对"美国优先"，日本和欧盟签订了自贸协定，中日韩重启贸易谈判，德国、法国、日本等不断重申坚持多边合作，美国日益处于被孤立的境地。美国单边主义遭受的诟病证明了国际合作的重要性。

IMF 是布雷顿森林会议关于国际货币体系全球合作的机构载体，过去的 75 年证明了多边主义的机构合作理念的有效性。人类福祉显著改善，全球人均 GDP 比 1945 年增加了 5 倍，IMF 在这段历史中发挥了核心的作用，并且，它今后将继续是全球经济体系的中心。② 为应对单边主义对全球治理体系带来的冲击，IMF 必须继续发挥其中流砥柱的作用。但是 IMF 的治理缺陷使其在很大程度上受到美国意志的影响，若要有效遏制美国的单边主义，IMF 的治理改革势在必行。

（三）"去美元化"取得新的进展

20 世纪 70 年代以来，"去美元化"的呼声不绝于耳。SDR 的创建、欧元的诞生、亚元的探索都是希望摆脱对美元的依赖，但却未能如愿。2008 年全球金融危机再次激起国际社会摆脱美元依赖的热情，但危机后美元的地位不降反升，"去美元化"的时机转瞬即逝。2018 年上半年，特朗普政府利用美元特权频频对新兴国家发起经济制裁。2019 年 7 月，美国财政部竟然将由欧洲央行统一调控的欧元区的德国、意大利和爱尔兰以及近年经济增长较快的越南列入货币操纵监控名单中，并欲压低美元汇率，致使全球经济面临货币战的威胁，美元地位几乎滥用到了极致。③ 越来越多的国家和地区受到美元霸权的伤害，全球"去美元化"

---

① 季建军：《美国单边主义对全球治理体系的影响以及我国参与全球治理的应对策略》，载《兰州学刊》2019 年第 1 期。

② Martin Wolf on Bretton Woods at 75: The Threats to Global Co-operation, https://www. brettonwoods. org/article/martin-wolf-on-bretton-woods-at-75-the-threats-to-global-co-operation, visited on 21 July 2019.

③ 《外媒：特朗普或正发动一场"货币战"，越南经济或成"玻璃之国"》，http://baijiahao. baidu. com/s? id = 1639297132952339126&wfr = spider&for = pc，2019 年 7 月 25 日访问。

的诉求空前强烈，不少国家已付诸行动。

当前，已有近 30 个新兴经济体纷纷开始用一种或多种方式进行"去美元化"。中国深入推行人民币国际化战略；俄罗斯已退出美债主要持有国行列，土耳其、爱尔兰、墨西哥等均在减持美国国债，2018 年 5 月，美债持有量骤降至 2007 年以来的最低水平；① 土耳其和俄罗斯拟加速推动双边能源贸易协议，两国之间直接使用本币结算；伊朗与欧盟达成协议在其石油交易中使用欧元结算，印度可以用卢比购买伊朗原油；越南授权进行跨境贸易的商人、居民及银行等机构使用人民币或越南盾进行交易；委内瑞拉宣布将实施新的国际支付机制，弃用美元，创建一篮子货币；印尼、马来西亚与泰国也宣布，在三国贸易结算中采用非美元货币或本币化交易，② 印尼还与中国、日本、韩国和越南等国延长了货币互换协议。③ 此外，由于美国警告欧洲和其他国家，要参与美元支付系统最好遵守美国的制裁，美国的传统盟友也加入了"去美元化"的行列。欧盟宣布建立一个独立于环球同业银行金融电讯协会（SWIFT）的欧洲自己的结算渠道和独立的银行支付系统，同时，欧盟也宣布在与伊朗的石油交易中将使用欧元进行结算，并且欧盟与俄罗斯之间也启动了用欧元结算石油与天然气交易的谈判。④ 2019 年 1 月，德国、法国和英国为绕开伊朗制裁创建的"Instex"系统有了积极的进展。2019 年 7 月，日本计划在未来几年建立一个拥有加密货币支付的国际网络系统，以挑战美元支付新系统。

"去美元化"的进展反映了各国对美元主导地位的质疑和抗争。事实上，美元的地位与美国对全球经济的贡献并不相称，正如"金砖之父"奥尼尔指出，美元在全球金融中扮演的角色居然比美国经济本身还重要。⑤ 美元的独特地位为美

---

① 《810 亿！俄罗斯疯狂抛售美债的背后，为何中国却反其道而行之?》，https：//baijiahao. baidu. com/s? id=1606946826492019944&wfr=spider&for=pc，2019 年 8 月 2 日访问。

② 戚奇明：《多国扛"去美元化"大旗，美元"霸权地位"难保?》，载《上海金融报》2018 年 9 月 20 日。

③ 《美元霸权面临挑战，人民币国际化不断向前迈进》，http：//www. fayiyi. com/investor/20181004/15943. html，2019 年 7 月 2 日访问。

④ 李曦子：《欧盟入列"去美元化"》，载《国际金融报》2018 年 9 月 17 日。

⑤ 李东尧：《"金砖之父"：美国经济占全球比重骤减，美元霸权盛名难副》，https：//www. guancha. cn/internation/2018_10_05_474415. shtml，2019 年 8 月 1 日访问。

国在 IMF 投票权体系中拥有一票否决权创造了条件，为其单独或联合盟友阻挠 IMF 的治理改革提供了极大的便利。"去美元化"的浪潮表明美元的主导地位受到严峻挑战，美国遏制 IMF 治理改革的能力将逐渐下降。这为 IMF 突破治理改革的瓶颈提供了更大的可行性，IMF 治理改革迎来了新的契机。

二、IMF 治理改革的法律设想

（一）反思份额制度的多重法律功能

IMF 的治理几乎是以份额制度为圆心构建的体制，份额的多寡直接影响了成员国的切身利益，但迄今为止，份额公式变量和权重的选择无法同时兼顾实现诸多份额功能的需要，因此，非常有必要反思份额功能的内在矛盾，探讨份额制度的多重法律功能同时存在的可能性和必要性。

1. 份额制度功能的内在矛盾

IMF 在创立之时，采纳了怀特的"存款计划"，每个成员国都要向 IMF 缴纳会费，以形成 IMF 的资金池。因为 IMF 的目标是通过平价制度维持成员国之间的汇率稳定，如果成员国出现短期收支失衡，在 IMF 的法律框架下他们不能采取货币政策进行竞争性货币贬值，而是应该向 IMF 寻求贷款援助。IMF 若要顺利履行其职能，资金池就尤为重要。相较而言，工业发达国家更有实力对 IMF 的资金池作出贡献。因此，IMF 设计了份额制度，将更多的份额分配给了发达国家。各国按照分配到的份额向 IMF 缴款，这是各国承担的法律义务。但公平的制度不能只设定义务而忽略权利的赋予。在此逻辑下，IMF 将份额与各国能从其资金池中获得帮助的最大限额和各国在 IMF 中的投票权挂钩。这意味着，分配份额越多的成员国，其所应缴纳的费用就越多，但同时，其能获得的贷款帮助和在 IMF 的决策中的投票权相应地也越多，从而实现权利与义务的平衡。"二战"前后，除美国外，全球经济满目疮痍，主要工业发达国家也有恢复战后经济的资金需求，并且还有固定汇率制的束缚，因此，赋予份额制度多重法律意义是合理的。1969 年创设 SDR 后，似乎没有理论上的论证，IMF 就自然地按照份额向成员国分配 SDR。份额制度的多重功能逐渐形成。

随着时代的变迁和世界经济格局的变化，份额制度的多重功能越来越遭遇质疑。如前文所述，在 1990 年之后，IMF 的历次份额总检查中，只有两次提出了增资的建议，并且 2010 年增资建议的落实过程困难重重，历时五六年才最终得以生效。究其原因，在于份额制度的多重功能之间失去了以往历史背景下的兼容性。20 世纪 70 年代之后，主要工业国家的经济已经复苏并走向繁荣，而且它们挣脱了固定汇率的束缚，培养了流动性强、有深度的资本市场，收支调节的手段越来越多，这些都使它们自认为不再需要 IMF 的资金融通，因此贷款额度的高低不再是它们关注的权利。同时，由于多年来对 IMF 的控制和权利渗透，发达国家已经牢牢掌握了 IMF 的控制权，不增资不会削弱它们的投票权，相反，如果增资，会增加它们的财政负担。实践对此作出了最好的注解。1990 年后 IMF 的增资建议明显减少，主要发达国家不愿意在已经享有权利后再去承担额外的义务。之后进行的两次增资在不同情境下印证了这一结论。第一次是在东南亚金融危机爆发后，IMF 感觉救助力不从心，在进行第 11 次份额总检查时提出了 45% 的增资建议，该建议并没有被欧美阻挠，而是得以顺利通过。主要原因在于当时的美国和欧盟都没有面临严重的财政问题，而且处于转好的趋势中，包括"欧猪五国"在内的欧盟诸国的财政赤字占 GDP 的比重均在 3% 左右，美国在克林顿政府时期甚至实现了财政盈余。[①] 它们可以在增资义务没有给它们带来额外负担的情况下，通过投票权控制 IMF 提出的贷款条件，从而迫使东南亚国家接受"华盛顿共识"，从危机国家的所谓改革中为自己的跨国公司谋取利益。第二次增资发生的背景是欧债危机的蔓延。主权债务危机使欧洲的实体经济岌岌可危，金融和货币体制也面临严峻的考验，深陷危机的欧洲人终于意识到它们也需要借助 IMF 提供融资的条件约束"欧猪五国"推进财政体制改革，因此它们愿意出资，并能以牺牲部分利益作为代价。但是，该增资建议却受到了美国的阻挠，改革之路漫长而艰难。其焦点在于，2011—2014 年美国财政收入一直处于赤字状态，虽然从最高点的 8.22% 降到 3.87%，但美国参众两院总是无法在焦头烂额的财政悬崖问题上达成一致，亟待通过的份额改革方案未能进入联邦拨款法案。[②] 在美国对自

---

① 何知仁、潘英丽：《国际货币基金组织配额改革的基本原则与功能分离》，载《国际经济评论》2014 年第 1 期。

② 参见刘兴华、胡芳：《IMF 份额改革：规模与结构视角》，载《湖南财政经济学院学报》2017 年第 12 期。

己的财政状况自顾不暇时，它自然不愿意通过增资方案。因为无论是否增资，它对 IMF 的一票否决权都继续存在，而且它的金融市场和资本市场非常发达，即使遭遇了自 20 世纪 30 年代以来最严重的金融海啸，它也不必借助 IMF 的贷款工具。而如果美国同意增资，则意味着它要以最大份额国的身份向 IMF 追缴 580 亿美元资金。对于身处财政困境的美国来说，恐怕增资后其原本享有的权利既无增加也无贬损是它拖延改革方案生效的最主要原因。并且，正因为美国的一己之私，其他需要 IMF 救助和需要提高代表权的成员国却享受不到应有的权利。直至 2015 年年底，美国的财政预算才出现好转，在国际社会的压力之下，美国才通过了 2010 年份额和治理改革方案。其实，即使 2010 年的改革步履蹒跚，但最终生效后也达不到发展中国家所期待的结果。因为改革后发达国家的份额比例仍有 57.7%，多出发展中国家 15.4 的百分点。

上述事实证明，份额制度不能反映新兴经济体对世界经济贡献的增长，导致 IMF 的代表性和合法性饱受诟病；不能约束发达国家向 IMF 缴款的义务，导致 IMF 增资困难，IMF 的有效性被削弱，处于被边缘化的危险境地。究其本质，是份额制度的功能出现了内在矛盾。从份额决定成员国的出资义务的功能看，份额的分配应更倾向于盈余国；从份额决定成员国的融资权利的功能看，应该给赤字国分配更多的份额；从份额决定成员国的投票权的功能看，为了体现公平，投票权应在盈余国和赤字国之间平均分配，并且应更倾向于收支平衡的国家。这说明，赋予份额制度多重法律意义的时代背景已经不复存在，必须要把这些相互矛盾的功能与份额制度松绑。

2. 份额制度与其法律功能脱钩的可行性

如前所述，在新的时代背景下，份额制度的四大功能没有兼容性，应该重新考虑成员国相关权利和义务的关联与平衡。份额制度的重要性仍然不能被忽视，它直接关系到 IMF 的资金规模和成员国的影响力。份额制度应该继续保留，每隔 5 年一次的评审对于测算 IMF 的资金规模意义重大。而且，合理的份额公式能体现各成员国在新的经济格局下对全球经济的影响力和贡献程度，因此，份额制度与投票权挂钩具有合理性。至于 SDR 在各成员国之间的分配已在第三章中详细论证过，以按需分配为原则，在不同类型国家内部按份额进行分配，此处不再赘述。但是，为了 IMF 更好地履行其职能，将各国的增资义务和各国所能获得 IMF

贷款的最高额度与份额制度脱钩应该是必要并可行的。

首先，在成员国的增资义务方面，IMF 可以将其与各国官方储备的增加额挂钩。同时，IMF 可与世界银行合作成立一个世界财富基金，在全球范围内进行分散化投资，利用投资回报支付出资国的股权红利或债权利息。① 这个建议不会增加主要发达国家的财政负担，而且可能减少高储备国家对美元的依赖。其可行性具体表现为：（1）IMF 的资金规模不仅与全球的资金供给能力相适应，还应考虑收支失衡与金融动荡带来的影响。国际社会需要 IMF 提供超过 GDP 增幅的更多的国际清偿能力。当前，不是份额高的国家都愿意并有能力向 IMF 缴纳资金，而是高储备的国家更有能力承担这一义务。（2）如果高储备的成员国要承担更多的出资义务，那就意味着它们要支付更多的 SDR 或可自由使用货币，这相当于是将高储备国家更多部分的储备资产吸收到了 IMF 的资金池中，间接实现了替代账户的建立，帮助它们摆脱对美元的依赖。（3）大多数高储备国家的主要储备资产都是美元或美国国债，一般情况下，美元资产的收益率极低。如果 IMF 能和有投资经验的世界银行合作，那么既有利于资本在全球范围内的最佳配置，也可能获得比美元资产更多的收益，会对高储备的成员国产生吸引力。如果增资义务与份额和投票权的分配脱钩，那么让增资的国家获得比美元资产更有保障和更高的收益就是它们能享受到的权利。因此，IMF 可以改变成员国缴纳的资本没有利息收入的规定，赋予出资国家收益权。（4）对于 IMF 而言，这种松绑也有利于其更好地履行职责。增资义务按照储备增长量划分后，IMF 能更有效地收缴资金。而且，如果世界财富基金运行良好，IMF 可以参与到官方或民间的金融市场，购买成员国国债或投资其他优质金融产品，这意味着 IMF 将会成为一个有能力直接干预国际金融市场的国际机构，从而极大地提高其治理能力。②

其次，在成员国的融资权利方面，贷款的限额也应与份额脱钩。在当前的经济情势下，份额高的国家更有可能不需要 IMF 的贷款援助，比如次贷危机中的美国，因其是主要储备货币发行国，而且其国债市场完善，即使是危机的爆发地和

① 何知仁、潘英丽：《国际货币基金组织配额改革的基本原则与功能分离》，载《国际经济评论》2014 年第 1 期。

② 参见何知仁、潘英丽：《国际货币基金组织配额改革的基本原则与功能分离》，载《国际经济评论》2014 年第 1 期。

来源地，它也不必求助于 IMF，并在危机向全球蔓延时，在很多国家扮演了最后贷款人的角色。相反，那些份额较低的国家往往更需要 IMF 的融资，但份额决定的贷款限额使它们的资金需求难以得到充分的满足。有学者建议，IMF 的资金规模应与全球总储备挂钩，因此两者的差额部分是 IMF 可用于向成员国提供贷款的资金总额，经过某一个乘数的调整即可得到 IMF 分配给各国的贷款上限。① 在具体测算贷款限额时，可以考察成员国的某些经济变量，比如收入的波动性、对外净负债的规模等，也可以评估成员国的融资能力，这样能使 IMF 的贷款职能打破份额的掣肘，IMF 才能将有限的资源及时有效地提供给最有需要的成员国。

最后，从政治博弈的角度看，这种脱钩部分是可行的。份额仍然与投票权挂钩，美欧等发达经济体的投票权没有受到该项改革思路的抑制，而增资义务和融资权利与份额制度脱离关联性并没有触动它们的奶酪，它们没有必要去阻挠改革的进行。而对于需要救助的赤字国来说，最大的好处是可能在没有缴纳等量资金的前提下获得较多的贷款额度；而对盈余国来说，虽然承担了更多的缴款义务，但可以逐渐摆脱对美元等几种少数国际储备资产的依赖，而且可能获得高于美元资产的回报。因此，从不同国家的利益出发，该改革建议都是有益无害的，应该具有很强的可行性。

（二）重构 IMF 治理的法律制度

确定了份额制度与其多重法律功能脱钩后，IMF 的治理制度需要在不同的思路下进行重构。

1. 修订 IMF 的份额公式

虽然份额制度的部分法律功能被剥离，但其仍决定着 IMF 资本规模的大小和成员国的投票权，因此，份额公式的设置依然是治理改革的重点。

（1）修订份额公式的指导原则和专家组的组成。1999 年，IMF 在委托独立外部专家组进行份额公式审核时提出了制定公式的指导原则，即"合理反映成员国在世界经济中的相对地位和它们对于 IMF 金融资源的相对需求和贡献，考虑到

---

① 参见何知仁、潘英丽：《国际货币基金组织配额改革的基本原则与功能分离》，载《国际经济评论》2014 年第 1 期。

市场不断全球化下的世界经济与国际金融体制的功能转变"。① 该原则反映了份额公式的多重功能需求，显现出复杂性和多元化。在新的时代背景下，建议 IMF 再次委托新的外部专家组负责公式的修订。IMF 的指导原则也应随着份额公式功能的部分剥离而做出变化。当前，IMF 应指导专家组制定新公式时重点考虑各成员国在新的经济格局下对世界经济所作的贡献和它们力量对比发生的变化，并尽量使公式简单透明，便于计算和操作，增加各成员国对自身份额变化的可预见性。该专家组应该由发达国家和新兴经济体的代表共同组成，避免出现上一次份额公式出台后导致发达国家份额不减反增的尴尬局面。为了提高效率，专家组的代表可以来自五个当前份额最大的发达国家和金砖五国，他们协商一致之后决定份额公式的变量选择和权重分配，如果不能达成一致，则需要发达国家代表和新兴市场国家的代表均过半数才能通过提议。该专家组可以成为常设机构，不断跟踪新公式的适用情况，并作出年度评估供 IMF 参考。如果经济形势发生变化，最具有代表性的专家组可以及时建议 IMF 修改公式。

（2）份额公式的变量选择和权重分配。现行份额公式中，第一个变量 GDP 作为衡量一国经济实力的综合指标应该保留，但其计算方法应作出改变。以市场汇率为基础的 GDP 无法公正计算出一国经济实力的大小，其结果明显有利于发达国家，而用购买力平价计算 GDP 更为合理。建议新公式在计算 GDP 时放弃这种混合计算方法，全部以购买力平价为基础来测算各国的 GDP。有学者做过相关的数据分析，如果 GDP 全部用购买力平价来计算，发展中国家总体新增比例也只有 4.8%，② 这没有触及发达国家的底线，应该具有可行性。并且，考虑到 GDP 的客观性和可获得性，该权重可以提升至 60%。如前文分析，第二个变量开放度和 GDP 有重复计算的嫌疑，第三个变量波动性因与份额公式的功能相关性不大，因此，建议删除这两个变量。第四个变量国际储备可以在某种程度上反映一国的经济实力和其对 IMF 提供资源的能力，可以予以保留。但是，随着浮动汇率制的合法化和资本市场的迅猛发展，国际储备与一国经济实力的正关联性越

---

① 陈天阳、谭玉：《IMF 份额与投票权改革的困境及对策》，载《国际金融研究》2013年第 8 期。

② 陈天阳、谭玉：《IMF 份额与投票权改革的困境及对策》，载《国际金融研究》2013年第 8 期。

来越弱，因此没有必要增加国际储备这一变量的权重，可以保持目前 5% 的比例。对于公式中压缩因子，应当继续沿用，因为它的存在对较小国家和低收入国家的发言权有一定的保护作用。① 除了现行公式中的变量外，IMF 的新公式应该纳入另外两个新的变量，即成员国的收支失衡程度和人口因素。份额公式因与投票权相关，所以可以利用变量的选择敦促收支失衡的国家主动调整自己的国内政策，从而维护国际货币金融体制的稳定。并且，该项措施将收支调节的责任公平地分配给了赤字国和盈余国。该变量为负数，具体计算方法可考虑用国际净投资头寸占 GDP 的比重和经常账户余额占 GDP 的比重分别衡量一国的金融和贸易对外不平衡的程度，② 其权重可以考虑为 25%，等到全球收支失衡状态得以改善后，其权重可以降至 15%。另一个可以考虑纳入的变量是人口因素。理由如下：第一，人力资源是经济增长的重要源泉，劳动力资源是否丰富、素质的优劣及价格的高低直接影响一国经济发展速度的快慢，人口因素对经济发展的贡献与制约不容忽视；第二，份额公式中考虑人口可以弥补 IMF 的民主赤字，提高对人的价值的尊重程度；第三，纳入人口因素可以极大地提高发展中国家和最不发达国家的份额，这与份额制度改革的目标是一致的。因此，份额公式中纳入人口因素非常必要，考虑到发达国家可能会排斥或抵触这一变量的选择，可以将其权重暂时设置为 10%，以后随着收支失衡的改善和发达国家观点的转变再逐步递增。

2. 修改投票权制度

IMF 的投票权由基本票和加权票组成。当前需要重点探讨的是基本票的保留或废除问题。在 IMF 成立之初，基本票的设立是为了体现国家主权平等，保障广大发展中国家和最不发达国家的权益，当时基本票占总投票权的 11.3%，后来随着 IMF 的不断增资，成员国获得的加权票数越来越多，基本票逐渐被稀释到 2%，2008 年改革方案于 2010 年生效后，基本票比例上升至 5.5%。为了保证基本票的比例不再被稀释，2011 年修订《IMF 协定》时不再规定基本票的具体票数，取而代之的是确定了基本票的比例。这在一定程度上可以避免份额分配增多带来

---

① IMF, "IMF Executive Board Begins Review of Quota Formula", Public Information Notice, No. 12/35, April 13, 2012.

② 何知仁、潘英丽：《国际货币基金组织配额改革的基本原则与功能分离》，载《国际经济评论》2014 年第 1 期。

的加权票弱化基本票作用的趋势，但远远不能实现尊重各国主权平等的目的。有学者提出过一种测算方法，IMF 在创立之初一共有 44 个成员国，基本投票权比例为 11.3%，那么每个成员国在 IMF 中拥有 0.2568% 的基本投票权。[①] 按照这个逻辑，如今 IMF 有 189 个成员国，基本投票权的比例应该为：0.2568%×189 = 48.54%，几乎占到总投票权的一半。对于发展中国家而言，这是基本票最理想的计算模式，但显然会遭到发达国家的反对。现在的 IMF 将基本票恢复到建立之初的 11.3% 都困难重重，遑论提升至 50% 左右。如今，基本票对发展中国家而言就像鸡肋，若放弃，多年来努力的结果付之东流；若保留，基本票也许徒留象征意义，沦为 IMF 决策框架的一种"摆设"。[②] 5.5% 的基本票在 IMF 的决策机制中发挥的作用实在聊胜于无。鉴于此，笔者建议，废除基本票制度，转而通过份额公式的改革和表决机制的重设更有效率地维护发展中国家的主权平等。

  3. 重设 IMF 的表决机制

  当前，投票是 IMF 最重要的表决方式。一般而言，管理类的重要事项需要占总投票权 85% 多数通过，技术类的重要事项需要超过 70% 的多数票通过，普通事项简单多数通过即可。在现有的 IMF 框架下，美国分配到的份额为 17.46%，投票权占比为 16.52%，可见美国对 IMF 最重要的事项拥有"一票否决权"，而欧盟如果联合起来，用一个声音说话，也拥有类似的否决权。IMF 的表决机制因忽略了广大发展中国家的利益一直饱受批评，但任何一种威胁到美欧垄断地位的投票权改革方案都难以推行。因此，投票权改革是治理改革中的一大难题。学者们提出过一些激进的改革建议，比如将成员国划分为发达国家和发展中国家，两大利益集团各占一半决策权，先在集团内部按份额分配投票权进行投票，然后再合计两个集团的总票数。这类建议首先在技术上难以施行，因为非此即彼的利益划分集团方式已经不合时宜，而且这种思路极大地触动了美欧的根本利益，缺乏可行性。笔者建议，采用较温和的思路进行改革。首先，简化 IMF 现行的表决机制，除了特别关键的事项的表决需要全体一致通过外，其他重要事项统一采用

―――――――――

  ① 陈天阳、谭玉：《IMF 份额与投票权改革的困境及对策》，载《国际金融研究》2013 年第 8 期。

  ② 刘兴华、胡芳：《IMF 份额改革：规模与结构视角》，载《湖南财政经济学院学报》2017 年第 12 期。

70%多数,取消85%多数的表决方式,这看起来是取消了美国的一票否则权,但美国对 IMF 的主导地位不会受到太大的威胁,因为如果决议对其不利或不公,它可以联合 G7 集团或其战略伙伴很轻松获得 30%以上的投票权去阻挠决议的通过。并且,经过中国学者的研究,对于中国等新兴经济体而言,在 70%多数票获胜规则下,中国等国的决策权将与投票权比重保持同步上升,其综合决策权力、阻止行动的权力以及倡议行动的权力均有显著上升。① 其次,所有要求 70%多数票的决议都应采取双重投票制,即既需要投票权超过总投票权的 70%,同时投赞成票的国家的数量要超过全体与会成员数量的 60%。这是在废弃基本票后,最能实现主权平等的方式。在此种表决机制下,如果表决的议题对发展中国家不利,它们可以联合起来阻止该议题的通过,从而极大地降低了它们行使否决权的门槛,更有利于维护它们的利益。这样的改革思路让不同的利益集团均有条件地获得了否决权,相对来说更容易让不同的利益集团达成妥协。最后,IMF 可以将待表决事项根据性质的不同,采取不同的表决方式。因为 IMF 的职能比较多样,既有各国让渡主权后的监督者职能,也有类似于商业银行为需要资金融通的成员国发放贷款的职能,所以建议 IMF 尝试区别对待的表决机制。对于有关金融贷款方面带有经营性的事项,则按照上述改革后的双重加权表决制投票表决。对于有关汇率稳定、金融监督等公法行政管理性质的事项,则按一国一票表决。这样既维护了缴纳份额多、对 IMF 贡献大的国家利益,又深切关注了广大发展中国要求国家主权平等的需求,符合 IMF 改革的合法性与有效性的要求,容易得到通过与执行。②

4. 改革 IMF 治理机构

IMF 治理结构的主要问题在于执董会缺乏代表性,监督机构缺失,机构设置缺乏透明度和问责制,应该改变执董会的席位分配,建立监督机构并提高治理的透明度和责任性。

首先,在当前执董会的席位中,欧洲仍占 9 席,亚洲和大洋洲占 7 席,美洲

① 黄薇:《国际组织中的权力计算——以 IMF 份额与投票权改革为例的分析》,载《中国社会科学》2016 年第 12 期。

② 陈天阳、谭玉:《IMF 份额与投票权改革的困境及对策》,载《国际金融研究》2013年第 8 期。

5 席, 非洲 3 席。① 其实从购买力平价计算的 GDP 来看, 欧洲的整体经济实力小于亚洲, 因此, 欧洲仍有进一步减少所占席位的可能性。只有公平地分配席位, 合理反映不同类型的国家对世界经济的贡献, 执董会才能成为一个高效运行的常设决策机构和日常执行机构。其次, 关于 IMF 总裁的遴选问题, 应废除欧美之间以 "君子协定" 维持了 60 多年的欧洲人领导 IMF、美国人掌舵世界银行的 "旧制度", 制定公开透明的选拔规则。通过选拔规则制定的优选程序在世界范围内选任 IMF 的总裁及管理层, 以立法的形式摒弃总裁或副总裁的国籍国的限制, 以避免美国等西方大国对 IMF 的隐性权力渗透。② 广大发展中国家应加强国际人才的培训工作, 争取向 IMF 全方位地输送更多的高级、中级和初级工作人员, 以提升发展中国家在 IMF 和国际金融体制中的话语权和影响力。最后, 关于监督机构的设立和问责制的建立, 有必要增设一个机构以制约理事会和执董会的权力, 而 2001 年设立的独立评估办公室有能力担此重任。曾任 IMF 法律顾问的堪萨斯州大学的法学教授 John W. Head 提出, IMF 应该修改独立办公室的职能, 使其更大程度地独立于 IMF 的执董会: (1) 规定由 IMF 执董会以外的实体委任一个或更多的专家成员。(2) 制定一个新的程序, 使控诉 IMF 违反其政策或章程的案件可以不经执董会对 IEO 的工作程序的审查而直接提交给 IEO。(3) 创设一个官职, 调查 IMF 官员的舞弊行为, 位于该职位的官员有权受理和调查来自任何个人、任何机构或任何国家提出的 IMF 没有依其授权行事的指控。(4) 要求独立办公室的听证会对社会公众公开, 会议记录可供公众查询。(5) 要求理事会和执董会对来自独立办公室的每份评估建议都要发表公开的回应。③ 所有利害相关方 (包括各国议会、私营部门、学者及公民社会) 以及股东 (各国政府) 都能够通过该机构与 IMF 进行交流, 能够对 IMF 的决策和行为提出建议或进行投诉。独立办公室按照一定的程序予以回应, 对于比较重要的建议和事项应该召开公开的听证会。如果独立办公室被赋予了上述职权, 制定了公开透明的工作程序, 吸收

---

① 有些选区跨越了大洲, 上述席位分布是按选区大多数国家属于哪个洲来计算的。

② 向雅萍:《后次贷危机时期 IMF 改革的法律思考》, 载《武汉理工大学学报 (社会科学版)》2010 年第 2 期。

③ John W. Head, "Seven Deadly Sins: An Assessment of Criticisms Directed at the International Monetary Fund", *University of Kansas Law Review*, Vol. 4, 2004, p. 571.

了不代表任何主权国家立场的专家人士，那么独立办公室可以作为 IMF 的监督机构写入《IMF 协定》修正案。① 只有全方位地处理好 IMF 管理层的选举和评估机制问题、信息和决策过程的公开问题、利益相关者的参与问题及各国投诉机制的建立问题等，② IMF 才能真正成为一个高效合法的全球金融治理机构。

---

① 向雅萍：《后次贷危机时期 IMF 改革的法律思考》，载《武汉理工大学学报（社会科学版）》2010 年第 2 期。

② 参见李菁：《IMF 份额与治理改革方案的法律思考》，载《时代法学》2014 年第 5 期。

第七章　人民币国际化的法治进路

人民币国际化是当前中国参与国际货币体制改革最有效和最可控的路径。当务之急，中国在厘清人民币国际化进程中的主要障碍的基础上，应以尊重市场主体的选择和顺应市场规律为前提，充分发挥法律制度为人民币国际化保驾护航的作用，加强顶层的制度设计，协调推进资本项目制度的逐步开放，稳步推进人民币汇率形成机制的改革，积极构建深化国内金融市场改革的规则，以促进人民币国际化健康有序的发展。

第一节　人民币资本项目可兑换的制度变革

资本项目的开放程度和次序一直是人民币国际化进程中存在争议的热点问题。很多学者和官员认为资本账户的全面开放是人民币国际化的前提条件，主张除了确有必要保留管制的有限项目外，其他的资本项目管制应一概取消。[1] 也有学者提倡中国的资本市场仍应坚持有限和定向的开放。[2] 至于资本项目开放的次序，传统流行模式下的开放顺序也遭遇种种质疑。2008 年全球金融危机后，负责建立国际间资本交换体制的 IMF 在此问题上也有了不同于传统模式的新认知。当前，中国应在认真辨析上述争议观点的基础上，构建符合人民币国际化目标的资本项目管理制度。

---

① 韩龙：《人民币入篮与我国法制变革》，载《政法论坛》2017 年第 6 期。
② 潘丽英等著：《国际货币体系未来变革与人民币国际化（下卷）》，格致出版社、上海人民出版社 2014 年版，第 208~210 页。

一、人民币资本项目可兑换与人民币国际化的关系

很多语境下，理论界和政府通常都将货币在资本项目下可自由兑换等同于资本账户全面开放，并将资本项目的全面开放视为人民币国际化的前提条件。这种认知是片面的。在设计具体的法律制度之前，有必要厘清相关概念之间的关系。

（一）人民币资本项目可兑换与资本项目开放的含义

资本项目在国际收支统计中也称资本账户。① 根据 IMF 定期发布的权威文件《外汇安排和外汇管制年度报告》（*Annual Report on Exchange Arrangements and Exchange Restrictions*，以下简称 AREAER）②，IMF 将资本账户分为 11 个大类，③ 在 11 个大类之下，又根据流入与流出、居民与非居民等不同情况划分为 40 个小项。IMF 依据上述分类定期描述其成员国的资本项目管制状况。

尽管 IMF 对资本项目进行了详细的分类，但国际上并没有货币在资本项目下可兑换的统一概念和具体标准。理论界对货币资本项目可兑换含义的理解主要有两种：（1）资本项目可兑换是指以投资或融资为目的，一国货币与外币之间可以自由兑换，并可以比较便利地使用本币或外汇开展跨境的资本项目交易。④ （2）资本项目可兑换不仅包括取消有关资本项目下交易的兑换限制，还包括取消对有关资本交易本身的限制。⑤ 可见，狭义的资本项目可兑换主要指国内外的机构或

---

① 一般而言，资本项目是指国际收支中因资本输出和输入而产生的资产负债的增减项目，所反映的是本国和外国之间以货币表示的债权债务的变动，换言之，就是一国为了某种经济目的在国际经济交易中发生的资本跨国界的收支项目。

② AREAER 是全球范围内描述各国国际资本交易政策法规的权威文件。它描述了 IMF 的 188 个成员国当局在经常项目和资本项目下实施的所有管制措施，是迄今为止定性描述大样本国家当局资本账户管制措施最为全面、综合、权威的文献来源。

③ 这 11 个大类分别是资本市场工具、货币市场工具、集体投资证券、衍生品和其他工具、商业信贷、金融信贷、保证、担保和备用融资便利、直接投资、直接投资的清算、不动产交易和个人资本交易等。

④ 潘丽英：《货币自由兑换新解与资本账户有限和定向开放》，载 2015 年 12 月会议论文《2015 年国际货币金融每日综述选编》第 3 页。

⑤ 杨子亚：《资本项目可兑换只是资本项目开放的第一步》，https：//wallstreetcn.com/articles/290640，2018 年 10 月 11 日访问。

个人在无需国内政府批准的情况下就可按官方汇率在本币与外币间自由兑换，并可将投资资金汇入国内或汇出国外。它包括货币的自由兑换和资本的自由流动两个层面。而广义的资本项目可兑换不仅涵盖了上述两个层面的内涵，还包括开放金融市场，允许金融市场的各种本币和外币的资金往来和交易。可以认为，广义的资本项目可兑换具有层层递进的三个层面，即首先实现货币资本项目可自由兑换，然后是资本可自由流动，最后实现资本可自由交易。在我国，监管部门更倾向于采纳狭义的人民币资本项目可兑换概念，而对于包含了开放金融市场的广义的资本项目可兑换，更准确的表达应该是资本项目开放。因此，人民币资本项目可兑换不能等同于人民币资本项目开放，资本项目可兑换并不必然要求资本项目完全开放。

（二）人民币资本项目可兑换、资本项目开放与人民币国际化的关联性

近年来，人民币作为贸易结算货币的职能得到了快速发展，但作为投资货币和储备货币的职能却进展甚微。在此背景下，很多学者主张资本项目可兑换应先于货币国际化，如果不能实现资本项目开放，人民币国际化将是残缺的国际化。[1] 有学者进一步提出除了确有必要保留管制的有限项目外，其他的资本项目管制应一概取消。[2] 但也有学者认为资本项目开放并不是货币国际化的前提条件，货币国际化不必等到资本项目开放后再进行，[3] 提倡在人民币国际化的进程中，中国的资本项目仍应坚持有限和定向的开放。[4] 还有学者指出资本项目开放和货币国际化相辅相成，不存在先后问题，可以同时推进，形成互动。[5] 上述迥

---

[1]　参见张岸元：《人民币国际化战略和实施路径初探》，载《经济研究参考》2014年第9期。

[2]　韩龙：《人民币入篮与我国法制变革》，载《政法论坛》2017年第6期。

[3]　杨荣海、李亚波：《资本账户开放对人民币国际化"货币锚"地位的影响分析》，载《经济研究》2017年第1期。

[4]　参见潘丽英等著：《国际货币体系未来变革与人民币国际化（下卷）》，格致出版社、上海人民出版社2014年版，第208~210页。

[5]　沈悦、杨丹丹：《汇率波动、资本项目开放与货币国际化——国际经验与启示》，载《云南财经大学学报》2018年第6期。

异的研究结果使资本项目管理的法制建设失去了科学的依据和明晰的顺序，凸显了厘清人民币资本项目可兑换、资本项目开放与人民币国际化之间的逻辑关系的重要性和紧迫性。

人民币国际化是人民币在国际社会充分发挥价值尺度、交换媒介和储藏价值的货币功能而被广泛用作贸易计价及结算货币、投资货币和储备货币的过程和现象。[①] 货币国际化是一个涉及国际贸易、跨境投资、金融交易等多个领域，并承担计价、支付、交易、储藏等多重职能的多维度概念，[②] 而人民币资本项目可兑换只是人民币国际化的一个核心内容。如果人民币可兑换程度较低，其持有和交易成本必然较高，这将使其在国际货币竞争中处于不利地位。可见，人民币国际化必然要求资本项目可兑换达到一定的程度，因而人民币资本项目可兑换是当前人民币国际化的前提和突破口。资本项目开放则是对资本跨境流动的自由度和金融市场的开放度提出了要求，它与人民币国际化类似，也是一个有层次、有步骤的渐进的过程，两者的关系类似于一个硬币的两面，可以在时间和空间上齐头并进，相互促进。三者之间的上述关系可以由 AREAER 进行佐证。虽然当前主要国际货币的发行国或地区都宣布本币实现了资本项目可兑换，但据 IMF 的统计，他们对资本项目或多或少地保留了必要的限制或管理。2018 年的 AREAER 显示，G20 成员中资本项目开放度最高的是意大利、日本和阿根廷，仅在 2 大类上设有管制，加拿大、韩国位居第二，各在 3 大类上保留管制，其次是法国，有 4 类管制。令人深感意外的是，美国和德国在 7 大类中都存在管制，英国也在 5 大类中保留了管制，而在 11 大类中完全没有管制的国家主要是巴拿马、利比里亚、罗马尼亚、秘鲁、卢旺达等国。[③] 可见，资本项目可兑换并不意味着资本项目完全开放，而资本项目完全开放既不是货币国际化的必要条件也非充分条件。因此，近期我国法制建设的重点是稳步有序地实现人民币资本项目可兑换，并在逐步推

---

① 韩龙：《人民币入篮需要我国作出怎样的法制变革？》，载《社会科学文献》2018 年第 2 期。

② 央行国际司：《关于人民币国际化和资本项目可兑换的几点思考》，http：//finance. sina. com. cn/roll/2019-02-27/doc-ihrfqzka9578043. shtml，2019 年 6 月 1 日访问。

③ IMF，" Annual Report on Exchange Arrangements and Exchange Restrictions "，LCC K4440. A13 I57（2018），IMF Library，pp. 55-65.

进资本项目开放过程中设计合理的管理措施，为促进人民币国际化提供法制保障。最终，资本项目的开放将在远期随同人民币国际化的水到渠成而同步实现。

二、人民币资本项目可兑换的主要制度

中国实现了人民币经常项目下的可兑换后，人民币资本项目可兑换便成为外汇管理体制改革的最终目标之一。在 2008 年全球金融危机爆发前，我国一直按照"先长期后短期，先机构后个人，先直接投资后证券投资"的原则逐步推进人民币资本项目可兑换。2009 年，我国启动了人民币国际化进程，密集发布了大量相关规章制度，使人民币资本项目可兑换踏上了新的征程。

（一）跨境直接投资领域

跨境直接投资的显著发展对深化我国的改革开放和刺激我国的经济增长发挥了巨大的作用。近年来，我国通过管理理念的转变和管理方式的改革，逐步实现了人民币在直接投资领域的基本可兑换。

1. 以登记为核心的外商直接投资外汇管理体制

为建立对外商投资企业的外汇管理制度，我国的国家外汇管理局（以下简称外汇局）在 1996 年确立了对外商投资企业外汇登记的审查制度，规定由联合年检各部门对外商投资企业的出资、财务、外汇、进出口等方面的情况进行联合年检。① 2012 年 11 月，外汇局出台《关于进一步改进和调整直接投资外汇管理政策的通知》，取消直接投资项下外汇账户开立及入账、外国投资者境内合法所得再投资等事项的核准；取消外国投资者收购中方股权外资外汇登记手续、出资时的验资询证手续等，简化外商投资性公司境内再投资管理；进一步放宽境外放款管理；改进外商投资企业的外汇资本金结汇管理。这些举措极大地简化了企业直接投资外汇登记的办理流程，建立起了效率高、成本低的外资外汇管理模式。② 2015 年 6 月，外汇局通知取消外汇登记核准的行政审批事项，改由银行直接审核办理境内直接投资的外汇登记，外汇局通过银行对直接投资外汇登记实施间接监

---

① 参见《外商投资企业外汇登记管理暂行办法》。
② 郭松：《资本项目开放踏上新征程》，载《中国外汇》2018 年第 9 期。

督；取消外国投资者收购中方股权出资确认登记等验资询证手续，取消外国投资者货币出资确认登记，建立境内直接投资货币出资入账登记制度；取消直接投资外汇年检，通过存量权益登记进行管理。经过上述改革，1996 年以审核和年检为特征的外汇管理体制完全被改变，2018 年 3 月，中国央行宣布废除与改革取得的成果不相符合的《外商投资企业外汇登记管理暂行办法》，可以认为，人民币在外商直接投资领域的可兑换不再存在法律障碍。

2. 以促进境外直接投资为目的的外汇管理制度

随着我国外汇储备的增长和企业竞争力的提升，支持国内有能力的企业"走出去"成为 2008 年金融危机后中国政府提出的一项重大改革策略。2009 年 7 月，外汇局发布《境内机构境外投资外汇管理规定》，对境内机构境外直接投资实行外汇登记及备案制度，并规定了境外直接投资前期费用汇出和投资利润资金汇回境内及结汇的核准制度，从而形成了初步的境外直接投资的管理框架。2012 年 6 月，外汇局发布《关于鼓励和引导民间投资健康发展有关外汇管理问题的通知》，规定境内企业已汇出的对外直接投资资金，经登记后可以直接汇回境内，无须办理减资、撤资登记手续；明确允许境内企业从境内借入外汇后向境外发放贷款，并不再对境外放款资金购付汇及汇回入账进行核准，境内企业获取核准的放款额度后办理相关登记手续，即可直接办理境外放款专用账户的资金收付。上述措施为民间资本"走出去"创造了便利条件。2014 年 1 月，外汇局的《关于进一步改进和调整资本项目外汇管理政策的通知》规定，在一定额度和比例内境内机构可凭营业执照和组织机构代码向外汇局办理前期费用登记，前期费用累计超出一定额度和比例的，还需提交书面申请和相关真实性证明材料进行前期费用登记；允许境内企业向其境外的股权关联企业发放贷款，放宽了对境内企业境外放款的主体限制；已获得的境外放款额度不再受 2 年有效使用期的限制，由企业根据实际需求向外汇局申请使用年限；根据汇出利润的不同额度放宽了利润汇出的条件，简化了境内机构利润汇出管理。2015 年 6 月的《关于进一步简化和改进直接投资外汇管理政策的通知》继续简政放权，将境外直接投资项下的外汇业务交由银行办理，取消外汇登记核准；取消境内投资主体设立或控制的境外企业在境外再投资设立或控制新的境外企业的外汇备案手续；用存量权益登记制度取代外汇年检制度。至此，境内机构"走出去"在资本项目下几乎不再有汇兑管制，境外直接投资外汇管理也实现了基本可兑换。

3. 以资本项目开放为目的的直接投资人民币管理制度

为配合跨境人民币结算试点，便利我国开展境外人民币直接投资人民币结算业务，中国央行于 2011 年 6 月发布《境外直接投资人民币结算试点管理办法》，规定结算试点地区内登记注册的非金融企业经境外直接投资主管部门核准后，使用人民币资金在境外进行直接投资，其境外的利润可以人民币汇回境内。2011 年 10 月，为扩大人民币在跨境贸易和投资中的使用范围，中国央行发文允许境外投资者以人民币来华投资。境外投资者将其所得的人民币利润或因减资、转股、清算等其他途径所得的人民币汇出境内的，银行应该在审核有关材料后直接为其办理人民币资金汇出手续。上述改革措施加强了人民币作为投资货币的职能，扩大了人民币在直接投资领域的使用范围。

（二）跨境证券投资领域

由于我国证券投资者的风险管理水平较低，监管机关的监管水平和能力有限，因此在改革开放初期，我国一直对资本市场实行严格的管制。随着经济金融实力的增强，我国资本市场领域也走上了逐步开放的道路，尤其是开启人民币国际化进程以来，资本市场领域的可兑换得到了显著的发展。

1. 建立并不断完善境内境外机构投资者制度

在资本项目仍未开放的背景下，我国利用机构投资者开辟了资本市场的投资渠道，实现了证券市场的部分可兑换。（1）合格境外机构投资者（Qualified Foreign Institutional Investor，以下简称 QFII）制度。2002 年 12 月，我国正式引入了 QFII 制度，允许满足条件的境外机构在核定的额度内投资境内的资本市场。2006 年 8 月，经过几年的摸索和实践，外汇局发布新文件提高 QFII 制度的灵活性，进一步放宽了管制。新的文件分别规定了证监会和外汇局的监督职能，明确由外汇局依法对合格投资者境内投资有关的投资额度、资金汇出入等实施外汇管理；它不再规定机构投资者资产规模的具体量化条件，只确定了申请合格投资者资格和投资额度的审批制度；取消了对合格投资者的证券投资业务许可证、外汇登记证进行年检的制度。2009 年我国启动人民币国际化进程后，加快了 QFII 制度改革的步伐，不断简化在资格门槛、额度审批和资金汇兑等方面的手续，促进了 QFII 的发展。2016 年 2 月，按照宏观审慎的管理思路，我国取消了 QFII 单家机构额度上限，QFII 在其自动获得的基础额度内提出申请无需审批，取消对资金汇入期限要求，并允许开放式基金按日申购、赎回。2018 年 6 月 12 日，中国央行、国家外汇管理局宣布对 QFII 实施新一轮外汇管理改革，对 QFII 的资金汇出比例、本金锁定期和外汇套期保值等进一步放宽了管制。这一系列的举措使 QFII 得到了长足的发展，截至 2018 年 10 月 30 日，外汇局批准了 286 家 QFII，获批的投资额度总计 1002.56 亿美元。[1]（2）人民币合格境外机构投资者（RMB Qualified Foreign Institutional Investor，以下简称 RQFII）制度。2011 年 12 月，我国的 RQFII 试点业务正式启动，允许境内基金管理公司、证券公司的香港子公司运用在香港募集的人民币资金对境内证券市场进行投资，并规定了比 QFII 更灵活和便利的管理制度。上述 2016 年和 2018 年的两轮改革同样适用于 RQFII。截至 2018 年 10 月 30 日，我国共批准了 203 家 RQFII，累计批准的投资额度为人民币 6462.72 亿元。[2] 2019 年 9 月，国家外汇管理局决定取消 QFII 和 RQFII 的投资额度和试点国家及地区限制。（3）合格境内机构投资者（Qualified Domestic Institutional Investor，以下简称 QDII）制度。2007 年 6 月《合格境内机构投资者境外证券投资管理试行办法》的发布正式启动了 QDII 的试点业务，允许符合条件的境内机构投资者开展境外证券投资业务，该文件详细规定了 QDII 的资格条件和审批程序，制定了额度和资金管理规则，并在资金募集、投资运作、信息披露等方面课以 QDII 相关的法律义务。2013 年 8 月，外汇局规定从投资额度、账户、汇兑、统计与监督等方面对 QDII 进行管理。它拓宽了主体范围，指出 QDII 包括但不限于商业银行、证券公司、基金管理公司、保险机构、信托公司等；同时，它扩大了资金来源，取消了币种限制，统一了余额管理的要求，并取消了除额度审批以外的所有审批手续。[3] 截至 2018 年 10 月 30 日，我国批准了 152 家

---

[1] 数据来源于外汇局发布的《合格境外机构投资者（QFII）投资额度审批情况表》，http：//www.safe.gov.cn/safe/2018/0425/8881.html，2018 年 11 月 21 日访问。

[2] 数据来源于外汇局发布的《人民币合格境外机构投资者（RQFII）投资额度审批情况表》，http：//www.safe.gov.cn/safe/search/index.html？q=QFII&siteid=safe，2018 年 11 月 21 日访问。

[3] 郭松：《资本项目开放踏上新征程》，载《中国外汇》2018 年第 9 期。

QDII，累计批准的投资额度为 1032.33 亿美元。① （4） 人民币合格境内机构投资者（RMB Qualified Domestic Institutional Investor，以下简称 RQDII）制度。2014年11月中国央行正式推出 RQDII 机制，允许 QDII 用人民币投资境外的人民币资本市场。据此，RQDII 可以自有或募集的机构和个人的人民币资金投资境外以人民币计价的金融产品，其额度已实际募集规模为准。2015年12月，中国央行暂停机构申请新的 RQDII 相关业务。2018年5月，为进一步规范和促进 RQDII 境外证券投资业务的常态化开展，中国央行明确限制了 RQDII 的人民币资金在境外的用途，即只能开展境外投资，不得用于境外购汇。

2. 建设开放的银行间债券市场

2009年7月，为了给人民币跨境结算提供便利，我国允许港澳人民币清算行开展银行间同业拆借业务，境内结算行可以向境外企业提供人民币贸易融资。2010年8月，允许境外中国央行等三类主体在核准额度内参与境内银行间债券投资交易；9月，允许国际开发机构在银行间债券市场发行人民币计价的债券（也成为"熊猫债"）。2014年9月，中国央行同意拓展熊猫债的发行主体，允许境外非金融企业在银行间债券市场发行人民币债务融资创新工具。2015年6月，允许境外清算行、境外参加行开展债券回购交易；7月，允许货币当局、国际金融组织、主权财富基金等境外中国央行类机构通过备案即可在银行间市场开展债券现券、债券回购、债券借贷、债券远期以及利率互换、远期利率协议等交易，且没有额度限制。2016年2月，中国央行引入商业银行、养老基金等更多符合条件的 QFII，鼓励这些境外金融机构投资银行间债券市场开展债券现券等经许可的业务，并取消额度限制，符合条件的 QFII 通过银行间市场结算代理人可成为银行间债券市场的参与者。2016年5月，我国取消对境外投资者的行政许可，仅保留了备案制和外汇登记要求。2018年6月14日，中国央行进一步简化了境外投资者进入中国银行间债券市场投资备案的信息收集和报备要求。至此，我国的银行间债券市场向境外投资者全面开放。

3. 实现内地与香港资本市场的互联互通

---

① 数据来源于外汇局发布的《合格境内机构投资者（QDII）投资额度审批情况表》，http://www.safe.gov.cn/safe/2018/0425/8883.html，2018年11月21日访问。

随着资本市场的稳定发展，我国开始尝试在内地和香港之间实现资本市场的双向开放。2014 年 11 月，作为资本市场开放的一项重大创新，上海证券交易所和香港联交所的"沪港通"正式启动。它允许符合条件的内地和香港的个人投资者直接买卖对方交易所的股票。2016 年 12 月，"深港通"也正式开通。2018 年 4 月，"沪港通"和"深港通"的每日额度扩大了 4 倍，这些举措都极大地提升了内地和香港的股票市场的联通程度。2017 年 7 月，内地和香港的"债券通"正式开通，我国还制定了"债券通"下的人民币购售业务、资金汇出入及外汇风险对冲等管理制度，增加了投资者的投资渠道，加快了我国资本市场的开放。此外，我国于 2015 年 7 月推出了内地与香港证券投资基金跨境发行销售机制，即"基金互认"机制。我国对"基金互认"不设单家机构和单只产品的额度审批，只对总额度进行管理。这一机制标志着集体投资大类下"居民在境外发行"和"非居民在境外发行"两个子项上实现了部分可兑换，资本项目可兑换取得了新的突破。①

4. 简化境外上市的外汇管理制度

为了给我国企业境外上市融资提供便利，外汇局于 1999 年、2003 年、2013 年和 2014 年先后发布通知，不断完善境外上市的外汇管理制度。2014 年 12 月外汇局发布的《关于境外上市外汇管理有关问题的通知》对境外上市的外汇登记，资金回流与结汇，上市后的增持/减持、回购、退市的业务办理进行了多项调整，并向业界传递了简政放权、不断规范与促进跨境投融资的积极信号。② 它拓展了境外上市管理的适用范围，摒弃了以往境外募集资金必须在 6 个月内强制调回境内的要求，H 股公司的境外募集自己可以自主决定是否调回境内，而对于调回的资金，新文件取消了结汇时的外汇局事先核准要求。此外，它还整合了外汇账户，取消纸质报表，简化登记和数据报送。③ 2016 年，为了让境内企业在香港上

---

① 郭松：《资本项目开放踏上新征程》，载《中国外汇》2018 年第 9 期。

② 刘丽娟：《境外上市便利化革新》，载《中国外汇》2015 年第 2 期。

③ 《国家外汇局：取消境外募集资金调回结汇审批》，http：//news. 163. com/14/1231/14/AEQ5CK8G00014JB6. html，2018 年 10 月 15 日访问。

市，外汇局允许境内企业在香港首次公开发行（IPO）时引入基石投资者制度，①并针对作为基石投资者的国内机构的用汇做出了相应的安排，突破了境内机构不能投资境外资本市场的束缚，一定程度上推动了资本项目可兑换。

5. 支持境内商品期货和衍生品市场对外开放

随着我国资本市场的稳步开放，我国的商品期货市场和衍生品市场也得到了发展。2016 年 4 月，人民币计价的黄金期货在上海黄金交易所交易；2017 年 2 月，允许符合条件的境内金融机构对本机构受托提供代理交易和结算服务的境外投资者办理外汇衍生品业务；2018 年 3 月 26 日，原油期货在上海国际能源交易中心挂牌交易。为了促进上述市场的开放，我国出台了配套外汇管理政策，规定资金的汇出和汇入无需审批，境外投资者参与境内特定商品的期货交易不设投资额度的限制，这些措施都有利地支持了期货市场和衍生品市场的进一步开放。

（三）跨境债权债务领域

鉴于 20 世纪最后 20 年发展中国家的债务危机和金融危机频发，我国直到 21 世纪初期都对跨境债权债务实施严格监管，允许境内机构在严格的审批条件下举借外债，并禁止境内机构为非经营性质的境外机构提供担保。随着改革开放的不断深化，我国的外汇储备快速增长，经济实力也日益增强。2013 年后，外汇局抓住时机，稳步推进对跨境债权债务管理体制的改革，不断推进境内机构跨境融资的便利化。

1. 外债登记管理

根据 2003 年的《外债管理暂行办法》，外债包括外国政府贷款、国际金融组织贷款和国际商业贷款。我国对各类外债和或有外债实行全口径管理，所有类型的外债都需要各有关部门进行逐笔审批，外债管理部门对外债资金的使用进行管理和监督。这些规则便于我国在外债管理初期规避风险，为后续的改革奠定了基础。经过近 10 年的实践摸索和经验累积，我国外汇局决定简化行政审批程序，在 2013 年发布的《外债登记管理办法》中全面取消了逐项审批制，不同类型的

---

① 即境内企业在香港 IPO 时，事先与一些知名的机构投资人、企业集团或富豪签订购股协议，以 IPO 的价格认购一定数量的股份。

债务人均只需到外汇局办理逐笔登记或备案手续，强化了外债管理中的统计监测功能。在外债账户开立、资金使用和结售汇管理方面，建立起了"自主举债、依法使用、意愿结汇"的宏观审慎管理框架，大大简化了办理外债业务的程序，减轻了银行和企业的负担。2016年1月，中国央行统一外债额度的管理方式，采取了跨境融资余额与资本或净资产挂钩的模式，允许外资企业在上述新的宏观审慎模式与原有的"投注差"模式间进行选择，要求内资企业均选择宏观审慎模式，统一了外债额度的管理方式。此外，该文件实现了本外币一体化管理。经过一年的试点，2017年1月11日，中国央行下发了《关于全口径跨境融资宏观审慎管理有关事宜的通知》，规定境内的法人企业和法人金融机构开展本外币跨境融资时风险加强余额不得超过规定的上限，这一举措加大了企业和机构的跨境融资的自主权，进一步扩大了其跨境融资空间，有利于境内机构充分利用境外低成本资金，顺应了本外币一体化发展趋势。①

2. 跨境担保的外汇管理

1996年，中国央行发布《境内机构对外担保管理办法》，允许境内金融机构（不含外资经营机构）和境内非金融企业法人提供对外担保，并建立了对外担保的逐项审批制。2005年5月，为了加大对"走出去"企业的融资支持，外汇局发布《关于调整境内银行为境外投资企业提供融资性对外担保管理方式的通知》，取消了逐笔审批制，允许银行在年度余额内自主为境外投资企业提供融资性对外担保。2010年，外汇局发布《关于境内机构对外担保管理问题的通知》，将余额管理的范围延伸到为境内外机构提供融资性担保，即银行无论对境外或境内机构提供担保均实行余额管理；对非银行金融机构和企业提供融资性对外担保以逐笔审核为主，具备一定条件的可以实行余额管理；放宽了境内银行提供融资性担保时被担保人的资格条件和财务指标限制；境内银行的非融资性担保无须逐笔核准，按照资本负债比例管理。2014年，外汇局发布《跨境担保外汇管理规定》，简政放权，大幅度地减少了逐笔登记的范围，仅要求"担保履约后新增居民对非居民负债或债权的部分跨境担保"进行逐笔登记；取消了所有的事前审批程序，

① 《嘉峪关市中心支局贯彻全口径跨境融资宏观审慎政策实现短期外债余额大幅增长》，http：//www.safe.gov.cn/gansu/2017/0414/98.html，2018年8月20日访问。

以登记为主要的管理手段；取消了大部分业务资格条件限制；同时强化了风险管理和防范制度。改革至此，可以认为，跨境担保项下实现了基本可兑换。

3. 融资租赁业务的外汇管理

我国《外汇管理条例》明确规定，在中国境内不允许用外币计价结算。但是，鉴于外资融资租赁公司由外方股东融入资金，所以，监管当局参照外汇转贷款对其进行管理，允许在境内开展的融资租赁业务下的租金以外币形式支付。2012 年后，为了促进金融租赁公司这一新型租赁公司的蓬勃发展，外汇局规定如果金融租赁公司用以购买租赁物的资金 50% 以上来源于自身的国内外汇贷款或外币外债，也可以外币形式收取租金。在上海自贸区内，外汇局于 2014 年开始尝试将该政策红利向中资融资租赁公司释放，取得了良好的效果。2015 年，外汇局进一步将试点推广到天津、广东、福建等自贸区，均取得了理想的成效，极大地降低了融资租赁业务的风险和成本。2017 年年底，外汇局决定将这一制度推向全国，发布了《关于融资租赁业务外汇管理有关问题的通知》，规定在满足 2012 年规定的 50% 资金来源的条件下，金融租赁公司、外商投资融资租赁公司和中资融资租赁公司三类主体可以收取外币租金。此外，通知还明确了承租人办理外币租金购付汇的具体手续，规定了融资租赁公司外币收入的后续处理规则。[1] 上述改革措施既为融资租赁业务的开展提供了便利，也是资本项目可兑换的有益探索。

4. 跨境借贷的人民币管理

为推动人民币国际化的进程，我国自 2009 年起开始加强人民币在跨境借贷中的作用。(1) 境内外银行间人民币借贷。2009 年 7 月，允许港澳人民币清算行加入全国银行间拆借市场开展同业拆借业务。(2) 银行人民币境外贷款。2009 年 7 月，允许境内结算行向境外企业提供人民币贸易融资，2011 年 10 月，允许银行向境内机构"走出去"过程中的各类境外投资企业和项目提供人民币贷款。[2] (3) 境内企业境外人民币借款。2012 年 6 月，中国央行发布《关于明确

---

① 朱敏：《持续释放改革红利》，载《中国外汇》2017 年第 23 期。

② 张春生：《全球化视野的人民币国际化及其资本项目开放》，载《改革》2017 年第 7 期。

外商直接投资人民币结算业务操作细则的通知》，允许外商投资企业（外商投资房地产企业除外）在注册资本按期足额到位后自境外借用人民币资金，但其向其境外机构以所有币种借款合计的总规模不得超过投资总额与注册资本的差额。2016 年 4 月，中国央行发布《关于在全国范围内实施全口径跨境融资宏观审慎管理的通知》，允许所有符合条件的境内企业自主从境外借入人民币债务。（4）境内机构境外发行人民币债券（点心债）。2012 年 5 月，国家发改委发布《关于境内非金融机构赴香港特别行政区发行人民币债券有关事项的通知》，允许境内非金融机构在香港发行以人民币计价、期限在一年以上按约定还本付息的有价证券，并规定了发债的核准程序。2015 年 9 月，取消了外债额度审批，并将审批制改革为备案制。（5）境内企业境外人民币贷款。2016 年 11 月，中国央行发布通知允许境内企业和企业集团财务公司向与其具有股权关系的借款人发放人民币贷款，并明确规定了相应的备案登记手续和境外放款的额度限制。通过这些文件的发布，人民币在跨境借贷中发挥了越来越大的作用。

三、人民币资本项目可兑换制度的评析

通过梳理近 20 多年来有关人民币资本项目可兑换的主要制度，可以清晰地勾画出我国资本项目自由化进程的轨迹。在改革的进程中，我国既取得了丰硕的成果，也面临着下一步该何去何从的困惑。

（一）资本项目可兑换取得显著成效

经过 40 多年来持续深入的改革实践，尤其是人民币国际化启动后近 10 年的政府快速推进，我国在资本项目可兑换方面成果显著。首先，在直接投资领域，尽管我国在《外商投资准入特别管理措施（负面清单）（2018 年版）》中仍保留了 48 条特别管理措施，但在外国投资和境外投资的外汇管理方面已经取消了汇兑限制，对以人民币进行的跨境直接投资也未设限，基本实现了人民币在直接投资项下的可自由兑换。其次，在跨境证券投资和衍生品投资领域，各种投资渠道不断拓展，我国正在逐步放开对各子项目的管制。目前，证券市场开放程度较高的是银行间债券市场，基本实现了全面开放；在股票证券、债务证券、集合投资工具及衍生品工具方面，我国也通过改革投资主体、额度限制、核准程序等逐

渐减少限制，相对而言，我国对 RQFII 和原油期货人民币计价的限制较少，而对于 QDII、RQDII、沪/深港通、境外机构境内发行人民币债券、内地与香港互发人民币基金限制较严。总体而言，除境外机构境内发行股票、货币市场工具、衍生品工具外，证券投资其他交易已基本可兑换或部分可兑换，境内、境外投资者跨境买卖证券资产均能通过特定通道和制度安排得以实现。① 最后，在跨境债权债务领域，跨境担保的外汇管理已实现了基本可兑换，境内外银行间人民币借贷和境内企业境外人民币借款的管制相对较少，银行人民币境外贷款、外商投资企业境外人民币借款、境内企业境外人民币放款的管制较严。另外，在外债管理模式上逐渐转向宏观审慎管理，境内机构跨境融资更加便利，融资空间也得到了很大的提升，有利于更好地服务于实体经济的发展。

（二）资本项目可兑换面临的挑战

尽管在人民币国际化进程开启后，我国政府加快了资本项目可兑换的步伐，并取得了显著的成就，但是，随着 IMF 在资本项目管制事项上的新认知的出现和推广，我国理论界开始反思近年来人民币国际化背景下的资本项目管理的政策法规，并在一些重要问题上形成了分歧，使未来的资本项目可兑换进程面临挑战。

1. 法律障碍：政策、规范性文件与法规之争

资本项目可兑换程度虽然主要由市场决定，但也离不开政府的推进。当前，政府主要依靠政策性文件和行政规范性文件管理资本项目可兑换事宜。政策性文件主要是行政机关、政党组织等为了完成明确的任务，规定应实行的工作方式、采取的一般步骤和具体措施的文件，一般不具有普遍的法律约束力。行政规范性文件是除国务院的行政法规、决定、命令以及部门规章和地方政府规章外，由行政机关依照法定权限、程序制定并公开发布，涉及公民、法人和其他组织权利和义务，具有普遍约束力，在一定期限内反复适用的公文。② 有的学者认为，在人民币资本项目可兑换的动态进程中，政策性文件在规范相关事宜上具有高效和灵

---

① 郭松：《资本项目开放踏上新征程》，载《中国外汇》2018 年第 9 期。

② 参见《国务院办公厅关于加强行政规范性文件制定和监督管理工作的通知》，国办发〔2018〕37 号。

活的优势，政策更具有针对性，并且实施、制定和修改成本均低于法律法规。我国政府在资本项目诸多事项上作出了政策性指导。比如，2014 年 3 月，德国戴姆勒公司在我国境内发行人民币债券时，根据当时的规范性文件的规定，该公司不具备发债主体的资格。但经中国央行批复，我国同意境外非金融企业在中国银行间债券市场发行人民币债务融资工具创新，并对戴姆勒公司作出了特殊安排。次年 9 月 22 日，仍然是经中国央行批复同意，境外金融机构香港上海汇丰有限公司和中国银行（香港）有限公司也获准在中国发行熊猫债。此后，韩国政府、渣打银行（香港）有限公司、招商局集团（香港）有限公司和创兴银行都是通过核准批复获得在中国发行熊猫债的主体资格。这些政策确实及时地顺应了熊猫债市场的发展要求，但是，有的学者认为，我国的资本项目开放须在法治轨道上推进，唯其如此，才能获得强有力的法制保障。① 使用批复同意等政策性文件规范境外机构发行熊猫债的主体资格，并不能使境外机构获得法制上的保障，法律制度的缺失会使投资者心存顾虑，对自身的主体资格和权利义务缺乏可预见性，从而妨碍了熊猫债市场的进一步发展。

此外，事实上，政府在规范资本项目的管理事宜时，大量采用了效力介于政策性文件和法律法规之间的规范性文件。纵观前文第二部分所梳理的相关制度，绝大多数都属于规范性文件。尽管这类文件可以满足行政管理复杂化和现实生活多样化的要求，弥补法律的漏洞，但其缺陷也分外明显。这些规范性文件均不属于立法性文件，法律效力层级低于法律、法规和规章，并且大量的制度都是以"公告""通知"等形式发布，各主管机构均只就某单一项目作出规范，比如外汇局着重规范资本项目下对外汇兑换的管理，而中国央行更注重对资本项目下人民币使用的管理，两个机构虽然各有分工，但合作不够，导致该领域文件数量众多，零星分散，杂乱无序，资本项目管理制度缺乏规划性和系统性。而且，新旧制度更迭频繁，比如 2016 年 8 月的《关于人民币合格境外机构投资者境内证券投资管理有关问题的通知》于 2018 年 6 月被同名的新《通知》废止，投资者查找文件困难烦琐。

可见，在资本项目可兑换领域，用政策性文件取代法律规范的现象仍然存

---

① 韩龙：《人民币入篮需要我国作出怎样的法制变革?》，载 2018 年第 2 期。

在，而且，即使是具有法律约束力的规范性文件，也存在着单一性、狭窄性和效力层次低等明显的法律缺陷，该领域的法规明显滞后于实践的发展。这些都无疑成了进一步推进资本项目可兑换进程的法律障碍。

2. 认知障碍：激进模式与流行模式之争

国际社会和 IMF 对国际资本流动的态度并非一成不变，近 30 年来，先后形成了两种认知模式，即激进模式和流行模式。自 20 世纪 80 年代起，英国、日本等发达国家和一些发展中国家相继进行"大爆炸"式的改革，短期内解除了资本项目管制措施，快速地实现了资本项目开放。当时，经合组织通过修改《资本流动自由化通则》引导其成员国逐步开放资本项目。在 1997 年金融危机爆发之前，IMF 甚至动议将开放资本项目修改为成员国的普遍性义务。显然，在这段时期要求各国迅速地、一步到位地开放资本项目成为国际社会中占支配地位的主要思潮，这是一种激进模式。而流行模式是韩龙教授针对东南亚金融危机之后尤其是2008 年金融危机以来 IMF 及主要经济体所推崇的资本项目开放模式而提出的一个凝练性称谓。其主要内涵包括：（1）对金融体制和金融机构发展到一定水平的国家而言，资本项目开放带来的实质性收益可能大于潜在的风险，而那些达不到这一门槛的国家面临的风险可能大于其可得的收益。因此，各国可以根据自己的发展水平决定资本项目的开放程度，可以保留必要的资本项目管制手段。（2）资本项目制度改革是受制于诸多配套条件的制约，比如宏观经济稳定、金融市场发达、金融法制和监管制度的健全等。[①] 各国是否开放资本项目，需要检视有关金融机构和金融体制发展状况的系统性条件是否已具备。（3）各国可以根据自己的情况制定资本项目开放的顺序和步骤。IMF 为有开放意愿的国家推荐了开放的进程和步骤，它需要通过连续的、经常会重叠的几个阶段来完成，即先放开直接投资的流入，然后再开放直接投资的流出、其他长期资本的流动和有限的短期资本的流动，最后再开放更多的其他资本项目。[②] 当前，这两种模式仍存在于不同国

① IMF, "The IMF's Approach to Capital Account Liberalization: Revising the 2005 IEO Evaluation", March 3, 2015, p. 2. 转引自韩龙：《资本项目制度改革流行模式不适合人民币国际化》，载《法商研究》2018 年第 1 期。

② IMF, "The Liberalization and Managememt of Capital Flows: An Institutinal View", November 14, 2012, p. 14.

家的制度制定者和理论研究者的头脑中。

在中国，直到人民币国际化进程开启之前，政府都坚持指导"逐步实现人民币资本项目可兑换"，并实施着相应的资本项目管制措施。在1997年东南亚金融危机和2008年全球金融危机的冲击下，资本管制成为保护我国经济安全的重要屏障。2011年开始，人民币国际化进入快通道。2012年，中国央行调查统计司课题组发表了题为《我国开放资本账户条件基本成熟》的研究报告，该报告认为资本项目开放正处于战略机遇期，并设计了短期、中期和长期内资本项目开放的具体规划。在此背景下，2013年11月召开的党的十八届三中全会提出"加快实现人民币资本项目可兑换"。在2015年"8·11"汇改后，人民币结束单边升值预期，人民币国际化进程放缓，党中央在"十三五"规划建议中指出"扩大金融业双向开放，有序实现人民币资本项目可兑换，推动人民币加入特别提款权，成为可兑换、可自由使用货币"。① 党在这两个文件中的不同措辞"加快实现"和"有序实现"的鲜明差别引发了国内学术界的广泛探讨，在未来的人民币国际化进程中，是应该延续类似于流行模式的思路，继续对资本项目进行必要的管制，分步骤、有次序地逐步推进人民币资本项目可兑换，还是应针对人民币国际化的特殊需求偏向于激进模式，加快人民币可兑换的步伐？抑或摸索一条既不同于流行模式也非激进模式的具有中国特色的人民币资本项目可兑换的路径？这些问题目前依然没有答案。相关争论悬而未决，未来的人民币资本项目可兑换面临着理论界认知不统一的挑战。

四、人民币资本项目可兑换的法律对策

尽管我国近10年来在资本流动管理领域密集发布了大量政策性文件和规范性文件，资本项目开放取得了显著的成就，但资本项目开放程度仍未能满足人民币国际化的要求。当前，零散杂乱的政策法规和对开放模式的莫衷一是的立场成为未来人民币资本项目可兑换的主要障碍，中国必须认真分析国内外宏观经济新

---

① 中国共产党第十八届中央委员会第五次全体会议：《中共中央关于制定国民经济和社会发展第十三个五年规划的建议》，http://politics.people.com.cn/n/2015/1103/c1001-27772701-2.html，2017年11月29日访问。

形势，在法律层面统一对资本项目开放模式的认知，设计出与人民币国际化目标协调一致的科学合理的资本项目开放路径，规范可操作的资本流动管理措施，为最终实现资本项目开放和人民币国际化的目标提供制度保障。

（一）适时以法律形式宣布人民币资本项目可兑换

人民币资本项目可兑换是人民币国际化的前提条件，因此，当前立法的重心是实现人民币资本项目可兑换。但是，何谓资本项目可兑换，国际社会并没有形成清晰的概念和具体的判别标准，IMF 也未充当裁判员去宣布哪些国家实现了资本项目可兑换。由于没有国际统一立法的约束，各国根据各自国内的标准自主宣布本币是否构成资本项目可兑换。因此，我国有必要借鉴国别经验来确定人民币资本项目可兑换的基本原则、必备条件和判断标准。

1. 人民币资本项目可兑换的基本原则

确定人民币资本项目可兑换的基本原则，其本质是厘清资本项目可兑换和资本项目开放的区别，抓住资本项目可兑换的合理内核。由于本书中的资本项目可兑换采用了狭义的概念，它仅包含了两个层面的含义，即取消人民币和外币在资本项目下的兑换限制，并允许人民币和外币资本在合规的前提下自由流出和流入中国境内，并不包括金融市场的开放。所以，可以认为，资本项目可兑换的基本原则是资本项目下各通道均能实现合法的、直接的资本双向跨境流动，管理制度不会实质性影响跨境资本的流动。[①] 根据该原则，资本项目可兑换并不要求全面开放金融市场，并可以在已经放开的通道中设置一定的条件，比如规定准入条件、征收交易税或要求真实交易背景和实际需求等。设置这些条件的目的是滤掉非法的或对本国产生破坏作用的资本流，条件可能影响开放通道的宽窄，但不会实质性地堵塞开放通道。这一原则的设定既明确了人民币资本项目可兑换的内涵，也为中国采取合理管理措施的需求留下了制度空间。该原则能为实现我国"逐步地、有序地开放资本项目"提供制度保障，并且与 IMF 对资本流动管理的新认知也相吻合。

---

① 巴曙松、郑子龙：《人民币资本项目开放新趋势》，载《第一财经日报》2016 年 4 月 5 日。

2. 人民币资本项目可兑换的必要条件

关于资本项目可兑换的条件，IMF 在其 2012 年发布的《资本流动的开放与管理：体制观》（以下简称《体制观》）报告中指出，只有当一国的金融体制和机构发展达到一定水平后，资本自由流动才会给该国带来最大的利益。IMF 认为，合理的财政、货币和汇率政策、充分的金融监管制度、稳健的金融机构、健全的金融体制和巨大的贸易和金融的开放度都是衡量一国是否达到一定水平的条件和指标。① 2015 年，IMF 再次强调资本项目开放离不开稳定的宏观经济、发达的金融市场和健全的金融监管法制。② 综合 IMF 在不同文件中的观点，结合有关学者的研究成果，建议以宏观经济环境、金融机构状况、金融监管制度、金融市场发展等为条件来评判人民币是否具备了资本项目可兑换的基础。

首先，我国当前的各项宏观经济指标表现良好。中国经济多年来保持高速增长，国家统计局日前发布的党的十八大以来经济社会发展成就系列报告显示，2013 年至 2021 年，我国国内生产总值年均增长 6.6%，高于同期世界 2.6% 和发展中经济体 3.7% 的平均增长水平；对世界经济增长的平均贡献率超过 30%，居世界第一。③ 在通货膨胀方面，我国自 2016 年 1 月至 2022 年 9 月的 CPI 均值为 1.989%，除了受疫情影响严重的 2019 年末和 2020 年初外，CPI 基本在 1% 到 2.5% 之间波动。④ 我国的经常项目一直处于顺差状态，外汇储备稳居世界第一。2021 年，全国一般公共预算赤字占名义 GDP 比重为 2.4%，"三本账"和"四本账"⑤

---

① IMF, "The Liberalization and Managememt of Capital Flows: An Institutinal View", November 14, 2012, p. 12.

② IMF, "The IMF's Approach to Capital Account Liberalization: Revising the 2005 IEO Evaluation", March 3, 2015, p. 2.

③ 国家统计局：《新理念引领新发展 新时代开创新局面——党的十八大以来经济社会发展成就系列报告之一》，http://www.stats.gov.cn/xxgk/jd/sjjd2020/202209/t20220913_1888196.html，2022 年 11 月 8 日访问。

④ 上述数据来源于中华人民共和国中央人民政府官网，http://www.gov.cn/shuju/hgjjyxqk/detail.html?q=1。

⑤ "四本账"是指一般公共预算、政府性基金预算、国有资本经营预算、社会保障预算，"三本账"不含社会保障预算。

的综合赤字占名义 GDP 比重分别为 1.7% 和 0.9%,① 低于国际警戒线 3%，比日本、韩国、俄罗斯等国宣布资本项目可兑换时的指标条件更优越。其次，我国的金融机构一向稳健，具有较强的风险防范能力。截至 2017 年年末，我国商业银行的核心一级资本充足率为 10.75%，资本充足率为 13.65%，而不良贷款率仅为 1.74%。② 1984 年的日本、1993 年的韩国和 2006 年的俄罗斯在宣布资本项目可兑换时，它们的不良贷款率均高于 2%，而且多年都难以降至 2% 以下。③ 可见，我国的金融机构状态也明显好过部分宣告资本项目可兑换的国家。再次，在金融监管制度方面，我国已建立起一套有效的金融监管体制，对内促进金融机构合法合规地运作，对外成功地抵御了几次大型的金融危机。可见，现行的金融监管体制基本能满足人民币资本项目可兑换所需的条件。最后，在金融市场发展方面，我国不断拓展市场主体、降低市场准入条件及简化准入的程序、逐渐放开各项管制，目前金融市场的自由度和深度都有所提高。但是，根据 IMF 的年报统计，我国金融市场的开放程度还不高，未来应重点促进资本项目可兑换。

3. 人民币资本项目可兑换的判断标准

目前，资本项目可兑换公认的国际标准尚未建立，一个可行的办法是通过与已宣布资本项目可兑换国家的资本管理程度进行横向对比来确定资本项目可兑换的最低标准。鉴于经合组织的《资本流动自由化通则》第 2 条明确要求各成员国逐步取消对资本流动的限制，以实现资本流动自由化，因此，可以考虑将经合组织国家的资本开放程度作为资本项目可兑换的参考基准。据统计，按照 IMF 区分的 11 项大类来看，经合组织的 32 个经济体中，平均仍有 7 项存在管制，即至少完全开放 4 个大项可宣布资本项目可兑换；按照 40 个小项来看，则需要至少开放 27 个小项。④ 值得借鉴的是，各国开放度最高的项目主要包括商业信贷、直

---

① 汪红驹：《2021 年中国财政运行分析及 2022 年展望》，载国家金融与发展实验室：《NIFD 季报》，https：//baijiahao. baidu. com/s? id＝1726384516989733952&wfr＝spider&for＝pc，2022 年 11 月 8 日访问。

② 《银监会：截至 2017 年末商业银行不良贷款率为 1.74%》，http：//finance. sina. com. cn/roll/2018-02-09/doc-ifyrkrva6131623. shtml，2018 年 10 月 30 日访问。

③ 张健华：《资本项目可兑换的国别比较》，载《中国金融》2011 年第 7 期。

④ 巴曙松、郑子龙：《人民币资本项目开放的现状评估及趋势展望》，https：//www. yicai. com/news/5000259. html，2017 年 11 月 29 日访问。

接投资清盘、担保保证和个人资本交易。我国应及时梳理当前资本项目开放的状态，在满足上述条件后宣布资本项目可兑换。

根据 IMF 的 2014 年 AREAER，我国仅在商业信贷的大类上没有设置管制类措施。正如本节第三部分所总结，我国近年来进一步开放了资本项目：（1）直接投资及清盘。我国在直接投资方面已经取消了汇兑限制，对资本流入和流出以登记备案为主要管理方式，同时保留了负面清单下的核准制度，但负面清单措施与宣布资本项目可兑换的发达国家的实践一致，这类措施旨在调控直接投资的流向，对该项目的开放程度没有实质性影响。直接投资清盘购汇也无须外汇局审批。我国在直接投资和清盘两个大类上基本实现了可兑换。（2）资本市场、集合投资和衍生品。证券市场通过合格机构投资者、境内外交易所互联互通、金融开放创新区域试点等制度实现了部分开放。在债券市场方面，我国的债券类项目已基本可兑换，境外机构投资者在银行间债券市场基本不再受限，境内居民可以通过 QDII 购买境外债券工具，经登记可以向境外发行债券；股票市场方面，股票类证券项目部分可兑换，合格机构投资者实现了我国境内外的双向投资，"沪港通"和"深港通"使股票投资者拓展到自然人领域。境内企业可以在境外上市，但非居民仍然不是境内发行人民币股票的适格主体；集体投资领域实现了部分可兑换，目前仅有内地与香港的基金互认通道在进行尝试，证券子项目的开放度较低；衍生品领域，衍生品项目的开放程度很低，投资主体和品种都有设立限制。目前境内衍生品的种类在逐渐增多，但境外机构在境内发行衍生品的项目尚未开放。（3）金融信贷和保证担保。我国已实现了跨境担保领域的基本可兑换，对内保外贷取消了数量和资格限制，主要通过事后登记进行管理，对外保内贷则实行额度管理；实现了金融借贷方面的部分可兑换。境内外银行间人民币借贷和境内企业境外人民币借款的管制相对较少，外债管理模式也逐渐转向宏观审慎管理，但对银行人民币境外贷款、外商投资企业境外人民币借款、境内企业境外人民币放款则管制较严。（4）不动产。我国基本比照直接投资管理方式对不动产交易项下的资本流出实施限制。2015 年后，外资流入不动产交易的渠道也基本打通。外资投资境内房地产企业享有直接投资的待遇，用登记制度取代了审核制，取消了境外个人购买境内自住房的居住年限要求。（5）个人交易。我国对个人交易项目的管制较多。个人进行自费出境留学、旅游、探亲、就医、商务考察、境外培训等个人购汇项目时，金额受到居民年度购汇总额的限制，移民类大额产出转出需要审批；个人在直接投资、证券投资和贷款方面都受到主体资格和数额方面的严格管制。2016 年年初，合格境内个人投资者（QDII2）境外投资机制开始在上海自贸区试点，未来个人资本项目开放速度有望加快。① 总体而言，我国信贷业务和直接投资项目、证券投资类项目、个人交易项目的开放程度呈现出由高到低的状态。可预期的未来，我国可以加大开放直接投资、商业信贷、金融信贷、保证担保和不动产等大类的开放，使其由基本可兑换迈向可兑换。

通过对人民币资本项目可兑换的基本原则、必要条件和评判标准进行分析，可以得出结论：资本项目全面开放并非是人民币资本项目可兑换的前提，我国已基本具备了资本项目可兑换的必备条件，未来在资本项目大类开放 4 个以上时，可以借鉴国际经验，通过立法文件宣布人民币资本项目可兑换。同时像美国、日本、俄罗斯等国一样保留必要的管制措施，再逐步实现资本项目的开放。

（二）设计符合人民币国际化目标的资本项目开放次序

如前所述，我国在人民币国际化进程开启之前，一直奉行有步骤、有次序地稳步开放资本项目，并践行着"先流入后流出，先长期后短期，先直接投资后间接投资，先股票市场和债券市场后金融衍生品市场"的开放顺序。这与 IMF 对资本流动新认知中推荐的开放次序是一致的。但是，随着人民币国际化的快速发展，国内出现了迅速开放资本项目和逐步开放资本项目的两种不同观点。而在开放次序上，也逐渐显现出不同于流行模式的顺序。

1. 是否必须快速充分地开放

主张资本项目应当快速充分开放的学者往往认为资本项目开放是货币国际化的前提条件，但根据前文的论述，资本项目可兑换是前提，而资本项目开放和货币国际化就像硬币的两面，是相伴相生、共同推进的。因此，没有必要在没有任何国际法和国内法义务的约束时，放弃保证金融稳定和安全的资本项目管理措施。IMF 在金融危机后的调研结果也证明了资本管制措施存在的积极意义。反观

---

① 巴曙松：《人民币资本项目开放的现状评估及趋势展望》，http：//www. aiweibang. com/yuedu/104358944. html，2018 年 3 月 11 日访问。

以跃升为国际货币的美元、欧元、英镑、日元等货币，其发行国（地区）均在不同程度上保留了资本管制措施，均未充分开放其资本项目。而且，这一观点与 IMF 的新认知比较契合，中国也不用担忧 IMF 在通过双边监督对成员国政策法规进行引导时可能产生的冲突。在 2012 年的《体制观》和 IMF 于 2013 年发布的《资本流动开放与管理的指导说明》中，IMF 都未将资本项目的充分开放预设为各国资本项目的目标，而且它认为即使是实现了资本项目开放的国家在某些情况下亦可恢复管控，这类资本流动措施的临时恢复与资本开放的总体战略是一致的。① 因此，在当前环境下，我国不应一蹴而就、一步到位地完全开放资本项目，仍然可以借鉴欧美保留必要的管理措施。

2. 是否应遵循 IMF 新认知下推荐的开放次序

通过梳理近 10 年来中国的资本项目管理制度，可以清晰地发现我国资本开放的现实路径：（1）人民币国际化开启时，我国出台跨境贸易人民币结算制度（2009）、境内外银行间人民币借贷制度（2009）、银行人民币境外贷款制度（2009）等，签署大量货币互换协议（2009），首先促进了资本流出，然后再公布境外机构以人民币参与银行间债券市场交易制度（2010）、RQFII 制度（2011）、外商投资企业境外人民币借款制度（2012）、跨境人民币资金池制度（2014）等来促进资本流入。（2）先开放了部分短期资本流动，比如跨境贸易人民币结算制度（2009），为金融机构客户的贸易及金融交易所需要的短期银行跨境资金流动提供了便利，解决了清算资金暂时性短缺的问题，还有境内外银行间人民币借贷（2009）、跨境人民币资金池（2014）、境外机构投资境内银行间债券市场（2010）等措施是商业信贷、金融信贷、货币市场工具等短期项目现行开放，后开放长期资本流动，比如人民币境外直接投资（2011）和外商人民币直接投资（2011）、境外机构境内发行人民币债券（2010）、境内机构境外发行人民币债券（2012）等。（3）先推进了部分证券投资和集合投资的开放，如 RQFII（2011）、境外机构境内发行人民币债券（2010）、境外机构投资境内银行间债券市场（2010）等，然后才推进直接投资的开放，比如人民币境外直接投资

---

① 韩龙：《IMF 对跨境资本流动管理制度的新认知评述》，载《环球法律评论》2018 年第 3 期。

（2011）、外商人民币直接投资（2011）等。总体而言，我国走出了一条与 IMF 新认知下推荐的开放次序不一致甚至相悖的资本项目开放路径，即先流出后流入，先短期后长期，先证券投资后直接投资。

IMF 的新认知主张资本项目开放须有合理的顺序。一方面，IMF 提出了可供各国参考的一般顺序，即：首先，放开直接投资流入和为便利贸易及金融交易所需的短期银行跨境资金流动；其次，放开直接投资的流出和证券市场资金的流入；最后，根据开放条件的具备程度，逐步开放剩余的资本流出和其他资产交易项目。① 另一方面，IMF 也强调了鉴于目标和经济实力的差异，各国可视具体情况决定资本项目开放的顺序。这样的认知对我国的资本项目开放次序非常有启发意义。尽管我国现行的资本项目开放次序和 IMF 推荐的顺序并不一致，但 IMF 并不反对各国采取不同的开放顺序。因此，关键在于认清中国的具体情况。首先，我国开放资本项目的目的是为了推进人民币国际化，任何制度的设计都要服从于这一最终目标。当前，人民币国际化首先需要人民币流出境外，而且只有有足够数量的人民币流出境外，才能正常启动人民币国际化的进程。我国经常项目常年顺差，依靠国际贸易输出的人民币数量不足，必须同时借助资本项目输出人民币。可见，促进资本流出比促进资本流入更为紧迫。其次，关于直接投资和间接投资的顺序。外商直接投资是我国最早开放的跨境资本流动形式，时至今日，直接投资的开放程度已经很高，尽管我国目前仍在研究负面清单问题，但这并不影响直接投资的开放程度，因为即使是资本项目较开放的美国也在直接投资领域保留了大量的管制措施。在直接投资项目已经较开放的情况下，我国没必要再讨论孰先孰后的问题，而是应将重点放在逐步放开对间接投资项目的管制上。另外，考虑到人民币回流的问题，为了让海外人民币持有者获得更多的投资渠道和避险手段，衍生品项目的开放应当与债券、股票等资本项目的开放齐头并进，不应刻意遵守谁先谁后的次序。最后，关于短期资本和长期资本的顺序。虽然短期资本开放会为国际游资的流动带来便利，从而增加金融动荡的风险，但是，我国在推进人民币国际化的进程中，离不开某些短期资本的流通通道。比如，对人民

---

① 韩龙：《IMF 对跨境资本流动管理制度的新认知评述》，载《环球法律评论》2018 年第 3 期。

币国际化清算系统的境外清算成员开放境内的货币市场或允许某些短期的银行跨境资金流动，既为人民币跨境结算提供资金便利，也构成人民币跨境清算的润滑剂和流动性保障。[①] 因此，我国没有必要遵照 IMF 推荐的次序来推动资本项目开放，在人民币国际化这一目标的指引下，我国应该尊重人民币国际化的制度需求，设计出一条符合中国国情的资本项目开放之路。未来的资本项目开放可以延续当前的顺序，但可以不时根据人民币国际化的需求进行动态调整，不必拘泥于某一固定的模式或框架。

（三）制定《资本项目开放条例》

我国主要通过规范性文件规定资本项目开放的管理制度，这种准立法措施既拥有制定政策的灵活性和低成本的优势，又具有制定法律的约束力。未来的资本项目开放制度仍会以发布规范性文件为主要特征。但是，规范性文件的效力层次低，其制定者往往只关注其所在部门职权范围内的事项，缺乏对全局的把控和统筹安排。目前，该类文件数量繁多，零散杂乱，已趋成熟的改革措施不能及时通过法律法规的形式巩固下来，未来的改革也没有权威的宏观制度安排进行指引。因此，有必要总结近十年来的管理经验，适时出台对资本项目开放具有系统的、明确的规范意义的《资本项目开放条例》（以下简称《条例》）。

1. 明确资本项目开放的目标和基本原则

我国改革的最终目标不是资本项目毫无保留地完全开放，所有的资本项目制度都是为了促进人民币国际化。只有明确了这一目标，具体的制度设计才不会偏离轨道。为了实现人民币国际化的目标，我国必须不断推动资本项目的开放。在这一过程中，资本项目开放要有明确的基本原则的指引。当前，美国的贸易保护主义和单边主义再次抬头，国际经济形势可能持续动荡，而中国国内经济增速也逐渐放缓。鉴于国内外经济的不确定性，中国依然应以渐进为原则，坚持稳步有序开放，形成以开放为目的、以管理为保障的资本项目开放制度体制。在这一原则的指导下，建立一个有管理的资本项目开放框架，这是中国在吸取各种经验教

---

① 韩龙：《资本项目制度改革流行模式不适合人民币国际化》，载《法商研究》2018 年第 1 期。

训的基础上基于自身经济改革的需要而进行的有序安排。①

2. 规定资本项目开放的合理次序和管理措施

在《条例》中规定中国应根据国情自主决定资本项目开放的次序，并将已经成熟的改革措施用法律条文固定下来。建议参照 IMF 对资本项目的分类，将已经开放和基本开放的资本项目的具体开放措施进行梳理和整合，明确宣布其开放程度。对尚未开放的资本大类提出指导性要求，比如要求继续推进境内股票、债券市场开放、鼓励创新跨境投融资活动等。同时，对尚未开放的领域规定具体的管理制度。在制定管理制度时，应将重点放在事后登记的监管手段上，适时取消事前审批的行政管理制度，同时建立跨境资本流动的宏观审慎监管框架；减少或取消额度管理等数量型管理工具的适用，尽量采取税收、风险准备金等价格型工具调节跨境资本流动，② 以增加管理的透明度。通过这样的立法，可以保障资本项目的有序开放。

3. 设置回弹条款和例外条款

虽然《条例》中明确宣布了可兑换和基本可兑换的资本项目，但如果继续开放会威胁本国的金融安全，则可以根据具体情况暂时恢复管制，这样的规定可以加强制度的弹性。因此，《条例》应该规定在特殊条件下，如经济金融状况恶化、国际收支失衡等，中国应保留采取临时性资本管制的权力。此外，尽管资本项目管理制度以促进开放为目的，但不应妨碍为保护国家安全、维护经济金融稳定、保障投资者和存款人利益而采取的必要管理措施，这是资本项目开放制度的例外条款。

4. 构建对短期资本流动严密的监测管理与风险预警体制

根据 IMF《体制观》对资本开放顺序的指导，短期资本流动的开放应迟于长期资本流动的开放，其目的在于降低国际游资跨境流动的动荡和冲击。但是，要进一步推进人民币国际化，必然离不开对某些短期资本流动的开放。因此，《条例》应特别关注短期资本流动开放后带来的风险，建立相应的监测体制。该监测

---

① Xiaochuan Zhou, "IMFC Statement on Behalf of China", 31st Meeting of the International Monetary and Financial Committee, April 18, 2015.

② 参见巴曙松：《人民币资本项目开放的新趋势》，载《金融经济》2016 年第 11 期。

体制应该包括反映国内外宏观经济走势、跨境资本流动趋势、与贸易和直接投资相关的国际支付趋势、中国外债期限结构与偿付能力等相关指标。[①] 另外，还要考察监控指标对系统性风险的影响，以便有效预测跨境短期资本流动引发系统性风险的可能性。

第二节　人民币汇率形成机制的制度反思

现行国际货币体制改革的核心目标是克服过度依赖美元的显著缺陷，而人民币国际化是中国参与现行国际货币体制改革的最有效路径。因此，未来的人民币汇率制度应当适应国际货币体制改革的趋势，并满足人民币国际化的要求。在这样的目标指引下，促进人民币币值的统一、稳定和摆脱与美元过于紧密的联系将是未来人民币汇率制度改革的方向，而具体的路径则是不断推进人民币汇率形成机制的市场化程度。

一、人民币汇率制度的改革历程

中国自 1948 年 12 月成立中国央行并发行人民币以来，人民币汇率制度处于不断改革探索的进程中。1994 年之前，随着国际货币体制的变迁，人民币也经历了从管理浮动到固定再到管理浮动、由官方固定汇率到计划分配与市场调节并行的演变过程。这一阶段，人民币一致处于贬值的弱势状态。1994 年年初，人民币汇率"双轨制"并轨，从此拉开了人民币汇率制度市场化改革的序幕。

（一）1994 年汇改

自 1981 年以来，我国开始实施外汇调剂市场汇率和可调整地钉住美元的官方汇率并存的双重汇率制度，但随着外汇留成比例不断提高，在外汇调剂市场进行的外汇买卖在所有国内外汇交易中的占比越来越大。到 1993 年年底，几乎有 80% 的交易以 1 美元兑 8.7 元人民币在外汇调剂市场成交，只有 20% 以 1 美元兑

---

① 巴曙松：《人民币资本项目开放的新趋势》，载《金融经济》2016 年第 11 期。

5.8 元人民币的官方汇率成交。[①] 同时，国内经济过热，经常项目逆差，人民币贬值预期强烈。在此背景下，我国外汇管理体制进行了重大变革：（1）将"双轨汇率"改革为"单一汇率"，统一规定 1 美元兑 8.7 元人民币，不再区分外汇调剂市场汇率和官方汇率，实现了"以市场供求为基础、单一的、有管理的浮动汇率制"。（2）建立了全国统一的银行间外汇市场（批发市场），人民币兑美元的中间价由前一日银行间外汇市场的加权平均价获得，交易幅度为中间价上下 0.15%。（3）建立服务于微观个体的结售汇市场（零售市场），取消外汇留成，全面实行强制银行结售汇制，结售汇的挂牌汇率由银行遵照国家外汇管理局对外公布的汇率执行。

在这次改革中，通过强制结售汇制，从制度上集中了外汇的供给，并采取一揽子财税金融体制改革促进出口，我国的经常项目专项顺差，人民币开始升值，外汇储备也逐渐增加，从而开启了 1994—2015 年长达 20 余年的人民币升值通道。1997 年，东南亚金融危机爆发时，面对突如其来的国际金融冲击和国内经济下行的困境，我国加强了对外贸易购汇和付汇的真实性审核，收紧了资本项目项下的用汇管理，将人民币与美元重新挂钩，通过这些管理手段，将人民币汇率一直维持在 8.27 左右，实现了人民币不贬值的承诺，为避免亚洲竞争性贬值和支持东南亚走出金融危机作出了贡献。此后，人民币汇率基本稳定在 8.28 的水平，直至 2005 年汇率制度再次改革。

（二）2005 年"7.21"汇改

1997 年东南亚金融危机期间，人民币重新钉住美元，人民币兑美元的汇率基本稳定，但是兑其他贸易伙伴的货币汇率升值较快。据国际清算银行统计，相较于 1997 年 6 月，人民币在 2001 年年底的名义汇率和有效汇率分别升值了 21.7% 和 9.4%，[②] 两种汇率升值幅度的悬殊导致中国付出了通货紧缩的代价。2001 年起，我国便开始酝酿人民币与美元脱钩的改革方案，但因为"9·11"事

---

① 管涛、马昀、夏座蓉等著：《汇率的博弈：人民币与大国崛起》，中信出版集团 2018 年版，第 72 页。

② 管涛：《"7.21"汇改启示：完善汇率机制要妥善处理单边预期》，http://www. eeo. com/cn/2016/0227/283502. shtml，2022 年 11 月 8 日访问。

件和"非典"疫情等国内外突发事件，改革不断被推迟。其间，美元由强转弱，人民币兑美元的汇率基本稳定，但由于美元贬值导致人民币对其他主要贸易伙伴的货币也处于贬值状态。这种被动贬值被国际社会和 IMF 认为人民币汇率被低估。自 2002 年开始，日本的官员和美国的议员通过种种行政手段和立法手段不断对中国施压，美国试图将中国定为"汇率操纵国"，并威胁对中国实施贸易制裁。2003 年，我国国内达成共识，在完成银行部门改革、发展外汇市场和放松外汇管制到合适的程度时，对人民币汇率制度进行进一步改革。

2005 年上半年，人民币汇率改革的国内国外环境基本成熟，我国于 2005 年 7 月 21 日开启了人民币汇率形成机制的新一轮改革，改革的重点有：（1）一次性将人民币汇率升值 2%，调整为 1 美元兑 8.11 元人民币。（2）人民币汇率不再单一钉住美元，而是参考一篮子货币并根据市场供求调节人民币汇率。（3）以每个工作日银行间外汇市场的交易货币对人民币汇率的收盘价，作为下一个工作日该货币对人民币交易的中间价。（4）引入银行间外汇市场做市商制度。中国外汇交易中心每日开盘前要对所有银行间外汇市场做市商询价，以获取当日人民币兑美元汇率中间价。汇改后，国内外汇市场平稳运行，国际收支和外汇储备状况均有改善。此后 3 年，人民币累计升值幅度达到 21%。2008 年全球金融危机爆发后，我国主动放缓了汇率改革的进程，重新将人民币钉住美元，到 2010 年时，人民币兑美元基本维持在 6.83 左右，人民币汇率基本稳定。2010 年 6 月，中国央行发布公告，决定增加人民币汇率弹性，宣告人民币汇率政策正式退出了应对危机期间的非常规安排，重回参考一篮子货币的管理浮动汇率制。

（三）2012 年"4.16"汇改

2011 年，世界经济仍深陷次贷危机制造的泥沼中，国际评级机构下调了美债的信用级别，欧债危机向核心国家蔓延，国际金融市场开始出现风险厌恶情绪，大量资金转而寻求避险资产。我国作为新兴经济体也不例外，面临着资本外流的压力。国内企业的购汇愿望强烈，国际收支顺差收窄，资本项目出现逆差。2012 年 4 月 16 日，我国开启了又一轮人民币汇率改革。本轮改革的主要内容为：将银行间即期外汇市场人民币兑美元的浮动幅度从 0.5% 扩大至 1%，将外汇指定银行为客户提供的人民币兑美元的价格浮动幅度从 1% 扩至 2%，并大幅减少了中国央行的外汇干预。"4·16"汇改后，随着汇率浮动区间的扩大，银行间市场人民币兑美元的即期汇率明显背离了中间价，这说明市场汇率对中间价的依赖程度逐步下降，市场供求关系在人民币汇率形成机制中的作用得到了增强。

（四）2014 年"3·17"汇改

2013 年，尽管受到美联储退出量化宽松政策的预期的影响，我国依然面临着资本大量流入和人民币持续单边升值的压力，人民币兑美元升值 3.1%。到 2014 年年初，人民币兑美元汇率又经历了一轮快速升值，市场的人民币汇率一度升至 6.04。① 2014 年 3 月 17 日，中国央行将银行间即期外汇市场人民币兑美元的波幅区间从 1%扩大到 2%，将银行柜台提供当日美元最高现汇卖出价与最低现汇买入价之间的差额不得超过中间价的幅度由 2%扩大到 3%。同年 7 月 2 日，中国取消了银行柜台挂牌汇率的日波幅限制，率先实现了银行柜台市场人民币汇率的自由浮动。本轮改革揭开了人民币汇率由单边升值转向双向波动的序幕。② 人民币汇率弹性明显增强，双向波动初步形成。汇改后，在岸和离岸人民币汇率双双走低，5 月至 11 月又反弹至汇改前水平，之后又出现贬值。同时，外汇供求矛盾也得到了缓解。2014 年，银行结售汇顺差较 2013 年下降了 53%，远期结售汇签约顺差也下降了 58%。③ IMF 也对本轮改革的成果予以了肯定。2015 年，IMF 认为人民币实现了双向波动后，汇率被低估的状况已经得到了明显改善，它一改过去几年"显著低估"和"温和低估"的措辞，明确宣布人民币汇率不再低估。

（五）2015 年"8·11"汇改

2014 年汇改后，国际上指控人民币汇率低估的声音逐渐淡出，人民币汇率的弹性显著增强，人民币持续升值一定程度上加快了人民币国际化的步伐。但

---

① 管涛：《四次人民币汇改的经验与启示》，载《金融论坛》2017 年第 3 期。
② 管涛、马昀、夏座蓉等著：《汇率的博弈：人民币与大国崛起》，中信出版集团 2018 年版，第 95 页。
③ 管涛、马昀、夏座蓉等著：《汇率的博弈：人民币与大国崛起》，中信出版集团 2018 年版，第 95 页。

是，2015 年之后，人民币汇率形成机制越来越难以应对日益复杂多变的国内外宏观经济形势。国际上，美国经济强势反弹，美元持续走强，而复苏乏力的欧元区和日本仍在通过量化宽松政策自主压低本币汇率。在国内，我国的采购经理人指数、出口、工业增加值均低于预期，短期资本输出频繁。在此背景下，由于人民币兑美元的中间价保持稳定，导致人民币的实际有效汇率升值了 14.6%，这在一定程度上形成了人民币汇率高估。汇率高估是中国经济发展和金融市场稳定的巨大障碍。并且，中间价的相对稳定和较强的人民币贬值预期导致人民币中间价和市场汇率出现了较大幅度的偏离，在 2015 年 8 月 9 日和 10 日，该偏离值分别达到了 1.8% 和 1.9%，若持续偏离 2% 以上，就可能违反了《IMF 协定》第 8 条的义务，构成双重汇率安排。这也将会给人民币进入 SDR 的货币篮子带来技术上的障碍。在此情形下，人民币汇率改革进入深水区，我国开启了进一步推进中间价市场化程度的改革。

2015 年 8 月 11 日，中国央行宣布完善人民币汇率中间价形成机制，规定做市商在每日银行间外汇市场开盘前，参考上日银行间外汇市场收盘汇率，综合考虑外汇供求情况以及国际主要货币汇率变化向中国外汇交易中心提供中间价报价。[1] 2016 年 5 月，中国央行在其发布的第一季度《中国货币政策执行报告》中首次阐述了改革后的"收盘汇率+一篮子货币汇率变化"的中间价形成机制，即做市商在进行人民币兑美元汇率中间价报价时，需要考虑"收盘汇率"和"一篮子货币汇率变化"两个变量，[2] 可谓人民币汇率中间价的双锚机制。其中，"收盘汇率"主要反映了人民币和美元的市场供求状况。"一篮子货币汇率变化"则更多地反映了人民币与非美元的市场供求关系。做市商在报价时既考虑中国外汇交易中心（China Foreign Exchange Trade System，CFETS）货币篮子，也会参考国际清算银行（BIS）和 SDR 货币篮子，以便报价更好地反映市场供求关系。2016 年年底，中国发布《关于发布 CFETS 人民币汇率指数货币篮子调整规则的公告》，宣布从 2017 年起，按年评估 CFETS 人民币汇率指数的货币篮子，并适

---

①　中国人民银行：《中国人民银行关于完善人民币兑美元汇率中间价报价的声明》，http：//www. gov. cn/xinwen/2015-08/11/content_2911081. htm，2017 年 3 月 9 日访问。

②　中国人民银行：2016 年第一季度《中国货币政策执行报告》，http：//www. chinabond. com. cn/Info/23544763，2017 年 3 月 9 日访问。

时调整篮子的构成和相关货币的权重，首次调整于 2017 年 1 月 1 日生效。调整后的货币篮子降低了美元的权重，并增加了 11 种货币。2017 年 2 月，为避免美元指数被重复计算，将对"一篮子货币"的参考时段从调整为 16 时 30 分开始到早上 7 时 30 分，缩短为 15 个小时。双锚机制实施后不久，其缺陷开始暴露。尽管双轨机制体现了外汇市场的供求关系，但市场顺周期的非理性情绪可能导致中间价不能真实地反映经济基本面。因此，以工商银行为牵头行的外汇市场自律机制①汇率工作组经研讨后建议在中间价报价模型中增加"逆周期因子"。2017 年 5 月 26 日，中国外汇交易中心公布考虑在中间价报价模型中引入"逆周期因子"，自此人民币中间价的定价方式由"双锚定价"变为"三锚定价"。② 2018 年 1 月 9 日中国央行表示，计算"逆周期因子"的"逆周期系数"由各人民币对美元汇率中间价报价行自行设定，即将逆周期因子系数调整为 0 就可以使中间价不再受其影响。2018 年 4 月开始，人民币贬值幅度逐渐扩大，8 月 24 日，中国央行重启"逆周期因子"以适度对冲贬值方向的顺周期情绪。

2015 年"8·11"汇改后的三个交易日内，人民币兑美元的中间价迅速贬值 3.5%，引发了国内国际金融市场的剧烈动荡。在多方压力下，中国央行决定对人民币汇率进行干预。但改革的实质是取消了中国央行对每日人民币兑美元汇率中间价的直接行政干预手段，因此，中国央行被迫通过在岸市场和离岸市场出售美元、购入人民币的公开市场操作方式干预人民币汇率，造成了我国外汇储备短时期内的大量流失。回顾此轮改革，可以认为"8·11"汇改的方向是正确的。中国现行的有管理的浮动汇率制的"管理"主要体现在三个方面：对柜台市场挂牌汇率的日波幅管理、对银行间市场交易汇率的日波幅管理和对汇率中间价报价方式的管理。③ 人民币汇率市场化的过程就是日益放宽直到取消管理措施的过程。前几轮改革已经取消了银行柜台挂牌汇率的日波幅限制，并将银行间市场汇

① 该机制于 2016 年 6 月 24 日在上海建立，其建立开创了由他律为主向他律与自律并重转变的管理新阶段，对我国外汇市场发展具有划时代的意义。

② 李本：《人民币汇率形成机制的自律协调制度分析》，载《华东政法大学学报》2018 年第 5 期。

③ 管涛、谢峰：《做对汇率政策：强势美元政策对中国的启示》，载《国际金融研究》2016 年第 9 期。

率的波幅扩大到2%，因此新一轮的改革将重点放在中间价的形成机制上是非常必要的。而且，长期的升值累计的贬值预期需要释放，如果中间价的形成机制更多地反映市场供求关系，则可以抑制人民币的过快升值，从而有利于我国的国际收支平衡和金融市场稳定。但是，本轮改革的时机却值得商榷。2015年7月，中国股市刚经历指数崩盘式下行，美联储加息预期也在发酵，投资者信心尚未恢复，避险情绪上升，新一轮的汇改又导致人民币快速下跌，诸多不利因素纠缠在一起，引发了股市、债市和汇市的大动荡，① 致使中国央行不得不在改革3天后便入市对更能反映市场供求关系的人民币汇率进行干预。随后，中国央行通过参考的"一篮子货币"的修改和"逆周期因子"的启动和退出对人民币汇率中间价进行调整，但有效的市场化调整手段仍在不断摸索中。

二、当前人民币汇率制度的改革方案

人民币汇率最终由市场供求关系决定从而走向自由浮动或清洁浮动是人民币国际化的必然要求，但是从当前有管理的浮动汇率制的此岸到达自由浮动制的彼岸，却存在着多条路径。"8·11"汇改后，国内经济增速放缓，美国贸易保护主义抬头，国内国外不确定因素大幅增加，对于当前人民币汇率制度的改革也有不同的意见。

（一）恢复钉住美元窄幅波动

面对当前人民币汇率贬值的趋势，一种观点认为应当恢复钉住美元窄幅波动的人民币汇率制度。我国在1997年和2008年金融危机后都曾采取过这一制度，并且取得了成功的经验。这一制度有助于为市场提供清晰的锚，可以抑制人民币贬值带来的市场恐慌情绪。并且，我国目前经济增速放缓，如果实行钉住美元的汇率制度，有助于消除人民币贬值恐慌带来的资本过度流出，以便为国内的经济改革赢得时间。但是，实施该制度的风险也非常明确。这意味着人民币汇率市场化改革进程的倒退，是对"8·11"汇改成果的破坏。而且，长期实行钉住美元

---

① 张明：《人民币汇率形成机制改革：历史成就、当前形势与未来方向》，载《国际经济评论》2016年第3期。

窄幅波动制度，也不利于培养市场主体规避汇率风险的意识，从而制约了外汇市场的发展。并且，在当前强势美元的形势下，如果特朗普政府再次指责我国操纵汇率，我国钉住美元的汇率会在一定程度上束缚自己的手脚，从而减弱对外金融谈判的主动性。

（二）继续以市场供求为基础，参考一篮子货币定值

这种观点认为应该继续沿着"8·11"汇改的路径，保持有管理的浮动汇率制度，但需要不断优化参考的货币篮子。这种方案最大的优势是保持了人民币汇率市场化改革的连续性和稳定性。而且，通过规范性文件公开篮子货币的构成和权重，也提高了汇率制度的透明度。外汇市场参与者已经理解了人民币汇率中间价的定价公式，有利于他们根据规则对中间价进行预判。虽有"逆周期因子"的存在，但它也是在特殊情形下才被启用，不影响常态下汇率制度的可预测性。但是，这种方案也存在内在的缺陷。这种中间价的形成方式并不能真正取信于市场。目前中间价确定的两要素中，收盘价主要与外汇市场的供求关系相关，参考篮子货币则主要与贸易活动相关。由于汇率对资本流动的反应速度远远高于贸易余额，所以，篮子货币经常被收盘价牵引着往下走。[1] 这导致人民币汇率易跌难涨，不能真实地反映市场供求关系。而且，当市场贬值预期强烈时，中国央行会强化对外汇市场的干预，令人民币不贬反升，反之，中国央行会弱化干预，允许小幅贬值，这种参考货币篮子的定值机制并未让市场真正发挥寻求价格的作用。同时，由于政府的干预，市场和政府都会不知道供求关系的均衡点所在，可能出现汇率超调的问题。因此，该方案的风险也不容忽视。

（三）允许人民币汇率自由浮动

面对当前人民币贬值的压力和强势美元，有学者认为我国应停止对外汇市场的干预，一次性释放贬值压力。[2] 这一方案无疑最符合市场化改革的方向，也是

---

[1] 肖立晟、张明：《人民币在短期波动 中长期有望重新升值》，http：//opinion. jrj. com. cn/2016/08/11100621303984. shtml，2017 年 5 月 11 日访问。

[2] 余永定、肖立晟：《完成"8.11"汇改：人民币汇率形成机制改革方向分析》，载《国际经济评论》2017 年第 1 期。

人民币汇率改革的最后一步。当前，世界上最发达的经济体和重要的发展中国家几乎都实现了自由浮动汇率制度，中国当前采用浮动汇率制符合国际社会的主流，并且可以向全世界传递"坚定不移地发展开放型经济"的信息，有利于提升中国的国际地位。而且，人民币汇率自由浮动后，我国可以减少对资本管制的依赖，通过人民币市场汇率的变化引导资本的流动，避免对资本市场的扭曲。但是，当前允许人民币汇率自由浮动存在一定的风险。由于中美贸易战、国内经济基本面及其他国际国内因素的影响，人民币贬值预期强烈，如果人民币自由浮动，则很可能出现人民币大幅贬值。作为大型开放的经济体，中国的制度溢出效应明显。"8·11"汇改后人民币贬值引起的亚洲其他国家货币均出现不同程度的贬值就是明证。因此，如果允许人民币自由浮动，则可能引起其他贸易伙伴竞相贬值，从而抵消人民币贬值给我国出口带来的积极作用。人民币贬值还可能招致美国等西方国家更多的贸易报复，甚至刺激特朗普政府再次指责中国操纵汇率。更关键的是，人民币的币值不稳定可能会延缓人民币国际化的进程。另外，汇率自由浮动带来的金融风险也不容小觑。对于新兴经济体频繁爆发的金融危机，我国要引以为鉴。

综上所述，人民币汇率制度的改革方案没有最优解，每种观点都既有优势也有缺陷。在未来人民币汇率制度改革的路程中，我国应尊重本国国情，认真评估各种方案带来的收益和风险，尤其注意防止对风险的低估。未来的人民币汇率制度仍应以自由浮动为目标，同时设计防范改革不同阶段面临的各种风险的应对措施，保证在有准备的前提下，自主、可控、稳步地推进人民币汇率市场化。

三、人民币汇率制度改革面临的法律挑战

尽管人民币汇率市场化改革的目标非常清晰，但在到达这一彼岸的过程中，必须受制于国际国内相关法制的约束。当前，在中美贸易摩擦愈演愈烈的背景下，美国国内将中国列为"汇率操纵国"的企图死灰复燃，要防范它再次利用IMF和WTO等多边体制的国际法义务对我国提出指责；国内法方面，我国现行人民币汇率制度仍存在法律缺陷。来自国际法和国内法两个层面的因素，都对人民币汇率制度的改革带来了挑战。

（一） 国际层面的法律挑战

1. 来自美国的压力

自 2003 年 7 月起，美国从日本手中接过"汇率操纵国"的大棒后，其利用国内法和国际法逼迫人民币升值的行为几乎没有间断过。一方面，美国议员不断提出针对人民币汇率的法案，行政部门亦通过美国财政部长访华、国际经济和汇率政策报告的发布以及中美商贸联委会等方式频频向中国施压。另一方面，在美国的敦促和引导下，IMF 出台了为各国汇率政策进行指导的《2007 年决定》，通过其双边监督机制于 2007 年前后多次指出人民币汇率显著低估。这一结论遭到中国官方和民间学者的强烈抗议，IMF 两年后才恢复对中国的双边监督。2009 年的《中国第四条磋商工作人员报告》（以下简称《报告》）中，既未认定人民币汇率存在根本性失衡，也未认定人民币汇率水平适当。报告只描述了执董会对人民币汇率是否低估的争议，并欢迎 2005 年的人民币汇率改革以来人民币实际汇率的显著升值。随后的 2010 年《报告》再次描述了执董会的分歧，不认为人民币汇率被大幅低估，也没有对人民币低估的程度进行量化分析。2012 年《报告》认为人民币汇率中度低估，2013 年和 2014 年《报告》均认为人民币被中度低估 5%~10%。直到 2015 年，IMF 近十年来首次做出了人民币汇率不再低估的评估。在意识到 IMF 并不能得出中国为汇率操纵国的结论后，美国试图依据 WTO 的反倾销和反补贴规则将人民币汇率问题交付 WTO 争端解决机制，但并未付诸实施。2015 年之后，美国经济复苏强劲，而从 2005 年 7 月至 2015 年 6 月，人民币对美元汇率累计升值 35%，人民币名义有效汇率和实际有效汇率分别升值 45.62% 和 55.73%。美国对中国操纵汇率的指责之声才浸微浸消。

2018 年 4 月，人民币再次开始大幅贬值。7 月，中美贸易战正式揭开序幕。10 月，特朗普政府考虑将中国列为"汇率操纵国"。有学者曾经研究了 2005 年到 2016 年美国政治施压事件对人民币汇率的影响，指出成功影响人民币汇率的事件比例约为 53.4%，尤其在人民币贬值阶段影响更甚。[①] 因此，人民币汇率改

---

① 郭维：《美国政治施压事件对人民币汇率的影响研究：2005—2016 年》，载《世界经济研究》2017 年第 1 期。

革进程中，也要密切关注美国国内政治行为。从 2016 年 2 月起，美国财政部开始依照《2015 年贸易便捷与贸易促进法》认定汇率操纵，该法对汇率操纵国的认定规定了三条明确的量化标准：（1）对美国对该国存在达到每年 200 亿美元的较大贸易顺差。（2）该经济体的经常账户顺差占 GDP 比重超过 3%。（3）该经济体持续单边干预汇率，对持续单边干预的评估标准为该经济体通过买入外国资产促使本国货币贬值，且 12 个月购买总量占该经济体 GDP 的比重达到 2%。① 显然，中国目前仅仅符合第一条标准，我国 2018 年的经常账户顺差预计不足 GDP 的 1%，而且"8·11"汇改后，市场普遍认为中国央行已退出了对外汇市场的常态化干预。IMF 总裁和有关官员也公开表示人民币与中国的经济基础面基本一致，中国不构成操纵汇率，给中国贴上"汇率操纵国"的标签会危害世界经济。

2018 年 7 月美国正式向中国挑起贸易战，在美国一轮又一轮的关税施压下，中美贸易顺差同比增长 17.2% 而创历史新高，中国对美国出口额上升 11.3%。在关税大棒成效不显著的情况下，美国政府再次祭出"汇率操纵国"的大旗。2019 年 8 月，在人民币兑美元汇率由于美国新一轮关税威胁而跌破"7"的整数关口的次日，美国财政部认定"最近几天中国已采取具体措施让人民币贬值"，并将中国列为"汇率操纵国"。② 尽管根据美国相关国内法和国际法，美国并不能对中国采取任何制裁手段，"汇率操纵国"的标签仅具象征意义，但也意味着贸易战的进一步升级。③ 因此，中国承受的压力主要来自贸易谈判领域，美国必将人民币汇率问题作为中美贸易磋商的谈判筹码。

2020 年 1 月，经过艰苦的谈判，中美两国终于签署了《第一阶段经济贸易协议》，并专章规定了汇率问题。协议强调两国应彼此尊重对方的货币政策自主

① 《美国即将宣布中国是否列入汇率操纵国 六大关键解读》，https：//baijiahao. baidu. com/s？id=16145335851309911188&wfr=spider&for=pc，2018 年 12 月 7 日访问。

② U. S. Department of the Treasury, "Treasury Designates China as a Currency Manipulator", https：//home. treasury. gov/news/press-releases/sm751.

③ Thomas Frank, "US Declares China a Currency Manipulator, Says It's Using Yuan to Gain 'Unfair Advantage' in Trade", https：//www. cnbc. com/2019/08/05/us-treasury-designates-china-as-a-currency-manipulator. html？_source = iosappshare% 7Ccom. apple. UIKit. activity. CopyTo Pasteboard&from=singlemessage&isappinstalled.

权，重申了两国在 IMF 和 G20 框架下就汇率政策作出的承诺，要求双方及时公布影响两国汇率的各项经济数据和 IMF 的第四条磋商报告，并规定了双方在汇率问题出现分歧时的解决方法，即双边磋商和诉诸 IMF 的多边机制。显然，协议尝试以去政治化的方式解决中美关于人民币汇率问题的分歧，并将该争议重新纳入双边和多边的轨道，以约束当前正在泛滥的保护主义和单边主义。但是，协议的争议解决方法缺乏强制性，任何一方在其认为必要和适当时均可选择退出协议并无须承担直接法律后果，协议的执行与否取决于双方权衡利弊后的自主选择。①因此，中美第一阶段的协议能否阻止美国对人民币汇率制度的无端指责仍待检验。后期的中美贸易谈判中，人民币汇率制度仍将成为双方关注的焦点问题，这将给未来人民币汇率制度改革的外部环境增加诸多不确定性。

2. 来自人民币加入 SDR 货币篮子后的压力

《IMF 协定》第 19 条第 7 款规定，无论提供何种货币，也无论提供这些货币的是哪些成员，SDR 的参与成员们都应该得到同样的 SDR 价值，即等值原则。我国存在人民币在岸和离岸两种汇率，虽然 IMF 建议人民币汇率使用中国外汇交易中心发布的北京时间下午 4 点人民币对美元基准汇率，但同时也确认，为了确定 SDR 的美元价值，可以使用某个基于市场的人民币离岸汇率。②直至目前，离岸和在岸人民币汇率之间仍存在出现重大差异的风险。在人民币成为 SDR 的篮子货币后，这种差异不仅使 SDR 的使用方在不同市场获得不同价值，而且还会给使用方的操作带来更大困难：其一，不利于借款人获得利益和防范风险。例如，IMF 的借款人如果是按离岸汇率和在岸汇率中较高者收到人民币，与获得其他篮子货币的成员相比，可能会处于不利的地位。而且，汇率差的大幅度波动还会使 SDR 使用方更难以充分对冲其 SDR 风险暴露。③其二，尽管 SDR 使用方可以不受妨碍地进入在岸和离岸市场，以便于使用方能够在条件最有利的市场进行

① 廖凡：《中美第一阶段经贸协议汇率章节述评——以"汇率操纵"问题为中心》，载《武大国际法评论》2020 年第 2 期。

② IMF, "Review of the Method of the Valuation of the SDR", IMF Policy Papers, November 2015, p. 49.

③ IMF, "Review of the Method of the Valuation of the SDR", IMF Policy Papers, November 2015, pp. 23-26.

交易，但这也意味着需要在两个市场都建立银行关系、开立账户，从而在一定程度上增加操作的复杂性以及交易和行政成本。中国作为一个发行 SDR 篮子货币的成员，有义务遵循"等值原则"，减少两种汇率差距带来的交易风险和交易成本。因此，人民币入篮后，人民币汇率的市场化改革有了新的压力和动力。

（二）国内层面的法律挑战

尽管我国的汇率制度改革已取得了显著的成就，但正如 IMF 在 2019 年的中国第四条磋商报告所指出的，中国仍需继续加强汇率的灵活性和汇率政策的透明度。[①] 目前，汇率制度的主要缺陷表现为：首先，人民币汇率中间价的形成公式公布滞后。2015 年下半年至 2016 年年初，人民币打破了贬值预期，市场普遍质疑中国央行的干预行为，IMF 也埋怨中国央行缺乏与市场的沟通，没有制定明确的规则。IMF 总裁认为，中国央行应该向市场明确人民币汇率挂钩机制，诸如明确和美元挂钩抑或和一篮子货币挂钩、一篮子货币的构成和比重等问题。[②] 直至2016 年 5 月，中国央行才通过《中国货币政策执行报告》公布中间价双锚定价公式。2017 年 5 月 26 日，经市场询问，中国外汇交易中心才公布确实考虑引入"逆周期因子"的三锚定价机制；2018 年 1 月 9 日中国央行表示，计算"逆周期因子"的"逆周期系数"由各人民币对美元汇率中间价报价行自行设定，如果报价行将逆周期因子系数调整为 0 就意味着其报价不受逆周期因子的影响从而退出逆周期因子。2018 年 8 月 24 日，中国央行在其官网发布公告指出，8 月以来人民币对美元中间价报价行已经陆续主动调整了"逆周期系数"。也就是说，在中国央行公布之前，"逆周期因子"早已悄然登场。可见，尽管这些改革措施均反映了市场供求对中间价形成的影响力，但中间价定价方式的公布都明显滞后于市场的需求。其次，中国央行的干预缺乏制度保障。目前中国并无法律制度规范中国央行干预外汇市场的条件、手段和具体程序，因此自"8·11"汇改至今，中国央行的操作手段并不透明，这在一定程度上阻碍了汇率市场化的进程。2016

---

① 袁晓云、向雅萍：《中美贸易摩擦下人民币汇率制度改革路径探析》，载《武汉理工大学学报（社会科学版）》2021 年第 4 期。

② 《IMF 拉加德炮轰中国央行：不会与市场沟通》，http://m.jrj.com.cn/madapter/finance/2016/01/21174420461547.shtml，2018 年 1 月 19 日访问。

年"两会"期间，中国央行虽在其官网公布未来的人民币中间价选择会同时参考前一日收盘价和篮子货币汇率，但一直未公布这两个目标各自的权重，确有为中国央行的常态干预留下了空间的嫌疑。有学者认为，这反映了中国央行试图再度干预汇率中间价的愿望，并担忧人民币汇率形成机制有回退到老路上的风险。①最后，大多数的改革措施多以"通知""声明""回复"等形式发布，发布、修改和废除频繁，缺乏法律制度的可预见性。这些缺陷都会成为未来的人民币汇率制度改革的法律障碍。

四、深化人民币汇率制度改革的法律对策

面对美国利用"汇率操纵国"这一概念的险恶意图和做法，我国既不应夸大其影响力，刻意去迎合美国的真实意图或盲目受制于其无端指控，也不能完全漠视其带来的负面效应和挑战。我国应密切关注美国的后续措施，在保持外汇管理政策的连续性和稳定性的前提下，按照既定的目标适时推进人民币汇率机制的法制改革。

（一）坚决捍卫中国的汇率主权

汇率主权是国家货币主权的重要组成部分。根据国际习惯法，货币发行国有权对其货币进行贬值、升值，调整对外汇率，更改或替换其计值单位，而且这些做法不应导致国际法上的国家责任，也不应对任何人承担责任。② 因此，除非一国通过缔结条约的方式自愿让渡汇率主权，比如欧元区的国家，则自主选择本国的汇率制度是该国货币主权的应有之义。我国有权在遵守相关国际条约的前提下，坚决捍卫自身的汇率主权。

《IMF协定》第4条规定了各成员国避免操纵汇率和国际货币制度以获得不正当竞争优势的义务，IMF由此获得了对成员国的汇率政策的监督权，但任何国际条约都没有授权任何国家通过单边渠道对其他主权国家的汇率制度进行评估和

---

① 李远芳、张斌：《人民币汇率中间价的回归》，中国社会科学院世界经济与政治研究所国际金融研究中心财经评论系列，第2016016期，2016年3月4日。

② 韩龙：《人民币汇率的国际法问题》，法律出版社2010年版，第103页。

指责。因此，无论美国是通过参议院、众议院的议员通过各种议案或法案，还是由其行政部门通过总统、官员的发言或财政部每半年发布的《国际经济和汇率政策报告》对中国的人民币汇率施压，都没有国际法上的法律依据。理由如下：（1）在《IMF 协定》框架下，成员国承担的条约义务是接受 IMF 对其是否操纵汇率或操纵国际货币体制的监督并与之磋商，IMF 并未授权美国依其国内法监督任何其他主权国家包括中国的汇率制度。且不论没有生效的《2010 年公平贸易货币改革法案》《2011 年货币汇率监督改革法案》等法案，即使是生效的《2015 年贸易便捷与贸易促进法》也不具备域外效力。（2）IMF 制定的《2007 年决定》和《2012 年决定》不能成为任何国际组织和国别国家评估一国汇率政策的法律依据。根据《IMF 协定》第 4 条第 3 节的规定，IMF 有权制定具体原则在汇率政策上指导所有成员国，但显然据此制定的《2007 年决定》和《2012 年决定》只具有指导意义，不具有法律约束力。何况，《2007 年决定》还有背离了牙买加体制的基本理念和共识之嫌。① 事实也证明，IMF 一直未依据上述两个决定将中国界定为"汇率操纵国"。而且，这两项决定在技术上也存在缺陷，至今 IMF 也没有制定出科学的并达成共识的均衡汇率的计算方法，两项决定都缺乏可操作性，因此很难得出令成员国信服的评判结果。

此外，汇率问题是 IMF 和 WTO 均较关注的事项，美国在考虑借助 WTO 的争端解决机制对人民币汇率问题施加压力，不过该路径亦不可行。主要原因在于：（1）GATT 第 15 条虽然要求防止汇率行为阻挠 GATT 宗旨的实现，但它也规定在与汇率行为的事实和统计调查结果相关的情况下，以及在有关汇率措施是否符合《IMF 协定》条款的情况下，WTO 必须接受 IMF 的结论，并与之进行磋商。据此，一国选择的汇率制度和采取的有关汇率的行为是否构成汇率操纵，属于 IMF 的管辖范畴，而 IMF 的结论应该作为事实和调查结果得到 WTO 的认可。因此，人民币汇率是否被低估属于 IMF 的管辖事项，WTO 无权作出评判。（2）有学者认为，尽管关于外汇管制的 GATT 第 15 条第 9 款确实防止了一些外汇措施被视

---

① 《2007 年决定》将市场供求关系作为判断汇率及其是否应当变动的默示基准，构成鉴别汇率操纵存在与否的试剂和标签，而《IMF 协定》确定的是自由汇率制，并未将市场力量决定汇率作为信条。

为违反 GATT，但是不属于 IMF 外汇管制范畴的其他外汇限制措施，无论是否违反 IMF 的规则，都可以由 WTO 管辖。IMF 未界定的汇率干预措施既违反了 IMF 的现行规则也超出了 IMF 的管辖范围，可以由 WTO 进行管辖。① 美国有意将我国的人民币汇率政策视为汇率干预措施，并意图以其违反反倾销或反补贴规则为由，将人民币汇率争议提交 WTO 的争端解决机构，但是，人民币汇率形成机制的市场化改革并非就意味着我国失去对汇率的管理权力，GATT 亦未对"干预措施"给出明确的定义，随着人民币中间价市场化改革的深入，我国的管理措施会越来越接近国际通行的手段，美国试图认定人民币汇率低估并给中国打上汇率补贴标签的想法很难在国际实践中找到有力的法律支撑。

尽管似乎不大可能为当代汇率主权所追求的价值列出一个详尽和无可争议的清单，但不可否认的是，随着经济全球化和金融一体化的不断增长，保障全球福利最大化、促进货币和金融稳定和维持金融体制的完整性成为汇率主权的核心价值。如果一个国家一直不使其政策导向促进这些价值，该国将实质上侵犯汇率主权，从而最终侵蚀本国政府行为的合法性。② 显然，美国、日本等西方国家通过国内政策和法制对我国汇率制度施压并不能促进上述价值的实现，相反会妨碍我国的汇率主权。我国应合法地、坚定地排解种种单边措施甚至多边措施对人民币汇率施加的法律压力。

（二）近期完善人民币有管理的浮动汇率制度

为了让改革的风险处于可控状态，我国近期的汇率改革目标应该是强化当前有管理的浮动汇率制度中的市场作用，而不是惊险一跃后实行自由浮动。目前，主要从以下两个方面完善有管理的浮动汇率制：

1. 促进市场定价效率的提升

2015 年汇改后，完善人民币汇率形成机制的核心在于加大市场在中间价形成中的作用。首先，逐渐明晰定价机制的权重。在"三锚定价机制"改革初期，

---

① Vera Thorstensen, Carolina Mu¨ller and Daniel Ramos, "Exchange Rate Measures: Who Judges The Issue—IMF or WTO?", *Journal of International Economic Law*, 2015, 18.

② Claus D. Zimmermann, "The Concept of Monetary Sovereignty Revised", *European Journal of International Law*, 2013, 8.

依据国内外变化多端的经济形势，中国央行可劝谕式建议在全国外汇市场自律机制主导下人民币中间价"三锚机制"中各锚所占的比重，这既是中国央行进行窗口指导的汇率主权的体现，也符合 IMF 对其成员国的汇率稳定要求，同时也是各国汇率管理的惯常做法。[①] 当中国央行从最佳实践中积累了足够的经验后，我国可以明确规定形成中间价时"收盘价""一篮子货币汇率"和"逆周期因子"各自的权重，逐步压缩中国央行对中间价形成的引导和建议空间，从而更大限度地增强市场的可预见性。同时，根据我国的对外贸易结构不断优化货币篮子的构成，并动态公布篮子货币的组成和权重，提高制度的透明度。其次，进一步加强中间价形成过程中的多方询价制度。一方面，要突出报价行并非单一钉住美元，还要加权计算 CFETS、BIS 和 SDR 三个货币篮子的人民币汇率指数，并结合自身客盘供求结构、风险偏好、国际外汇市场预判和顺周期市场情绪等因素综合报价，更好地体现出各交易品种的权重差异。另一方面，可以考虑在目前的 14 家报价行之外，遴选更多有实力的商业银行参与中间价报价，实现市场扩容。我国应制定具体的规则规范做市商的资格获取条件，以有序地扩大外汇市场主体范围。最后，大力发展银行间人民币远期、掉期市场，为发现人民币的市场价格提供参考，促进人民币汇率理性回归。目前，我国内地尚未构建在岸的外汇期货交易市场及相关制度，人民币汇率期货品种仅能在离岸市场进行，我国应增设在岸外汇期货市场来提高我国境内对汇率价格的掌控权。[②]

2. 设立人民币汇率目标区

为了避免加大市场在中间价形成中的作用带来的风险，中国可以借鉴国际经验，在立法中设置汇率目标区。中国央行可以创建人民币汇率的年度宽幅目标区，例如人民币兑美元汇率或人民币有效汇率每年±10%的目标区。[③] 在目标区内，汇率完全由市场关系决定，中国央行不进行常态干预。此时有管理的浮动汇

① 李本：《人民币汇率形成机制的自律协调制度分析》，载《华东政法大学学报》2018年第 5 期。

② 李本：《人民币汇率形成机制的自律协调制度分析》，载《华东政法大学学报》2018年第 5 期。

③ 张明：《人民币汇率形成机制改革：历史成就、当前形势与未来方向》，载《国际经济评论》2016 年第 3 期。

率制的"管理"主要体现为中国央行对市场主体的建议和劝谕，是市场的自律机制和中国央行的预期引导的有机结合。只有当汇率超过汇率目标区的上下限时，中国央行才可入市进行干预，或采取其他强制干预的手段，比如进行利率调整、临时加强资本管制等，以守住目标区的底线，从而体现"管理"对汇率形成的调整作用。

新加坡自 1981 年开始实行有管理的浮动汇率制，经过 30 多年的摸索，在有效汇率管理方面取得了丰富的经验，其汇率制度经常被认为是动态目标区进行管理的成功典范。我国可以借鉴新加坡的目标区管理制度。新加坡的汇率制度是一种不事先公开的、爬行的汇率"政策带"，其特点可以概括为"一篮子货币、幅度、爬行"（Basket，Band and Crawl，BBC）。其中，"篮子"的特征体现为由新加坡金融管理局参照一篮子货币形成新加坡元名义汇率，它是新加坡元对主要贸易伙伴及出口竞争对手货币汇率的加权平均水平。"幅度"指允许新加坡元名义汇率在一个区间内浮动，以保证汇率的弹性。"爬行"则指中心平价按一定速度爬行调整及根据新加坡的经济基本面定期评估和调整汇率区间，防止汇率过度偏离基本面。① 新加坡的汇率制度更好地监测了长期的均衡汇率，并且更好地缓和了短期波动率。我国可以借鉴新加坡的汇率制度提高人民币的汇率弹性。通过"收盘价"和"篮子货币汇率"确定中心价后，我国也可以规定一个移动的区间目标，允许人民币汇率在该政策带内爬行浮动。根据经济学家的测算，比较谨慎的政策带可以设定为±5%，随着中国经济承受能力的增强和资本管制的逐渐放松，未来可以逐步将浮动幅度扩大到±10%。不过，我国不应借鉴新加坡的"不公开"制度。由于新加坡的经济规模较小，其政策溢出效应有限，不公开的汇率体制引起的潜在政策关切相对大型经济体而言微不足道，因此不会给新加坡带来太大的政治和经济压力。② 但是，作为世界第二大经济体，中国如果采用不透明的汇率制度，则会受到国际社会的巨大压力。鉴于此，我国应该在法律制度中明确规定人民币汇率爬行的目标区，并明确中国央行入市干预的条件和具体手段。

① 潘英丽等著：《国际货币体系未来变革与人民币国际化（下卷）》，格致出版社、上海人民出版社 2014 年版，第 156 页。

② 潘英丽等著：《国际货币体制未来变革与人民币国际化（下卷）》，格致出版社、上海人民出版社 2014 年版，第 157 页。

（三）远期构建人民币自由浮动汇率制

尽管 IMF 允许其成员国自主选择汇率体制，但目前 IMF 公布的七种主要国际储备货币的发行体都已实行浮动汇率制，在全球排名前十的经济体中，除了俄罗斯和中国以外的经济体均采用了自由浮动或浮动的汇率制度。因此，人民币要加强国际竞争力以实现国际化，长远来看，中国必须实行清洁浮动汇率制度。

1. 明确人民币的价值基础

过去 20 年，人民币的发行主要是中国央行通过收购美元等外币进行的，美元似乎成为人民币的价值基础。显然，如果不改变这一局面，就不可能变革现行过度依赖美元的国际货币体制，人民币国际化也不可能真正实现。[1] 人民币实现浮动汇率制后，为了增强市场和人民币资产持有者的信心，维护人民币相对稳定的币值至关重要，而相对稳定的币值也是人民币国际化的必然要求。稳定的币值并非要求人民币汇率一成不变，而是要求人民币有稳定的价值基础。未来人民币价值应该建立在由一组重要的生产资料和物质产品构成的商品篮子之上，并允许人民币对商品篮子根据成本的变化有一定比例的涨跌，这既可以在一定程度上缓解国际商品波动对人民币汇率的压力，也可以保持人民币对商品篮子购买力的基本稳定。至于篮子的商品构成和权重以及人民币与篮子的挂钩机制则有待经济学家们进行进一步的研究。

2. 改革中国央行的管理方式

即使是在实行浮动汇率制的经济体中，政府的常态管理也是必不可少的，只不过"有管理的浮动汇率制"下的市场管理和行政管理手段在浮动汇率制下的成功率日益下降，而负面影响却与日俱增。因此，近 20 年来，美国、欧盟、日本的央行直接干预外汇市场的次数屈指可数，而口头干预成为全球主要经济体的央行管理汇率的重要方式。口头干预是货币当局通过口头形式向市场释放未来政策信号的管理形式，可以改变投资者的预期从而影响包括汇率在内的资产价格。2002 年至 2008 年，美国政府在宣布强势汇率的情况下，通过行政部门措辞的变

---

① 潘英丽等著：《国际货币体制未来变革与人民币国际化（下卷）》，格致出版社、上海人民出版社 2014 年版，第 159 页。

化引导市场的预期，成功实现了美元长达6年贬值却没有引起汇率大幅波动的目标。① 我国实行浮动汇率制后，中国央行退出常态干预状态，应该慎用公开市场操纵或行政管理手段，可以借鉴欧美日等中国央行的口头干预制度管理汇率的波动。此外，中国央行不应再将汇率水平的变化作为预设目标，而应将其视为其他经济政策的结果，因此应当善意忽视汇率的涨跌，更注重货币政策对汇率的传导机制。这就要求中国央行提高政策的透明度，加强与市场的沟通。目前，中国央行与市场沟通的渠道主要有：《货币政策执行报告》、货币政策委员会会议新闻稿、正副行长的讲话和新闻发布会以及公开市场操作公告。这些沟通渠道虽然为中国央行口头干预提供了条件，但中国央行与市场的沟通程度仍显不足。《货币政策执行报告》更多地是对过去情况的回顾，少有前瞻性信息；货币政策委员会的会议日期并不提前公布，新闻稿在会后一两天只在中国央行官网上发布；新闻发布会亦未定期召开。② 因此，中国央行2018年5月重申"将致力于不断提升人民银行的公信力和透明度"，"强化政策发布解读和信息主动公开，及时传递中央银行政策意图，合理引导市场预期"。③ 未来，为了加强中国央行口头干预+其他经济政策管理方式的有效性，中国央行可以通过上述渠道以中英文甚至多种语言及时提供信息，扩大中国央行的经济预测能力，定期发布预测的报告并提供相关的数据、模型和框架信息，并定期举行新闻发布会以降低中国央行与市场的信息不对称。这些举措都可以更好地满足浮动汇率制下市场对透明、清晰、及时、全面的政策沟通的需求，从而加强中国央行对汇率制度的引导和管理能力。当然，管理方式的改革并不意味着对以往直接干预手段的完全放弃，我国通过立法确定浮动汇率制后，为了避免自由浮动汇率制带来的风险，应该设计例外条例，规定保留特殊紧急情况下中国央行的干预权。如此，常态下主要依靠短期可变的

① 管涛、谢峰：《做对汇率政策：强势美元政策对中国的启示》，载《国际金融研究》2016年第9期。

② Michael McMahon, Alfred Schipke, Xiang Li, "China's Monetary Policy Communication: Frameworks, Impact, and Recommendations", IMF Working Paper, November 2018, p. 10.

③ 《中国人民银行办公厅关于印发2018年政务公开工作要点的通知》，http://www. pbc. gov. cn/zhengwugongkai/127924/128038/128109/3544192/index. html, 2018年12月10日访问。

政策管理汇率以提升汇率的灵活性，而在例外情况下通过长期稳定的制度防范汇率风险。

第三节　深化国内金融市场改革的法制构想

货币国际化必然以金融市场为依托，人民币国际化的实现最终取决于我国是否拥有真正有深度的、能提供安全稳定产品并且具有流动性的国内金融市场。[①]因此，不断扩大金融市场的开放和逐渐加强国内金融市场的建设成为人民币国际化的重要路径之一。人民币国际化的历程已证实仅仅靠贸易渠道输出人民币不足以支撑持续的国际化所需的流动性，人民币国际化良性循环路线图应是人民币通过贸易结算或境外投融资形成相当规模的境外人民币存量，再通过人民币回流渠道允许境外居民所持的人民币资产投资与内地金融市场。[②] 当前，我国货币市场利率定价双轨制的缺陷、证券市场国际化改革的困境以及外汇市场的功能不足成为人民币国际化继续推进的主要法律障碍，当务之急是依照货币国际化的需求加快上述金融子市场的法制建设。

一、继续推进人民币利率市场化改革

1996 年 1 月，中国人民银行推出了银行间同业拆借市场利率（China Interbank Offered Rate，Chibor），正式拉开了人民币利率市场化改革的序幕。1996年 6 月，中国央行放开对 Chibor 的上限管制，由拆借双方根据市场资金供求状况自主决定利率水平。1997 年 6 月，全国银行间债券市场建立，存款类金融机构所持国债统一转入银行间债券市场流通，并招标方式发行国债，由市场决定利率。目前，债券市场利率主要根据市场情况、企业自身资质及期限长短确定利率，债

---

① 曹远征、郝志运：《人民币国际化、资本项目开放与金融市场建设》，载《金融论坛》2016 年第 6 期。

② 严佳佳、郭明华、何乐融：《人民币国际化的制约：资本账户未开放还是金融市场欠发达》，载《经济学家》2018 年第 8 期。

券市场利率已基本实现了市场化。① 2000 年 9 月后，中国央行先后放开了各种额度的外币贷款和存款利率，到 2004 年年末外币存贷款利率基本市场化。2007 年 1 月，为培育市场基准利率体制，我国推出上海银行间同业拆借利率（Shanghai Interbank Offered Rate, Shibor）。随后，人民币存贷款利率的改革通过扩大浮动幅度持续进行，2013 年 7 月放开贷款利率和 2015 年 10 月取消存款利率上限标志着始于 1996 年放松利率行政管制的人民币利率市场化改革基本完成。

尽管上述举措推动了市场名义汇率的基本放开，但当前银行体制的存贷款政策基准利率和已放开的金融市场利率并存，我国以银行间接融资为主，庞大的存贷款存量使存贷款的管制利率仍然对市场发挥着重大的基准作用，从而影响金融市场的汇率，② 这种利率双轨制成为真正实现利率市场化的羁绊。而且，取消利率浮动的行政限制并非意味着我国放弃对利率的管理，只是未来中国央行对利率的调控会更倚重市场化的货币政策工具和传导机制。可见，我国的利率市场化进入了以建立与市场相适应的利率形成和调控机制为核心的深化改革新阶段。中国央行在 2018 年第三季度的《中国货币政策执行报告》也指出，未来要"强化中国央行政策利率体制的引导功能，完善利率走廊机制，增强利率调控能力，进一步疏通中国央行政策利率向金融市场及实体经济的传导，推动利率体制逐步'两轨合一轨'"。③

在利率市场化的条件下，如果中国央行培育了科学合理的市场基准利率，那么不仅能保证市场意愿不被扭曲，而且也不会削弱中国央行的调控能力，中国央行仍可以通过对目标利率的调控来引导和影响市场利率。④ 因此，当务之急是建设基准利率。一般而言，基准利率必须具有以下属性：（1）市场性。即该利率由市场供求关系决定，必须是金融市场上数量类型众多的交易主体进行大规模交易

---

① 邓国祥、李堃：《分析评估利率市场化改革对金融机构对影响》，载《现代金融》2018 年第 11 期。

② 参见李宏瑾、苏乃芳：《中国隐性利率双轨制及其对市场利率的影响》，载《财经问题研究》2018 年第 8 期。

③ 中国人民银行货币政策分析小组：2018 年第三季度《中国货币政策执行报告》，第 55 页。

④ 王春丽：《我国货币政策新框架下央行基准利率的选择与建设》，载《学术评论》2017 年第 2 期。

量后形成的利率，中国央行不能直接干预，只能借助货币政策等工具间接调控。（2）基准性。即它在整个金融体制中具有参照作用，是金融市场上其他利率变动的基础，能够有效影响市场参与者的预期和行为，据此，它必须相对稳定，易于控制，是无风险或风险性最小的利率。（3）传导性。中国央行通过对基准利率的操作，可以将其货币政策意图有效地传递到金融市场，从而引起其他利率的变动，由此它应与其他市场利率、CPI、GDP 等经济变量具有较高的相关性。目前，我国货币市场基准利率体制尚未建立，市场上存在多重基准利率，比如再贴现率、债券回购利率、同业拆借市场利率、国债利率等，但其中任何一种基准利率都不是真正的、终极的基准利率。具体表现如下：（1）再贴现率反映了商业银行从中国央行获取贷款的成本，具有良好的传导性，但是再贴现业务的交易主体单一，交易数量中国央行不可控，期限多为短期，最长不超过 1 年，导致再贴现率的市场影响力不大，利率体制也不完整，不具备基准利率的属性。（2）银行间债券回购市场本是中国央行进行公开操作的主战场，但我国债券回购利率不稳定，市场规模小，品种单一，明显缺乏市场性和传导性。（3）国债利率的无风险性使其可以成为其他金融产品的定价基础，具有基准性，但我国国债发行量少，且以中期为主，结构单一，国债收益率曲线不能真实地反映市场供求关系。（4）同业拆借市场利率是由资金供求双方在市场上竞争决定的，市场性较强，而且兼具可控性和传导性。中国央行可以通过实施回购或发行央票等货币工具间接影响同业拆借利率，并通过货币供应量、CPI、储蓄率等重要国民经济变量对理财产品对收益率和宏观进行传导中国央行的调控目标。但我国的同业拆借市场基础不足，报价质量不高，市场影响力有限。2018 年第三季度，在人民币利率互换市场上，与 Shibor 挂钩的利率互换交易名义本金占比为 25.2%，远低于以 7 天回购定盘利率为基准的占比 73.6%。① 经过综合比较，基准利率的无风险性决定了再贴现率和债券回购率并不适合作为基准利率，近中期可以将以 Shibor 为代表的同业拆借市场利率和短期国债利率同时作为我国货币市场基准利率的备选目标，齐

① 中国人民银行货币政策分析小组：2018 年第三季度《中国货币政策执行报告》，第26 页。

头并进地予以推进。① 远期根据两种基准利率的竞争情况，确定最终的基准利率体制。

（一）完善同业拆借市场利率 Shibor 的制度环境

我国同业拆借市场利率有 Chibor 和 Shibor 两种。Chibor 的交易主体信用状况参差不齐，中长期限品种的交易规模过小，中长期 Chibor 的连续性不强，这导致 Chibor 很难具备货币市场基准利率的属性。鉴于此，我国借鉴伦敦同业拆放利率的经验，推出 Shibor 以增强其基准利率的属性。Shibor 由信用等级较高的 18 家商业银行组成报价团自主报出利率，在依据既定的规则计算确定的算术平均利率。Shibor 与 Chibor 不同，它并不要求基于实际交易利率报价，因此，无论有无实际成交，各个期限的 Shibor 都可以通过报价最终确定，这使 Shibo 具有更好的连续性。此外，它由根据信用评级、资产规模较、市场活跃度等标准遴选出的商业银行报价，有着较低的信用风险。因此，Shibor 逐渐成为浮动利率债券、短期融资券、同业存单以及利率互换等货币市场产品定价的基础，目前已初步确定了 Shibor 作为货币市场基准利率的地位。② 但由于商业银行在 3 个月以上的交易价中往往考虑了其他超出市场的因素，使得报价与交易价存在差距，报价质量不高。而且，目前以 Shibor 为基准定价产品的市场份额仍很有限，Shibor 远未成为市场基准利率。建议我国从以下方面完善 Shibor 的制度环境：

（1）优化 Shibor 的交易结构。我国同业拆借市场的交易仍以短期期限为主，主要集中在隔夜品种上。超过 3 个月的 Shibor 则仅有报价而交易量其少，名存实亡的报价降低了 Shibor 远期报价的合理性，侵蚀了其在货币市场中的参照作用。因此，应该不断增加远期交易的数量，优化交易期限的结构，使交易期限的分布更均衡合理。

（2）提高 Shibor 的报价质量。目前，Shibor 的交易价与报价之间依然存在背离，期限越长，差距越大，这凸显出银行内部管理等非市场因素仍在影响交易价

---

① 彭振中、余珮、张博：《中国货币市场基准利率选择及培育研究——基于不同期限利率日频数据的实证分析》，载《大连理工大学学报（社会科学版）》2018 年第 9 期。

② 彭振中、马伟：《基准利率改革的国际经验》，载《金融市场研究》2018 年第 8 期。

格。但从长远看，Shibor 的交易价应该更准确，这就要求商业银行加强内部管理，从授信、分行授权等各方面强化改革。① 只有这样，才能提高 Shibor 的可信度和权威性。

（3）扩大 Shibor 的市场交易规模。尽管以 Shibor 为基准定价的金融产品在市场中所占的比重日益增加，但远未达到基准利率所要求的市场充分度。我国应增加长期利率的交易品种，并为商业银行创造必要的经济和制度环境，增加以 Shibor 为定价基准的衍生品的品种与数量，比如利率掉期、远期利率协议等，以保证其基准利率的作用得以发挥。

（二）提升国债利率市场化程度的法律对策

短期国债利率不仅是国内人民币基准利率的重要备选项，也是 SDR 利率篮子中不可或缺的金融工具。因此，短期国债利率市场化改革既是国内基准利率培育的要求，也是履行作为货币篮子的人民币在 SDR 制度框架下的国际义务。根据 IMF 执董会的决议，纳入 SDR 利率篮子的工具应符合某些长期以来所要求的特点：（1）是投资者可实际运用的具有广泛代表性的一系列金融工具，而且其利率应能对相应货币市场中基本信用状况的变化做出反应。（2）具有与 SDR 官方地位所类似的风险特点，即具备最优的信用风险，该特性与市场中可以得到的政府票据的特性相似，如果没有适当的官方票据，则与最优质金融工具的金融风险相似。这些金融工具还应反映实际储备资产选择的需要，如金融工具的形式、流动性和期限等。② 据此，当前 SDR 利率篮子中的所有金融工具都以 3 个月政府债券的收益率为基础。为了促进人民币入篮，中国于 2015 年四季度起按周滚动发行三个月记账贴现式国债。尽管与国内其他金融工具相比，中国银行间市场三个月国债基准收益率是最恰当的人民币计值工具，但与 SDR 利率篮子的其他工具相比，该计值工具仍不能充分满足上述特征：首先，当前这类国债的持有人以银行为主，且采取"买并持有"策略，导致该市场交易不活跃，并且其发行规模较

---

① 王春丽：《我国货币政策新框架下央行基准利率的选择与建设》，载《学术评论》2017 年第 2 期。

② IMF, "Review of the Method of the Valuation of the SDR", IMF Policy Papers, November 2015, pp. 26-27.

小，流动性不足，从而影响到该类国债价格的形成及其代表性。① 其次，中央国债登记结算有限责任公司公布的国债收益曲线虽然对在岸市场中基本信用状况的变化所做的反应大致上是灵敏的，但收益率却违反了收益与风险对等的原则。② 国债是中国金融市场中信用风险最小的产品，但当前3个月国债的年化收益率为2.69%，③ 而同期3个月定期存款基准利率仅为1.1%，很明显，国债利率的价格发现机制仍待完善。高于市场利率的国债利率，必然会增加使用 SDR 及人民币负债的成本，不利于人民币的国际化。

短期国债利率作为人民币市场基准利率以及作为 SDR 利率篮子的金融工具都需要中国的国债市场具有足够的流动性和深度，但中国相应的制度保障却极其匮乏：（1）缺乏短期国债发行和交易的具体规则。尽管财政部每周以招标形式滚动发行三个月国债，但中国短期国债的发行量仍低于1年期以上国债。而在美国，短期国债历年来不仅在发行量上约占总发行国债规模的85%左右，而且发行次数也约占总体次数的80%左右。④ 显然，中国短期国债的发行量不足，这在一定程度上与中国缺乏以增强短期国债流动性为目的发行规则有关。尽管财政部每年发布《记账式国债招标发行规则》，但尚未形成稳定有规律的招标管理方式，认购渠道方面也存在立法空白。（2）国债利率市场化改革的制度滞后。目前，中国国债市场投资者绝大部分是商业银行金融机构，单一类型的投资者在国债市场上的"同质"行为导致流动性不足。并且，中国的国债分散在交易所市场和银行间市场进行交易且存在利差，极大地影响了中国国债市场的深度。⑤ 对这些措施的改革迫在眉睫，但相应的制度却仍未出台。（3）国债做市商制度有待完善。做市商制度有助于提高国债流动性和完善收益率曲线。2016年11月，财政部会同中国人民银行于发布了《关于印发〈国债做市支持操作规则〉的通知》，规定建

---

① 于恩锋、龚秀国：《人民币"入篮"对 SDR 利率的影响——基于历史的视角》，载《国际金融研究》2017年第1期。

② 韩龙：《人民币入篮需要我国作出怎样的法制变革?》，载《社会科学文摘》2018年第2期。

③ 参见 http：//www.mof.gov.cn/index.htm，2018年4月17日访问。

④ 韩建：《美国国债市场高流动性的成因分析与借鉴》，载《学习与实践》2017年第2期。

⑤ 韩龙：《人民币入篮与中国法制变革》，载《政法论坛》2017年第6期。

立国债做市支持机制，即国债做市支持运用随买、随卖等工具操作，这在一定程度上提高了记账式国债承销团甲类成员的做市动力，更好地发挥了做市商在国债价格发现、活跃交易方面的作用。虽然做市商制度得到了进一步发展，但做市商权利和义务失衡，风险对冲工具不足以及做市商激励机制缺乏可操作性等制度缺陷依然存在。

为了使中国 3 个月国债利率更有代表性地反映市场信用情况，中国应采取以下措施：（1）制定《记账式国债发行和认购规则》。近几年来，财政部每年发布的《记账式国债招标发行部门规章，明确规定 3 个月国债的发行时间和频率，通过上限设置防止承销团成员对市场的垄断，并规定灵活的认购渠道，以便投资者既能直接投资，也可以借助某个一级交易商与财政部间接交易。这将有利于扩大 3 个月国债的发行规模。（2）丰富二级市场上的投资者类型。中国应明确规定地方政府、境内机构投资者、个人投资者和外国投资者（包括外国政府）均可参与 3 个月国债市场的交易，以提高交易的活跃性。其中，应鼓励以套利投资为目的的证券公司、投资基金等非银行金融机构参与短期国债交易市场，并适度增加外国投资者对中国 3 个月国债的持有比例。（3）完善国债市场的做市商制度。中国应鼓励更多的机构参与做市，降低做市商的资格要求，借鉴美国的"自愿做市"制度，只要是符合条件的金融机构，通过主动申请即可成为自愿做市商，不须审批。并且，根据权利义务平衡原则，要求国债承销团甲类和乙类成员均承担"做市"的义务。美国所有具备承销国债资格的自营商都必须是做市商。[1] 同时，建立做市商的激励机制，将承销团成员"做市"的成绩与承销的权利挂钩，对表现突出的承销团成员提供认购国债的优先权或上浮认购上限等更优惠的待遇。

二、破解证券市场国际化改革的困境

当前，人民币的国际职能正逐渐从贸易领域向投融资和储备领域延伸，必须建立便利有效的境外人民币回流渠道和境内资本的海外融资渠道，以满足境内外投资者的安全性、收益性和流动性需求。因此，一个开放的、与国际接轨的证券

---

[1]　韩建：《美国国债市场高流动性的成因分析与借鉴》，载《学习与实践》2017 年第 2 期。

市场是推动人民币国际化纵深发展的必要条件。

（一）证券市场的开放历程

入世时，我国依据《服务贸易总协定》的规定对证券业开放作出了承诺，并从业务范围和外资持股比例两个方面提出了市场准入的限定条件。① 入世后，我国信守了承诺，并自主地扩大了证券市场的开放。2002 年，我国通过设立机构投资者开启了资本市场国际化的进程，建立并不断完善 QFII、RQFII 和 QDII 等制度，扩大了境内外投资者的投资渠道。2009 年，我国开始开放银行间债券市场，至 2018 年 6 月，我国银行间债券市场向境外投资者全面开放。2014 年，我国尝试内地与香港资本市场的双向开放，先后启动了"沪港通""深港通"和"基金互认"，并逐渐扩大额度。2017 年 5 月，中国央行和香港金管局联合发布公告，决定开展香港和内地债券市场互联互通合作，7 月，"北向通"正式上线。2018 年，摩根士丹利资本国际公司（Morgan Stanley Capital International，MSCI）正式将 A 股纳入其全球指数体制并将于 2019 年提高 A 股权重，中国债市也有可能于 2019 年 4 月被纳入彭博债券指数。2018 年 6 月，发改委和商务部发布的《外商投资准入特别管理措施（负面清单）》中，列明证券公司、证券投资基金管理公司和期货公司的外资股比不超过 51%。到 2020 年 12 月，这几类公司的外资股比限制已全面取消。2019 年 6 月，沪伦通在英国伦敦正式启动。随后，"沪德通""沪新通"等都被提上议事日程。上述举措通过各种制度设计拓宽了境内外投资者的投资渠道，我国证券市场的开放度有了较大的提升。

（二）证券市场国际化的制度困境

我国证券市场从市场基础比较薄弱时开始发展，起步较晚，尽管市场准入的

---

① 根据 WTO 有关协议，证券业的开放包括以下四项内容：（1）外国证券机构可以不通过中方中介，直接从事 B 股交易。（2）外国证券机构驻华代表处，可以成为中国所有证券交易所的特别会员。（3）允许设立中外合资的基金管理公司，从事国内证券投资基金管理业务，外资比例在加入时不超过 33%，加入后 3 年内不超过 49%。（4）加入后 3 年内，允许设立中外合资证券公司，从事 A 股承销、B 股和 H 股以及政府和公司债券的承销和交易，外资比例不超过 1/3。

门槛在降低，但市场开放只是市场国际化的一个要素，我国证券市场的市场化和国际化水平仍然较低。人民币国际化呼唤一个与国际接轨的、有深度有广度的国内证券市场，为以本币计价的金融资产配置和资金流动提供国际范围内的范本。目前，我国证券法律制度的国际化水平低，成为证券市场国际化改革的重要掣肘。

1. 立法中行政本位色彩浓厚

我国证券市场中，行政权力对市场资源配置的影响仍然较大，严格的监管模式与国际证券市场适度有效监管的理念很难合拍。[1] 过多的行政干预抑制了市场的自我调节功能，阻挠了自由竞争市场的形成。比如，我国《证券法》中证券发行采用审核制，政府通过对新股发行的审核、额度控制、行政保荐等制度完全垄断了股票的发行市场，甚至股票的发行时间和发行价格都由行政机关决定，这在很大程度上弱化或排斥了市场应该发挥的作用。[2] 债券的发行同样如此。这与发达证券市场所采用的注册制相去甚远，极大地阻挠了市场的国际化。另外，《证券法》授予中国证券监督管理委员会（以下简称证监会）监督证券市场的职能，但实践中证监会进一步拓展了自己的权力领域，对市场主体及其发行交易行为进行事无巨细的广泛监督，很大程度上扭曲了市场信号的传递。而且，除了证监会、财政部、中国央行、发改委、银保监会等部门在证券发行或交易环节都被赋予一定的监管权，形成了多头监管格局。各部门监管方式的差异破坏了市场的整体性和统一性，带来了多重监管、重复监管或差别监管等问题。可见，我国证券法仍以行政管理为导向，市场发展的动力来自政府，而非市场需求，法律制度的设计往往从不同的监管部门利益出发，而忽略了科学的法理。这样的立法无疑延缓了证券市场国际化改革的步伐。

2. 缺乏提高市场流动性的立法

流动性是衡量证券市场是否成熟的重要指标，也是证券市场的生命力所在。当前，我国证券市场的流动性仍然非常缺乏，市场效率低下。究其原因，主要在

---

[1] 参见冯果、袁康：《国际板背景下证券法制的困境与变革》，载《法学杂志》2013 年第 4 期。

[2] 刘道远：《中国证券市场国际化改革的法律困境及其破解——以美国证券法制为镜鉴》，载《法商研究》2016 年第 4 期。

于参与证券市场活动的主体结构单一、证券市场产品品种和期限不够丰富、做市商的报价品种少且报价不连续等。在我国，证券市场结构极不均衡，层次单一，缺乏多层次的市场体制。股市上，不能将二板市场、场外交易和产权交易体制建立起来，导致市场上的金融产品极少，投资者可以投资的空间十分狭小;① 债市上，券种结构失衡，难以形成具有基准意义的收益曲线。证券立法最发达的美国非常重视发展多层次的资本市场，并能按照市场化要求建立符合市场经济规律的法律制度。② 但我国《证券法》并未区分证券市场上的投资者和融资者的不同主体特征，更没有为各类不同主体量身定做相应的交易制度和产品类型，未能构建多层次的证券市场。制度的缺失抑制了市场的发展，降低了市场的效率和流动性。

3. 保护投资者的立法理念未被凸显

保护投资者权益是各国证券法的根本原则，证券法的制度设计都以此为原点展开。大量的研究表明，金融市场、金融体制的发展程度与一国投资者保护的程度高度正相关，一国法律对投资者的保护越完善，该国的金融市场越能深度发育。③ 但我国的立法却没有充分尊重该项原则。比如，我国的证券民事责任制度的设计存在缺陷。与法律责任有关的规定一般都过于原则，缺乏操作性，不能有效地保护投资者权益。再如，最近发展迅猛的熊猫债的相关制度中，对中国投资者的保护力度明显不足。在我国绝对主权豁免制度的约束下，对于外国主权政府与中国投资者熊猫债的纠纷解决方式，业内形成了中国境内仲裁、境外法院执行的解决模式。但这一过时的机制有赖于他国法院对中国仲裁裁决的承认和执行，中国投资者需到外国法院维权，这给中国投资带来了极大的不便。④ 另外，信息披露制度是落实政府对投资者保护的重要制度。我国《证券法》规定了信息披露

---

① 孙阳升、肖莉莎:《探讨分析关于完善中国证券市场法律制度的思考》，载《金融经济》2016 年第 6 期。

② 参见王丽、李向科:《美国资本市场分层状况及对我国建设多层次资本市场的启示》，载《中国金融》2006 年第 6 期。

③ 羌建新著:《国际货币金融体系变革与中国》，中国发展出版社 2015 年版，第 185~186 页。

④ 唐应茂:《外国主权政府熊猫债纠纷解决模式研究》，载《法商研究》2016 年第 6 期。

义务并规定了违反该义务的刑事责任，但没有具体规定披露义务的范围和民事责任，而实践中的司法解释对投资者进行民事诉讼的权利设置了条件限制，对投资者的保护力度有限。

（三）破解证券市场国际化困境的法律对策

为了给我国证券市场的参与者提供良好、稳定、透明的法制环境，完善我国的证券立法，我国必须促进证券立法与国际接轨从而推动证券市场的国际化。只有这样，才能为人民币国际化提供强大的市场支撑。

1. 建立证券发行注册制，减少行政干预

证券发行审批制是阻碍我国证券市场长远发展的一个重要因素，逐步向注册制靠拢是顺应国际趋势的明智之举。① 一直以来，我国新股发行的定价问题都没有解决。因为在核准制下，投资者过度依赖严格的审批制，不重视对投资价值的分析，导致新股定价背离股票真实价值，而且监管主体的过度干预必然会扭曲新股价格。债券市场上，审批部门对债券的发行资格、额度、风险进行管控也导致债券价格不能反映市场的真实关系。因此，我国应渐进推行注册制，证券发行人只需依法承担信息披露义务并履行相关注册手续即可发行证券，从而将证券的发行规模、价格、品种、风险等均交由市场力量去决定，以提升市场发现价格的能力。

2. 改革监管制度，克服多头监管的弊病

证券市场参与者众多，并具有非常高的投机性，是极具风险的市场。而且，这种风险具有影响广泛、传播速度快及突发性强等特征。因此，对如此高风险市场的监管是必不可少的，但现行的多头监管体制使我国证券市场的监督机制效率低下。建议我国采取以下措施克服多头监管的缺陷：（1）进一步明确并加强证监会的监督职能。可以在立法中明确证监会在证券市场监管中的核心法律地位，赋予其依法对市场中存在的各种行为进行科学的监督和管理的职权，以便其及时有效地控制或制止证券违法行为。（2）重新整合各相关监管部门的职能范围和负责

---

① 谭小芬、徐慧伦、耿亚莹：《中国债券市场发展与人民币国际化》，载《武汉大学学报（哲学社会科学版）》2018 年第 2 期。

领域，形成清晰的、高效率的监管分工，一般情况下各部门各司其事；同时，要求各监管部门开展协调和沟通工作，以达成并实施统一的监管原则，并将这种交流沟通延伸至日常的监管实践中，实现市场信息在各监管部门间的共享，以便各部门作出统一的监管决策，① 建立集中、透明、高效的监管体制。

3. 完善证券交易制度，建立多层次资本市场

市场制度是评价一国资本体制是否成熟的核心要素。在设计资本市场制度体制时，不仅要考虑为不同类型、不同发展阶段的投资者参加市场活动提供制度支持，还要为不同投资者手中拥有的资产流转提供制度支持。② 因此，为了加强我国市场的竞争力，吸引更多的投资者进入中国证券市场，我国必须区分不同投资者不同阶段的需求，建立多层次的资本市场和与之相适应的多种交易制度。具体而言，我国应该继续深化主板和创业板的改革，努力增加制度供给和包容性；继续深化新三板改革，规范发展区域性股权市场，并推进股权众筹融资的试点；促进主板、中小板、创业板等各层次股权市场的定位分工，并加强其相互间的联系；③ 整合银行间和交易所的债券市场。

4. 健全信息披露制度，保护投资者权益

注册制是我国证券发行制度改革的既定目标。现行《证券法》的信息披露制度已经无法充分保护注册制语境下的投资者权益，注册制对信息披露的要求更为严格，因此完善信息披露制度成为推进证券市场改革的重要任务。建议我国从以下方面改革信息披露制度：（1）确定信息披露义务的强制性。我国有关证券市场监管的理论和实践对信息披露的特点均游离于强制性和自愿性之间。但是，在实行注册制的国家，为了防止发行者的欺诈，立法都肯定了监管机构强制证券发行者公开信息的正当性，以落实对投资者的保护。法律的作用在于强制维持公平和有效的市场运转。因此，在注册制下，发行人的信息披露义务具有强制性。（2）

---

① 谭小芬、徐慧伦、耿亚莹：《中国债券市场发展与人民币国际化》，载《武汉大学学报（哲学社会科学版）》2018 年第 2 期。

② 刘道远：《中国证券市场国际化改革的法律困境及其破解——以美国证券法制为镜鉴》，载《法商研究》2016 年第 4 期。

③ 《多层次资本市场 将迎六大改革》，http：//money. people. com. cn/stock/n1/2018/0307/c67815-29852558. html，2018 年 12 月 1 日访问。

明确信息披露义务的范围。传统的信息披露主要是对可量化的、既成的事实的披露，但投资者更关注的是发行主体未来的成长性和获利能力，他们更需要得到与未来发展趋势相关的信息。新近，美国证券交易监督委员会提出了新的信息披露范围，即就任何已知晓的趋势，若可合理预见其发生的可能，且该结果可能会对发行人的营运带来严重影响，则无论好坏都必须公之于众。[①] 我国应关注这一新动向，认真研究发行者公布前瞻性信息的必要性。笔者认为，前瞻性信息的公布需要一定的成本，并可能会给企业营运带来风险，潜在的投资者对企业的未来并不负首要责任，建议将前瞻性信息披露界定为自愿披露义务。（3）完善违反信息披露义务的民事责任。尽管《证券法》规定了违反信息披露义务的刑事责任，但救济投资者损失的最直接方式是民事诉讼。《关于审理证券市场因虚假陈述引发的民事赔偿案件的若干规定》认可了违反信息披露义务后投资者的民事救济手段，但其前置性条件是行政处罚决定或刑事裁判文书，建议取消这一条件，以便投资者能及时获得救济。同时，建立证券侵权纠纷的集团诉讼制度，提高此类诉讼的效率。

三、深化外汇市场的改革

1994 年，全国统一的银行间外汇市场——中国外汇交易中心开始运行，为我国实行"以市场供求为基础的、单一的、有管理的人民币浮动汇率制"提供了市场基础。随后，历经多次汇率制度改革，我国的外汇市场初步形成了适应社会主义市场经济体制的完整体制。[②] 为了给人民币国际化提供更好的市场基础，有必要深化外汇市场的改革，推进外汇市场进入更高的发展阶段。

（一）我国外汇市场改革取得的成就

我国外汇市场经过 20 多年的发展，在交易主体、交易工具和平台建设方面不断完善，取得了诸多成就，有力地保障了汇率制度改革的顺利进行。具体表现

[①] 刘道远：《中国证券市场国际化改革的法律困境及其破解——以美国证券法制为镜鉴》，载《法商研究》2016 年第 4 期。

[②] 王春英：《我国外汇市场的深化发展》，载《中国外汇》2018 年第 5 期。

如下：（1）外汇市场日益开放。对内，我国不断扩大满足企业、个人在跨境贸易、投资和金融活动中的外汇交易需求，并逐步改变了初始阶段只有银行参与银行间外汇市场的规定，允许非银行金融机构和非金融企业进入外汇市场进行交易，使交易主体日益多元化。对外，随着资本项目的逐步开放，国内外汇市场引入各类境外机构，慢慢从封闭走向了开放。（2）外汇交易产品增多。我国外汇市场上可交易的货币超过 30 种，基本涵盖了我国的主要结算货币，并且除了即期和远期交易外，还发展了外汇掉期、货币掉期和期权等衍生品交易。2017 年国内外汇市场上人民币对外汇的交易量较 1994 年增加了 134 倍，据国际清算银行2016 年 4 月的统计，人民币日均交易量在全球外汇交易中的占比约为 4%。（3）清算机制不断完善。我国的银行间外汇市场已经具有了国际水平的、多元化的交易清算机制，2014 年后，可以选择双边清算或中央对手集中清算的清算方式，2015 年推出的外汇代理清算业务，降低了参与机构的交易成本。这些改革措施提高了外汇市场基础设施的效率。（4）形成了以行业自律为主、政府监管为辅的行之有效的市场管理新框架。我国政府一向注重外汇市场的监督管理以防范内部风险和外部危机的冲击。随着人民币汇率形成市场化改革的深入，我国也开始关注加强管理部门和市场机制的沟通。2016 年，外汇市场自律机制的产生解决了外汇市场他律和自律相结合的问题，2017 年，自律机制成立了外汇市场指导委员会，为管理机构和市场参与者之间提供了更便捷的沟通平台。截至目前，我国外汇市场的管理有序而高效。

（二）深化外汇市场改革的建议

尽管我国外汇市场改革取得了辉煌的成就，但与发达国家外汇市场相比，我国市场的流动性和深度仍有差距。目前，我国汇率价格形成机制仍不透明，价格发现机制不充分，外汇交易仍实行时需原则，外汇市场缺少投资或投机性交易，人民币市场收益率曲线也不完整。鉴于此，我国应继续从以下方面推进外汇市场的改革：

1. 放松实需交易原则

长期以来，如果没有真实的贸易或投资背景，则无论是企业抑或个人，都不能在我国外汇市场主动进行人民币与外汇的交易，此为实需交易原则。该原则保证了我国国际收支的基本安全，避免国际套利资本忽进忽出对国内宏观经济的无序冲击，对我国金融稳定发挥了重要作用。但随着市场的逐步开放和改革的深入发展，其对我国经济的制约作用也开始显现。它不利于我国外汇市场规模的扩大，制约了境内衍生工具市场的发展，抑制了外汇市场的投资功能。2018 年 5 月，外汇局重新解释实需原则，明确指出包括金融交易在内的资本项目在"实需"前提下也可在外汇衍生品市场进行套期保值；企业通过银行进行外汇衍生品交易时，不用强制单证审核。① 这说明，我国正适度放宽实需原则。实需原则强调外汇衍生品交易背景的真实性和合规性，并不限制交易背景的经常项目或资本项目性质，而在银行判断是否实需时不再以单证审核作为唯一的判断依据。② 当前，建议我国通过规范性文件明确由点到面地逐步放宽实需原则的使用，先在即期交易中试点，然后逐步拓展到外汇衍生金融工具交易。

2. 扩大外汇市场的主体范围

交易市场主体的多元化是活跃外汇市场交易、促进市场预期分散化、提高市场定价效率和促进外汇市场金融创新的有效途径，③ 因此，全球外汇市场主体日趋多样化。我国经过多年发展，虽然交易主体不再囿于银行，但仍有较大的改革空间。目前，非银行金融机构和企业等主体在国际外汇市场上的作用越来越大，但在我国银行依然是最重要的交易主体，这导致交易需求同质、方向单一，不利于人民币实现合理均衡的价位。因此，建议我国继续扩大交易主体的范围和作用：（1）引入更多境内非银行金融机构参与银行间外汇市场交易。（2）加大外汇市场开放力度，引入更多的境外机构进入我国银行间外汇市场。（3）试点将高净值、高信用的个人投资者引入银行间外汇市场，与机构投资者相比，个人的交易行为可预见性程度较低，有助于打破交易的单边性。

3. 丰富外汇市场的交易产品

丰富的外汇市场产品能满足同外汇市场主体的需求，提高其参与市场的积极

① 参见外汇局：《国家外汇管理局关于完善远期结售汇业务有关外汇管理问题的通知》。

② 彭骎骎：《外汇局重新解释实需原则 将提升汇市广度深度》，http：//finance. caixin. com/2018-05-17/101251754. html，2018 年 12 月 11 日访问。

③ 管涛、韩会师：《加快外汇市场供给侧改革 夯实汇率市场化的微观基础》，载《清华金融评论》2017 年第 7 期。

性。尽管我国已有较丰富的交易产品，但还是应该支持金融创新，不断推出市场有需求、风险可控制的衍生工具品种，为市场主体提供更多的选择。我国可考虑开发人民币汇率指数产品，为我国企业提供更多的汇率风险规避选择。此外，可推出人民币外汇期货产品，这对人民币汇率定价机制的完善具有非常积极的作用。

4. 完善外汇市场的基础设施

为了保障外汇市场的运行效率和收窄境内外市场的汇差，我国应该继续推动以中国外汇交易中心和上海清算所为重点的外汇市场的基础设施的建设，① 考虑将其与全球连续联结清算系统对接，或允许合格的国际金融机构成为中国外汇交易中心和上海清算所的会员并参与境外银行间外汇市场的交易。只有这样，才能为全球投资者营造一个透明和公正的市场环境。此外，可以考虑建立外汇交易数据报告库制度。我国银行间外汇市场已运行 20 多年，有着丰富的信息管理经验，并且该市场与所有市场主体都有网络连接，交易数据的整合和存储已较为完善，这为交易数据报告库的建立提供了数据基础。今后应加强对场外人民币外汇衍生品交易的数据的采集和分析，对已获取的交易数据进行加工和利用，尽快建立数据报告库，有利于及时、全面、准确地掌握外汇市场运行状况及演进趋势。②

总之，人民币国际化是一项系统复杂的工程，必然会经历长期而曲折的发展进程。经过 2011 年到 2014 年爆发式增长后，由于 2015 年 "8·11" 汇改中止了人民币单边升值的预期，而且世界范围内各种黑天鹅事件频发，人民币国际化进入低迷期，至 2017 年才触底反弹。2018 年 4 月后，人民币经历再一轮贬值，人民币国际化波浪式前行。这期间，人民币正式成为 SDR 的篮子货币，给处于低潮期的人民币国际化带来了新的动力和机遇。但是，人民币资本项目尚未实现可兑换，人民币汇率和利率形成机制没有充分市场化，国内金融市场的流动性和深度不足，这些都成为新时期人民币进一步国际化的制度障碍。因此，中国应充分发挥法制为人民币国际化保驾护航的作用，通过构建人民币资本项目可兑换制

---

① 王春英：《我国外汇市场的深化发展》，载《中国外汇》2018 年第 5 期。

② 管涛、马昀、夏座蓉著：《汇率的博弈——人民币与大国崛起》，中信出版社 2018 年版，第 229 页。

度、变革人民币汇率制度和完善深化国内金融市场改革的制度等法律路径，为人民币国际化创造更好的法律环境。当前，尽管中美贸易摩擦仍在持续，外部环境复杂多变，人民币对美元汇率出现大幅贬值，但中国经济基本面仍然稳中向好，货币政策灵活有效。只要继续坚持改革开放，不断完善人民币国际化的法制建设，久久为功，人民币国际化就可以冲出困境，从而迎来新一轮的快速发展。

参 考 文 献

一、中文文献

（一）著作

1. 李仁真：《国际金融法（第三版）》，武汉大学出版社 2011 年版。

2. 李仁真：《后危机时代的国际金融法》，武汉大学出版社 2010 年版。

3. 韩龙：《金融法与国际金融法前沿问题》，清华大学出版社 2018 年版。

4. 韩龙：《人民币汇率的国际法问题》，法律出版社 2010 年版。

5. 贺小勇、管荣：《WTO 与 IMF 框架下人民币汇率机制的法律问题》，法律出版社 2010 年版。

6. 隋平、罗康：《人民币汇率的卫国战争——国家金融法律体系中的是与非》，法律出版社 2011 年版。

7. 王贵国：《"一带一路"的国际法律视野：香港 2015 "一带一路"国际论坛文集》，浙江大学出版社 2016 年版。

8. 陈欣：《人民币国际化与金融安全法律问题研究》，北京大学出版社 2018 年版。

9. 潘英丽等：《国际货币体系未来变革与人民币国际化》，格致出版社、上海人民大学出版社 2014 年版。

10. 潘英丽、肖耿：《人民币变局：汇率与国际化路径》，中信出版社 2017 年版。

11. 张涛、陶坤玉、胡志浩：《"G20 与中国"：国际货币体系改革与 SDR》，外文出版社 2016 年版。

12. 徐以升：《新秩序：美联储货币互换网络重塑国际货币体系新秩序》，中国经济出版社 2016 年版。

13. 李晓：《国际货币体系改革：中国的视点与战略》，北京大学出版社 2015 年版。

14. 余永定：《最后的屏障：资本项目自由化和人民币国际化之辩》，东方出版社 2016 年版。

15. 管涛：《汇率的博弈：人民币与大国崛起》，中信出版社 2018 年版。

16. 徐飞彪：《新视野下的国际货币体系变迁及中国货币战略》，时事出版社 2016 年版。

17. 徐新华、徐晓苏：《人民币国际化与国际货币体系相关性研究》，经济管理出版社 2016 年版。

18. 林楠：《人民币国际化、金融开放与汇率动态》，经济管理出版社 2017 年版。

19. 李稻葵：《人民币国际化道路研究》，科学出版社 2010 年版。

20. 王芳：《"新特里芬难题"与人民币国际化战略》，中国人民大学出版社 2015 年版。

21. 宋敏、屈宏斌、孙增元：《走向全球第三大货币——人民币国际化问题研究》，北京大学出版社 2011 年版。

22. 庄芳：《中国资本项目开放与人民币汇率市场化》，中国财政经济出版社 2017 年版。

23. 焦继军：《"一带一路"背景下人民币国际化内在机理研究》，中国经济出版社 2017 年版。

24. 吴君：《国际货币体系改革与国际金融中心研究》，复旦大学出版社 2018 版。

25. 羌建新：《国际货币金融体系变革与中国》，中国发展出版社 2015 年版。

26. 中国人民大学国际货币研究所：《人民币国际化报告（2018）》，中国人民大学出版社 2018 年版。

27. 梁静：《人民币国际化"大动脉"——国际货币支付基础设施构建》，经济管理出版社 2017 年版。

28. 陈世波：《人民币国际化路径选择——基于"三元悖论"原则》，经济管理出版社 2015 年版。

29. 郝岩：《人民币国际化——大国货币崛起之路》，人民出版社 2017 年版。

30. 石凯、聂丽：《人民币国际化对资本市场的影响》，中国社会科学出版社 2017 年版。

31. 孟刚：《"一带一路"与人民币国际化》，中国社会科学出版社 2018 年版。

32. 钟红：《人民币国际债券市场研究——基于人民币国际化的视角》，人民出版社 2018 年版。

33. 周宇、孙立行：《"一带一路"建设与人民币国际化新机遇——兼论与上海国际金融中心的协同发展了解人民币国际化新机遇》，上海社会科学院出版社 2018 年版。

34. 修晶：《人民币国际化：离岸市场与在岸市场的互动影响》，中国社会科学出版社 2016 年版。

35. 徐慧贤：《货币国际化经验及人民币国际化研究》，经济管理出版社 2017 年版。

36. 姚淑梅：《逐步推进人民币资本项目可兑换研究》，中国计划出版社 2011 年版。

37. 槽龙骐：《人民币国际化路径研究》，中国金融出版社 2014 年版。

38. 李婧：《人民币国际化研究》，首都经济贸易大学出版社 2014 年版。

39. 宗良、李建军：《人民币国际化理论与前景》，中国金融出版社 2011 年版。

40. 吴君：《人民币国际化的条件、潜能与推进战略》，中国财政经济出版社 2014 年版。

41. 张斌等：《人民币国际化》，社会科学文献出版社 2015 年版。

42. 丁剑平：《"走出去"中的人民币国际化》，中国金融出版社 2014 年版。

43. 王元龙：《中国抉择：人民币汇率与国际化战略》，中国金融出版社 2012 年版。

44. 张岸元：《人民币国际化中的中国路径》，人民出版社 2017 年版。

45. 欧纬伦、国南、罗祥国：《人民币的崛起：全球货币新体系的兴起》，格致出版社 2016 年版。

46. 王冠群：《人民币国际化问题研究》，经济科学出版社 2016 年版。

47. 宋晓玲：《人民币国际化：基于国际货币竞争的视角》，经济科学出版社 2011 年版。

48. 林卫基、〔奥〕任志清、〔德〕席睿德：《中国该如何深化改革：IMF 的国际视角》，中信出版社 2018 年版。

49. 冯郁川：《人民币渐进国际化的路径与政策选择》，中国金融出版社 2015 年版。

50. 喻晓平：《后危机时代人民币国际化研究》，中国农业科学技术出版社 2015 年版。

51. 陈雨露：《人民币国际化——走向世界之路》，三联书店（香港）有限公司出版 2017 年版。

52. 中国人民大学国际货币研究所：《布雷顿森林体系 70 年：国际货币体系重构与人民币国际化》，中国金融出版社 2015 年版。

53. 徐鸿：《货币政治：美元霸权的式微和人民币国际化的兴起》，中国经济出版社 2017 年版。

54. 姚大庆：《国际货币——地位分析和体系改革》，上海社会科学院出版社 2016 年版。

55. 陈江生：《国际货币体系改革的出路和世界主要货币的地位》，中国财政经济出版社 2015 年版。

56. 叶芳：《集体行动困境与货币竞争下的国际货币体系改革》，厦门大学出版社 2015 年版。

57. 董君：《国际货币体系研究：变迁、规律与改革》，中国经济出版社 2013 年版。

58. 冯艾玲：《国际货币体系与人民币可自由兑换》，中国财政经济出版社 2014 年版。

（二）译著

1. ［美］埃斯瓦尔·S. 普拉萨德著，刘寅龙译：《即将爆发的货币战争》，新世界出版社 2015 年版。

2. ［美］杰克·布尔曼、［法］安德烈·艾卡德等著，范莎、刘倩、姚彦贝、袁铮等译：《国际货币体系改革》，中国大百科全书出版社 2015 年版。

3. ［英］乔伊斯著，崔梦婷等译：《IMF 与全球金融危机》，中国金融出版社 2015 年版。

4. ［日］小林正宏、中林仲一著，王磊译：《从货币读懂世界格局》，东方出版社 2013 年版。

5. ［美］约瑟夫·E. 斯蒂格利茨、联合国金融专家委员会成员著，江舒译：《斯蒂格利茨报告：后危机时代的国际货币与金融体系改革》，新华出版社 2011 年版。

6. ［美］巴里·埃森格林著，陈召强译：《嚣张的特权：美元的兴衰和货币的未来》，中信出版社 2010 年版。

7. ［美］Michael Dooley、David Folkerts-Landau、Peter Garber 著，徐涛译，赵英军、侯绍泽校：《复活的布雷顿森林体系与国际金融秩序——亚洲 利率 美元》，中国金融出版社 2010 年版。

8. ［美］巴里·艾肯格林著，彭兴韵译：《资本全球化：国际货币体系史》，上海人民出版社 2009 年版。

9. ［美］多米尼克·萨尔瓦多著，贺瑛译：《欧元、美元和国际货币体系》，复旦大学出版社 2007 年版。

10. ［美］麦金农著，覃东海、郑英译：《麦金龙经济学文集第四卷（上册）》，中国金融出版社 2006 年版。

11. ［加］蒙代尔著，向松祚译，张之骧较：《国际货币：过去、现在和未来》，中国金融出版社，2003 年版。

（三）论文

1. 韩龙：《IMF 对跨境资本流动管理制度的新认知评述》，载《环球法律评论》2018 年第 3 期。

2. 韩龙：《人民币入篮需要我国作出怎样的法制变革?》，载《社会科学文摘》2018 年第 2 期。

3. 韩龙：《资本项目制度改革流行模式不适合人民币国际化》，载《法商研究》2018 年第 1 期。

4. 李本：《人民币汇率形成机制的自律协调制度分析》，载《华东政法大学学报》2018 年第 5 期。

5. 涂永红：《人民币国际化是防范金融风险的一项制度保障——从人民币国际化的由来谈起》，载《理论视野》2018 年第 9 期。

6. 刘一贺：《"一带一路"倡议与人民币国际化的新思路》，载《财贸经济》2018 年第 5 期。

7. 刘建丰、潘英丽：《人民币国际化后续推进策略再思考》，载《上海管理科学》2018 年第 4 期。

8. 谢众：《CIPS 建设取得新进展》，载《中国金融》2018 年第 11 期。

9. 郭松：《资本项目开放踏上新征程》，载《中国外汇》2018 年第 9 期。

10. 孙树强：《美元依然强大的逻辑》，载《金融博览》2018 年第 10 期。

11. 邓国祥、李堃：《分析评估利率市场化改革对金融机构对影响》，载《现代金融》2018 年第 11 期。

12. 李宏瑾、苏乃芳：《中国隐性利率双轨制及其对市场利率的影响》，载《财经问题研究》2018 年第 8 期。

13. 严佳佳、郭明华、何乐融：《人民币国际化的制约：资本账户未开放还是金融市场欠发达》，载《经济学家》2018 年第 8 期。

14. 谭小芬、徐慧伦、耿亚莹：《中国债券市场发展与人民币国际化》，载《武汉大学学报（哲学社会科学版）》2018 年第 2 期。

15. 王春英：《我国外汇市场的深化发展》，载《中国外汇》2018 年第 5 期。

16. 彭振中、余珮、张博：《中国货币市场基准利率选择及培育研究——基于不同期限利率日频数据的实证分析》，载《大连理工大学学报（社会科学版）》2018 年第 9 期。

17. 彭振中、马伟：《基准利率改革的国际经验》，载《金融市场研究》2018

年第 8 期。

18. 李曦子：《欧盟入列"去美元化"》，载《国际金融报》2018 年 9 月 17 日。

19. 李本：《人民币入篮后的"不可回撤义务"与践行路径》，载《社会科学研究》2017 年第 1 期。

20. 李本、游广：《厘清及破解：人民币入篮与汇率主权让渡问题》，载《上海对外经贸大学学报》2017 年第 4 期。

21. 龚柏华：《2017 年世界投资报告——投资和数字经济》，载《全球投资规则动态》2017 年第 6 期。

22. 刘瑛、吕威：《人民币入篮下的资本项目可兑换法律分析》，载《财贸研究》2017 年第 6 期。

23. 刘珈利、曾文革：《SDR 篮子货币评估法律框架视域下中国外汇管理改革》，载《云南师范大学学报（哲学社会科学版）》2017 年第 3 期。

24. 张永亮：《国际储备体制法制化的模式选择》，载《政法论丛》2017 年第 6 期。

25. 于恩锋、龚秀国：《人民币"入篮"对 SDR 利率的影响——基于历史的视角》，载《国际金融研究》2017 年第 1 期。

26. 余永定、肖立晟：《完成"8.11"汇改：人民币汇率形成机制改革方向分析》，在《国际经济评论》2017 年第 1 期。

27. 管涛、韩会师：《加快外汇市场供给侧改革 夯实汇率市场化的微观基础》，载《清华金融评论》2017 年第 7 期。

28. 郭维：《美国政治施压事件对人民币汇率的影响研究：2005—2016 年》，载《世界经济研究》2017 年第 1 期。

29. 张春生：《全球化视野的人民币国际化及其资本项目开放》，载《改革》2017 年第 7 期。

30. 王春丽：《我国货币政策新框架下央行基准利率的选择与建设》，载《学术评论》2017 年第 2 期。

31. 韩建：《美国国债市场高流动性的成因分析与借鉴》，载《学习与实践》2017 年第 2 期。

32. 张帆、余淼杰、俞建拖：《"一带一路"与人民币国际化的未来》，载《学术前沿》2017 年第 5 期。

33. 蔡彤娟、林润红：《"一带一路"倡议下的人民币国际化：互动、挑战与实施方案》，载《国际金融》2017 年第 7 期。

34. 刘兴华、胡芳：《IMF 份额改革：规模与结构视角》，载《湖南财政经济学院学报》2017 年第 12 期。

35. 朱敏：《持续释放改革红利》，载《中国外汇》2017 年第 23 期。

36. 苏诗钰：《〈企业境外投资管理办法〉印发三项改革突出简政放权》，载《证券日报》2017 年 12 月 27 日。

37. 韩龙：《IMF 监督制度的晚近修改能否解决国际货币体制所受威胁》，载《中外法学》2016 年第 4 期。

38. 李本、宋玉洁：《人民币加入 SDR 的规则调适与相应进位》，载《华东师范大学学报（哲学社会科学版）》2016 年第 5 期。

39. 宋晓燕：《人民币加入特别提款权货币篮子：一个法律层面的思考》，载《上海财经大学学报》2016 年第 5 期。

40. 郑联盛：《替代账户：历程、机制、问题与改革前瞻》，载《国际经济评论》2016 年第 1 期。

41. 李浩、张湘兰：《国家管辖外海域生物多样性保护国际法规范的完善》，载《中国海商法研究》2016 年第 2 期。

42. 刘道远：《中国证券市场国际化改革的法律困境及其破解——以美国证券法制为镜鉴》，载《法商研究》2016 年第 4 期。

43. 唐应茂：《外国主权政府熊猫债纠纷解决模式研究》，载《法商研究》2016 年第 6 期。

44. 巴曙松：《人民币资本项目开放的新趋势》，载《金融经济》2016 年第 11 期。

45. 管涛、谢峰：《做对汇率政策：强势美元政策对中国的启示》，载《国际金融研究》2016 年第 9 期。

46. 黄薇：《国际组织中的权力计算——以 IMF 份额与投票权改革为例的分析》，载《中国社会科学》2016 年第 12 期。

47. 曹远征、郝志运：《人民币国际化、资本项目开放与金融市场建设》，载《金融论坛》2016 年第 6 期。

48. 孙阳升、肖莉莎：《探讨分析关于完善中国证券市场法律制度的思考》，载《金融经济》2016 年第 6 期。

49. 王萍：《论 IMF 贷款条件性改革动向对亚投行的发展启示》，载《理论月刊》2016 年第 5 期。

50. 韩龙：《实现人民币国际化的法律障碍透视》，载《苏州大学学报（哲学社会科学版）》2015 年第 4 期。

51. 高海红：《布雷顿森林遗产与国际金融体系重建》，载《世界经济与政治》2015 年第 3 期。

52. 刘丽娟：《境外上市便利化革新》，载《中国外汇》2015 年第 2 期。

53. 乌东峰：《"一带一路"的三个共同体建设》，载《人民日报》2015 年 9 月 22 日。

54. 韩龙：《试验区能为人民币国际化提供资本项目开放的有效试验吗？》，载《上海财经大学学报》2014 年第 4 期。

55. 何知仁、潘英丽：《国际货币基金组织配额改革的基本原则与功能分离》，载《国际经济评论》2014 年第 1 期。

56. 李菁：《IMF 份额与治理改革方案的法律思考》，载《时代法学》2014 年第 5 期。

57. 丁一兵、付林：《金融市场发展影响货币国际地位的实证分析》，载《吉林师范大学学报（人文社会科学版）》2014 年第 2 期。

58. 冯果、袁康：《国际板背景下证券法制的困境与变革》，载《法学杂志》2013 年第 4 期。

59. 刘旭：《IMF 汇率监督法律制度研究》，载《中国外汇》2013 年第 10 期。

60. 马骏：《国际制度的"次优"选择——从"有限理性"到"不确定性"》，载《外交评论》2013 年第 4 期。

61. 林毅夫：《全球经济纵横谈》，载《科学发展》2013 年第 3 期。

62. 陈天阳、谭玉：《IMF 份额与投票权改革的困境及对策》，载《金融教学与研究》2013 年第 6 期。

63. 向雅萍：《人民币国际化的法律路径探析》，载《河北法学》2013 年第 4 期。

64. 李仁真、王进：《G20 峰会：全球金融治理的主导机制》，载《武大国际法评论》2012 年第 15 卷。

65. 李仁真、向雅萍：《加强 SDR 作用的法律路径探析》，载《武汉大学学报（哲学社会科学版）》2012 年第 3 期。

66. 余永定、张明：《资本管制和资本项目自由化的国际新动向》，载《国际经济评论》2012 年第 5 期。

67. 叶荷：《中国面临不一样的战略机遇期》，载《国际经济评论》2012 年第 5 期。

68. 谢世清：《后危机时代国际货币基金的职能改革》，载《国际贸易》2011 年第 11 期。

69. 蔺捷：《金融危机背景下 IMF 贷款条件性改革》，载《国际商务研究》2011 年第 5 期。

70. 张一平、盛斌：《替代账户与国际货币体系改革》，载《国际贸易问题》2011 年第 1 期。

71. 徐洪才：《当前国际货币体系缺陷及其改革》，载《国际经济分析与展望（2010—2011）》2011 年第 1 期。

72. 李兴伟：《"美元陷阱"与人民币国际化四维路线图》，载《当代世界》2011 年第 10 期。

73. 吉姆·奥尼尔：《21 世纪国际货币体系：两个可能方案》，载《第一财经日报》2011 年 1 月 24 日。

74. 叶苗：《金本位：革命还是复辟?》，载《上海证券报》2011 年 9 月 15 日。

75. 李仁真、涂亦楠：《金融危机背景下国际货币基金组织代表性改革》，载《华中师范大学学报（人文社会科学版）》2010 年第 3 期。

76. 李本：《国际货币基金组织改革的职能趋向》，载《法学》2010 年第 4 期。

77. 李翀：《论建立超主权国际货币的路径和前景》，载《学术研究》2010

年第 2 期。

78. 张明：《国际货币体系改革：背景、原因、措施及中国的参与》，载《国际经济评论》2010 年第 1 期。

79. 李稻葵、尹兴中：《国际货币体系新架构：后金融危机时代的研究》，载《金融研究》2010 年第 2 期。

80. 吴永辉：《论国际货币体系中最后贷款人的构建》，载《云南大学学报法学版》2010 年第 1 期。

81. 熊爱宗、黄梅波：《国际货币多元化与国际货币体系稳定》，载《国际金融研究》2010 年第 9 期。

82. 姚洋：《中国道路的世界意义》，载《国际经济评论》2010 年第 1 期。

83. 向雅萍：《后次贷危机时期 IMF 改革的法律思考》，载《武汉理工大学学报》2010 年第 2 期。

84. 温建东：《国际货币体系监管规则的新变化——评〈2007 年双边监督决定〉及其操作指引》，载《中国货币市场》2009 年第 10 期。

85. 祝小兵：《国际货币基金组织的改革动因及目标评述》，载《世界经济研究》2009 年第 6 期。

86. 周小川：《关于改革国际货币体系的思考》，载《中国金融》2009 年第 7 期。

87. 程实：《次贷危机后的国际货币体系未来发展：本位选择、方向和路径》，载《经济学家》2009 年第 6 期。

88. 潘成夫：《国际货币体系改革、IMF 债券与人民币国际化》，载《金融与经济》2009 年第 10 期。

89. 詹才峰：《新形势下国际汇率监督制度的演变方向》，载《上海金融》，2009 年第 4 期。

90. 占云生、汪浩、李万业、郑其敏：《对国际货币基金组织贷款新政的评析》，载《中国集体经济》2009 年第 7 期。

91. 刘洪：《如何看中国购买 500 亿美元 IMF 债券》，载《经济参考报》2009 年 9 月 8 日。

92. 韩龙：《IMF 汇率监督制度的新发展及其对策》，载《法商研究》2008

年第 2 期。

93. 贺小勇：《IMF〈对成员国汇率政策监督的决定〉对中国汇率主权的影响》，载《法学》2008 年第 10 期。

94. 张礼卿：《评 IMF "2007 年决定" 及其对人民币汇率政策的影响》，载《国际金融研究》2008 年第 1 期。

95. 乔什彤：《国际货币基金组织 "新军规" 的效力》，载《科学决策》2008 年第 3 期。

96. 丁志杰：《浮动汇率：存在未必合理》，载《中国金融》2008 年第 1 期。

97. 宋国友：《中国购买美国国债：来源、收益与影响》，载《复旦学报》2008 年第 3 期。

98. 姜小娟：《中国开放三十年的回顾与展望》，载《中国社会科学》2008 年第 6 期。

99. 韩龙：《IMF 与 WTO 在人民币汇率问题上的管辖关系》，载《国际经济法学刊》2007 年第 1 期。

100. 亨利·C·K·刘、林小芳：《美国：世界首要货币操作国》，载《国外理论动态》2007 年第 6 期。

101. 王丽、李向科：《美国资本市场分层状况及对我国建设多层次资本市场的启示》，载《中国金融》2006 年第 6 期。

二、英文文献

（一）著作

1. David Harrison. Price and Financial Stability：Rethinking Financial Markets（Banking，Money and International Finance）. Routledge，2018.

2. Michael D. Bordo，John B. Taylor. Rules for International Monetary Stability：Past，Present，and Future. Hoover Institution Press，U. S. ，2017.

3. Thomas Oatley，W. Kindred Winecoff. Handbook of the International Political Economy of Monetary Relations. Edward Elgar Pub，2016.

4. Julien Chaisse，Tsai-yu Lin. International Economic Law and Governance：

Essays in Honour of Mitsuo Matsushita. Oxford University Press, 2016.

5. Barry Eichengreen, Masahiro Kawai. Renminbi Internationalization: Achievements, Prospects, and Challenges, Brookings Institution Press and ADBI, 2015.

6. United States Congress Senate Committee. The Meltzer Commission: The Future Of The Imf And World Bank - Scholar's Choice Edition. Scholar's Choice, 2015.

7. C. L. Lim, Bryan Mercurio. International Economic Law after the Global Crisis: A Tale of Fragmented Disciplines. Cambridge University Press, 2015.

8. Bessma Momani and Kevin A. English. In Lieu of an Anchor: the Fund and Its Surveillance Function. Handbook of the International Political Economy of Monetary Relations, Edward Elgar Publishing Limited, 2014.

9. John H. Jackson and Thomas Cottier. International Law in Financial Regulation and Monetary Affairs (International Economic Law Series). Oxford University Press, 2012.

10. Eichengreen, B.. Exorbitant Privilege. Oxford University Press, 2011.

11. Benjamin J. Cohen. The Future of Global Currency: The Euro versus the Dollar, Routledge Press, 2011.

12. Andreas F. Lowenfeld. International Economic Law. OUP Oxford, 2008.

13. Stanley Fischer, Trevor Manuel, Jean Pisani-Ferry, and Raghuram Rajan. The Role and Governance of the IMF: Future Reflections on Reform. Washington: Per Jacobsson Foundation, 2008.

14. Andrew McKnight. The Law of International Finance. Oxford University Press, 2008.

15. Howard Davies, David Green. Global Financial Regulation: The Essential Guide. Polity Press, 2008.

16. Hal S. Scott. International Finance: Law and Regulation. Sweet & Maxwell, 2008.

17. Michel Camdessus. International Financial Institutions: Dealing with New Global Challenges. Washington: Per Jacobsson Fundation, 2005.

18. Graham Bird. The IMF and The Future: Issues and Options Facing The Fund. Published by Routledge, 2003.

19. Eva Riesenhuber. The International Monetary Fund under Constraints: Legitimacy of Its Crisis Management. Published by Kluwer Law International, 2001.

20. Miehael Emerson, Daniel Gros. One Market, One Money: An Evaluation of the Potential Benefits and Costs of Forming an Economic and Monetary Union. Oxford University Press, 1992.

21. Joseph Gold. Legal and Institutional Aspects of the International Monetary System: Selected Essays II, by the International Monetary Fund, 1984.

22. Robert Solomon. International Monetary System 1945-1981. Newyork: Harper and Row, 1982.

(二) 论文

1. Peter Coy, The Tyranny of the U. S. Dollar: The Incumbent International Currency Has Been American for Decades. Is It for Regime Change? Bloomberg Businessweek, 2018.

2. Michael McMahon, Alfred Schipke, Xiang Li. China's Monetary Policy Communication: Frameworks, Impact, and Recommendations. IMF Working Paper, November 2018.

3. Liqing Zhang, Kunyu Tao. The Economics of RMBInternationalization. Asian Economic Papers, 2016.

4. Andre Varella Mollick. Adoption of the Gold Standard and Real Exchange Rates in the Core and Periphery, 1870-1913. International Finance, 2016.

5. Barry Eichengreen, Ngaire Woods. The IMF's Unmet Challenges. Journal of Economic Perspective, Volume 30, Winter 2015.

6. Adam Feibelman. The IMF and Regulation of Cross-Border Capital Flows. Chicago Journal of International Law, 2015, Volume 15, No. 2.

7. Jonathan Watson. Sign of the Times: Financial Governance Must Reflect Reality. IBA Global Insight, 2015.

8. Otmar Issing. Completing the Unfinished House: Towards a Genuine Economic and Monetary Union? International Finance, 2015.

9. Xiaochuan Zhou, IMFC Statement on Behalf of China, 31st Meeting of the International Monetary and Financial Committee, April 18, 2015.

10. Vera Thorstensen, Carolina Müller and Daniel Ramos, Exchange Rate Measures: Who Judges the Issue—IMF or WTO? Journal of International Economic Law, 2015.

11. Davide Furceri and Prakash Loungani, Capital Account Liberalization and Inequality, IMF Working Paper, November 2015.

12. Kristina Spantig. International Monetary Policy Spillovers—Can the RMB and The Euro Challenge the Hegemony of The US Dollar? Asia Eur J, 2015.

13. Robert N. McCauley, Catherine R. Schenk. Reforming the International Monetary System in the 1970s and 2000s: Would a Special Drawing Right Substitution Account Have Worked? International Finance, 2015.

14. Philip J. MacFarlane. The IMF's Reassessment of Capital Control After the 2008 Financial Crisis: Heresy or Orthodoxy: UCLA Journal of International Law and Foreign Affairs, Spring 2015.

15. Manuela Moschella. The Institutional Roots of Incrememtal Ideational Change: The IMF and Capital Controls After the Global Financial Crisis. British Journal of Politics and International Relations, Vol. 17, 2015.

16. Joshua Aizenman. Internationalization of the RMB, Capital Market Openness and Financial Reforms in China. Pacific Economic Review, 20: 3, 2015.

17. William J. Crowder. Real Exchange Rate Persistence in US Dollar PPP Systems. International Finance 17: 2, 2014.

18. Jan Wouters, Jed Odermatt. Comparing the 'Four Pillars' of Global Economic Governance: A Critical Analysis of the Institutional Design of the FSB, IMF, World Bank, and WTO. Journal of International Economic Law, 2014, 17.

19. Claus D. Zimmermann. The Concept of Monetary Sovereignty Revised. European Journal of International Law, August, 2013.

20. Vera Thorstensen, Daniel Ramos and Carolina Muller. The 'Misssinglink' Between the WTO and the IMF, Journal of International Economic Law, 16 (2), 2013.

21. Arne Ruckert, Ronald Labonté. The Financial Crisis and Global Health: The International Monetary Fund's (IMF) Policy Response. Health Promotion International, Vol. 28, 2012.

22. Jeffrey Frankel. Internationalization of the RMB and Historical Precedents. Journal of Economic Integration, 2012.

23. Palais-Royal Initiative. Reform of the International Monetary System: A Cooperative Approach for the Twenty-first Centuty. Global Journal of Emerging Market Economies, Vol. 3, No. 2, 2011.

24. C. Fred Bergsten. Why the World Needs Three Global Currencies. Financial Times, February 15, 2011.

25. Vivekanand Jayakumar, Barbara Weiss. Global Reserve Currency System: Why Will the Dollar Standard Give Way to a Tripolar Currency Order? Front. Econ. China 2011.

26. Mansoor Dailami. The New Triumvirate, Foreign Policy, Deep Dive, September 7, 2011.

27. Vivekanand Jayakumar, Barbara Weiss. Global Reserve Currency System: Why Will the Dollar Standard Give Way to a Tripolar Currency Order? Front. Econ. China 2011.

28. Bush, O., K. Farrant and M. Wright. Reform of the International Monetary and Financial System. Financial Stability Paper, No. 13, 2011.

29. Eichengreen Barry. International Policy Coordination: The Long View. NBER Working Paper, No. 17665, 2011.

30. Manuela Moschella. Lagged Learning and the Response to Equilibrium Shock: The Global Financial Crisis and IMF Surveillance. Journal of Public Policy, Volume 31, Issue 2, August 2011.

31. Ilene Grabel. Not Your Grandfather's IMF: Global Crisis, "Productive Incoherence" and Developmental Policy Space. Cambridge Journal of Economics,

2011, 35.

32. Ocampo and José Antonio, Building an SDR-Based Global Reserve System, Journal of Globalization and Development, Vol. 1, Iss. 2, Article 14, 2010.

33. Ernst Baltensperger, Thomas Cottier. The Role of International Law in Monetary Affairs. Journal of International Economic Law, September, 2010.

34. Peter B. Kenen. The Substitution Account as a First Step Toward Reform of the International Monetary System. Peterson Institute for International Economics, Policy Brief No. PB10-6, 2010.

35. Ocampo, José Antonio. Building an SDR-Based Global Reserve System. Journal of Globalization and Development, Vol. 1, Iss. 2. 2010.

36. John Williamson. The Future of the Reserve System. Journal of Globalization and Development, Vol. 1, Iss. 2, 2010, Article 15.

37. Ernst Baltensperger, Thomas Cottier. The Role of International Law in Monetary Affairs. Journal of International Economic Law, September, 2010.

38. Padoa-Schioppa, Tommaso. The Ghost of Bancor—The Economic Crisis and Global Monetary Disorder. Speech at Louvian-La-Neuve, February 25, 2010.

39. Stiglitz J E, Greenwald B. Towards a New Global Reserve System. Journal of Globalization and Development, 2010.

40. Paola Subacchi, John Driffill. Beyond the Dollar, Rethinking the International Monetary System. A Chatham House Report, March 2010.

41. Ostry, Jonathan D. , Atish R. Ghosh, Karl Habermeier, Marcos Chamon, Mahvash S. Qureshi, and Dennis B. S. Reinhardt. Capital Inflows: The Role of Controls. IMF Staff Position Note 10/04, 2010.

42. Eichengreen, Barry. Out of the Box Thoughts about the International Financial Architecture. Journal of International Commerce, Economics and Policy, Vol. 1, No. 1, 2010.

43. Jeffrey Frankel. On Global Currency, Keynote Speech for workshop on Exchange Rates: The Global Pespective. Sponsored by Bank of Canada and ECB, Frankfurt, June 19, 2009.

44. John Williamson. Why SDRs Could Rival the Dollar. Peterson Institute for International Economics, Policy Brief No. PB09-20, 2009.

45. Cooper R N. The Future of the Dollar. Policy Brief in International Economics, No. PBO9-21, September, 2009.

46. Obstfeld, M., J. Shambaugh, and A. M. Taylor. Financial Stability, the Trilemma and International Reserves. NBER Working Paper 14217, August, 2008.

47. Bryant R G. Reform of Quota and Voting Shares in the International Monetary Fund: "Nothing is Temporarily Preferable to an Adequate "Something". Brookings Institution, 2008.

48. Benjamin J. Cohen, Paola Subacchi. A One-And-A-Half Currency System. Journal of International Affairs, Vol. 62, No. 1, Fall/Winter 2008.

49. Cooper R N, Truman E M. The IMF Quota Formula: Linchpin of Fund Reform. Policy Briefs in International Economics, 2007.

50. Antonio Galicia- Escotto. Liability Aspects of SDRs. Issue Pape (RESTEC), No. 10, December 2005.

51. Menzie Chinn and Jeffrey Frankel. Will the Euro eventually surpass the Dollar as leading international reserve currency? Presented at NBER conference on G7 Account Imbalances: Sustainability and Adjustment. June 1, 2005.

52. John W. Head. Seven Deadly Sins: An Assessment of Criticisms Directed at the International Monetary Fund, University of Kansas Law Review. 2004, Vol. April.

53. Dooley M, Folkerts-Landau D, Garber P. An Essay on the Revived Bretton Woods System. NBER Working Paper, No. 9971, 2003.

54. Dominick Salvatore. The Present International Monetary System: Problems, Complications and Reforms. Open Economies Review 11: S1, 2000.

55. Robert Mundell, Currency Areas. Exchange Rate Systems and International Monetary Reform. Universidad del CEMA, Buenos Aires, Argentina, on April 17, 2000.

56. Council on Foreign Relations Independent TaskForce. Safeguarding Prosperity in a Global Finance System: The Future International Financial Architecture, Carla

Hills and Peter Peterson, Co-Chairs, Morris Goldstein, Project Director, Wahington
D. C. Institute of International Economics, 1999.

57. Joseph Gold. Legal and Institutional Aspects of the International Monetary
System: Selected Essays II. By the International Monetary Fund, 1984.

58. J. Gold. Legal Technique in Creation of a New International Reserve Asset:
SDRs and Amendment of the Fund's Articles. IMF, 1979.

59. Margaret Garritser de Vries. The International Monetary Fund, 1966—1971,
The System Under Stress. Vol. 1, No. 3, Washington, D. C. IMF, 1976.

60. Joseph Gold. Special Drawing Rights, Character and Use. IMF Pamphlet Series
No. 13, 1970.

(三) 国际金融组织的资料

1. IMF. Consideration on the Role of the SDR, IMF Policy Paper, April 2018.

2. IMF. The Role of the SDR—Initial Considerations, Staff Note for the G20, July
15, 2016.

3. IMF. Capital Flows—Review of Experience with the Institutional View, IMF
Policy Paper, December 2016.

4. IMF. Strenghthen the International Monetary System—A Stocktaking, March
2016.

5. IMF. Review of the Method of Valuation of the SDR. IMF Policy Paper,
November, 2015.

6. IMF. The IMF's Approach to Capital Account Liberalization: Revising the 2005
IEO Evaluation, March 3, 2015.

7. Charles Collyns, Lorenzo Giorgianni, Philip Lane. Crisis Program Review.
IMF, November 9, 2015.

8. IMF. 2014 Triennial Surveillance Review—Exernal Study—Report on
Interviews, July 30, 2014.

9. IMF. 2014 Triennial Surveillance Review—Overview Paper, July 30, 2014.

10. IMF. 2014 Triennial Surveillance Review—Stakeholders' Perspectives on IMF

Surveillance, July 30, 2014.

11. The Strategy, Policy, and Review Department of the IMF, 2011 Review of Conditionality, June 18, 2012.

12. IMF. IMF Executive Board Begins Review of Quota Formula, Public Information Notice, No. 12/35, April 13, 2012.

13. IMF. The Liberalization and Managememt of Capital Flows: An Institutinal View, November 14, 2012.

14. IMF. Modernizing the Legal Framework for Surverllance-An Integrated Surveillance Decision, July 17, 2012.

15. IMF. 2011 Triennial Surveillance Review—Review of the 2007 Surveillance Decision and the Broader Legal Framework for Surveillance, August 26, 2011.

16. IMF. Strengthening Surveillance—Lessons from the Financial Crisis. IMF Factsheet, October 2011.

17. IMF. Strengthening the International Monetary System: Taking Stock and Looking Ahead, March 23, 2011.

18. Independent Evaluation Office of the International Monetary Fund. IMF Performance in the Run-Up to the Financial and Economic Crisis: IMF Surveillance in 2004-07, January 10th, 2011.

19. Legal Department of the IMF. The Fund's Mandate—The Legal Framework, February 22, 2010.

20. IMF. Bilateral Surveillance over Member's Policies, Executive Board Decision, June 15, 2007.

21. IMF. Executive Board Adopts New Decisions on Bilateral Surveillance over Member's policies, Public Information Notice No. 07/69, June 21, 2007.

22. IMF. Communiqué of the Interim Committee of the Board of Governors of the International Monetary Fund, Press Release No. 97/44, Sept. 21, 1997.

23. Monetary and Economic Department of BIS, Triennial Central Bank Survey: Report on global foreign exchange market activity, December 2010.

24. Mansoor Dailami, Paul Masson. The New Multi-polar International Monetary

System. Policy Research Working Paper. Development Economics Development Prospects Group in the World Bank. December 2009.

25. The Committee of Twenty: Outline of Reform, 1974.